Uni-Taschenbücher 774

UTB

Eine Arbeitsgemeinschaft der Verlage

Birkhäuser Verlag Basel und Stuttgart
Wilhelm Fink Verlag München
Gustav Fischer Verlag Stuttgart
Francke Verlag München
Paul Haupt Verlag Bern und Stuttgart
Dr. Alfred Hüthig Verlag Heidelberg
Leske Verlag + Budrich GmbH Opladen
J. C. B. Mohr (Paul Siebeck) Tübingen
C. F. Müller Juristischer Verlag – R. v. Decker's Verlag Heidelberg
Quelle & Meyer Heidelberg
Ernst Reinhardt Verlag München und Basel
F. K. Schattauer Verlag Stuttgart-New York
Ferdinand Schöningh Verlag Paderborn
Dr. Dietrich Steinkopff Verlag Darmstadt
Eugen Ulmer Verlag Stuttgart
Vandenhoeck & Ruprecht in Göttingen und Zürich
Verlag Dokumentation München

F.-W. Henning

Landwirtschaft und ländliche Gesellschaft
in Deutschland

Band 1, 800 bis 1750

F.-W. Henning

Landwirtschaft und ländliche Gesellschaft
in Deutschland

Band 2, 1750 bis 1976

Friedrich-Wilhelm Henning

Landwirtschaft und ländliche Gesellschaft in Deutschland

Band 2
1750 bis 1976

Mit 36 Abbildungen und 42 Tabellen

Ferdinand Schöningh, Paderborn

Prof. Dr. rer. pol., Dr. jur. Friedrich-Wilhelm HENNING, geb. 1931, hat Geschichte, Landwirtschaft, Rechtswissenschaften und Wirtschaftswissenschaften an der Universität Göttingen studiert. Nach einer mehrjährigen Tätigkeit als Hochschullehrer in Göttingen ist er seit 1971 Direktor des Seminars für Wirtschafts- und Sozialgeschichte der Universität zu Köln und des Rheinisch-Westfälischen Wirtschaftsarchivs in Köln.

CIP-Kurztitelaufnahme der Deutschen Bibliothek

Henning, Friedrich-Wilhelm
Landwirtschaft und ländliche Gesellschaft
in Deutschland. — Paderborn: Schöningh.
Bd. 2. 1750 bis 1976. — 1. Aufl. — 1978.
  (Uni-Taschenbücher; 774)
  ISBN 3-506-99186-8

© 1978 by Ferdinand Schöningh at Paderborn. Printed in Germany.

Herstellung: Ferdinand Schöningh, Paderborn.

Einbandgestaltung: Alfred Krugmann, Stuttgart.

ISBN 3-506-99186-8

Inhaltsverzeichnis

Inhaltsverzeichnis

Vorwort

In den letzten zwei Jahrhunderten haben sich im Zusammenhang mit der Industrialisierung die Wirtschaft und die Gesellschaft erheblich gewandelt. Im allgemeinen konzentriert sich die Betrachtung der Industrialisierungsphase für Deutschland auf die Änderungen der Lebensbedingungen in den mit der Industrialisierung sich immer mehr ausdehnenden Städten und Stadtzonen, ferner auf die Bedingungen, Erscheinungen und Folgen der durch die Industrialisierung im sekundären Sektor, teilweise auch im tertiären Sektor vorhandenen Entwicklungen. Parallel dazu hat sich jedoch auch der primäre Sektor, d. h. insbesondere die Landwirtschaft, erheblich gewandelt, teilweise in Wechselwirkung zur Industrialisierung, teilweise unabhängig hiervon. Diese Änderungen haben sich sowohl in der Produktionssphäre vollzogen (Erhöhung der Erträge je Flächeneinheit und je Arbeitskraft, neue Produktionszweige usw.) als auch in der ländlichen Gesellschaft und in der Sozialstruktur bis hin zu einer immer deutlicher werdenden Verminderung des Anteiles der landwirtschaftlichen Bevölkerung an der Gesamt- wie an der dörflichen Bevölkerung. Die Landwirtschaft und die landwirtschaftliche Bevölkerung haben ihre die Wirtschaft und die Gesellschaft prägende zentrale Bedeutung verloren.

Gerade auch unter dem Eindruck der für die gegenwärtigen Entwicklungsländer so wichtigen Ernährungsfrage ist ein Blick auf die Entwicklung der Landwirtschaft in den heutigen Industrieländern in den letzten beiden Jahrhunderten von Bedeutung.

In Deutschland begann diese Entwicklung im 18. Jahrhundert. Sie unterschied sich grundsätzlich von der vorhergehenden Zeit durch eine Beschleunigung und zunehmende Intensität der Wandlungen. Den letzten Höhepunkt hat dieser Entwicklungsprozeß in den letzten drei Jahrzehnten mit der Ersetzung von tierischer Zugkraft durch Traktoren und von menschlicher Arbeitskraft durch Maschinen erreicht.

In der vorindustriellen Zeit wurden die Landwirtschaft und die ländliche Gesellschaft in Mitteleuropa über ein Jahrtausend hin weitgehend durch den Feudalismus bestimmt. Die Darstellung der damit verbundenen Probleme und Entwicklungslinien erfolgt in einem gesonderten Band in dieser Reihe. Wie schon in den drei vom selben Verf. veröffentlichten Taschenbüchern zur deutschen Wirtschafts- und Sozialgeschichte (UTB. 145, 337 und 398) ist auch hier zur besseren Übersicht des Darzustellenden und aus Platzgründen auf einen subtilen Quellennachweis verzichtet worden. Übersichtlichkeit und Akzentuierung standen im Vordergrund. Der überwiegende Teil der Fakten und der Entwicklungslinien ist in Lehrbüchern und in der neuere Forschungsergebnisse wiedergebenden Literatur zu finden. Das am Schluß dieses Bandes aufgenommene Literaturverzeichnis gibt nur einen kleinen Teil der insgesamt benutzten Literatur wieder. Es ist im übrigen so zusammengestellt worden, daß derjenige, der sich weiter und tiefer mit einzelnen Fragenkreisen beschäftigen will, Anknüpfungspunkte findet.

Da der Verf. immer wieder hat feststellen müssen, daß die Kenntnisse von der Landwirtschaft und damit auch landwirtschaftlicher und agrarsozialer Fachausdrücke sehr gering oder nur undeutlich vorhanden sind, wurde möglichst weitgehend auf nicht aus sich heraus verständliche Begriffe und Bezeichnungen verzichtet. Da dies nicht generell möglich war, wurde das Sachverzeichnis insoweit mit Begriffserklärungen verbunden.

Dem Verlag Ferdinand Schöningh in Paderborn danke ich dafür, daß er mich bestärkt hat, dieses Buch in einer übersichtlichen und der schnellen Information über Einzelfragen wie auch ganzer Problemkreise dienenden Weise zu verfassen. Meine Frau hat, wie bisher in fast allen meinen Veröffentlichungen, die zahlreichen Graphiken angefertigt, wofür ich ihr besonders dankbar bin. Meinen Mitarbeitern, den Herren Dr. Guntram Philipp, Dr. Karlbernhard Jasper und Dipl.-Hdl. Reinhard Immenkötter danke ich für die Mithilfe bei den Korrekturen und für die Entlastung von vielen täglichen Arbeiten.

Einführung und Überblick

Die Periodisierung

Die Entwicklung der Landwirtschaft und der ländlichen Gesellschaft war in der Zeit von der Mitte des 18. Jahrhunderts bis zur Gegenwart von zahlreichen Faktoren abhängig, deren Bedeutung recht unterschiedlich war, so daß sich — auch aufgrund des subjektiven Betrachtungshorizontes von Leser und Verfasser — zahlreiche Periodisierungsmöglichkeiten ergeben. Da die *Landwirtschaft* in erster Linie der *Produktion von Nahrungsmitteln* für die gesamte Bevölkerung und der *Vermittlung von Einkommen für die landwirtschaftliche Bevölkerung* dient, stehen die hiermit verbundenen Kriterien bei der folgenden Periodisierung im Vordergrund. Dies kann um so eher geschehen, weil die dadurch herausgearbeiteten Zäsuren zugleich Einschnitte auch in der Entwicklung der ländlichen Gesellschaft sind.

1. Der *Aufbruch aus der traditionellen Wirtschaftsweise* (1750 bis 1870).

Die traditionelle Wirtschaftsweise hatte in der Mitte des 18. Jahrhunderts ein Stadium erreicht, in dem verschiedene Kräfte zum Aufbrechen des (feudalistisch geprägten) Rahmens drängten. Hierzu zählten vor allem folgende Einflüsse:

— Die Weiterentwicklung der Gesellschaft und der Staatsverfassung verband die Erstarkung der Macht der Territorialherren (bis hin zum Absolutismus) mit einer Verminderung der Machtpositionen der Stände (Adel, Klerus, Städte), d. h. aber vor allem des (gegenüber den anderen Ständen besonders privilegierten) Adels.

— Die Weiterentwicklung der wirtschaftlichen Verhältnisse führte zu einer Ausdehnung des sekundären und des tertiären Sektors,

die beide zum überwiegenden Teil außerhalb der feudalherrlichen Abhängigkeiten standen.

— Die zunehmende Bevölkerung konnte nur bei einer Steigerung
der landwirtschaftlichen Produktion ernährt werden, was aber
nur bei einer Änderung der Rahmenbedingungen für die Produktion möglich war.

Im ersten Drittel des 18. Jahrhunderts war die Entwicklung zum
Absolutismus, zur von der ständischen Beeinflussung und Abhängigkeit weitgehend losgelösten *Landesherrschaft,* besonders stark,
auch wenn einige Territorien West- und Süddeutschlands hiervon
ausgenommen blieben. Im zweiten Drittel bewirkte die kameralistische Wirtschaftspolitik eine *Expansion des sekundären Sektors.*
Im letzten Drittel des Jahrhunderts kam der Druck auf die Weiterentwicklung vor allem aus der ständig *wachsenden* und daher
nur noch mäßig zu ernährenden *Bevölkerung.*

Dabei bestanden erhebliche

— regionale Differenzierungen und
— zeitliche Verschiebungen in dem Wirksamwerden der einzelnen
Kräfte.

Im ganzen kam es zu Änderungen

— in Form von *tatsächlichen Wandlungen,* wo dies ohne ein Aufbrechen des bestehenden rechtlichen Rahmens möglich war,
(z. B. bei Domänen- und Gutspächtern) und
— in Form von *rechtlichen Reformen* mit wirtschaftlichen und
sozialen Auswirkungen (Bauernbefreiung, Agrarreformen).

Diese Wandlungen betrafen vor allem zwei Bereiche:

— Die *Produktion* von Nahrungsmitteln wurde bis in die 70er
Jahre des 19. Jahrhunderts, insbesondere durch Ausnutzung der
natürlichen Kräfte, ausgedehnt.
— Die *Sozialstruktur* des dörflichen Bereiches wurde durch eine
zunehmende Differenzierung innerhalb der mit der Landwirtschaft verbundenen Gruppen gekennzeichnet. Die Abwanderung des Bevölkerungsüberschusses wurde erforderlich, da die
landwirtschaftlichen Arbeitsmöglichkeiten nicht grundlegend
ausgedehnt wurden.

Da schon am Ende der feudalistisch geprägten Periode die Gestaltung der ländlichen Bereiche sehr unterschiedlich war, kam ein nicht unerheblicher Teil der differenzierenden Entwicklung in den einzelnen Regionen Mitteleuropas aufgrund der jeweils speziellen Ausgangsbasis zustande.

2. Die Behauptung der *Landwirtschaft in der entstehenden Industriegesellschaft* (1870 bis 1914).

Vier Erscheinungen waren in dieser Periode von *besonderer Bedeutung* und prägten die Entwicklung der Landwirtschaft und der ländlichen Gesellschaft:

— Eine ständige *Erhöhung der Produktion je Flächeneinheit* wurde vor allem durch die Ausnutzung der naturwissenschaftlichen Erkenntnisse erreicht (Pflanzen- und Tierernährung, Pflanzen- und Tierzucht).

— Trotzdem konnte die bisher auf den europäischen Markt ausgerichtete deutsche Landwirtschaft ihre Produkte, vor allem Getreide, nicht zu so günstigen Preisen anbieten wie die überseeische Konkurrenz. Der *Preisrückgang* war daher der Anstoß für den ab 1. Januar 1880 eingeführten *Agrarschutz*, der im Grundzug bis zur Gegenwart Bestand hat.

— Die ab 1870 schnell wachsende Bevölkerung konnte trotz der steigenden Agrarproduktion nicht mehr aus dem Inland ernährt werden. Deutschland wurde zu einem Land mit einer ständig *steigenden Einfuhr von Agrarprodukten*.

— Die wachsende Industrie und die sich damit ausdehnenden Städte ließen die Bedeutung der Landwirtschaft in der gesamten Volkswirtschaft immer mehr zurücktreten. Deutschland wurde von einem *Agrarstaat zu einem Industriestaat*. Zugleich prägte auch in vielen stadtnahen Dörfern die nichtlandwirtschaftliche Bevölkerung die dörfliche Sozialstruktur immer mehr, da man hier die niedrigeren Lebenshaltungskosten des Wohnens auf dem Dorfe mit einem im Verhältnis zu einer abhängigen Tätigkeit in der Landwirtschaft einträglicheren Arbeitsplatz in der Industrie der Städte verbinden konnte.

Ergänzt wurde diese Entwicklung durch die zunehmende Abwanderung des in der Landwirtschaft nicht mehr mit Einkommen

zu versehenden Bevölkerungsüberschusses. Die wachsende städtische
Bevölkerung und die vor allem seit der Mitte der 90er Jahre des
19. Jahrhunderts bis hin zum Ersten Weltkrieg steigenden Reall-
löhne verstärkten die Nachfrage nach Nahrungsmitteln eines ge-
hobenen Bedarfes. Der Fleischkonsum je Einwohner nahm zu
und damit auch die Absatzmöglichkeiten der Landwirtschaft aus
diesen Produktionszweigen.

3. Die dritte Periode wurde geprägt durch die beiden *Weltkriege,*
die jeweiligen Aufbauphasen der Produktion nach den Kriegen,
durch die *Weltwirtschaftskrise* und die parallel dazu verlaufende
Agrarkrise, ferner durch die *nationalsozialistische Agrarpolitik.*
Die Agrarproduktion erreichte erst im Jahre 1950 wieder ein
Niveau, das mit den letzten Jahren vor dem Ersten Weltkrieg
vergleichbar war. Die Viehhaltung und damit die Erzeugung von
tierischen Produkten lag sogar noch niedriger. Im *Produktionsbereich* war folgende langfristige Entwicklung zu beobachten:

— Im Ersten Weltkrieg sank die landwirtschaftliche Produktion
   um etwa 30 v. H. Die drastische Verminderung der Nahrungsmitteleinfuhren führte zusammen mit dieser Produktions-
   minderung zu erheblichen Notsituationen.

— Nach dem Ersten Weltkrieg war erst in den Jahren 1927 und
   1928 die inländische Produktion wieder auf den Vorkriegsstand gebracht.

— Von 1928 bis 1938 wurde die Nahrungsmittelproduktion kaum
   ausgedehnt, und zwar auch unter dem Einfluß der nationalsozialistischen Autarkiepolitik (Erzeugungsschlacht) nur in geringem Maße.

— Im Zweiten Weltkrieg sank die Agrarproduktion zunächst
   nicht so stark wie im Ersten Weltkrieg. Die Versorgung wurde
   durch Einfuhren aus den besetzten Gebieten auf einem Niveau
   gehalten, das bis ins letzte Kriegsjahr in etwa zur Vermeidung
   von Notsituationen ausreichte.

Die *Agrarpolitik* dieser Zeit war durch folgende Bemühungen gekennzeichnet:

— Die Förderung der landwirtschaftlichen Produktion in den beiden Weltkriegen und im Rahmen der Autarkiepolitik der Nationalsozialisten hatte keinen entscheidenden Erfolg.

— Die nach dem Ersten Weltkrieg einsetzende Siedlungsbewegung, die sich in dem 1919 erlassenen Reichssiedlungsgesetz dokumentierte, hatte in der Weimarer Republik eine größere Wirkung als unter den Nationalsozialisten, obgleich diese vorgaben, besonders eine Förderung des landwirtschaftlichen Mittelstandes (Bauerntums) betreiben zu wollen.

4. Die *Ausgangsposition* für die Entwicklung in der vierten Periode war durch erhebliche Änderungen im äußeren Bild der Landwirtschaft geprägt; diese Wandlungen standen in den folgenden Jahrzehnten, bis zur Gegenwart, vor allem im Zusammenhang mit der *Mechanisierung der Landwirtschaft* ab etwa 1950. *Kriegsfolgen* und Bemühungen um eine *Bodenreform* standen am Anfang dieser Entwicklung. Während nach dem Ersten Weltkrieg keine wesentlichen Umformungen in der Agrarstruktur vorgenommen worden waren und auch die nationalsozialistische Politik trotz der ständigen Beteuerungen hinsichtlich einer Begünstigung der bäuerlichen Siedlungen nicht zu einer Ausdehnung der Zahl der Bauernhöfe mit entsprechenden Strukturwandlungen der gesamten Landwirtschaft geführt hatte, waren die Veränderungen infolge des Zweiten Weltkrieges von großem Gewicht:

— Die *Abtrennung der Gebiete* jenseits der Oder-Neiße-Linie und die Flucht oder die Vertreibung der dort lebenden fast 10 Mill. Menschen *verminderten* den Anteil der *Landwirtschaft* an der gesamten Volkswirtschaft erheblich, da die Flüchtlinge und Vertriebenen in den mitteldeutschen und westdeutschen Gebieten nur in sehr begrenztem Maße wieder in der Landwirtschaft unterkommen konnten.

— Die sog. *Bodenreform in der sowjetischen Besatzungszone,* d. h. die Enteignung der größeren Besitzungen und deren Aufsiedlung, *veränderte die Betriebsgrößenstruktur* in dieser Region grundsätzlich. Zugleich wurde durch diese Maßnahme gerade in den schlechten Versorgungsjahren unmittelbar nach dem Kriege die Entwicklung der Produktion erheblich negativ beeinflußt.

— In den *westlichen Besatzungszonen* kam es zunächst zu *keiner grundlegenden Änderung* innerhalb der Landwirtschaft. Da der überwiegende Teil der zugewanderten Personen nicht von landwirtschaftlichen Einkommen leben konnte, verringerte sich der Anteil der Landwirtschaft in diesen Gebieten an der gesamten Wirtschaft, auch wenn dies am Anfang nicht so deutlich wurde, da die Versorgung der Einwohner mit Nahrungsmitteln die Aufmerksamkeit fast der gesamten Bevölkerung auf die Landwirtschaft lenkte und außerdem die Flüchtlinge und Vertriebenen mehr in den Dörfern und Kleinstädten als in den stark zerstörten größeren Städten untergebracht wurden.

Die *Entwicklung der Landwirtschaft* und der ländlichen Gesellschaft war dann in den Gebieten der Bundesrepublik Deutschland und der Deutschen Demokratischen Republik (bzw. zuvor in den entsprechenden Besatzungszonen) vor allem durch folgende Probleme und Erscheinungen gekennzeichnet:

— Die zunehmende *Mechanisierung der Landwirtschaft* verringerte den Bedarf an Zugtieren, dies setzte die bisher erforderlichen Futterflächen für eine zusätzliche Nahrungsgüterproduktion frei.
— Die gesamte landwirtschaftliche *Produktion* wurde durch eine Verbesserung der Düngung und der Züchtung *erhöht*.
— Die neuen Produktionsverfahren bewirkten eine zunehmende *Verbesserung der Arbeitsproduktivität,* so daß auch die Zahl der in der Landwirtschaft Beschäftigten zurückging.
— Zugleich wurde die Grenze zwischen den nebenberuflich und den hauptberuflich bewirtschafteten Hofgrößen nach oben verschoben, so daß auch die *Zahl der* hauptberuflich betriebenen landwirtschaftlichen *Höfe abnahm*.
— *In der DDR* kam es zur Errichtung von *Kollektivbetrieben* (Landwirtschaftliche Produktionsgenossenschaften = LPGs).
— Die zunehmende *Individualmotorisierung* weitete die *Mobilität der Arbeitskräfte* aus, so daß ein immer größerer Teil der Bevölkerung von einem dörflichen Wohnplatz aus einen Arbeitsplatz in der Stadt erreichen konnte. Die aus der Landwirtschaft Abwandernden, ferner ein Teil der Flüchtlinge und der

Vertriebenen blieben so in den Dörfern wohnen (was zugleich die weitere Belastung der Agglomerationszentren verringerte).

— Die in den 50er Jahren mit der *Aufhebung der außenwirtschaftlichen Beschränkungen für die Bundesrepublik Deutschland* erfolgte Einordnung der westdeutschen Landwirtschaft in die Weltwirtschaft brachte einen erheblichen Einfluß auf das Preisniveau. Teilweise wurde in anderen Ländern kostengünstiger produziert. Außerdem wird in fast allen Ländern der Welt der Agrarpreis oder das landwirtschaftliche Einkommen durch staatliche Maßnahmen beeinflußt. Ein *Weltmarktpreis,* der sich allein aus Angebot und Nachfrage bildet, *besteht* daher *nicht.* Dies hat verschiedene Gründe:

— Die Nahrungsmittelpreise sind sozialpolitische Preise.

— Die landwirtschaftlichen Einkommen beeinflussen das Wahlverhalten einer im ganzen nicht unbedeutenden Wählergruppe.

— Die geringe private Vorratshaltung und die aufgehobene Verbindung zwischen Nahrungsmittelproduktion und dem überwiegenden Teil der privaten Haushalte bringt bei größeren Ernteschwankungen Probleme für eine kontinuierliche Versorgung der Bevölkerung.

— Auch und gerade in den *Planwirtschaftsländern* (z. B. DDR) wird die *landwirtschaftliche Produktion* finanziell *unterstützt,* um die Grundversorgung der Bevölkerung mit Nahrungsmitteln zu niedrigen Preisen gewährleisten zu können.

— Die *Einordnung der DDR* im Jahre 1950 in den *Rat für gegenseitige Wirtschaftshilfe* (RGW oder COMECON) und der *Bundesrepublik Deutschland* im Jahre 1957 in die *Europäische Wirtschaftsgemeinschaft* (EWG) beeinflußten die landwirtschaftliche Entwicklung ebenfalls. Die jeweilige inländische Agrarpolitik wurde nunmehr im Rahmen von übernationalen Vereinbarungen bestimmt.

Die Grundzüge der Entwicklung

Wenn zunächst hier einige Entwicklungslinien gezeigt werden, dann soll damit gleichzeitig ein kurzer Überblick der wichtigsten Probleme gegeben werden, um die in einem solchen Taschenbuch nicht immer deutlich werdenden langfristigen Tendenzen herauszuarbeiten.

Da das Gebiet Mitteleuropas in den letzten zwei Jahrhunderten politischen Änderungen unterlag, die dazu führten, daß die statistischen (territorialen) Grundeinheiten nicht immer gleich waren, wird teilweise auf an der Produktionsfläche gemessene Größen zurückgegriffen.

1. Die Zahl der in der Landwirtschaft insgesamt und die der je 100 Hektar *Beschäftigten* steht in Abhängigkeit von der Produktionsausdehnung und der Einführung des technischen Fortschritts. Abbildung 1 zeigt die Zahl der Arbeitskräfte je 100 Hektar landwirtschaftlicher Nutzfläche von 1750 bis 1976. Dabei ist folgendes zu berücksichtigen:

— Die Qualität der *statistischen Angaben* ist sehr *unterschiedlich,* und zwar auch für die letzten Jahrzehnte. So geht z. B. der Grüne Bericht der Bundesregierung von sechs möglichen verschiedenen Erhebungen aus, deren Ergebnisse bis zu 30 v. H. differieren. Es wurde hier versucht, diejenige Zählung auszuwählen, die mit den Angaben aus der DDR und den Angaben aus der Zeit vor 1945 vergleichbar ist (Volks- und Berufszählung und Mikrozensus). Zahlen täuschen daher immer eine Genauigkeit vor, die nur in den seltensten Fällen erreichbar ist. Das Entscheidende, was aber deutlich gemacht werden kann, ist der Trend einer Entwicklung, und das ist das Grundsätzliche bei Vergleichen.

— Die *landwirtschaftliche Nutzfläche* für die Zeit vor 1850 ist *nur* sehr *überschlägig zu erfassen* und zu berechnen, da ein nicht unerheblicher Teil der gemeinsam genutzten Flächen zugleich Holzlieferant war.

— Gerade in der Zeit bis etwa 1860 und teilweise auch danach gab es *in vielen kleineren Betrieben keine Vollbeschäftigung,* so daß nur das Fehlen anderer Einkommensmöglichkeiten zu einer überhöhten Ausstattung mit Arbeitskräften geführt hat (insbesondere Familienangehörige der Betriebsinhaber).

Insgesamt läßt sich aus Abbildung 1 aber ablesen, daß bis zum Ersten Weltkrieg die Arbeitskräftezahl je Flächeneinheit ständig anstieg. Der langsame Abbau der Unterbeschäftigung in den kleineren Bauernhöfen läßt dabei das volle Ausmaß des Trends nicht sichtbar werden.

Die Intensivierung der landwirtschaftlichen Produktion in den beiden letzten Jahrzehnten vor dem Ersten Weltkrieg brachte dann sogar eine stärkere Zunahme der Zahl der in der Landwirtschaft Beschäftigten.

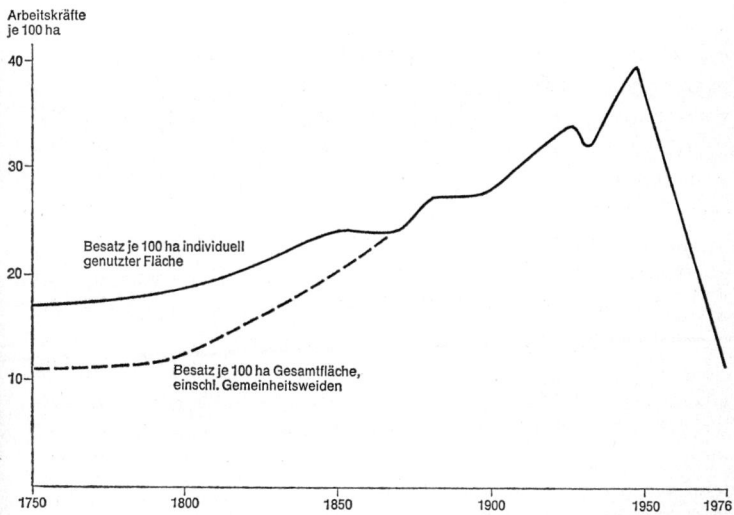

Abb. 1: Zahl der Arbeitskräfte in der deutschen Landwirtschaft je 100 ha Nutzfläche von 1750 bis 1976

Der Industrialisierungsprozeß war also im Prinzip nicht durch eine Umsetzung von in der Landwirtschaft Beschäftigten in den sekundären Sektor gekennzeichnet, sondern durch die teilweise Abwanderung des ländlichen Bevölkerungsüberschusses, auch wenn man davon ausgehen kann, daß diese Abwanderung häufig erst nach einigen Jahren einer landwirtschaftlichen Tätigkeit erfolgte, wenn die betreffenden Personen etwa 18 bis 20 Jahre alt geworden waren.

Diese Entwicklung ist aber auch unter einem anderen Gesichtspunkt von Interesse: Häufig wird in der Literatur davon ausgegangen, daß die Bauernbefreiung in der ersten Hälfte des 19. Jahrhunderts die für die Industrialisierung erforderlichen Arbeitskräfte freigesetzt habe. In Wirklichkeit waren die arbeitslosen und unterbeschäftigten Personen der Städte in erster Linie und der landwirtschaftliche Bevölkerungsüberschuß erst in zweiter Linie als Arbeitskräfte für die sich entwickelnden Industrien von Bedeutung. Dabei gab es auch eine zeitliche Verschiebung: in der ersten Industrialisierungsphase bis Ende der 60er Jahre bot das städtische Arbeitskräftereservoir die erforderlichen Arbeitskräfte, während die ländliche Bevölkerung das Bild danach prägte.

Von 1924 bis 1932 sank die Zahl der in der Landwirtschaft Beschäftigten erheblich, teilweise infolge der beschleunigten Einführung des technischen Fortschritts, teilweise durch Abbau der in der Zeit von 1914 bis 1923 zu stark angewachsenen Beschäftigtenzahl. Von 1933 bis 1949 gab es eine erneute Zunahme, und zwar insbesondere im Zweiten Weltkrieg und in den ersten Nachkriegsjahren, da keine Rationalisierungsmaßnahmen durchgeführt wurden und teilweise sogar ein Rückgang der Maschinenausstattung zu beobachten war.

Die Entwicklung von 1950 bis zur Gegenwart knüpfte an die Ansätze der Jahre nach 1924 an. Arbeitskraft wurde durch den verstärkten technischen Fortschritt eingespart. Die Industrie und die übrige Wirtschaft schufen genügend Arbeitsplätze, um die Abwanderung aus der Landwirtschaft zu ermöglichen.

In der DDR trat dieser Effekt in den 50er Jahren etwas verzögert ein, da erst die letzte große Kollektivierungswelle 1960 die Voraussetzung für einen verstärkten technischen Fortschritt unter den gesellschaftlichen Bedingungen in diesem Gebiet erlaubten.

Der Abbildung 1 ist für die Zeit bis 1945 das jeweilige Reichsgebiet bzw. für die Zeit vor 1871 das Reichsgebiet ab 1871 zugrundegelegt worden. Infolge der Änderungen der politischen Grenzen ist nur die relative Betrachtungsweise aussagekräftig. Für die Zeit von 1750 bis 1914 ist aber immerhin festzustellen, daß die Zahl der in der Landwirtschaft Tätigen von 1750 = etwa 6 Mill. über 1800 = etwa 7 Mill. und 1850 = 8,3 Mill., 1890 = 9,6 Mill.

auf 1914 = fast 11 Mill. angestiegen ist; es hat also keineswegs eine Abwanderung stattgefunden. Die Landwirtschaft hat eindeutig im Ergebnis nur einen Teil ihres Bevölkerungsüberschusses an die anderen beiden Sektoren, insbesondere an die Industrie, abgegeben.

Abbildung 1 zeigt den tatsächlichen Besatz an Arbeitskräften. Es kann davon ausgegangen werden, daß im ausgehenden 18. Jahrhundert und in der ersten Hälfte des 19. Jahrhunderts, vor allem die zahlreichen westdeutschen Kleinbetriebe, übermäßig mit Arbeitskräften ausgestattet waren, da diese Arbeitskräfte wegen der fehlenden Arbeitsplätze außerhalb der Landwirtschaft nicht abwandern konnten. Auch danach wird dieser Zustand teilweise vorhanden gewesen sein, allerdings nicht mehr so ausgeprägt, da nunmehr Auswanderungsmöglichkeiten (nach Nordamerika usw.) und Abwanderungsmöglichkeiten (in die sich immer mehr entwickelnden Industriegebiete in Deutschland) wirksamer wurden.

2. Die landwirtschaftliche *Nutzfläche* ist in Mitteleuropa im 18. Jahrhundert noch ausgedehnt worden, dann aber im 19. und 20. Jahrhundert kaum noch gewachsen. Zuwächse kamen aus der Kultivierung von Ödland (insbesondere Moore) und Wald oder durch Neulandgewinnung an der Küste. Die Ausbreitung der Städte, der Industrie und der Verkehrseinrichtungen haben die landwirtschaftliche Nutzfläche zwar vermindert, was jedoch häufig überschätzt wird. In den letzten zwei Jahrzehnten sind mit der zunehmenden Technisierung zusätzlich Flächen von der landwirtschaftlichen zur forstlichen Nutzung hinübergewechselt. Ein Teil der Acker- und Grünlandflächen ist in der Bundesrepublik Deutschland ferner als sog. Sozialbrache aus dem Produktionsprozeß gezogen worden.

In der zweiten Hälfte des 18. Jahrhunderts, besonders aber in der ersten Hälfte des 19. Jahrhunderts vollzog sich in dem Bereich der landwirtschaftlichen Nutzflächen ein erheblicher Wandel: Bisher gemeinsam und extensiv genutzte Flächen gingen in eine individuelle und damit intensivere Bearbeitung über. Vor allem Gemeinheitsweiden wurden nunmehr als Ackerland und individuelles Grünland verwendet. Da die Gemeinheitsweiden sehr ertragsarm waren, häufig auch mit Strauch bewachsen, bedeutete dies eine wesentliche Verbesserung ihrer Ertragskraft. Für das 18. und auch für große Teile des 19. Jahrhunderts lassen sich diese Flächen

wegen der unsicheren Angaben in den Quellen nicht genau erfassen, so daß nur die größenordnungsmäßige Entwicklung aus zahlreichen Einzelbeispielen (einzelnen Dorfgemarkungen) deutlich
wird. Abbildung 2 gibt die grundsätzliche Entwicklung wieder.
Dabei ist der geringe Zuwachs an Ödland und Wald bemerkenswert. Der nicht in den Umwandlungsprozeß einbezogene Wald
wurde in Abbildung 2 nicht mit berücksichtigt.

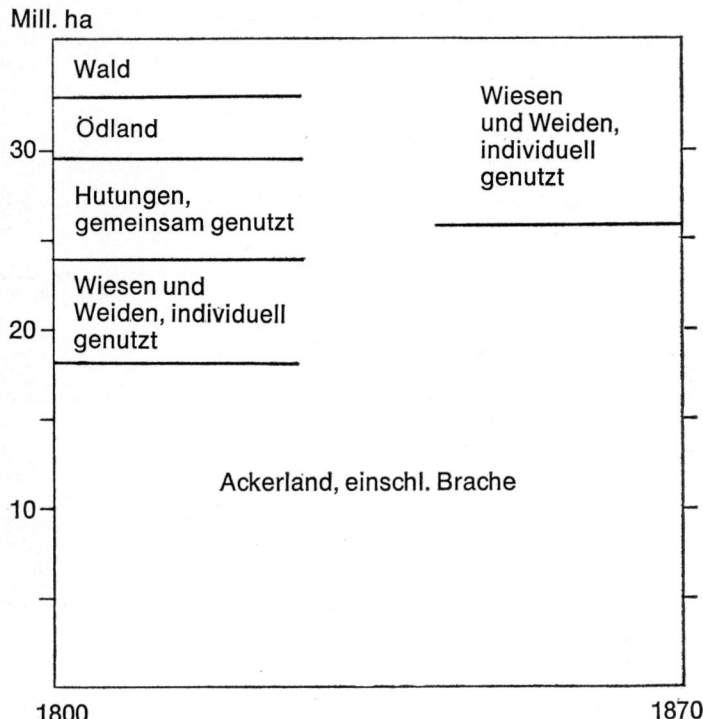

Abb. 2: Schematische Darstellung der Entwicklung der landwirtschaftlichen Nutzflächen zwischen 1800 und 1870

Die Übergänge zwischen Hutungen, Ödland und Wald waren im allgemeinen noch bis zum Beginn des 19. Jahrhunderts fließend. Im Prinzip
wurden alle nicht individuell genutzten Flächen einer Dorfgemarkung als
Hutung verwendet, sofern nicht bei Forstflächen ein rechtliches Hindernis

bestand. Da auch diese extensiv genutzten Hutungsflächen der verschiedenen Kategorien zur landwirtschaftlichen Nutzfläche zu zählen sind, brachte die Beseitigung der Waldhutungsrechte vermutlich sogar eine Verminderung der für die Landwirtschaft nutzbaren Flächen.

3. Die Entwicklung der *Ernteerträge* der zwei wichtigsten Früchte bzw. Fruchtgruppen zeigt Abbildung 3. Bis zum Ersten Weltkrieg verdoppelten sich die Erträge bei Getreide und wuchsen bei Kartoffeln um etwa zwei Drittel an. Die beiden Weltkriege brachten erhebliche Rückschläge, die aber jeweils innerhalb weniger Jahre wieder ausgeglichen werden konnten. Es zeigt sich aber deutlich, daß der zunehmende Einsatz von künstlichem Dünger seit den letzten Jahrzehnten des 19. Jahrhunderts eine Entwicklung in Gang gesetzt hat, die erst nach dem Zweiten Weltkrieg voll zur Auswirkung kam.

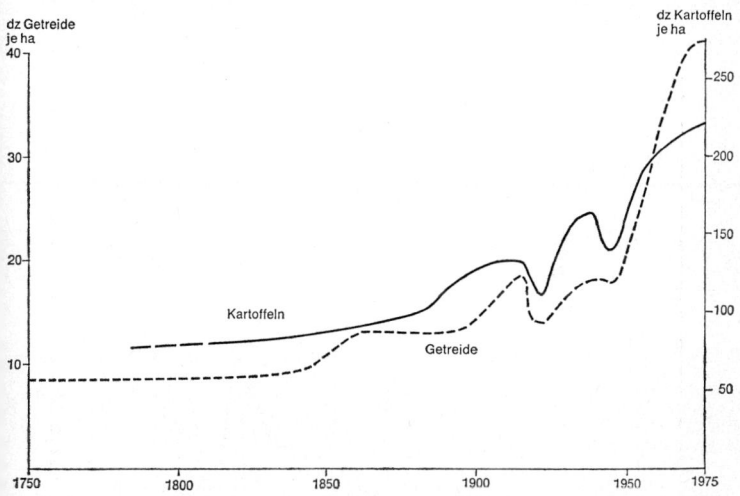

Abb. 3: Die Entwicklung der Ernteerträge bei Getreide und bei Kartoffeln je Hektar vom Ende des 18. Jahrhunderts bis zur Gegenwart in Deutschland

Für die Zeit nach 1945 ist die Entwicklung in den einzelnen Besatzungszonen und schließlich in den beiden deutschen Staaten unterschiedlich verlaufen. Die Schaffung zahlreicher Kleinbetriebe durch die sog. Bodenreform von 1945 und die geringere Versorgung mit Düngemitteln führte in der Landwirtschaft der DDR zu einer nicht ganz so starken Ertragsverbesserung wie in Westdeutschland. Als Getreide wurde hier das Mittel zwischen Roggen, Gerste und Weizen angenommen. Die Erträge der Kartoffel sind nicht ganz so stark gestiegen, weil schon in der ersten Hälfte des 19. Jahrhunderts aufgrund der besseren Versorgung mit betriebseigenen Düngemitteln (Dung) ein gegenüber dem Getreide erhöhtes Produktionsniveau erreicht worden war.

4. Den Einsatz von *betriebsfremden Düngemitteln* zeigt Abbildung 4. Ein Vergleich mit Abbildung 3 macht die Zusammenhänge zwischen zusätzlicher Nährstoffversorgung und Entwicklung der Ernteerträge deutlich. Dabei ist hervorzuheben, daß gleichzeitig eine Erhöhung der Futtererträge und damit eine Verbesserung der Viehfütterung verbunden war, was wiederum zu einem erhöhten Dunganfall führte. Die größeren Pflanzenmassen bewirkten eine

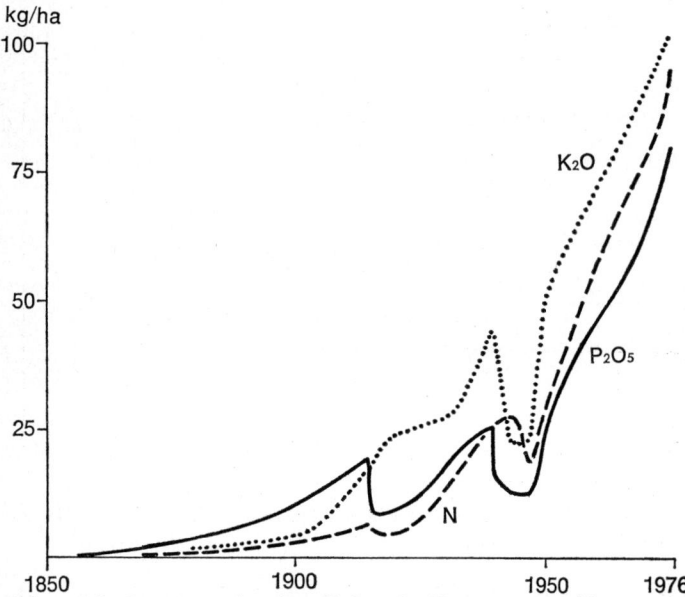

Abb. 4: Die Düngung mit mineralischen Stoffen von 1850 bis 1976 in Deutschland in kg Reinnährstoff (N = Stickstoff, P_2O_5 = Phosphorsäure, K_2O = Kali) je Hektar Nutzfläche

Erhöhung der im Boden verbleibenden organischen Rückstände (Wurzeln) und der dem Boden wieder zuzuführenden oberirdischen Pflanzenreste, so daß die organischen Anteile des Bodens (Humus) sich fast vervierfacht haben sollen (Roemer-Scheffer). Die verbesserte Pflanzenernährung hat also entscheidend dazu beigetragen, daß die landwirtschaftliche Produktion sich in einem bis dahin ungeahnten Maße ausdehnen konnte.

5. Ein wichtiger Beitrag der Landwirtschaft zur gesamtwirtschaftlichen Entwicklung lag in der *Änderung der Produktstruktur.* Das Ackerflächenverhältnis, d. h. der Anteil der einzelnen Fruchtarten an der Ackerfläche, gibt über diese Entwicklung Auskunft, vgl. Abbildung 5. Erstaunlich ist, daß der Anteil des Getreides mit 55 bis 67 v. H. eine weitgehende Stabilität aufweist. Geht man davon aus, daß bis zum Ende des 18. Jahrhunderts in Deutschland die Dreifelderwirtschaft vorgeherrscht hat (67 v. H. Getreide, 33 v. H. Brache) und daß sich dann die sog. verbesserte Dreifelderwirtschaft durch die Bebauung der Brache mit Blattfrüchten ausbreitete, so ergibt sich aus dem Gesamtbild, daß der damit erreichte Zustand rein statistisch bis in die Gegenwart erhalten blieb. Dabei

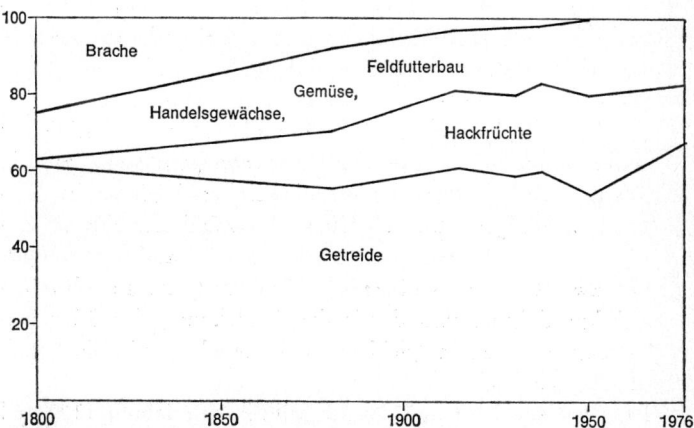

Abb. 5: Anteil der einzelnen Fruchtarten (Ackerflächenverhältnis) von 1800 bis 1976 in Deutschland

ist nicht berücksichtigt, daß Leguminosen und Flachs im 18. Jahrhundert noch nicht in das Brachfeld gesät wurden.

Die Wandlungen im Ackerflächenverhältnis beruhten vor allem auf der sukzessiven Bebauung der Brachfelder mit Feldfutter (einschließlich der Nutzung als Ackerweide) und mit Hackfrüchten. Hier waren die Kartoffeln und der Rübenanbau, insbesondere seit den 30er Jahren des 19. Jahrhunderts auch der Zuckerrübenanbau von großer Bedeutung. Die rückläufige Entwicklung des Anteiles der Hackfrüchte in den letzten zwanzig Jahren beruhte vor allem auf einer Halbierung der Kartoffelanbaufläche und damit auf einer Verminderung der von dieser Frucht genutzten Fläche von mehr als 10 v. H. des Ackerlandes auf weniger als 5 v. H.

Der Feldfutterbau bestand in den ersten Jahrzehnten des 19. Jahrhunderts vor allem aus Klee, erst danach kamen weitere Pflanzen (z. B. Luzerne, Mais, Spergel) hinzu.

6. Die *Viehhaltung* wurde erheblich ausgedehnt, vgl. Abbildung 6. Dabei sind drei Entwicklungslinien besonders bemerkenswert:

— Die Ausdehnung des gesamten Viehbestandes über den ganzen Zeitraum war Ausdruck der Verbesserung der landwirtschaftlichen Produktion und der in den letzten Jahrzehnten des 19. Jahrhunderts auch zunehmenden Realeinkommen der nichtlandwirtschaftlichen Bevölkerung, so daß tierische Produkte in wachsendem Maße nachgefragt wurden.

— Seit den 60er Jahren des 19. Jahrhunderts ging bis zum Beginn des Ersten Weltkrieges die Schafhaltung, die in erster Linie der Wollproduktion und nicht der Fleischerzeugung diente, zurück. Mit der seit der Mitte des 19. Jahrhunderts beginnenden Einfuhr von billiger Wolle aus Übersee verminderten sich die Gewinne aus der Schafhaltung, so daß man zu anderen Produktionszweigen überging. Hierzu gehörte vor allem die Schweinefleischproduktion und damit die Ausdehnung der Schweinehaltung, die fast im gleichen Maße zunahm, wie die Schafhaltung zurückging.

— Die Pferdezahl betrug etwa 2,7 Mill. in den Jahren 1800 und 1853 und lag in den napoleonischen Jahren und danach aufgrund der Kriegsverluste um etwa 12 bis 15 v. H. darunter.

Die Erhöhung des Pferdebestandes von 1853 = 2,7 Mill. über 1861 = 3,2 Mill. und 1892 = 3,8 Mill. auf 1913 = 4,6 Mill. ist nur teilweise auf den erhöhten Bedarf der Landwirtschaft zurückzuführen. Das Pferd war auch im nichtlandwirtschaftlichen Bereich als Zug- und Reittier weit verbreitet.

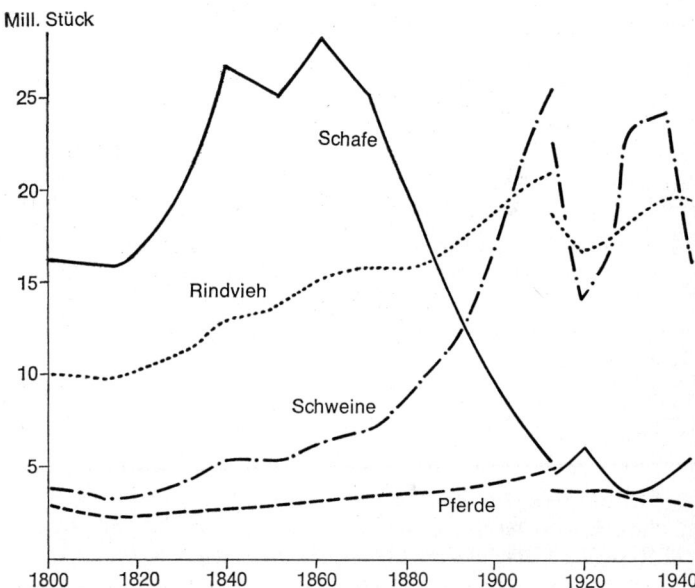

Abb. 6 a: Entwicklung der Viehhaltung in Deutschland von 1800 bis 1943 (von 1800 bis 1913 Gebiet des Deutschen Reiches in den Grenzen von 1871; von 1913 bis 1943 in den Grenzen von 1937)

Nach dem Zweiten Weltkrieg wurden Zugtiere in zunehmendem Maße durch den Traktor ersetzt, so daß die Pferdehaltung in der Landwirtschaft sowohl in der DDR als auch in der Bundesrepublik Deutschland erheblich zurückging. 10 und mehr v. H. der Nutzfläche wurden für andere Verwendung frei.

7. In welchem Maße sich die *Betriebsgrößengruppen* von der Mitte des 18. Jahrhunderts bis 1882, dem Zeitpunkt der ersten genaueren Erhebung, entwickelt haben, läßt sich nicht genau feststellen. Man

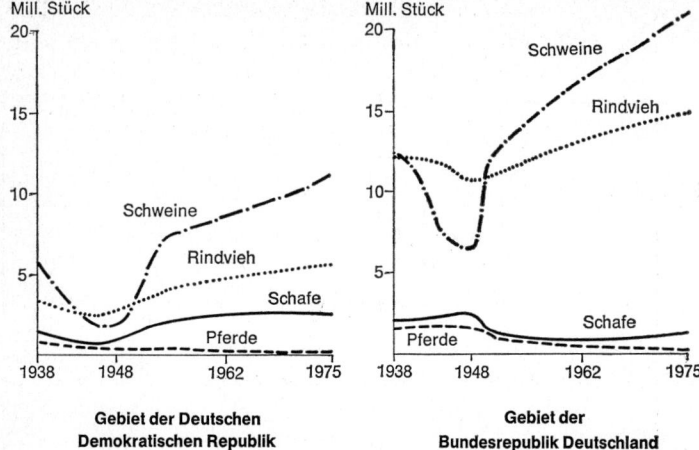

Gebiet der Deutschen Demokratischen Republik

Gebiet der Bundesrepublik Deutschland

Abb. 6 b: Entwicklung der Viehhaltung in Deutschland von 1938 bis 1975 (Gebiete der DDR und der Bundesrepublik Deutschland)

kann aber davon ausgehen, daß die Veränderungen in dieser Zeit vor allem durch folgende Einflüsse bewirkt wurden:

— Die Aufteilung der Gemeinheitsflächen hat insbesondere den kleineren Höfen einen Teil der Futtergrundlage für die Viehhaltung entzogen, ohne daß diese Verluste aus der Aufteilungsmasse der Gemeinheiten kompensiert wurden.

— Im Zusammenhang mit dem ständigen Bevölkerungswachstum nahm in den Realteilungsgebieten bis zur Mitte des 19. Jahrhunderts die Zahl der kleineren Besitzungen zu.

— Die Landverluste der Bauern durch die Agrarreformen (Landabgaben) werden in der Literatur recht unterschiedlich eingeschätzt. Man kann davon ausgehen, daß 5 v. H. der individuell genutzten bäuerlichen Flächen an die Ablösungsberechtigten verlorengingen.

— Die Land- und Hofverluste nach der Bauernbefreiung kamen dann vor allem dadurch zustande, daß das freie Verfügungsrecht der Bauern mit der wirtschaftlichen Einengung durch (Ablösungs-)Schulden und durch niedrige Agrarpreise zusammentraf.

Tabelle 1: Entwicklung der landwirtschaftlichen Betriebsgrößengruppen von 1882 bis 1975 in dem Gebiet der Bundesrepublik Deutschland

Jahr	2 bis 5 ha	5 bis 20 ha	20 bis 50 ha	mehr als 50 ha
1882	628 200	540 500	113 500	19 000
1925	599 700	590 900	92 800	14 100
1949	555 100	661 400	112 700	15 800
1975	188 600	390 700	176 500	25 800

Die Betriebsgrößenentwicklung in dem heutigen Gebiet der Bundesrepublik Deutschland von 1882 bis 1975 ergibt sich aus Tabelle 1. Die Veränderungen von 1882 bis 1949 sind relativ gering
gewesen. Sie mögen teilweise auf unterschiedlichen statistischen Erhebungen beruhen. Entscheidend änderte sich das Bild nach dem
Zweiten Weltkrieg. Aufgrund der zunehmenden Mechanisierung
der Landwirtschaft wurde die Schwelle zwischen dem nebener-
werblich und dem haupterwerblich betriebenen Hof immer mehr
noch oben geschoben, so daß sich die Agrarstruktur grundlegend
wandelte.

Im Gebiet der DDR war die Entwicklung sogar noch einschneiden-
der. Hier machte sich zunächst die Bodenreform mit einer Verminderung der Betriebe mit mehr als 50 ha und einer Zunahme
der Betriebe mit weniger als 20 ha bemerkbar. Bald nach 1946, vor
allem aber ab 1951 fiel die Zahl der Privatbetriebe, und die Zahl
der sozialistischen Großbetriebe (LPGs und VEGs) dehnte sich
aus, vgl. Tabelle 2.

Der Abschluß der Sozialisierung der Landwirtschaft im Frühjahr
1960 verminderte dann die Privatbetriebe auf einen unbedeutenden Rest.

8. Die *Arbeitsproduktivität,* d. h. die Produktion je in der Landwirtschaft beschäftigter Person, stieg in der Zeit von 1750 bis zur
Gegenwart ständig an. Hierfür gab es recht unterschiedliche Ursachen:

— Im 19. Jahrhundert war es vor allem die Erhöhung der
Flächenproduktivität.

Tabelle 2: Entwicklung der landwirtschaftlichen Betriebsgrößengruppen im Gebiet der DDR von 1939 bis 1973

Jahr	private Betriebe, einschließlich Domänen bis 1945				Sozialistische Betriebe	
	1 bis 5 ha	5 bis 20 ha	20 bis 50 ha	mehr als 50 ha	in der Regel mehr als 50 ha	
					LPGs	VEGs
1939	209 100	189 400	48 700	14 400	0	0
1946	200 000	353 700	50 900	8 800	0	550
1951	189 884	366 312	42 448	4 121	0	590
1953	169 932	291 234	27 541	1 305	4 691	562
1959	130 700	188 200	16 800	700	10 465	688
1960	.	.	.	.	19 261	669
1970	.	.	.	.	9 009	511
1973	.	.	.	.	6 587	516

— Nach dem Zweiten Weltkrieg war es die Kombination von Verbesserung der Flächenproduktivität und Mechanisierung.

Abbildung 7 zeigt die unterschiedlichen Einflüsse schematisierend. Dabei ist die Zwischenkriegszeit bisher zu wenig erforscht und in ihrer Entwicklung auch zu uneinheitlich, um hier konkretere Aussagen machen zu können. Man kann aber wohl davon ausgehen, daß in dieser Zeit der Anfang für das technische Zeitalter in der Landwirtschaft, die Übergangszeit zwischen der vor allem durch die Zunahme der Flächenproduktivität gekennzeichneten Zeit des 19. Jahrhunderts und der durch die Mechanisierung geprägten Zeit nach dem Zweiten Weltkrieg zu sehen ist.

In welchem Maße die Flächenproduktivität durch die Mechanisierung der meisten Arbeitsvorgänge ergänzt wurde, zeigt der aus Abbildung 1 ersichtliche Rückgang der in der Landwirtschaft Beschäftigten. Die Zunahme der Arbeitsproduktivität in der Landwirtschaft führte dazu, daß eine Vollarbeitskraft die Nahrungsgüter für immer mehr Personen produzieren konnte:

1750/1800 für 3 Personen
1850/1870 für 4 Personen
1905/1914 für 5 Personen
1948/1953 für 6 Personen
1960/1962 für 10 Personen
1973/1975 für 35 Personen

Diese wachsende Arbeitsproduktivität führte dazu, daß ein immer größerer Teil der Beschäftigten für die Produktion anderer Güter (des sekundären und des tertiären Sektors) zur Verfügung stand, so daß sich der allgemeine Lebensstandard ständig erhöhen konnte.

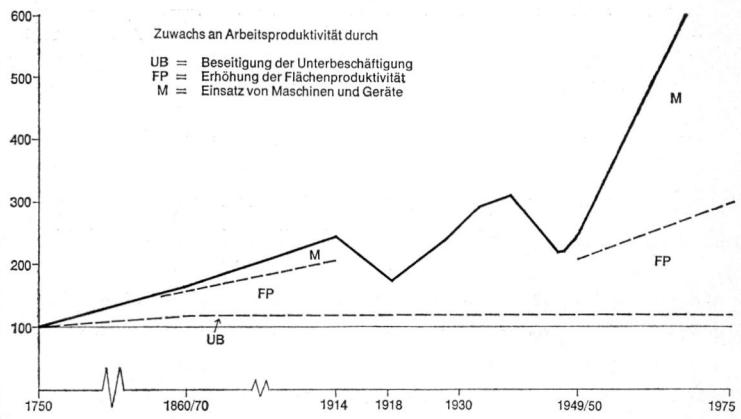

Abb. 7: Die Entwicklung der Arbeitsproduktivität in Deutschland von 1750 bis 1975 und die Ursachen des Zuwachses (Produktion je Arbeitskraft 1750 = 100; 1975 = 1200)

9. Die stetig zunehmende Arbeitsproduktivität und die nur begrenzt verfügbare landwirtschaftliche Nutzfläche bewirkten, daß der *Anteil der in der Landwirtschaft Tätigen an der gesamten Beschäftigtenzahl* der Volkswirtschaft ständig abnahm, vgl. Abbildung 8. Die Landwirtschaft wurde ein nach der Beschäftigtenzahl, nicht aber nach der Produktion schrumpfender Sektor.

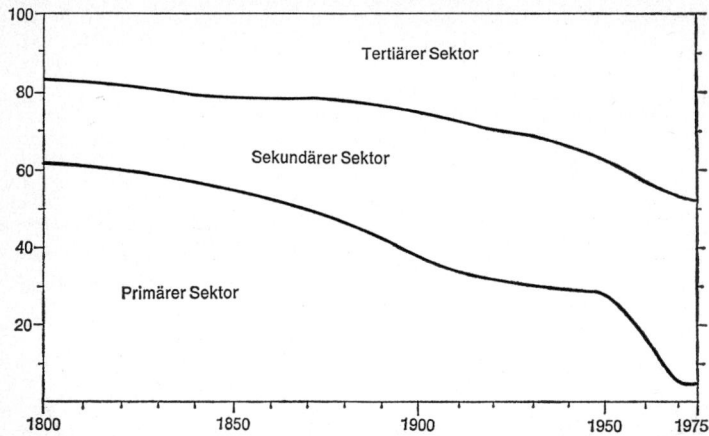

Abb. 8: Anteil der einzelnen Wirtschaftssektoren an der Gesamtzahl der Beschäftigten in Deutschland von 1800 bis 1975

Auch diese Entwicklung trat aber erst ab 1950 ein, wie Abbildung 1 gezeigt hat. Bei dieser Betrachtung ist noch zu berücksichtigen, daß im letzten Drittel des 19. Jahrhunderts die Bevölkerungszahl so stark stieg, daß die inländische landwirtschaftliche Produktion nicht mehr zur Versorgung ausreichte, sondern nunmehr in ständig steigendem Maße Nahrungsmittel eingeführt werden mußten, so daß ein Teil der im tertiären und vor allem im sekundären Sektor Beschäftigten Waren produzierten, die durch ihren Export die Einfuhr von Nahrungsmitteln ermöglichten.

10. Die *Ernährungssituation* verbesserte sich im letzten Jahrhundert grundsätzlich. Während in der Zeit von 1750 bis 1850 pflanzliche Nahrungsgüter im Vordergrund standen und Kohl, Rüben und schließlich auch Kartoffeln für weite Bevölkerungskreise die Hauptnahrungsgüter waren, kam es im letzten Drittel des 19. Jahrhunderts zu einer allgemeinen Realeinkommenssteigerung und damit zu einer stärkeren Nachfrage nach tierischen Produkten. Dies wirkte sich auf der Produktionsseite in einer Ausdehnung vor allem der Schweinehaltung, aber auch der Rindviehhaltung aus, vgl. Abbildung 6. Die Erlös- und damit die Einkommenssituation der viehstarken Betriebe verbesserte sich damit gerade in einer

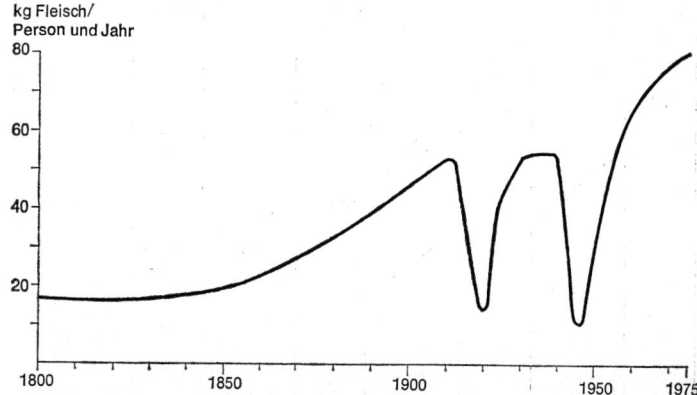

Abb. 9: Fleischverbrauch in Deutschland von 1800 bis 1975 (ab 1949 Bundesrepublik Deutschland), in kg je Person und Jahr

Zeit, in der die Getreidepreise von der wachsenden überseeischen Konkurrenz bedrängt wurden. Die steigenden Reallöhne und sonstigen Realeinkommen führten zu einer Verbesserung der Ernährung, was sich vor allem im Fleischkonsum zeigte, vgl. Abbildung 9. Auch wenn bei dieser Betrachtung berücksichtigt werden muß, daß dem Durchschnitt eine breite Streuung zugrunde liegt, ist doch aus Abbildung 9 abzulesen, daß die grundsätzliche Tendenz auf eine erhebliche Steigerung des Fleischverzehrs hinweist:

— In der ersten Hälfte des 19. Jahrhunderts lag der Fleischverbrauch bei weniger als 20 kg pro Person und Jahr.
— In den letzten drei Jahrzehnten vor dem Ersten Weltkrieg war der Verbrauch auf 40 bis 50 kg angestiegen.
— Der Rückgang in den beiden Weltkriegen wurde jeweils innerhalb weniger Jahre wieder aufgeholt, da der überwiegende Teil des Fleisches aus der relativ schnell wieder auszudehnenden Schweinehaltung kam.
— In den letzten Jahren erreichte der Fleischverzehr mehr als 70 kg, in einzelnen Jahren sogar knapp über 80 kg.

Mit den wachsenden Realeinkommen konnte für andere Güter ein immer höherer Anteil an den Einkommen verwendet werden. Die ungefähre Ausgabenstruktur eines Facharbeiterhaushaltes (Maurer) zeigt dies, vgl. Abbildung 10.

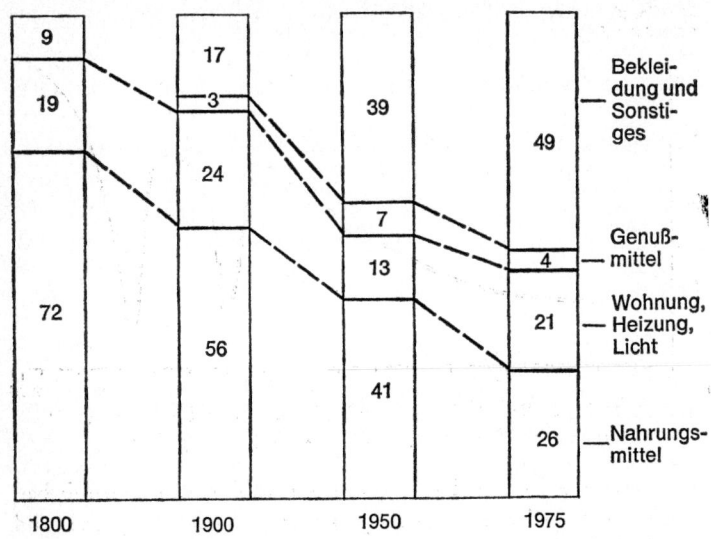

Abb. 10: Ausgabenstruktur eines Maurerhaushaltes von 1800 bis 1975 in
v. H. der Gesamtausgaben

Berücksichtigt man, daß sich die Qualität der von dem Fach-
arbeiterhaushalt erworbenen Nahrungsgüter von 1800 bis 1975
erheblich verbessert hat, dann läßt sich aus Abbildung 10 ersehen,
daß sich in dieser Zeit die Realeinkommen vervielfacht haben.
Genaue Angaben lassen sich hierzu nicht machen, da der Waren-
korb und die Geldwertänderungen, ferner Änderungen in der
Preisstruktur einer sicheren quantitativen Aussage entgegenstehen.

11. Auch die *Sozialstruktur der Dörfer* änderte sich in den letzten
zweihundert Jahren. Dabei standen im ausgehenden 18. und im
19. Jahrhundert folgende Wandlungen im Vordergrund:

— Die Auflösung der feudalistischen Gesellschaftsordnung in den
ostelbischen Gebieten machte die Bauern rechtlich unabhängig
(Bauernbefreiung), bewirkte aber zugleich eine stärkere *Differenzierung zwischen* den einzelnen *Bauerngruppen,* da diese
nunmehr (wie bisher schon die meisten sog. besseren Besitz-
rechte) nur noch öffentlich-rechtliche Lasten, jedoch keine an

die Grenze der bäuerlichen Leistungsfähigkeit heranreichenden Feudallasten zu tragen hatten.

— In den *westlicheren Gebieten* waren die Folgen der Bauernbefreiung nicht ganz so deutlich, da hier häufig bereits eine umfangreiche nichtlandwirtschaftliche Tätigkeit (Heimarbeit) vorhanden gewesen war. Die Sozialstruktur blieb insbesondere in den *Realteilungsgebieten*, aber auch in weitem Maße in den Gebieten mit Anerbenrecht der bäuerlichen Familien *ohne entscheidende Änderungen* durch die Befreiungsgesetzgebung.

— Die *Industrialisierung* im 19. Jahrhundert brachte *kaum eine Änderung der Sozialstruktur in den ostelbischen Dörfern*, da die östlichen Gebiete bis auf Teile Schlesiens von der Industrialisierung ausgeschlossen blieben. Der Landesausbau und die steigende Produktion der Landwirtschaft nahm von den napoleonischen Jahren bis nach der Jahrhundertmitte den überwiegenden Teil des Bevölkerungsüberschusses auf. Erst danach, vor allem nach 1873, setzte eine nennenswerte Abwanderung in westliche Industriegebiete oder in überseeische Siedlungsgebiete ein.

— In den *westlicheren Teilen Deutschlands* ging ein nicht unerheblicher Teil der Bevölkerung, und zwar des *Bevölkerungsüberschusses* und der aufgrund des *Niedergangs* des ländlichen vorindustriellen *Textilverlagswesens arbeitslos* werdenden Personen, *in die* wachsende städtische *Industrie* oder wanderte vor allem ab den letzten Jahren vor der Mitte des 19. Jahrhunderts aus.

Damit wurde *der dörfliche Bereich* vor allem *durch zwei Ereignisse* im 19. Jahrhundert besonders *betroffen:*

— Von der *Bauernbefreiung*, die eine Auflösung der bisherigen gesellschaftlichen Bindungen und Abhängigkeiten und zugleich eine zunehmende Differenzierung der dörflichen Gesellschaft bewirkte.

— Von der *Industrialisierung*, die vor allem die bisherigen ländlichen, auf den überregionalen Absatz ausgerichteten Gewerbe nach und nach verdrängte und damit in einzelnen Gebieten er-

hebliche Abwanderungen und Auswanderungen verursachte
(z. B. die Rhön-Randgebiete).
In der zweiten Hälfte des 19. und in der ersten Hälfte des 20.
Jahrhunderts kam es nur in den Orten, die industrielle Standorte
wurden oder die solchen Standorten unmittelbar benachbart
waren, zu einem Einbruch der industriellen in die landwirtschaftlich orientierte dörfliche Gesellschaft:

— Einige Dörfer verloren ihren Dorfcharakter vollständig; sie
  wurden zu Industriestädten.

— Eine zweite Gruppe von Dörfern erhielt einen erheblichen
  Bevölkerungszuwachs an Personen, deren Arbeitsplatz außerhalb des Ortes lag, so daß sich das Bild eines solchen Dorfes
  aufgrund von Arbeitersiedlungen (optisch) und einer neuen
  Sozialschicht (gesellschaftlich) änderte.

Hiervon waren aber nur wenige der Dörfer betroffen.
Erst die Zeit nach dem Zweiten Weltkrieg brachte grundlegende
Wandlungen:

— Der Flüchtlingsstrom führte zunächst zu einer weit über den
  dörflichen Bedarf hinausgehenden landwirtschaftlichen Bevölkerung, die in dem Maße, in dem vor allem ab 1949 Arbeitsplätze in den Industriestädten entstanden und dort Wohnungen
  gebaut wurden, abwanderte.

— Soweit dieser Prozeß Mitte der 50er Jahre noch nicht abgeschlossen war, begann man in relativer Nähe von industriellen
  Standorten und Dienstleistungszentren — meistens unter Errichtung eines eigenen Hauses am Rande des Dorfes — arbeits-
  mäßig, nicht aber wohnungsmäßig „abzuwandern". Die beginnende Individualmotorisierung erweiterte den Radius, innerhalb dessen noch ein Arbeitsplatz täglich erreicht werden
  konnte. Die Dörfer erhielten damit eine nunmehr dauerhafte
  Bevölkerungsgruppe, deren Lebensmittelpunkt zwar das Dorf
  war, deren wirtschaftlicher Mittelpunkt aber die Stadt des
  Arbeitsplatzes wurde.

— Die zunehmende Verminderung auch der landwirtschaftlichen
  Betriebe und Arbeitsplätze war zunächst ebenfalls mit einer
  Verlegung des Wohnortes aus dem Dorf heraus in die Nähe

des Arbeitsplatzes verbunden. Bedeutender und zahlenmäßig überwiegend war aber die berufliche Abwanderung des (Klein-)Bauern unter Beibehaltung des bisherigen Wohnortes.

In der DDR war diese Entwicklung nicht so stark ausgeprägt,

— da die Individualmotorisierung ein erheblich geringeres Ausmaß erlangte und damit die berufliche Mobilität der bisherigen landwirtschaftlichen Bevölkerung unter Beibehaltung des bisherigen Wohnsitzes erheblich geringer war,

— da außerdem die Verringerung der Arbeitskräftezahl in der Landwirtschaft langsamer als in Westdeutschland verlief.

Insgesamt hatte sich damit die dörfliche Sozialstruktur in den letzten dreißig Jahren in der Bundesrepublik Deutschland grundlegend geändert:

— Die Bevölkerung der meisten Dörfer wurde durch den Flüchtlingsstrom auch auf Dauer erheblich erweitert.

— Die neuen und ein Teil der bisher mit der Landwirtschaft verbundenen Bewohner bildeten in den meisten Dörfern den überwiegenden Teil der Bevölkerung. Der verbliebene landwirtschaftliche Anteil ist dabei meist auf weniger als ein Drittel zurückgegangen, auch wenn die bäuerlichen Betriebe mit ihren großen Wirtschaftsgebäuden nach wie vor optisch die Dörfer beherrschen.

— Die zunehmende Mechanisierung der Landwirtschaft hatte zu dieser Entwicklung wesentlich beigetragen und vor allem den überwiegenden Teil der landwirtschaftlichen Arbeitnehmer freigesetzt. Diese Gruppe ist lediglich in Orten mit größeren Betrieben (mehr als 50 ha) noch in nennenswertem Maße zu finden.

Das Dorf ist in stärkerem Maße isolierter Wohnplatz geworden. Dies ist aber zugleich der verbliebenen landwirtschaftlichen Bevölkerung zugute gekommen, denn ohne eine zusätzliche nichtlandwirtschaftliche Bevölkerung wären die meisten Ortschaften nicht in der Lage, Schulen, Wasserversorgungsanlagen, Kanalisation usw. zu wirtschaftlich tragbaren Kosten zu errichten und zu erhalten.

In der DDR wurde die Änderung der dörflichen Sozialstruktur
vor allem durch die Einrichtung der sozialistischen Landwirtschaft
hervorgerufen:

— Die Bodenreform seit dem Herbst 1945 und die Bedrängung
der größeren Landwirte in den folgenden Jahren beseitigte die
oberen Schichten der dörflichen Sozialpyramide.

— Die Errichtung der Landwirtschaftlichen Produktionsgenossenschaften führte zu einer Egalisierung der dörflichen Bevölkerung, die allenfalls durch funktionsbedingte Differenzierungen
durchbrochen wird.

Damit hat die dörfliche Sozialstruktur in beiden Teilen Deutschlands in den letzten dreißig Jahren die stärkste Änderung im Vergleich zu früheren Jahrzehnten und Jahrhunderten erfahren.

Der Aufbruch aus der traditionellen Wirtschaftsweise (1750 bis 1870)

1. Die treibenden Kräfte zur Auflösung der ständisch-feudalistischen Gesellschaft

a) Die Erstarkung der landesherrlichen Macht (Absolutismus)

Während die *feudalistische Gesellschaft* und der feudalistische Staat durch das Erstarken der Stände und deren Mitwirkung an den Entscheidungen auf landesherrlicher Ebene bereits eine besondere Ausprägung erhalten hatten, die als etwas Neues, als eine teilweise Überwindung der feudalen gesellschaftlichen Beziehungen angesehen werden kann, wurde mit zeitlicher Verzögerung wiederum das *Ständeregiment,* soweit die Stände überhaupt eine Schlüsselrolle in den einzelnen Territorien zu erlangen vermochten, von den Landesherren nach und nach zurückgedrängt. Der Ständestaat entwickelte sich in den größeren Territorien im 17. und 18. Jahrhundert *zum absolutistischen Staat,* in dem der Landesherr unabhängig von den Ständen (Klerus, Adel, Städte) seine Entscheidungen treffen konnte.

Diese *Entwicklung* war nicht einheitlich:

— Vor allem *in den geistlichen Fürstentümern,* in denen ein Zusammenwirken der durch Verwandtschaft verbundenen Mitglieder des Adels und des Domkapitels möglich war und in denen die Wahl des Fürstbischofs eine Machtkontinuität jeweils unterbrach, konnten die *Stände bis 1803* ihre Position im wesentlichen halten. Auch in zahlreichen kleineren Fürstentümern weltlicher Herrschaft konnten sich die Landesherren nicht vom Adel und seiner Mitwirkung an den Staatsgeschäften befreien.

— Nur selten waren *mittlere Fürstentümer* (wie z. B. Anhalt) in der Lage und bereit, den Adel „auszukaufen" und damit zugleich auch finanziell die eigene Machtbasis durch ein umfangreiches Domänengebiet zu erweitern. Entscheidend war im Prinzip in diesem Fall (Anhalt) die zum Ende des 16. Jahrhunderts einsetzende Konsolidierung der Finanzen des Fürsten, wodurch erst die finanzielle Basis für den Ankauf der Rittergüter geschaffen wurde. *Im allgemeinen* waren aber auch in den mittleren Fürstentümern die *Stände* bis 1803 an der Gesetzgebung beteiligt.

— Die zahlreichen, vor allem in Südwestdeutschland vorhandenen *kleinen Territorien* hatten häufig *keine ständische Gewalt* in ihrem Bereich. Sie waren insofern bereits losgelöste, d. h. absolute Herrscher, die aber, wie in größeren Territorien der ständische Adel, versuchten, ihre Untertanen in Abhängigkeit zu halten, um so einen möglichst großen wirtschaftlichen Vorteil zu haben.

— In *Brandenburg-Preußen* und anderen größeren Territorien waren die Staatsfinanzen Anstoß und Basis für die *Zurückdrängung* der Mitwirkung *des Adels* an den Staatsgeschäften:

— Die fortwährenden Querelen zwischen Landesherrn und Adel bei dem Streit um die Steuererhebungen zur Versorgung des Staates mit den erforderlichen Mitteln, insbesondere auch zur Abwehr von feindlichen Einfällen, standen in enger Verbindung mit dem aufkommenden Willen zur Straffung der sonstigen staatlichen Einnahmen.

— Die dann erst einmal, z. B. und vor allem in Preußen, aufgestellten Truppen waren ein wichtiges Mittel, um den Unmut des Adels nicht wirksam werden zu lassen.

Diese schematische Betrachtung steht anstelle eines in der Verfassungswirklichkeit sehr differenzierten Bildes, bei dem man von einem sehr unterschiedlichen Raster der in den einzelnen Territorien wirksam werdenden Kräfte auszugehen hat. Entscheidend für die Wandlungen in den folgenden Jahrzehnten wurden aber die Verhältnisse in den größeren Territorien. Nicht zu Unrecht steht daher bei der Erörterung dieser Probleme *Preußen* meistens *im Vordergrund* der Betrachtung.

Im Prinzip war die hier skizzierte Entwicklung in der Mitte des 18. Jahrhunderts abgeschlossen:

— In einigen Territorien hatte sich der Absolutismus mehr oder weniger durchgesetzt.

— In anderen Ländern hatten die Stände weiterhin eine mitentscheidende Rolle in der staatlichen Verfassung.

Die von ihren Ständen unabhängig (absolut) gewordenen *Fürsten* waren im Rahmen ihrer *Machtabsicherung* an einer Erhaltung oder gar Vermehrung der Bevölkerung interessiert. Sie führten daher den Bauernschutz ein. So war das umfangreichste Bauernlegen in Deutschland vor allem in den von ständischen Einflüssen beherrschten Ländern Mecklenburgs und im schwedischen Vorpommern zu finden (da die schwedische Herrschaft sich vor allem auf den einheimischen Adel stützte).

Durch die *Allodifikation des adligen Landbesitzes,* d. h. durch die Verleihung des völligen Eigentumsrechtes am Boden an den bisher formell in lehnsrechtlicher Beziehung stehenden Adel (und zwar einschließlich der in der adligen Grundherrschaft befindlichen Bauernhöfe), wurde der noch bestehende und auch im Ständestaat erhalten gebliebene Rest der Lehnsgliederung, d. h. der feudalen Beziehungen zwischen Landesherrn als Lehnsherrn und Adligem als Lehnsnehmer, gelöst. Damit war eine der wichtigsten Voraussetzungen für die Freisetzung auch der Bauern aus der Abhängigkeit vom Adel geschaffen (in Preußen Allodifikation ab 1717). Der *feudale Unterbau* in Form der *Abhängigkeitsbeziehungen zwischen adligen Grundherren und Bauern blieb* aber noch einige Zeit erhalten.

Der absolutistische Staat bereitete damit die Befreiung der Bauern aus der feudalherrlichen Abhängigkeit vor. Georg Friedrich Knapp hat daher in seinem 1887 erschienenen Werk (Die Bauern-Befreiung und der Ursprung der Landarbeiter in den älteren Teilen Preußens) insoweit mit Recht von der „Bauernbefreiung" gesprochen.

b) Die kameralistische Wirtschaftspolitik

Die kameralistische Wirtschaftspolitik stand mit zwei anderen Entwicklungsprozessen in enger Verbindung:

— Die Entstehung und schließlich *Erstarkung des absolutistischen Staates* stand in enger Wechselwirkung zu einer Wirtschaftspolitik, die mit der wirtschaftlichen Basis des Landes auch die materiellen Grundlagen der Macht verbreiterte.

— Die *allgemeine* wirtschaftliche und gesellschaftliche *Entwicklung* erreichte ein Niveau, das zu einem Konflikt zwischen Wirtschaftsverfassung (Handwerkerzünfte, Kaufmannsgilden, bäuerliche Abhängigkeit usw.) und den Erfordernissen der weiteren wirtschaftlichen Entwicklung führte.

Die kameralistische Wirtschaftspolitik ist daher auch als ein förderndes Element der allgemeinen Entwicklung anzusehen. Beide wirkten vor allem in folgender Weise:

— Die *Ansiedlung von Bauernfamilien* auf bisher nicht als Ackerland genutzten Flächen (Oderbruch usw.) führte zu einer Verstärkung des landesherrlichen Bauernstandes, so daß der Machtbereich des Adels an Gewicht verlor.

— Die *Förderung der gewerblichen Produktion* in Verlagseinrichtungen und in Manufakturen erweiterte diese Teile des sekundären Sektors und schuf damit die Voraussetzungen für die stärkere Mobilität auch innerhalb des primären Sektors, d. h. zur Verminderung der dort noch bestehenden rechtlichen Abhängigkeiten und Entwicklungsschranken.

— Mit dieser Entwicklung der beiden produzierenden Sektoren der Wirtschaft, insbesondere auch mit der zunehmenden Produktion für den Export, wurde der *tertiäre Sektor* erheblich ausgedehnt (Handel mit Waren und mit Geld, Transportwesen).

Insgesamt wurden damit die *Voraussetzungen* geschaffen

— für die dann im 19. Jahrhundert einsetzende *Industrialisierung* und

— für die schon in der zweiten Hälfte des 18. Jahrhunderts beginnenden, von privater Seite oder vom Staat (Reformen) eingeleiteten *Änderungen* in der ländlichen Gesellschaft und *in der Landwirtschaft.*

c) Die malthusianische Situation

Die kameralistische Politik ging u. a. davon aus, daß ein Land mit einer *zahlenmäßig starken Bevölkerung* auch eine entsprechend breite wirtschaftliche Basis besitzt. So bewirkte die kameralistische Peuplierungs- oder Bevölkerungspolitik eine ständige Zunahme der in den einzelnen Ländern zu versorgenden Menschenzahl (durch Zuwanderung und durch Geburtenüberschuß). Die Ernährungsmöglichkeiten waren jedoch begrenzt:

— *Langfristig* kam es daher zu einer *Verteuerung der Nahrungsmittel* im letzten Drittel des 18. Jahrhunderts. Die steigenden Agrarpreise führten zu einer Ausdehnung der Produktion derjenigen Früchte, die besonders stark nachgefragt wurden, d. h. der Grundnahrungsmittel, die je Geldeinheit einen möglichst hohen Sättigungsgrad boten.

Kartoffeln, Kohl und Getreide (Brot, Grütze usw.) wurden eher nachgefragt als das zu teure Fleisch.

— *Kurzfristig* bewirkten die sehr starken Ernteschwankungen, daß in einzelnen Jahren *Hungerkrisen* auftraten, wodurch wiederum vor allem der Anbau von Kartoffeln, Kohl und anderen Gemüsen begünstigt wurde, was aber häufig wegen der Hutungsrechte nicht in der Feldmark geschehen konnte.

Gegen Ende des 18. Jahrhunderts stellte *Malthus* aufgrund dieser Situation (und als Antwort auf eine sehr optimistische Prognose William Godwins) die These auf, daß die Menschenzahl in geometrischer Reihe wachse, während die *Nahrungsmittelproduktion* sich nur in arithmetischer Reihe, d. h. wesentlich *langsamer,* steigern ließe. Demnach mußte es nach Malthus immer wieder zu Hungerkrisen kommen, die der Vermehrung der Menschenzahl jeweils eine Schranke setzten.

Das 19. Jahrhundert hat gezeigt, daß sowohl Godwin als auch Malthus die tatsächliche Entwicklung falsch eingeschätzt haben. Die Menschenzahl wuchs keineswegs in geometrischer Reihe. Die *Nahrungsmittelproduktion* wurde erheblich *stärker erhöht,* so daß die Menschen am Ende des 19. Jahrhunderts in den meisten Staaten Europas wesentlich besser ernährt wurden als ein Jahrhundert zuvor.

Im Prinzip hatte aber Malthus mit seiner These darauf hingewiesen, welche Folgen eine (durch die traditionelle Wirtschaftsweise hervorgerufene) begrenzte Nahrungsmittelerzeugung haben mußte. Die *Nahrungsenge* hat entscheidend zum *Aufbrechen* der traditionellen *Schranken* in der landwirtschaftlichen Produktion beigetragen.

d) Die liberalistischen Kräfte und Ideen

Häufig wird in der Literatur als der entscheidende, die Bauern-befreiung auslösende Faktor der Liberalismus genannt. Die liberalen Ideen haben sicher ihren Einfluß gehabt, auch wenn man dies im einzelnen nur schwer nachweisen kann. Die von der *Philosophie* (Aufklärung, Naturrechtslehre) und von der *Staatslehre* (Lehre vom Gesellschaftsvertrag) ausgehenden Wirkungen dürfen aber nicht überschätzt werden.

Wichtiger sind vielleicht die *wirtschaftspolitischen Vorstellungen* gewesen, die vor allem von dem Königsberger Kameralwissen-schaftler *Christian Jacob Kraus* (1753 bis 1807), angeregt von Immanuel Kant und von Adam Smith, gelehrt wurden und da-durch bei den akademisch gebildeten preußischen Beamten bis weit in das 19. Jahrhundert hinein Verbreitung fanden. Daneben gab es umfangreiche *Einflüsse aus der französischen* und aus der *englischen Literatur* bis hin zur Darstellung neuer Produktions-methoden.

Diese insgesamt sehr differenzierten *geistigen Strömungen* und Einflüsse brachten zahlreiche Anregungen und schufen den geisti-gen *Hintergrund für die Neugestaltung* der ländlichen Lebensver-hältnisse. Sie sind insofern mit als Ursachen für die Agrarreformen anzusehen, dürfen *aber* gegenüber den von den tatsächlichen Ver-hältnissen (Einschnürung der landwirtschaftlichen Produktion) aus-gehenden Wirkungen *nicht überbewertet* werden.

2. Die Agrarreformen (Bauernbefreiung)

Unter dem Begriff der Agrarreformen werden nicht nur die durch den Gesetzgeber bewirkten Veränderungen im ländlichen und im landwirtschaftlichen Bereich verstanden, sondern auch diejenigen, die unabhängig von den Wandlungen des rechtlichen Rahmens aufgrund der Initiativen einzelner Personen oder Gruppen eingetreten sind.

a) Die Grundstruktur der feudalistischen Abhängigkeit

Die seit dem frühen Mittelalter immer größere Abhängigkeit der Bauern von den Grundherren hatte eine sehr unterschiedliche Intensität. Die feudalistische Abhängigkeit war nach der Entstehung des Ständestaates und auch noch nach dessen teilweiser Zurückdrängung im 16., 17. und 18. Jahrhundert immer stärker ausgebildet worden. Im wesentlichen bestand diese Abhängigkeit aus folgenden *rechtlichen Komponenten:*

— Die *grundherrliche Abhängigkeit* war für die vorindustrielle, überwiegend auf die Landwirtschaft ausgerichtete Zeit die wichtigste Komponente. Dem grundherrlichen Recht am Boden stand ein mehr oder weniger starkes Nutzungsrecht der Bauern gegenüber. Diese Rechtsbeziehungen wurden teilweise dort, wo die Lehnsabhängigkeit des Adels noch bestand, durch das lehnsherrliche Recht des Landesherrn gegenüber dem Adligen (Heimfall bei fehlendem männlichen Erben des einzelnen Adligen usw.) ergänzt. Die Allodifikation, d. h. die Verleihung des vollen Eigentums am Boden an den Adligen war in weiten Teilen Deutschlands bereits im 18. Jahrhundert durchgeführt worden. Das Nutzungsrecht des einzelnen Bauern war entweder auf die bäuerliche Familie ausgerichtet, d. h. es war mit Erbrecht verbunden, oder es wurde dem Bauern auf Zeit (Lebensdauer oder eine bestimmte Zahl von Jahren) übertragen. In dem zuletzt genannten Fall glich die Überlassung dieses Nutzungsrechtes schon einem Pachtvertrag.

— Die *personenrechtliche Bindung* war ein wichtiger Bestandteil des Feudalsystems. Sie hatte ihren Ursprung in den persönlichen Beziehungen innerhalb der Lehnspyramide, auch wenn aus formellen Gründen die Bauern als nicht lehnsfähig eigentlich nur faktisch den Unterbau der Lehnspyramide bilden konnten. Die Leib-, die Munt- oder die Schutzherrschaft standen anfangs im Vordergrund. Die Beschränkung der bäuerlichen Freizügigkeit und die damit verbundene Verpflichtung zu wirtschaftlichen Leistungen bildeten seit dem ausgehenden Mittelalter den wesentlichen Inhalt dieser Abhängigkeit.

Diese beiden Bestandteile der bäuerlichen Abhängigkeit (die grundherrliche und die personenrechtliche) waren aufgrund dessen, daß der Boden das wichtigste Produktionsmittel der vorindustriellen Zeit war und die den Boden bewirtschaftende Arbeitskraft, der produzierende Mensch (Bauer), die wirtschaftliche Basis der lehnsherrlichen Macht darstellte, in der Kombination der Kern der feudalistischen Gesellschaftssysteme.

— Erst mit der langsamen Staatswerdung im hohen Mittelalter und mit der wachsenden Identität von Ausübung der Staatsgewalt und *Verwaltungs-* und *Gerichtsaufgaben* traten diese beiden Komponenten, d. h. die *landesherrliche* und die *gerichtsherrliche,* zur feudalherrlichen Abhängigkeit hinzu. Diese hoheitlichen Rechte waren keine existenziellen Bestandteile des Feudalsysteme. Sie verstärkten aber die Machtstellung der einzelnen Feudalherren erheblich, sofern diese in der Lage waren, deren Ausübung vom Landesherrn zu erlangen.

— Das *kirchliche Patronatsrecht,* verbunden mit der Verpflichtung, die kirchlichen Gemeindemitglieder zu Hand- und Spanndiensten zur Erhaltung der Kirche und zu sonstigen Leistungen zum Unterhalt von Pfarrer und Küster heranzuziehen, war, isoliert betrachtet, unerheblich, konnte aber die feudalherrliche Stellung verstärken.

Die Bündelung der verschiedenen Rechte in einer Hand war in den ostelbischen europäischen Gebieten zwischen Kiel und Reval, Wien und Kiew weit verbreitet und bildete die rechtliche Grundlage der Gutsherrschaft im 18. Jahrhundert. Ostdeutschland war ein Teil dieser weitgehend (aber nicht durchweg) gutsherrlich organisierten, überwiegend landwirtschaftlich orientierten Regionen. In den westlicheren Gebieten war die Aufsplitterung der Rechte vorherrschend, so daß die rechtliche Stellung der Bauern aufgrund der Rivalität der einzelnen Berechtigten nicht zu sehr beeinträchtigt wurde, um die wirtschaftliche Leistungsfähigkeit zu erhalten. Während in den östlichen Gebieten vor allem auch hoheitliche Rechte in die Hände der adligen Feudalherren gerieten und dadurch der Bauer zum mittelbaren, zum „mediaten" Untertan wurde, war dies in den westlichen Gebieten nur selten der Fall. Aus den rechtlichen Abhängigkeiten resultierten *wirtschaftliche Leistungen* der Bauern an die Feudalherren:

— *Dienstleistungen*, d. h. Arbeitsleistungen.

  — Diese konnten in Form der *Hand- und Spanndienste* entstehen. Ihr Umfang hing vom Bedarf und davon ab, in welchem Maß die Feudalherren aufgrund ihrer Machtstellung die Dienstforderungen ausdehnen konnten. Vor allem in den ostelbischen Gutsbetrieben mit ihrem wachsenden Arbeitsbedarf entstand ein Anreiz zur Ausweitung der bäuerlichen Dienstleistungen.

  — Aufgrund des bestehenden *Gesindezwangsdienstes* hatten die Bauernkinder in den Haushalten oder auf den Gütern der Adligen als Gesindekräfte zu arbeiten. Die Entlohnung war gering, da ein freier Vertrag nicht ausgehandelt werden konnte. In abgeschwächter Form bestand diese Arbeitsverpflichtung als Vormietrecht, d. h. für den Fall, daß Bauernkinder ein Arbeitsverhältnis bei fremden Personen beginnen wollten, konnte die Feudalherrschaft in diesen Vertrag eintreten und die Arbeitsleistungen selbst in Anspruch nehmen.

— *Naturalleistungen* verringerten den über den Markt zu befriedigenden Bedarf der feudalherrlichen Haushalte (Getreide, Flachs, tierische Produkte usw.) oder vermehrten die von der feudalherrlichen Verwaltung zu verkaufenden Mengen. Sie waren im 18. Jahrhundert durch die ständig steigenden Agrarpreise vor allem dort wichtig, wo die Feudalherren aufgrund des bestehenden Systems der Abhängigkeiten nicht die Geldleistungen der Bauern erhöhen konnten.

— *Geldleistungen* wurden im 18. Jahrhundert verstärkt von den kameralistischen Staaten in ihren Grundherrschaften (landesherrliche Grundherrschaften) gefordert, da dies eine erhebliche Vereinfachung der Verwaltung brachte. Hier trat aber das Problem der Anpassung an Änderungen bei den Agrarpreisen und damit bei den bäuerlichen Einkommen auf. Gerade in den ostdeutschen Gebieten mit umfangreichem landesherrlichen Grundbesitz konnte die Erhöhung der Geldleistungen bei in der zweiten Hälfte des 18. Jahrhunderts steigenden Agrarpreisen durchgesetzt werden.

Das Feudalsystem war verbunden mit einer weitgehend erstarrten *Verfassung der Agrarverhältnisse* in den Dörfern. Besonders die Nutzung des Bodens geschah nach Regeln, die eine Änderung des Ackerbaues verhinderten:

— *Gemengelage und Flurzwang,* verbunden mit zeitlich festgelegten Weiderechten der gemeinen Herde auf den Ackerflächen, d. h. der aus den individuellen Viehbeständen zusammengesetzten Viehherde des Dorfes, verhinderten den Übergang zu anderen Fruchtfolgen, insbesondere die Aufnahme neuer Pflanzen.

— Die *gemeinsame Nutzung großer Teile des Dauergrünlandes* (Gemeinheiten) bewirkte, daß dieses ungepflegt und daher ertragsarm war. Die Ernährung und damit die Leistungsfähigkeit der Viehbestände hatten einen niedrigen Stand.

Erstarrt waren auch die wirtschaftlichen und die gesellschaftlichen Verhältnisse. Die *gesellschaftliche Immobilität* bestand aus folgenden Komponenten:

— Die *eingeschränkte Freizügigkeit* zwang zur Beibehaltung des Wohnsitzes.

— Die *eingeschränkte Berufswahlmöglichkeit* führte zur Überfüllung einzelner Berufe.

— Die *eingeschränkte Heiratsmöglichkeit* (erforderliche Heiratsgenehmigung) verhinderte eine zu starke Expansion der Bevölkerung, verstärkte aber zugleich die versteckte Arbeitslosigkeit in den bäuerlichen und anderen Familien.

Dieses Grundmuster der Einengungen und Abhängigkeiten war in Mitteleuropa aufgrund der sehr unterschiedlichen Machtstrukturen und des sehr unterschiedlichen Gestaltungswillens einzelner Landesherren und Feudalherren differenziert. Teilweise hatten die schon genannten Kräfte bereits ein Aufbrechen des Rahmens der wirtschaftlichen und der sozialen Verfassung im Laufe des 18. Jahrhunderts bewirkt, d. h. vor der eigentlichen Bauernbefreiung.

b) Die Anfänge der Überwindung der Abhängigkeiten

Die *Anfänge* der Verminderung der bäuerlichen Abhängigkeiten sind in die Jahrzehnte von der *Mitte des 17. Jahrhunderts* bis in die Mitte des 18. Jahrhunderts einzuordnen. Im Prinzip lagen hier *zwei Überlegungen im Widerstreit,* die noch durch unterschiedliche tatsächliche Verhältnisse ergänzt wurden:

— Die Verminderung der Bevölkerungszahl durch den Dreißigjährigen Krieg führte zu einem Arbeitskräftemangel auf dem Lande, der so groß war, daß eine ganze Reihe von Bauernhöfen, teilweise mehr als die Hälfte, in dünner besiedelten Gebieten vor allem *Ostdeutschlands* wüst lag. Die Feudalherren bemühten sich, die Abwanderung weiterer Arbeitskräfte durch eine Verstärkung der persönlichen Bindungen zu verringern. Vor allem in den vom Adel als wichtige ständische Gewalt bestimmten Gebieten Mecklenburgs und Schwedisch-Vorpommerns kam es daher zu einer *Verstärkung der bäuerlichen Abhängigkeit.*

— In anderen Gebieten kam es zu einem umfangreichen *Bauernschutz* und zur *Förderung der Landwirtschaft* allgemein, verbunden mit den ersten Ansätzen einer Verbesserung der Rechtssituation der Bauern. Vor allem die kameralistische Wirtschaftspolitik Brandenburg-Preußens ist hier zu nennen.

Daneben gab es große Gebiete in *Westdeutschland,* in denen die Bevölkerungsverluste des Dreißigjährigen Krieges lediglich die unterbäuerlichen Schichten reduziert hatten, da frei gewordene Bauernhöfe mit Familien aus diesen Schichten besetzt worden waren. Hier *blieb die Rechtslage* der landwirtschaftlichen Bevölkerung in etwa *konstant.*

Als weitere Variante sind die *gewerblichen Gebiete* zu nennen, in denen der Bergbau oder das Verlagsgewerbe (Textilgewerbe, Eisengewerbe usw.) weit verbreitet war. Hier waren die aus diesem Sektor kommenden Einflüsse, insbesondere auch bei der fehlenden scharfen Trennung der Tätigkeiten, eher auf eine *Verringerung* der bäuerlichen *Abhängigkeiten* ausgerichtet. Entscheidend blieb die zunehmende wirtschaftliche Leistungsfähigkeit dieser Gebiete auch für die staatlichen Finanzen, die dazu führte, daß die

Feudalherren — auch wenn formell eine Verringerung der Abhängigkeiten nicht eintrat — weniger ergiebige Rechte (Freikauf usw.) kaum noch wahrnahmen. Zu diesen Gebieten gehörten vor allem die südlichen Teile des Kurfürstentums Sachsen, aber auch westdeutsche gewerbereiche Territorien (Ravensberg, Hohenlohe usw).

Neben diese zuletzt genannten mehr *allgemeinen Entwicklungen* traten im 18. Jahrhundert *in Preußen* bereits konkrete Bemühungen des *Gesetzgebers,* d. h. der Monarchen, um die Lage der Bauern zu verbessern:

— Die Flecken-, Dorf- und Ackerordnung vom 16. Dezember 1702 für Ostpreußen sah vor, daß die Bauernfamilien unter Verpflichtung zur ratenweisen Bezahlung des Wertes des lebenden und toten Inventars *„von der Leibeigenschaft* losgesprochen und *in eine bürgerliche Freiheit* gesetzt werden sollen". Die niedrigen Agrarpreise zu dieser Zeit und damit die niedrigen Einkommen der Bauern verhinderten zusammen mit der geringen Aktivität der unteren Verwaltungsstellen die Wirksamkeit dieser Verordnung, die leicht ein Vorbild für weitere entsprechende Regelungen in anderen Teilen der preußischen Monarchie hätte werden können.

— Der Vorschlag Luben von Wulffens aus dem Jahre 1703 griff das Problem von einer anderen Seite auf. Luben wollte die *Domänen,* in der damaligen Terminologie die landesherrlichen Vorwerke, als die eigentliche Quelle der bäuerlichen Dienstverpflichtungen *auflösen* und damit in Preußen die Freiheit der Bauern einführen. Dieser Plan wurde aber nicht verwirklicht. Er ist im übrigen vergleichbar mit einem entsprechenden Vorschlag des österreichischen Ministers Raab aus der Zeit um 1790.

— 1709 wurde erneut vom preußischen König (Befehl vom 21. Februar 1709) die *Verleihung der persönlichen Freiheit* und die Übertragung des *Eigentums am Boden* an die Bauern angeordnet, doch auch dieses Mal ohne Erfolg.

— 1719 war ebenfalls ein Jahr mit zahlreichen Bemühungen des neuen preußischen Königs: Edikte vom 16. Januar und vom 10. Juli sollten das *Erbrecht verleihen* und die Bauern zu *„Frei-*

Bauern" machen. Für Pommern wurde außerdem am 22. März 1719 ein Patent für die „Aufhebung der Leibeigenschaft" erlassen.

Die Benutzung des Begriffes „Leibeigenschaft" durch den Landesherrn sollte in Preußen, wie auch in anderen Ländern, das Abhängigkeitsverhältnis in Verruf bringen, um die Bereitschaft zur Beseitigung eben dieser Abhängigkeit bei den Beamten (und vielleicht auch beim Adel) zu verstärken.

— In den Jahrzehnten von *1720 bis 1763* gab es nur eine *geringe Aktivität* hinsichtlich der Verbesserung der rechtlichen Situation auf dem Lande.

— Nach Beendigung des Siebenjährigen Krieges galt es zunächst, die Zahl der Bauernstellen zu erhalten, d. h. die wüst gewordenen Stellen wieder in Nutzung nehmen zu lassen. Diese *Bauernschutzpolitik* richtete sich vor allem gegen den Adel, der bei steigenden Agrarpreisen gern seine Eigenwirtschaften vergrößern wollte und dies auch durch ein umfangreiches *Bauernlegen in Mecklenburg* und in *Schwedisch-Vorpommern* erreichte.

— Wichtig waren *in Preußen* nunmehr folgende Maßnahmen:
   — Ab 1763 wurden *Domänenpachtverträge ohne* Bestätigung des *Gesindezwangsdienstrechtes* abgeschlossen.
   — Die zunehmende Bevölkerungszahl *erleichterte* die *Freilassung* aus Abhängigkeitsverhältnissen, da mit der häufig folgenden oder vorausgegangenen Abwanderung zugleich die Pflicht zur Unterstützung in Notfällen für den Feudalherrn entfiel.
   — Inzwischen war eine völlige *Unsicherheit über das Bestehen der bäuerlichen Abhängigkeit* eingetreten, so daß der König 1798 um einen Bericht hierzu aufforderte.

Formell wurde die bäuerliche *Abhängigkeit* zwar für die Domänenbauern Ost- und Westpreußens durch Verordnung vom 29. Dezember *1804,* für die Bauern des Adels im Oktober *1807 beseitigt,* bereits zuvor aber gab es Dienstaufhebungen, Eigentumsübertragungen und eine faktische Beseitigung der Abhängigkeit durch Nichtinanspruchnahme der daraus resultierenden Rechte. Im Ergebnis läßt sich sagen, daß in der preußischen Monarchie, aber auch in anderen Teilen Deutschlands *bereits vor* dem in der Literatur immer wieder besonders herausgestellten *Oktoberedikt von 1807* der *Wandlungsprozeß* weitgehend *in Gang* gekommen war.

Dies gilt *auch* für die *Separationen,* d. h. für die Aufhebung der Gemengelage, und für die *Gemeinheitsteilungen.*

— Die *Beseitigung der Gemengelage,* d. h. die Zusammenlegung der landwirtschaftlichen Grundstücke eines Besitzers, begann in Form von einzelnen Verfahren bereits in der ersten Hälfte des 18. Jahrhunderts. Die Verordnungen zur Durchführung dieser Verfahren nach allgemeinen Regeln sind für viele Teile Deutschlands um 1770 einzuordnen.

— Die *Aufteilung* der gemeinsam genutzten Flächen, d. h. *der Gemeinheiten,* verlief in etwa parallel oder mit geringer zeitlicher Verzögerung.

Insgesamt sind bis zum Ende des 18. Jahrhunderts weniger als 10 v. H. der Dorfgemarkungen in entsprechende Verfahren einbezogen worden. In den meisten Dörfern wurden die Gemeinheitsteilungen und die Separationen erst in den vier Jahrzehnten nach der napoleonischen Zeit durchgeführt.

c) Die Beschleunigung der Entwicklung durch die napoleonische Zeit

In der *napoleonischen Zeit* wurden die Agrarreformen erheblich *beschleunigt.* Dies geschah auf *zwei* verschiedenen *Wegen:*

— In den von Frankreich okkupierten *(westrheinischen) Gebieten* wurden wie in Frankreich nach und nach die feudalherrlichen Rechte *entschädigungslos aufgehoben.* Teilweise wurden diese Maßnahmen auch in den Gebieten des Rheinbundes durchgeführt, die formell zwar selbständig blieben, an deren Spitze jedoch ein französischer Regent stand (Königreich Westfalen, Großherzogtum Berg).

— In den *übrigen Gebieten,* vor allem in Preußen, war die *Reorganisation des Staates* mit einer Änderung auch der Wirtschaftsverfassung auf dem Lande verbunden. Die Aufhebung der bäuerlichen Abhängigkeit, insbesondere der persönlichen Bindungen, war ein Teil des beginnenden Überganges zum bürgerlichen Staat, wie schon am Anfang des 18. Jahrhunderts davon ausgegangen worden war, daß die Bauern die „bürgerliche Freiheit" erlangen sollten.

Gebiete wie Sachsen, Bayern, Württemberg und Baden führten zwar ebenfalls Agrarreformen durch. Hier wurden die beiden genannten beschleunigenden Kräfte aber nicht so deutlich wirksam.

Im wesentlichen lassen sich die *Agrarreformen* auf folgende Phasen und *Teile* schematisch reduzieren:

1. Die *Aufhebung der persönlichen Bindungen,* die vor allem in Form der *Freizügigkeitsbeschränkungen* und des *Gesindezwangsdienstes* bestanden: Die *Bevölkerungszunahme* im letzten Drittel des 18. Jahrhunderts war so stark, daß im allgemeinen auch ohne formelle Aufhebung dieser Bindungen durch Nichtgeltendmachung *die* persönliche *Abhängigkeit beseitigt* worden war. Die formelle Aufhebung erfolgte in Baden 1783. Das *Oktober-Edikt von 1807* hob in Preußen mit sofortiger Wirkung die Erbuntertänigkeit, d. h. die persönliche Abhängigkeit bei den sogenannten besseren, d. h. bei den erblichen Besitzrechten, auf. Bei den übrigen Besitzrechten sollte dies zum 11. November 1810 geschehen. In Mecklenburg wurde dieser Teil der feudalen Abhängigkeit 1820 aufgehoben. Dies war in Deutschland das letzte Territorium.

Auch in anderen Ländern Europas wurden entsprechende gesetzliche Regelungen am Ende des 18. und im 19. Jahrhundert getroffen: In Österreich 1781 und in Ungarn 1785 (in beiden Ländern teilweise wieder rückgängig gemacht), in Frankreich 1789, in Polen 1807 (mit der Errichtung des Großherzogtums Polen durch Napoleon) und in Rußland 1861.

Auch für die vorhergehende Zeit darf die persönliche Abhängigkeit nicht als eine allgemeine Erscheinung angesehen werden. Selbst in den *östlichen Teilen Mitteleuropas und in Osteuropa* lebte eine große Anzahl der *Bauern* — bis zu einem Drittel — *nicht in* einer solchen *Abhängigkeit.* Von der gesamten Bevölkerung dieser Gebiete besaßen sogar bis zu 80 v. H. keine Freizügigkeitsbeschränkungen.

In Westdeutschland wurde zwar noch häufig die Bezeichnung Leibeigenschaft gebraucht. Das zugrunde liegende Abhängigkeitsverhältnis hatte aber meistens nur einen wirtschaftlichen Inhalt (Abgaben), während der Leibeigene frei seinen Wohnsitz bestimmen konnte. Lediglich die westfälische Eigenbehörigkeit war in etwa mit der ostdeutschen Erbuntertänigkeit vergleichbar. Die Bezeichnung Leibeigenschaft entsprach aber auch hier nicht den tatsächlichen Verhältnissen, sofern man Leibeigenschaft mit einem völligen Verfügungsrecht des Feudalherrn über den Körper (Leib) des Abhängigen gleichsetzt. Im übrigen ist nicht die Bezeichnung entscheidend, sondern die Qualität der Abhängigkeit, und diese war schlecht genug.

2. Die *Umwandlung der Dienste und der naturalen Abgaben in Geldleistungen* hatte schon in der Zeit vor 1807 im Zusammenhang mit der Vereinfachung der Verwaltung des landesherrlichen Grundbesitzes einen großen Umfang erreicht. Der Adel war diesen Weg innerhalb seiner Grundherrschaft bei den Naturalabgaben ebenfalls weithin gegangen. Die *Ersetzung von Fronarbeit durch Lohnarbeit* war hier *schwieriger,* da vor allem bei den zahlreich vorhandenen *kleinbäuerlichen Betrieben* eine Ersetzung der Dienste durch Abgaben an der — im Verhältnis zur Zahl der zu ernährenden Familienangehörigen (niedrige Marktquote) — geringen Leistungsfähigkeit dieser Höfe scheiterte.

Die Umwandlung der Dienste in Geldabgaben war bei den Bauern des Landesherrn in Preußen bis zum Oktober-Edikt von 1807 bereits etwa zur Hälfte abgeschlossen. Hier brachten die Ereignisse des Jahres 1807 keine Beschleunigung. Die Umwandlung bei den Bauern des Adels hingegen wurde erheblich schneller durchgeführt, als die wenigen bisherigen Fälle unter normalen Verhältnissen erwarten ließen.

3. Der wichtigste Teil der Reformmaßnahmen war die *Verleihung des Eigentums am Boden* und — sofern das Inventar im herrschaftlichen Eigentum stand — auch am Inventar. Während die weitgehende Nichtgeltendmachung der persönlichen Abhängigkeitsrechte aufgrund der zunehmenden Bevölkerungszahl ohne gesetzliche Regelung gehandhabt wurde und die Umwandlung der Dienste und der naturalen Abgaben in Geldabgaben sich als Maßnahme der Wirtschaftlichkeit von selbst anbot, bedeutete die Eigentumsverleihung eine Übertragung von erheblichen Vermögenswerten. Das Hauptproblem war daher die Art, in der die Durchführung dieser Regelung vorgesehen wurde. Denkbar wäre

2. Die Agrarreformen (Bauernbefreiung)

gewesen, daß man das feudalistische Abhängigkeitsverhältnis in ein freies Pachtverhältnis umänderte. Im Rheinland und in den westlich benachbarten Gebieten der nördlichen und der südlichen Niederlande (d. h. in den heutigen Niederlanden und in Belgien) gab es immerhin solche Vorbilder. Auch in der nordwestdeutschen Grundherrschaft bestand ein Rechtsverhältnis für die Überlassung der Bodennutzung, das durchaus mit einem Pachtverhältnis vergleichbar war. Der Nachteil einer solchen Regelung wäre zwar einerseits ein sehr unsicheres Besitzrecht der Bauern gewesen, andererseits wären nicht die umfangreichen Ablösungsgelder für die Eigentumsüberlassung erforderlich geworden. Im allgemeinen wurde die Eigentumsübertragung auf folgenden *zwei Wegen* durchgeführt (z. B. in Preußen nach dem Regulierungsedikt vom 14. September 1811):

— Das bisher geteilte Recht am Boden (grundherrliches Obereigentum = dominium directum und bäuerliches Nutzungsrecht = dominium utile) wurde als Maßstab für *die reale Teilung des Bodens* zwischen Grundherrn und Bauern genommen:

— Bei Erbrecht der Bauern hatten diese ein Drittel der Fläche an den bisherigen Grundherrn abzugeben.

— Bei fehlendem Erbrecht hatten sie die Hälfte des Bodens an den bisherigen Grundherrn abzugeben.

— Das bisher geteilte Recht am Boden wurde in der Hand des Bauern vereinigt. Dieser hatte dem bisherigen Grundherrn für die Übertragung des durch das Obereigentum dargestellten Rechtsanteiles eine *Entschädigung* zu zahlen. Dazu wurden die bisherigen an den Grundherrn zu entrichtenden Leistungen (Naturalleistungen und Dienste, zunächst in Geld umgerechnet) kapitalisiert. Die so ermittelte Summe war zu verzinsen und mit einem festgelegten Betrag zu amortisieren.

Beide Wege brachten den Bauern gerade in den ersten Jahren nach der Eigentumsänderung eine *große Belastung:*

— Im *ersten* Falle *verminderte* sich die *Betriebsfläche,* obgleich Gebäude und Inventar gleich blieben. Bei sehr kleinen Höfen konnte die Landabgabe zu einer so starken Verminderung der

Hoffläche führen, daß eine normale Bauernfamilie ihren Lebensunterhalt nicht mehr aus dem Hof bestreiten konnte. Bei größeren Höfen konnte die Landabgabe insofern vorteilhaft sein, weil nunmehr bei noch ausreichend vorhandener Fläche der Hof frei von Ablösungsschulden war, man also Investitionskredite zur Verbesserung der verbliebenen Fläche aufnehmen konnte. Gebäude und Inventar waren hier zwar ebenfalls zu groß. Die landwirtschaftliche Produktion konnte aber bei einer intensiveren Nutzung der Flächen so ausgedehnt werden, daß langfristig insbesondere die Gebäude voll ausgenutzt wurden.

— Der *zweite* Weg *belastete* die Bauern gerade *in den ersten zwei Jahrzehnten* nach der Regulierung erheblich, da die Produktion noch nicht auf einen höheren Stand gebracht worden war, aber gerade in den 20er Jahren sehr niedrige Agrarpreise die Gelderlöse der Bauern verminderten. Bei einer Versteigerung der so überschuldeten Höfe hatten die bisherigen Grundherren als Gläubiger der Ablösungsforderungen im Vergleich zu anderen potentiellen Erwerbern den geringsten Barbetrag aufzubringen, so daß die so veräußerten Höfe leicht in die Hände der bisherigen Grundherren gelangten. Reichsfreiherr vom Stein hatte daher im Zusammenhang mit dem Oktoberedikt von 1807 — vergeblich — die Aufrechterhaltung eines Bauernschutzes gefordert.

Im Ergebnis wurde ein Teil der *Bauern* von diesen Regulierungsmöglichkeiten *ausgeschlossen,* d. h., hier hing es von der grundherrlichen Entscheidung ab, ob der betreffende Bauernhof bestehen blieb:

— Aufgrund der preußischen Deklaration vom 29. Mai 1816 wurden die folgenden beiden Gruppen von der Anwendung des Regulierungsediktes von 1811 ausgenommen:

  — Bauernhöfe ohne Spanndienstpflichten, d. h. die kleineren Bauernhöfe.

  — Bauernhöfe, die erst nach 1763 errichtet worden waren.

— Eine ganze Reihe von Bauern wurde von der Regulierung ausgeschlossen, weil zunächst eine Regulierungspflicht und auch ein Regulierungstermin gesetzlich nicht festgelegt worden waren. Die Grundherren konnten in Preußen also insoweit durch Privatvereinbarung mit den Bauern deren Höfe erwerben, so daß hier dann die Regulierung entfiel.

Im ganzen ergibt sich aus dieser Konstellation ein doppeltes Problem:

— Die vermögensmäßige Auseinandersetzung zwischen Bauern und Grundherren führte zu umfangreichen Transferleistungen, d. h. aber auch zu einer erheblichen zusätzlichen Belastung der Bauern. Die Allodifikation der Adelsgüter im 18. Jahrhundert war dagegen ohne eine solche Ablösungsleistung des Adels erfolgt. Vielleicht war man seitens der preußischen Monarchen bei dieser Allodifikation froh, die ständischen Einflußmöglichkeiten auf dem Wege der Aufhebung der Lehnsbeziehungen zu vermindern. Vermutlich hätten deshalb ablösungsähnliche Leistungen des Adels überhaupt nicht durchgesetzt werden können. Immerhin ist anzunehmen, daß der durchaus sparsame und auf Geldeinnahmen sehr stark ausgerichtete König Friedrich Wilhelm I. sich diese Möglichkeit zusätzlicher Einnahmen nicht hätte entgehen lassen.

— Die vermögensmäßige Auseinandersetzung zwischen Bauern und Grundherren, ferner die beginnende Mobilität des Rechtes am Boden, die besonders in der Übergangszeit sehr groß war, verstärkte den Umsatz auf dem Grundstücksmarkt.

Die Bauern hatten in dieser Periode insgesamt große Bodenverluste. Über den Umfang dieser Verluste gibt es in der Literatur sehr unterschiedliche Angaben, da es zuverlässige Statistiken für die Zeit vor der Regulierung und für die spätere Zeit nicht gibt. Im allgemeinen kann man wohl von folgenden Bewegungen des Rechtes am Boden ausgehen:

— Grundherren erwarben im Zusammenhang mit den Regulierungen Boden als Landabgaben bei der Teilung der Rechte am Boden. Diese Verluste an Bauernland werden im allgemeinen überschätzt, da höchstens 20 v. H. aller Bauern auf diesem Wege reguliert worden sind.

— Gutseigentümer, und zwar sowohl adlige als auch bürgerliche, ferner bäuerliche Besitzer kauften ihre rechtlich nicht mehr

durch den Staat geschützten Nachbarn auf. (Es liegen keine zuverlässigen Schätzungen vor).
— Die sogenannten Gemeinheiten, d. h. die gemeinsam genutzten (Weide-)Flächen wurden aufgeteilt. Sie waren zuvor nicht immer eindeutig in den Verwaltungsakten von den individuellen Nutzflächen abgegrenzt, so daß keine zuverlässige Aussage darüber gemacht werden kann, welchen Umfang diese Gemeinheiten vor den Reformen gehabt haben. Sie werden im allgemeinen auf 20 bis 40 v. H. der gesamten landwirtschaftlichen Nutzfläche geschätzt, was ein Hinweis auf das Ausmaß der zu verteilenden Fläche und die möglichen Berechnungsfehler ist.

Man geht im allgemeinen davon aus, daß durch diese verschiedenen Maßnahmen und Vorgänge allein *in den östlichen Provinzen Preußens 30 000 bis 40 000 Bauernhöfe* und *70 000 bis 80 000* nichtspannfähige *Besitzstellen* (d. h. 12 bis 15 v. H. der ländlichen Besitzstellen dieses Gebietes) *verloren*gegangen sind. In den westelbischen Gebieten sind die Verluste an Bauernland nicht so hoch einzuschätzen.

Berücksichtigt man auch die Gemeinheitsflächen, dann wird man in Anlehnung an die unterschiedlichen in der Literatur geäußerten Meinungen annehmen können, daß etwa 5 v. H. der individuellen Nutzflächen und 25 v. H. der Gesamtnutzflächen der Bauern und der unterbäuerlichen Schicht in die Hände größerer Besitzer übergingen, wobei in einzelnen Bauerndörfern überhaupt erst — und nicht selten kam der Eigentümer aus dem Bauernstand — solche Großbesitzungen (Güter) entstanden.

Wenn allerdings teilweise davon ausgegangen wird, daß damit ein *Landarbeiterstand* erst *entstehen* konnte (G. F. Knapp), dann wird dabei übersehen, daß schon bis zum Ende des 18. Jahrhunderts die unterbäuerliche, die landarme und landlose Schicht der Dörfer erheblich angewachsen war und im allgemeinen das Doppelte und mehr der bäuerlichen Gruppe in den Dörfern erlangt hatte. Diese *Schicht* wurde durch die Verringerung der selbständigen Landnutzerstellen noch *erweitert*. In den stärker mit Gutswirtschaften durchsetzten Gebieten Ostdeutschlands wurde bis in die 30er Jahre des 19. Jahrhunderts immer wieder über Arbeitskräftemangel geklagt, was vielleicht auf die Bevölkerungsverluste durch die napoleonische Zeit zurückzuführen ist. Auch danach bestand durchaus ein *Landarbeitermangel,* was sich daraus ergibt, daß beim Bau neuer Eisenbahnlinien immer wieder gefordert wurde, möglichst ortsfremde Arbeitskräfte einzusetzen, da sonst Landarbeiter fehlen würden.

Die Regulierung der Eigentumsverhältnisse erfolgte in den einzelnen Teilen Deutschlands etwa bis zur Mitte des 19. Jahrhunderts und wurde in der Schlußphase durch die Ereignisse des Jahres 1848 beschleunigt zu Ende geführt. Da die Ablösungszahlungen meistens über 50 Jahre liefen, waren sie im allgemeinen bis zum Ende des 19. Jahrhunderts erbracht.

Um die Ablösungen zu beschleunigen und auch zu erleichtern, wurden in einzelnen Ländern *Kreditinstitute* geschaffen, die eine *Zwischenfinanzierung* vornahmen. Dies hatte folgende Vorteile:

— Der bisherige Grundherr konnte bereits frühzeitig seine Forderungen realisieren.

— Der Bauer stand einer mehr neutralen und staatlich kontrollierten Einrichtung gegenüber, die auch in besonderen Notfällen eher Stundungen zur Erhaltung des Bauernhofes gewähren konnte.

Trotz der *Stärkung* der Vermögenssituation des *Adels* aufgrund der Ablösungszahlungen kam es aber *nicht* zu einer *Stabilisierung* der Vermögensverhältnisse *dieser Gruppe.* Steigende Einnahmen resultierten aus folgenden Quellen:

— Ablösungszahlungen der Bauern. Insgesamt sind die an die bisherigen Feudalherren (Landesherren, Adel usw.) erbrachten Leistungen auf 11 bis 12 Mrd. Mark zu schätzen, wenn man von einer vorherigen jährlichen Belastung von 2 bis 3 Taler (= 6 bis 9 Mark) je Hektar ausgeht. 4 bis 5 Mrd. Mark Ablösungen wurden dabei um bis zu 7 Mrd. Mark Zinsen ergänzt.

— Um mehr als 50 v. H. steigende Naturalerträge.

— Seit der Mitte der 20er Jahre im langen Trend steigende Agrarpreise (bis in die 70er Jahre des 19. Jahrhunderts).

Zwar wurden hiervon auch Investitionen finanziert. Der *überwiegende Teil der Einnahmen* floß aber offensichtlich in den *Verbrauch.* Die wachsenden landwirtschaftlichen Erträge erhöhten die

Werte landwirtschaftlicher Grundstücke und damit die Hypothe-
kenkapazität. Der Adel nutzte dies, um seine liquiden Mittel zu
verstärken, so daß er mehr als die steigenden Einnahmen ausgeben
konnte und ausgab. Die Folge war
— eine ständig wachsende Verschuldung zahlreicher Adelsgüter,
  vor allem in Ostdeutschland, und damit
— in Jahren gering rückläufiger landwirtschaftlicher Preise das
  Fehlen der erforderlichen Mittel, um die Schulden zu bedienen,
  so daß
— ein nicht unerheblicher Teil der Adelsgüter in der Zeit von den
  20er bis in die 70er Jahre des 19. Jahrhunderts den Besitzer
  (Eigentümer) wechselte. Man geht im allgemeinen davon aus,
  daß mehr als zwei Drittel aller Rittergüter in dieser Zeit durch
  Verkauf oder Versteigerung den Eigentümer gewechselt haben,
  teilweise innerhalb weniger Jahrzehnte mehrfach.
Dementsprechend waren im Jahre 1880 64 v. H. aller Rittergutsbesitzer Ostdeutschlands bürgerlich, während es am Anfang der
Agrarreformen wegen des Verbotes für Bürgerliche, ein adliges
(Ritter-)Gut zu erwerben, aufgrund der wenigen Ausnahmeregelungen weniger als 5 v. H. gewesen sind. Im Ergebnis hatte durch
die Freigabe des Bodens zum Verkauf nicht die Schicht der Bauern,
sondern, gemessen am Anfangsbestand, in noch viel stärkerem
Maße die Schicht des Adels Boden verloren.
4. Als vierter Schritt ist die *Auflösung der Gemeinheiten und die
Beseitigung der Gemengelage* (durch Separation) zu nennen. Hierbei handelte es sich nicht um Maßnahmen der Bauernbefreiung,
da dies unabhängig vom Rechtsstatus der Bauern geschah. Es bedeutete aber eine wesentliche Verbesserung der Produktionsbedingungen und eine Voraussetzung für die im Laufe der ersten zwei
Drittel des 19. Jahrhunderts zu beobachtenden Produktionssteigerungen. Die Überführung der bisher gemeinschaftlich genutzten
Flächen (Allmenden, Gemeinheiten usw.) durch Aufteilung in individuelle Nutzung beseitigte aber auch die häufig bestehenden herrschaftlichen Hutungsrechte, die vor allem in den adligen Gutsbezirken Ostdeutschlands für die Schafherden des Adels bestanden
hatten und zu einer Minimierung der bäuerlichen Schafhaltung
geführt hatten.

Die Separationen waren häufig mit den Gemeinheitsteilungen verbunden. Sie brachten eine Zusammenlegung der Nutzflächen der einzelnen Höfe, so daß die Bauern ihr Land nunmehr intensiver und ohne Rücksicht auf die Flurordnungen nutzen konnten. Diese Gemeinheitsteilungs- und Separationsverfahren wurden verstärkt in der Zeit von 1815 bis 1850 eingeleitet. Sie zogen sich aber teilweise auch in die zweite Hälfte des 19. Jahrhunderts hinein. Einzelne Gemeinheiten oder auch Teile hiervon wurden von den Verfahren ausgeklammert, z. B. in Südniedersachsen und Nordhessen, wenn es sich um Land handelte, daß sich nicht zur Ackernutzung eignete. Diese Gemeinheiten wurden erst nach der Mitte des 20. Jahrhunderts in eine andere Nutzung genommen:

— Bei einer Lage dicht bei einem Dorf als Bauland oder
— sonst überwiegend durch Aufforstung als Wald.

5. Die *landesherrlichen Befugnisse,* die *dem Adel* noch aus der Zeit der Lehnsabhängigkeit *zugeordnet* waren, hielten sich am längsten. Hierbei handelt es sich um die folgenden beiden Bereiche:

— Die Patrimonialgerichtsbarkeit wurde erst in der Mitte des 19. Jahrhunderts den Gutsherren entzogen. Sie umfaßte die Strafgerichtsbarkeit in leichteren Fällen und die Ordnungswidrigkeiten, d. h. die Polizeigerichtsbarkeit. Die Aufhebung wurde in Preußen durch die Ereignisse des Jahres 1848 beschleunigt und durch eine Verordnung vom 2. Januar 1849 und ein Gesetz vom 26. April 1851 eingeleitet.

— Die Polizeigewalt des Gutsherrn bestand in Preußen bis 1872. Sie umfaßte alle Bereiche der Gemeindeverwaltung, nicht nur die eigentlichen Polizeiaufgaben im heutigen Sinne. Der Gutsbesitzer war der für die Ordnung und Sicherheit in der Gemeinde Verantwortliche.

Teilweise blieben diese Aufgaben auch über das Jahr 1872 hinaus bei den Gutseigentümern, und zwar in den sogenannten selbständigen Gutsbezirken, die lediglich aus dem Gut und den Wohnstätten der bei dem Gut Beschäftigten bestanden. Hier war der Gutsherr bis in die Zeit der Weimarer Republik (1927) der Ortsvorsteher, d. h. mit der Aufgabe des Bürgermeisters betraut.

Insgesamt läßt sich feststellen, daß die *Reformen* im agraren Bereich zwar *durch die napoleonische Zeit beschleunigt* wurden, daß aber im ganzen ein sehr langfristiger Entwicklungsprozeß sich über weit mehr als ein Jahrhundert hinzog. Eine Konzentration der Gesetzgebung und der Durchführung der Reformen ist in das letzte Drittel des 18. und in die erste Hälfte des 19. Jahrhunderts einzuordnen.

Während die Zeitgenossen unpathetisch diese Maßnahmen als Regulierungen, Ablösungen usw. bezeichneten, war es seit der Veröffentlichung des Werkes „Die Bauern-Befreiung und der Ursprung der Landarbeiter in den älteren Teilen Preußens" (2 Bde., 1887) von Georg Friedrich Knapp üblich geworden, von der Bauernbefreiung zu sprechen. Knapp selbst verstand unter der Bauernbefreiung die Maßnahmen und Gesetze des Staates, durch die das „Band" gelöst wurde, das den Bauern mit seiner „Herrschaft" bis dahin verbunden hatte. Dabei hob *Knapp* vier Punkte hervor:

— Die Aufhebung der Erbuntertänigkeit (in Preußen).
— Die Aufhebung der bäuerlichen Frondienste.
— Die Verwandlung der verschiedenen Formen des bäuerlichen Besitzrechtes in Eigentum.
— Die Ablösung der auf dem Eigentum der Bauern ruhenden Reallasten.

Durch den ausdrücklichen Hinweis darauf, daß es in den östlichen Provinzen Preußens nicht nur „herrschaftliche", sondern auch „Freibauern" im 18. Jahrhundert gab, legte Knapp einen besonderen Akzent auf den ersten der vier Punkte: Die Aufhebung der in den östlichen Provinzen Preußens als Erbuntertänigkeit bezeichneten herrschaftlichen Bindung. Da auch die anderen drei Punkte als Teile dieser Abhängigkeit anzusehen waren oder diese mindestens verstärkt haben, wird deutlich, daß für Knapp folgende Ergebnisse der Reformen entscheidend waren:

— Die Bauern waren nicht mehr von den Gutsherren abhängig. Sie waren nunmehr Staatsbürger und nicht mehr nur — als Abhängige des Adels — mediate Untertanen.
— Die Verleihung des Eigentumsrechtes am Boden bot den Bauern die wirtschaftliche Unabhängigkeit, die Befreiung von der

Fremdbestimmung, jedenfalls nachdem der größte Teil der Ablösungsleistungen erbracht war.

Von *Marxisten,* insbesondere in der DDR wird verständlicherweise der Begriff *Bauernbefreiung* für die hier beschriebenen Vorgänge *abgelehnt.* Erst die mit den *Kollektivierungswellen* 1952 und 1960 aufgehobene Selbständigkeit der Bauern wird als *Bauernbefreiung* angesehen und bezeichnet. Dabei wird übersehen, daß die ehemaligen Bauern nunmehr wieder einer Fremdbestimmung (durch einen Parteiapparat) unterliegen.

Auch sonst ist es üblich geworden, den Begriff *Bauernbefreiung* im Zusammenhang mit den Agrarreformen zu meiden oder sogar *abzulehnen.* Dabei werden zwei *nachteilige Auswirkungen* dieser Maßnahmen hervorgehoben:

— Die (wirtschaftliche) Belastung mit den Ablösungen bzw. die Landabtretungen engten die Bauern in ihren Einkommensmöglichkeiten ein.

— Die (rechtliche) Gefahr für das Bodeneigentum infolge der freien Verfügungsmöglichkeit (fehlender Bauernschutz) bedrohte die bäuerliche Existenz.

Auch bei dieser Betrachtung bleibt aber die Beseitigung der Einordnung der Bauern in das Feudalsystem und damit die Aufhebung der bisherigen Abhängigkeiten.

3. Die sozialen Wandlungen

Die sozialen Wandlungen in den Dörfern und auf dem Lande in der Zeit von der Mitte des 18. bis zum letzten Drittel des 19. Jahrhunderts waren recht vielfältig. Sie waren nicht nur auf die Agrarreformen zurückzuführen.

a) Die Auflösung der überkommenen Strukturen

Die Agrarreformen beseitigten nicht nur die herrschaftlichen Abhängigkeiten und die Erstarrung der wirtschaftlichen Strukturen, sondern sie *wandelten* in einem über mehrere Jahrzehnte verlaufenden Prozeß auch die *innerdörflichen Sozialstrukturen.* Dabei kam es vor allem zu einer Verbesserung der beruflichen Mobilität, da die Standesschranken aufgehoben waren. Die dörfliche Wirtschaft wurde aber weiterhin von der Landwirtschaft bestimmt, so daß die verfügbare landwirtschaftlich *nutzbare Fläche* nach wie vor ein *strukturstabilisierender Faktor* blieb. Eine Ausdehnung der Nutzfläche war für die einzelne Person nur möglich, wenn zwei Bedingungen gegeben waren:

— Es mußte Nutzfläche auf dem Grundstücksmarkt angeboten werden.

— Der potentielle Käufer mußte das erforderliche Kapital hierfür haben, entweder aus eigenem Vermögen oder als Kredit.

Die umfangreichen Bodenkäufe und Verkäufe im bäuerlichen wie im Gutsbereich sind zwar ein Indiz dafür, daß die Mobilität in dem obengenannten Sinne sehr stark gewesen ist; die Kapitalknappheit, die niedrigen Löhne und die weitverbreitete Unterbeschäftigung sorgten aber dafür, daß die *soziale Mobilität sehr gering* war und nur einem kleinen Teil der dörflichen Einwohner zugute kam.

Die Auflösung der beruflichen Schranken wurde von einer Entwicklung begleitet, die vor allem in Westdeutschland und in dem Gebiet zwischen Thüringen und Oberschlesien, aber auch in der Neumark und im Ermland zu finden war: Der *Industrialisierungsprozeß des Textilgewerbes,* aber auch anderer Zweige des sekundären Sektors *verminderte* die außerlandwirtschaftlichen *Einkommensmöglichkeiten* auf dem Dorfe, so daß die sich nach unten verbreiternde Sozialpyramide nicht eine entsprechende wirtschaftliche Absicherung erhielt.

Die Beseitigung der bäuerlichen Abhängigkeit wurde — wenn auch teilweise mit zeitlicher Verschiebung — begleitet von der *Auflösung der gemeinsamen Einrichtungen* (Allmenden, Gemeinheiten), die im Anschluß an die von der Romantik bis Otto v. Gierke üblichen Bezeichnungen als genossenschaftliche Einrichtungen angesehen wurden. Realistischer wäre es jedoch gewesen, von einer Zwangsgemeinschaft zu sprechen, da der freie Wille der Beteiligten keine Rolle spielte. Die Auflösung dieser Einrichtungen wirkte nicht nur positiv. Zwar veranlaßte die Übertragung des individuellen Nutzungsrechtes an den Grundstücken die neuen Eigentümer, im eigenen Interesse die Nutzung zu verbessern, weil ihnen selbst der Erfolg ihrer Arbeit zufiel. Negativ war hierbei jedoch, daß gerade die *ärmeren Schichten* des Dorfes mit der Beseitigung des gemeinsamen Weiderechtes auch die Möglichkeit zur *Viehhaltung verloren,* da die geringen eigenen Flächen nicht ausreichten, einen eigenen Viehbestand mit Futter zu versorgen.

Ein restlicher Teil dieser gemeinschaftlichen Einrichtungen blieb im übrigen in Form der Realgemeinden Niedersachsens bis in die zweite Hälfte des 20. Jahrhunderts erhalten. Die Forstgenossenschaften niedersächsischer Bauern sind hier ebenfalls einzuordnen.

Insgesamt waren damit durch die *Reformen die Voraussetzungen für eine Auflösung der überkommenen Sozialstruktur* geschaffen worden. Der *entscheidende Einbruch* in das dörfliche Gefüge kam aber *erst in der Mitte des 19. Jahrhunderts* mit den stärker werdenden Aus- und Abwanderungen. Erst hierdurch war ein Ventil geschaffen worden, das auch seine Wirkungen auf die innerdörfliche Struktur hatte.

b) Die Differenzierung innerhalb der Gruppe der Bauern

Während vor den Agrarreformen die Struktur der bäuerlichen Besitzerfamilien in den Anerbengebieten relativ starr blieb, kam nunmehr erhebliche *Bewegung in diese Verhältnisse.* Der Grund hierfür war folgender: Vor den Agrarreformen bestimmten die Herrschaftsverhältnisse

— die Betriebsgrößen und damit die wirtschaftliche Basis mindestens in den bäuerlichen Schichten, die in herrschaftlicher Abhängigkeit standen,

— aber über die Festlegung der bäuerlichen Leistungspflichten auch die bäuerlichen Einkommen.

Beide Punkte waren für die soziale Einordnung von Bedeutung, wie die Heiratsusancen der damaligen Zeit zeigen.

Durch die Aufhebung der bäuerlichen Lasten und die Mobilität des Eigentumsrechts am Boden ergaben sich vielfältige, vor allem mehr individuell beeinflußte Wandlungen in der Struktur der Bauernfamilien. Hierbei ist eine *generelle Entwicklung* von der *individuellen Gestaltung* zu unterscheiden.

Die *generelle Entwicklung* kannte folgende Faktoren und Tendenzen:

— *Größere Bauernhöfe* konnten aufgrund der Ertragssteigerung und trotz der zeitweise sehr niedrigen Agrarpreise eher über den Markt die erforderlichen finanziellen Mittel für die Ablösungen, für Investitionen (insbesondere Bauten) und sogar für Zukäufe an Land aufbringen. Innerhalb weniger Jahrzehnte konnte hier eine *Bodenakkumulation* stattfinden, die zur Herausbildung einer ganzen Reihe von Großbetrieben führte.

— *Kleinbäuerliche Betriebe* konnten häufig die Ablösungen nicht bedienen, ihre *Zahl* konnte sich daher *vermindern*. Eine *Aufsplitterung* im Wege des Erbganges war eher möglich und wegen der lange Zeit geringen wirtschaftlichen Ausweichmöglichkeiten auch zu erwarten, so daß eine kleinere Fläche von mehr Familien genutzt wurde.

Diese Tendenz führte dort, wo die grundherrlichen Einflüsse zu einer weitgehenden Gruppengleichmäßigkeit innerhalb der einzelnen Dörfer geführt hatte — und zwar vor allem in Ostdeutschland und in Nordwestdeutschland — zu einer Differenzierung. Realteilungsgebiete kannten diese Erscheinung schon vor den Agrarreformen.

Diese generelle Entwicklung wurde nicht selten durch die besondere Gestaltung der Verhältnisse durch einzelne Personen durchbrochen. Es gab eine ganze Reihe von Kleinbauern, die entgegen dem genannten Entwicklungsschema innerhalb weniger Jahrzehnte einen großen Hof zusammenbrachten, dabei nicht selten die sprunghafte Aufwärts- und Abwärtsbewegung des Bodenpreises nutzend.

Die Mehrzahl gerade der bäuerlichen Familien war von diesen Änderungen in der Betriebsgrößenstruktur nicht betroffen. Das beharrende Element war hier zu stark. Der Anstoß zu wirtschaftlichen Aktivitäten fand keinen Ansatzpunkt bei einer Gruppe, die nach ihrer Tradition, d. h. insbesondere aufgrund ihrer bisherigen Lebensverhältnisse, nur in sehr einfachen wirtschaftlichen Kategorien zu denken gewohnt war.

Entscheidend wurde damit die aufgrund der Eigentumsübertragung und Ablösung der Belastungen nach und nach immer mehr von der Betriebsgröße abhängig werdenden *Einkommensdifferenzierung als Element der sozialen Differenzierung.*

c) Änderungen im unterbäuerlichen Bereich

Die *unterbäuerlichen Schichten* waren schon in der vorindustriellen Zeit sehr *stark differenziert.* Hierbei spielten folgende *Einflüsse* eine Rolle:

— Der Umfang der Landnutzung für den eigenen Bedarf von Nahrungsmitteln.

— Die Möglichkeit, auf dem verfügbaren Land unabhängig von der durch den Flurzwang festgelegten Ordnung andere Früchte als Getreide anzubauen, z. B. Flachs für die gewerbliche Weiterverarbeitung oder Kartoffeln zur Verbesserung der eigenen Nahrungsgrundlage.

— Die Möglichkeit, mit der gemeinen Herde eigene Tiere auf die allgemeine Weide zu schicken und damit eine unabhängig von der individuellen Nutzfläche versorgte Viehhaltung aufzubauen.

— Nichtlandwirtschaftliche Einkommensmöglichkeiten innerhalb des Dorfes, insbesondere im Handwerk für die Versorgung des örtlichen Marktes (Hersteller von landwirtschaftlichen Betriebsmitteln usw.).

— Saisonbeschäftigungsmöglichkeiten in der Landwirtschaft, vor allem bei Vorhandensein größerer Betriebe.

— Einkommensmöglichkeiten aus dem Verlagsgewerbe waren die wichtigsten und nachhaltigsten Ergänzungen, häufig sogar die Grundlage der materiellen Ausstattung gerade der unterbäuerlichen Schichten und damit für die quantitative Entwicklung einer solchen unterbäuerlichen Schicht.

Mit der Zeit der *Agrarreformen* traten folgende *Schwierigkeiten* auf:

— Die zunehmende Bevölkerungszahl konnte *nicht* mehr mit *genügend Land in den Dorfgemarkungen* ausgestattet werden, so daß man von zusätzlichen Einkommen abhängig wurde. Dies war ein idealer Nährboden für die Weiterentwicklung des Verlagswesens, das jetzt (bis etwa in die Mitte des 19. Jahrhunderts) seine letzte Blüte hatte. Das Überangebot an Arbeitskräften verminderte aber zugleich die Einkommenschancen, wobei die ständig sinkende Entlohnung der Verlagsarbeit die

Konkurrenzmöglichkeit zur maschinellen Produktion zeitlich verlängerte.

— Die *Gemeinheitsteilungen verringerten* die *Viehhaltungs*möglichkeiten der kleinen Landbesitzer.

— In der Mitte des 19. Jahrhunderts wurde in zunehmendem Maße auch das *Leinengewerbe,* der wichtigste Teil des ländlichen Verlagswesens, *industrialisiert.* Innerhalb von etwa drei Jahrzehnten verloren die meisten im dörflichen Leinengewerbe Beschäftigten ihr Einkommen aus diesem Wirtschaftszweig. Äußeres Bild dieser Entwicklung war die vorhandene Flachsanbaufläche. Diese sank in Deutschland von 1850 etwa 250 000 ha zunächst langsam auf 1872 215 000 ha, dann aber sehr schnell auf 34 000 ha um 1900. Dabei kann davon ausgegangen werden, daß der überwiegende Teil des 1850 im Inland produzierten Flachses in dörflichen Gewerben verarbeitet wurde, während um 1900 bereits die maschinelle Verarbeitung (in den Städten angesiedelt) vorherrschte. Ein Beispiel ist das Ravensberger Land, wo sich die Leinenindustrie dann in der Stadt Bielefeld konzentrierte. Die Flachseinfuhr und nicht die inländische Flachsproduktion lieferte den erforderlichen Rohstoff.

Aufgrund dieser sich wandelnden wirtschaftlichen Rahmenbedingungen kam es in der dörflichen unterbäuerlichen Schicht nur zu einer sehr *geringen weiteren Differenzierung:*

— Wer als *Handwerker* seinen Absatzmarkt *im Dorfe* hatte und wer vor allem auf die Ausstattung der landwirtschaftlichen Betriebe ausgerichtet war (Schmiede, Stellmacher, Sattler usw.), konnte nach dem Abbau der Überfüllung auch dieser Handwerkszweige mit einem halbwegs ausreichenden Einkommen rechnen.

— Die *übrigen Personen* der unterbäuerlichen Schicht waren auf gelegentliche oder regelmäßige abhängige Arbeit in der Landwirtschaft angewiesen. Ihr Einkommen war sehr gering. Sie bildeten nach ihrem Lebensstandard eine in sich kaum zu differenzierende Gruppe. Auch wenn sie zunächst noch im Verlagswesen tätig gewesen waren, so waren die Entgelte für diese Tätigkeit doch seit den 30er Jahren des 19. Jahrhunderts so niedrig, daß auch diese Untergruppe zur Dorfarmut gezählt werden kann und muß.

Da die Industrialisierung in den 60er Jahren ein immer stärkeres, nach dem Arbeitskräftebedarf nicht mehr aus der Stadt abzusicherndes Ausmaß erreichte, bestand für die im Verlagswesen frei gewordenen Arbeitskräfte die Möglichkeit, nach und nach in den Städten unterzukommen, was teilweise im Wege des Generationenwechsels vor sich ging. Die jüngeren Menschen wanderten in die städtische Industrie ab, die älteren, aus dem ländlichen Produktionsprozeß ausscheidenden, wurden nicht mehr ersetzt.

d) Bevölkerungsüberschuß und industrielle Arbeitskräfte

Nicht selten wird die *These* vertreten, daß mit der *Bauernbefreiung Menschen freigesetzt* wurden, die den Grundstock bildeten
— für die neu entstehende *Landarbeitergruppe* (Knapp) und
— für die *wachsende industrielle Arbeiterschaft.*

Da sich insgesamt aber im 19. Jahrhundert die Zahl der in der Landwirtschaft Beschäftigten ständig vergrößerte, konnte allenfalls der Bevölkerungsüberschuß der Landwirtschaft und der sonstigen ländlichen Bereiche für eine Abwanderung in die Industrie in Betracht kommen. Es läßt sich nachweisen, daß sich die *Industriearbeiterschaft der ersten Jahrzehnte* vor allem *aus folgenden* nichtlandwirtschaftlichen *Gruppen* rekrutierte:

— Die in den Städten sehr umfangreiche Gruppe der Tagelöhner, d. h. der nicht ständig beschäftigten Personen, die in einzelnen, vor allem größeren Städten zusammen mit Gesindekräften und unterbeschäftigten Handwerkern mehr als ein Viertel der gesamten Einwohnerschaft ausmachte.

— Aus dem Verlagswesen in die Fabriken hinüberwechselnde Personen.

— Der Bevölkerungsüberschuß des sekundären Sektors (Handwerk, Verlag, Manufaktur).

— Der Bevölkerungsüberschuß der armen Schichten aus den Städten bildete gerade am Anfang ein wichtiges Arbeitskräftereservoir, wie die umfangreiche Kinderarbeit in der ersten

Hälfte des 19. Jahrhunderts zeigt (bei großer Arbeitslosigkeit Erwachsener).

Erst nachdem diese Bevölkerungsgruppen in etwa in Nahrung gesetzt waren, kam es zu einem nennenswerten Zuzug vom Lande. Dieser Vorgang ist aber erst nach der Mitte des 19. Jahrhunderts einzuordnen, auch wenn man davon ausgehen kann, daß sich die hier genannte Zweistufigkeit nicht generell so eindeutig vollzog, sondern in manchen Gegenden auch bereits zuvor Abwanderungen vom Lande stattfanden. In den südwestdeutschen und westdeutschen Realteilungsgebieten mit einer stärkeren Industrialisierung waren schon vorher die im Gewerbe für den überregionalen Absatz Arbeitenden (nicht Handwerk) auch noch landwirtschaftlich tätig.

Die *Entstehung der Landarbeiterschaft* ist *nur teilweise* auf die *Agrarreformen* zurückzuführen:

— Nicht die Freisetzung der Bauern durch die Beseitigung der grund- oder gutsherrlichen Abhängigkeit schuf die Voraussetzung für die Entstehung der Landarbeitergruppe,

— sondern entscheidend war der Übergang von der Fronarbeit zur Lohnarbeit, bei gleichzeitiger Umwandlung der bäuerlichen Dienste in Geldabgaben.

Schon zuvor bestand aber gerade auch in den Gutsdörfern Ostdeutschlands mit ihrem hohen Arbeitsbedarf eine als Landarbeiter anzusehende Gruppe unterbäuerlicher Familien, die größer war als die Gruppe der Bauernfamilien. Die sich seit der zweiten Hälfte des 18. Jahrhunderts zunächst langsam und nach den napoleonischen Jahren relativ schnell entwickelnde *Landarbeiterschaft* entstand in erster Linie aus dieser schon zuvor vorhandenen Gruppe, nicht oder *nur ausnahmsweise* aber aus der Gruppe der *Bauern*. Dabei ist noch zu berücksichtigen, daß die wachsende landwirtschaftliche Produktion während des ganzen 19. Jahrhunderts durch eine Zunahme der in der Landwirtschaft Beschäftigten begleitet war. Hierbei ist zu unterscheiden zwischen

— den Realteilungsgebieten und den rein bäuerlichen Anerbengebieten, wie sie vor allem in Westdeutschland zu finden waren und in denen der zunehmende Arbeitskräftebedarf der Landwirtschaft aus der Zahl der unterbeschäftigten Familienmitglieder befriedigt wurde, und

— den stark mit Gutswirtschaften ausgestatteten Gebieten Ost-
und Mitteldeutschlands, in denen der Hauptteil des Bevölkerungsüberschusses bis in die zweite Hälfte des 19. Jahrhunderts
in die Gruppe der Landarbeiter eingegliedert wurde.

Dementsprechend mußte

— der *Bevölkerungsüberschuß* der Dörfer *Westdeutschlands* bereits *in der ersten Hälfte des 19. Jahrhunderts* (in die langsam
sich entwickelnden neuen Industriestädte, aber vor allem) ins
Ausland *abwandern,*

— während der Bevölkerungsüberschuß *Ostdeutschlands erst* in
der Zeit *ab etwa 1860 abwandern* mußte, und zwar zunächst
in die neuen Industriezentren Mittel- und Westdeutschlands
und ab den 70er Jahren ins Ausland.

In welchem Maße der *ländliche Bevölkerungsüberschuß die industrielle Arbeiterschaft* stellte, ergibt sich aus einer überschlägigen
Schätzung, vgl. Abbildung 11. Danach stammte um 1900 mehr

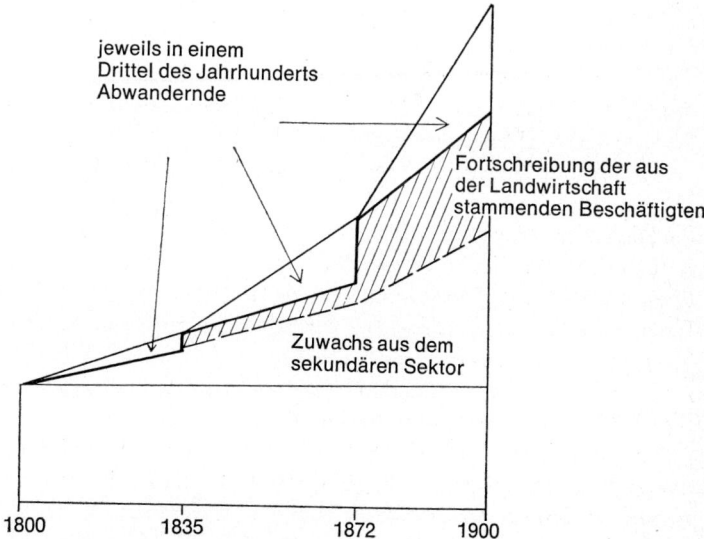

Abb. 11: Herkunft der im sekundären Sektor Deutschlands Beschäftigten
(Zuwachs und Zuwanderung aus der Landwirtschaft)

als ein Drittel — sofern man gleiche Geburtenraten bei der Bevölkerung der drei Wirtschaftssektoren unterstellt — aus der Landwirtschaft, genauer gesagt, aus dem Bevölkerungsüberschuß der Landwirtschaft, bei gleichfalls wachsender landwirtschaftlicher Bevölkerung.

4. Die Wandlungen im Produktionsbereich

Die landwirtschaftliche *Produktion* wurde von der Mitte des 18. bis zum letzten Drittel des 19. Jahrhunderts mehr als *verdoppelt* und auch in ihrer Struktur geändert, da die tierische Produktion stärker wuchs als die pflanzliche. Im wesentlichen sind die Ertragssteigerungen auf die bessere *Ausnutzung der natürlichen und der innerlandwirtschaftlichen Kräfte* zurückzuführen: Änderungen in der Bodennutzung, Einführung neuer Nutzpflanzen, Ertragssteigerungen je Flächeneinheit und Ausdehnung der Viehhaltung waren die wichtigsten Einzelpunkte, die teilweise in enger Wechselwirkung zueinander standen.

a) Die Zunahme der jährlich bebauten Ackerfläche

Im Vordergrund der Entwicklung standen zunächst *Änderungen in der Bodennutzung,* die sich vor allem in der Ausdehnung der jährlich als Acker genutzten Flächen zeigten. Diese *zusätzliche Ackernutzung* kam aus folgenden Quellen:
— Die Aufteilung der *Gemeinheiten* und die nunmehrige Nutzung eines Teiles dieser Flächen als Acker.
— Die Kultivierung von *Ödland* und von *Wald.*
— Die Bebauung des bisherigen *Brachfeldes.*
Die *Aufteilung der Gemeinheiten* vermehrte die verfügbare Ackerfläche erheblich. Der größte Teil der allenfalls mit Strauch, aber kaum mit Bäumen bewachsenen Flächen wurde nunmehr von den neuen Eigentümern in Ackerland umgewandelt; nur wenige Flächen blieben Grünland oder wurden als Wald genutzt. In welchem Maße das Ackerland aus dieser Quelle vermehrt wurde, läßt sich nur angenähert schätzen. Geht man davon aus, daß z. B. im Fürstentum Paderborn an der Wende zum 19. Jahrhundert 28,8 v. H. der landwirtschaftlichen Nutzflächen „Gemeindeweide, Heide und Dreesch" (d. h. durch Feldgraswirtschaft genutzte Flächen) waren

und daß der Anteil des Ackers gleichzeitig bei 60 v. H. lag, dann kann man — vor allem im Vergleich mit späteren Statistiken — vermuten, daß die Ackerfläche hier um fast 50 v. H. anwuchs, auch wenn man annehmen muß, daß ein Teil der gemeinen Weide in den hängigeren Lagen weiterhin als Weide genutzt worden sein mag. In Ostdeutschland war der Anteil der gemeinen Weide an der gesamten landwirtschaftlichen Nutzfläche sogar noch höher als in Paderborn und erreichte z. B. in Ostpreußen in einzelnen Dorfgemarkungen etwa 50 v. H. der landwirtschaftlichen Nutzfläche, so daß sogar bei der Aufteilung der Gemeinheiten eine Verdoppelung der Ackerflächen möglich war.

Andererseits wird man davon ausgehen können, daß in den dichter besiedelten Gegenden West- und Süddeutschlands die gemeinen Weideflächen bereits zum Ende des 18. Jahrhunderts erheblich stärker zurückgedrängt waren.

Eine genaue Abgrenzung des Umfanges dieser Flächen ist nicht möglich, da im Grunde sämtliche Flächen, die nicht Acker oder individuelles Grünland waren (letzteres aber nur ausnahmsweise oder bei Überwiegen von Bodenverhältnissen, die eine Ackernutzung nicht zuließen), außerhalb der Höfe und umzäunten Gärten beweidet wurden. Die Gemeinheiten sind daher durchaus als — allerdings sehr extensiv genutzte — landwirtschaftliche Flächen zu betrachten. Ihre Ertragskraft war äußerst gering, da keiner der Weideberechtigten ein Interesse an einer Grünlandpflege hatte. Die *Kultivierung von Ödland,* d. h. von bisher landwirtschaftlich nichtgenutzten Flächen, ist nicht immer von der Kultivierung der gemeinen Weideflächen abzugrenzen. Moorkultivierungen waren vor allem im 18. Jahrhundert weit verbreitet. Man geht davon aus, daß allein durch die größeren Maßnahmen in Preußen mehr als 200 000 ha Moore und Flußniederungen (Brüche) kultiviert worden sind. Hinzu kamen mehrere größere Objekte in Bayern und in Nordwestdeutschland und zahlreiche kleinere in allen Teilen Deutschlands. Wenn diese Flächen meistens zunächst auch nur Grünland werden konnten, so war nach einigen Jahren oder Jahrzehnten doch häufig die Ackernutzung möglich.

Im 19. Jahrhundert setzte sich diese Entwicklung fort, allerdings ohne entsprechende staatliche Aktivitäten, weniger jedoch aus grundsätzlichen Erwägungen einer liberalistischen Staats- und Wirtschaftsauffassung, als vor allem, weil es den meisten deutschen Staaten an finanziellen Mitteln mangelte. Der preußische Staat war z. B. durch die napoleonischen Kriege so stark verschuldet, daß er jahrzehntelang für Investitionen keine Mittel übrig hatte. Andererseits ließ man Privatpersonen durchaus gewähren oder gab sogar zu Entwässerungsmaßnahmen staatliche Zuschüsse. Meliorationsgemeinschaften wurden vor allem bei der Anschaffung von Dampfmaschinen für Pumpwerke seit den 30er Jahren des 19. Jahrhunderts gefördert. In den Gebieten mit größeren Moorflächen, wie z. B. im seit dem Beginn des 19. Jahrhunderts zu Preußen gehörenden Emsland, fehlte dementsprechend eine systematischere und großflächige Melioration. Über die Rodung von Wald und den Zuwachs der Ackerflächen hierdurch sind ebenfalls keine globalen Angaben vorhanden. Insgesamt wird man diese zweite Quelle bebaubaren Ackerlandes aber nicht zu hoch einschätzen dürfen.

Als dritte Quelle kam das bisherige *Brachland* in Betracht. Der Übergang von der Dreifelderwirtschaft zur verbesserten Dreifelderwirtschaft erhöhte in den Teilen Deutschlands, in denen die Dreifelderwirtschaft vorherrschte, die jährlich bebaute Ackerfläche rein rechnerisch um 50 v. H. Dieser Übergang drückte sich folgendermaßen in der Fruchtfolge aus:

— Dreifelderwirtschaft:

  1. Jahr Wintergetreide
  2. Jahr Sommergetreide
  3. Jahr Brache

— Verbesserte Dreifelderwirtschaft:

  1. Jahr Wintergetreide
  2. Jahr Sommergetreide
  3. Jahr Blattfrüchte

Auch wenn in Deutschland nur etwa zwei Drittel aller Gemarkungen in Form der Dreifelderwirtschaft genutzt wurden, so wurde eine entsprechende Änderung doch auch auf den Vierfelderwirtschaften, Fünffelderwirtschaften usw. eingeführt. Aufgrund des geringeren Anteiles des Brachfeldes an der gesamten Ackerfläche war der Zuwachs der jährlich bebauten Flächen hier entsprechend geringer.

Die Bebauung der Brache erfolgte in einzelnen Teilen Deutschlands bereits seit dem 16. und 17. Jahrhundert, blieb aber hier die Ausnahme und umfaßte auch nur einen Teil des Brachfeldes, in das meistens Kohl und vor allem Flachs gepflanzt bzw. eingesät wurden. Zum Ende des 18. Jahrhunderts erfuhr diese Entwicklung eine Beschleunigung. Der Durchbruch kam jedoch erst, als mit der Auflösung der Gemeinheiten und der Beseitigung des Flurzwanges die Huterechte beseitigt wurden und damit eine aus der allgemein festgelegten Regelung abweichende Bebauung der Ackerflächen erfolgen konnte.

Schätzungen, die auf Untersuchungen für einzelne Dörfer und Dorfgruppen beruhen, kommen zu dem Ergebnis, daß von den um 1800 in Deutschland vorhandenen etwa 18 Mill. ha Ackerfläche jährlich etwa 4 Mill. ha als Brachland genutzt wurden, d. h. als Weide oder überhaupt nicht (sog. Schwarzbrache). Zur Mitte des 19. Jahrhunderts betrug die Ackerfläche in Deutschland etwas mehr als 25 Mill. ha. Man kann also davon ausgehen, daß die jährlich als *Ackerland* genutzte Fläche von 13 bis 14 Mill. ha auf mehr als 25 Mill. ha anwuchs, d. h., sich in dieser Zeit *fast verdoppelt* hat.

Den Zuwachs wird man auf die genannten Quellen wie folgt verteilen können:

— 4 Mill. ha bisherige Brachfelder (= weniger als 30 v. H.).

— 0,5 Mill. ha durch Meliorationen (= etwa 5 v. H.).

— 7 Mill. ha durch Kultivierung bisheriger Gemeinheiten (= etwa 65 v. H.).

— Weniger als 5 v. H. durch Waldrodung.

Aus dieser kurzen Übersicht wird deutlich, daß die Aufteilung der Gemeinheiten und deren Überführung in individuelle Nutzung eine wichtige Voraussetzung für die Ausdehnung der landwirtschaftlichen Produktion im 19. Jahrhundert gewesen ist.

b) Ertragssteigerungen und neue Früchte

Dem Anbau neuer Früchte standen bis zu den Agrarreformen die strengen Bestimmungen der Feldordnungen entgegen. Der Anbau von bisher nicht gebräuchlichen Früchten war praktisch nicht möglich, wenn deren Vegetationszeit (zwischen Saat und Ernte) so lag, daß die Hutungsrechte der anderen Weideberechtigten dadurch eingeschränkt worden wären. Umgekehrt hätte z. B. der Anbau von Klee auf dem Brachfeld keinen Weideberechtigten zum Widerspruch angeregt, da er davon ausgehen konnte, daß damit das Weideland, d. h. die Ackerweide, verbessert werden würde. Der Einsäende hätte aber davon keinen Nutzen ziehen können.

Das bisherige *Brachland* wurde der wichtigste Standort der neu eingeführten Früchte. Es waren überwiegend Blattfrüchte, während sich die Zahl der Halmfrüchte, d. h. der Getreidearten, nicht änderte. Die *Blattfrüchte* lassen sich in folgende Gruppen unterteilen:

— Früchte, die unmittelbar der *menschlichen Nahrung* dienten, d. h. vor allem Kartoffeln.

— Früchte, aus denen durch *Verarbeitung* Nahrungsmittel gewonnen wurden, vor allem Zuckerrüben.

— Pflanzen, die der Verbesserung der *Tierfütterung* dienten.

Diese drei Pflanzengruppen sind aufgrund ihrer unterschiedlichen Verwendung auch unter unterschiedlichen Bedingungen eingeführt worden. Die Kartoffel und ein Teil des Feldgemüses, vor allem der Kohl, sind Früchte, die besonders stark unter dem Einfluß der wachsenden Bevölkerung bei zurückbleibender Agrarproduktion ausgedehnt worden sind. Man kann aufgrund der gerade für die ärmeren Bevölkerungsteile zentralen Bedeutung der Kartoffel und des (Weiß-)Kohls davon sprechen, daß am Ende des 18. und in der ersten Hälfte des 19. Jahrhunderts ein Kartoffel- und Kohlstandard in Deutschland geherrscht hat. Erträge von etwa 80 dz Kartoffeln je ha (= 7200 kcal) oder von 8 dz Getreide (= 2000 kcal) zeigen, welcher Vorteil für die Sicherstellung der Ernährung gerade bei den kleineren Landbesitzern durch den Übergang vom Getreide- zum Kartoffelanbau gegeben war oder in welchem Maße die Bebauung des Brachfeldes mit Kartoffeln die Nahrungsbasis verbreiterte.

Die *Kartoffelanbaufläche* wird für die Zeit um 1800 auf 300 000 ha geschätzt, wobei wegen der nur teilweise erlaubten möglichen Bebauung der Brache ein großer Teil noch in den Gärten angepflanzt wurde. In der Mitte des 19. Jahrhunderts betrug die Anbaufläche etwa 1,4 Mill. ha und am Ende des 19. Jahrhunderts mehr als 3 Mill. ha. Die *Kartoffel* wurde bis in die 70er Jahre des 19. Jahrhunderts *in erster Linie* als direktes *menschliches Nahrungsmittel* angebaut. Erst danach trat die Funktion als Viehfutter stärker hervor:

— Als Schweinefutter gedämpft oder eingesäuert.
— Als Rinderfutter in Form von Schlempe als Abfallprodukt der Kartoffelbrennereien.

Die Ertragssteigerungen beim Kartoffelanbau sind auf:
— Ausdehnung der jährlichen Anbaufläche und
— Erhöhung der Erträge von etwa 80 auf 90 dz je ha in der Zeit von 1800 bis 1870/80,
zurückzuführen.

Eine weitere neue Frucht ist die *Zuckerrübe.* Die Entwicklung des Anbaus dieser Pflanze und die hiervon ausgehenden Wirkungen auf die Landwirtschaft in den betreffenden Betrieben sind zwar nicht typisch für die gesamte landwirtschaftliche Entwicklung, da die Zahl der Zuckerrüben anbauenden Betriebe zu gering war. Aus der Entwicklung läßt sich aber das *langsame* Tempo der *Wandlungen* deutlich erkennen. Zugleich wird die Vielzahl der Probleme bei der Einführung und Verbreitung neuer Pflanzen deutlich.

Die Zuckerrübe war zunächst im 18. Jahrhundert aus der Runkelrübe durch eine Steigerung des Zuckergehaltes gezüchtet worden. Diese Entwicklung wurde vor allem von folgenden Problemen und Schritten gekennzeichnet:
— 1747 entdeckte der Chemiker Andreas Sigismund Marggraf (1709 bis 1782) in Berlin den Zuckergehalt der Runkelrübe.
— 1803 begann Franz Karl Achard (1753 bis 1821) auf seinem schlesischen Gut Cunern mit der Zuckerproduktion, nachdem er sich, basierend auf den Arbeiten Marggrafs, mit den technischen Problemen vertraut gemacht hatte.
— 1809 veröffentlichte Achard seine sechsjährigen Erfahrungen unter dem Titel „Die europäische Zuckerfabrikation aus Runkelrüben".
— In Frankreich erfolgte eine Förderung der Zuckerfabrikation aus Runkelrüben durch Napoleon, da man so von der Rohrzuckerzufuhr aus Übersee (Kontinentalsperre) unabhängig zu werden hoffte.

— Nach 1815 wurde der europäische Markt mit billigem Importzucker überschwemmt, so daß der aufgrund des niedrigen Zuckergehaltes der Runkelrüben nicht kostengünstig produzierbare europäische Zucker den Markt abgeben mußte.

— In Frankreich wurde weiterhin an der Verbesserung des Zuckergehaltes gearbeitet und die Produktion niemals völlig, wie in Deutschland, aufgegeben.

— In den 30er Jahren des 19. Jahrhunderts wurde die Zuckerproduktion bei einem Zuckergehalt von etwa 6% (1750 bis 1790 = etwa 2 bis 3%; 1803 bis 1815 = etwa 4%) wieder rentabel, d. h. konkurrenzfähig zum Rohrzucker. Es entstanden in Deutschland 1830 die Fabrik des Grafen von Magnis in Eckersdorf (Schlesien) und bald darauf die von Dr. Zier in Quedlinburg (Zier, E.: Beitrag zur Geschichte der Verbreitung und Vervollkommnung der Rübenzuckerfabrikation, 1836).

— Bis 1837 wurden in Deutschland 122 Fabriken eingerichtet, deren Kapazität zwar meistens gering war (5000 bis 7500 dz Rüben je Jahr und Fabrik), die aber die Wirkung eines breit aufgefächerten ersten Booms zeigen.

— Die Anbaufläche wuchs von etwa 65 000 ha in der Mitte des 19. Jahrhunderts auf mehr als 0,5 Mill. ha (= 2 v. H. der Ackerfläche) in den letzten Jahren vor dem Ersten Weltkrieg.

Die Zuckerfabrikation in Deutschland macht diese Entwicklung deutlich (in Klammern der Prozentsatz der Zuckerausbeute aus den Rüben):

1836/37 =   1 408 t Zucker (5,55%)
1840/41 =   14 205 t Zucker (5,88%)
1850/51 =   53 349 t Zucker (7,25%)

1860/61 =   126 526 t Zucker (8,62%)
1870/71 =   186 418 t Zucker (8,62%)
1880/81 =   573 030 t Zucker (9,04%)

1890/91 = 1 336 221 t Zucker (12,54%)
1900/01 = 1 979 118 t Zucker (14,86%)
1910/11 = 2 570 000 t Zucker (16,00%)

Die *Produktion je Einwohner* erhöhte sich damit von 1850 = 1,5 kg über 1880 = 13 kg auf 1910 = 40 kg. Deutschland wurde von einem *Zuckerimportland* zu einem *Zuckerexportland*, hatte bereits zur Jahrhundertmitte das zunächst weiter fortgeschrittene Frankreich im Produktionsvolumen überrundet und erzeugte 1884

43 v. H. des gesamten Rübenzuckers der Welt. Danach verminderte sich dieser Anteil, weil auch andere Länder den Vorteil dieser Produktion erkannten und den Zuckerrübenanbau verstärkten.

Die Zuckerrübe erreichte zwar vor dem Ersten Weltkrieg mit 2 v. H. des Ackerlandes keine insgesamt große Bedeutung. Die Konzentration auf bestimmte Regionen (Schlesien, Hannover-Magdeburg-Merseburg, Rheinland-Westfalen) führte dazu, daß der *Zuckerrübe* in diesen Gebieten praktisch die *Schlüsselrolle* in der landwirtschaftlichen Produktion zufiel. Die *Fruchtfolge* wurde so gestaltet, daß der Zuckerrübenanbau möglichst weit ausgedehnt werden konnte. Die *Viehhaltung* (Rinderhaltung) wurde so ausgerichtet, daß die Abfälle des Zuckerrübenanbaues möglichst optimal verwertet werden konnten.

Die Zuckerrübe brachte von allen Früchten des Feldes den höchsten Kalorien- und Geldertrag:

— Die an die Zuckerfabriken verkauften Rüben bedeuteten eine unmittelbare Erhöhung der Geldeinnahmen.

— Die Rückstände der Zuckerfabrikation (Schnitzel) und das Rübenblatt bildeten die Grundlage für eine Ausdehnung des Rindviehbestandes (vor allem auch Rindermast).

— Die auf dem Felde liegengebliebenen Blatt- und Rübenteile boten neue Möglichkeiten für die Schafhaltung, da die Futterversorgung dadurch für fast drei Monate (Oktober bis Dezember) gesichert war, sofern der Winter nicht zu früh einbrach.

— Als gute Vorfrucht führte der Zuckerrübenanbau auch zu einer Erhöhung der Getreideerträge.

Die Viehhaltung hatte allerdings nicht erst seit dem Beginn des Zuckerrübenanbaues zusätzliche Impulse erhalten, sondern bereits durch den *verstärkten Feldfutterbau auf dem Brachfeld* in der vorhergehenden Zeit. Vor allem der Kleeanbau war am Anfang dieser Entwicklung von großer Bedeutung, ihm wurde schon im 18. Jahrhundert von Förderern der Landwirtschaft eine Schlüsselrolle zugesprochen (Albrecht Thaer, Schubart von Kleefeld usw.). Zeitweise wurde der *Klee* wegen seiner Bedeutung sogar als „*Rose der Landwirtschaft*" bezeichnet (Stamm, 1853, S. 276).

Der Kleeanbau wirkte in *zweierlei Weise* auf die *Verbesserung* der landwirtschaftlichen Produktion:

— Als *Stickstoffsammler* hatte er eine gute Vorfruchtwirkung, so daß bei einer Bebauung der Brache mit Klee die nachfolgende (Getreide-)Frucht erheblich *höhere Erträge* brachte. Da der Klee eine zweijährige Nutzung zuließ, wurde häufig auch die bisherige Dreifelderwirtschaft durchbrochen.

— Das bisherige Brachfeld brachte als Kleefeld eine wesentlich bessere Versorgung des Viehs mit Futter. Da der Klee zur Erzielung möglichst hoher Erträge im Stall verfüttert wurde, stand die Einführung des Kleeanbaues auch mit der Einführung der *Sommerstallhaltung* in engem Zusammenhang, was wiederum eine *Verbesserung* der *Versorgung* des Ackerlandes *mit natürlichem Dung* zur Folge hatte.

Klee blieb auch in der Mitte des 19. Jahrhunderts die wichtigste Pflanze des Feldfutterbaus, auch wenn jetzt eine Ergänzung durch Luzerne, Esparsette, Spergel, Mais, Futterroggen und andere Pflanzen in nennenswertem Maße erfolgte.

Durch die Einführung und Verbreitung dieser neuen Nutzpflanzen und durch die Bebauung der Brachfelder war die bisherige Fruchtfolge aufgebrochen. *Schematisch* ist folgende *Entwicklung* zu sehen:

— Von der traditionellen *einfachen Drei-,* Vier- oder Mehr*felderwirtschaft* mit kaum oder überhaupt nicht bebautem Brachfeld ging man zur

— *verbesserten Drei-,* Vier- oder Mehr*felderwirtschaft* mit bebauter Brache über. Dabei war das Brachfeld mit Blattfrüchten, d. h. vor allem mit Klee, aber auch mit Hackfrüchten und anderen Futterpflanzen bebaut.

— Der nächste Schritt war dann die *Fruchtwechselwirtschaft,* in der Blatt- und Halmfrüchte miteinander abwechselten.

Im Grunde handelte es sich bei dieser Entwicklung um zwei verschiedene Vorgänge, die in enger Abhängigkeit standen:

— Das Getreide wurde von einem Anteil von 67 auf 50 v. H. der Ackerfläche zurückgedrängt, eigentlich sogar von 100 über 67 auf 50 v. H. der jährlich bebauten Fläche.

— Pflanzen, die den Boden besser nutzten, also Blattfrüchte, dehnten ihren Anteil von einem unbedeutenden Prozentsatz

auf dem im allgemeinen unbebauten Brachfeld auf 50 v. H.
aus.

Eine Zwischenform der Ackernutzung ist hier noch zu nennen: Die
Koppelwirtschaft war vor allem in Schleswig-Holstein und in Mecklenburg im 18. und in der ersten Hälfte des 19. Jahrhunderts verbreitet.
Bei dieser Fruchtfolge wurde die Ackernutzung durch einige Jahre Weide-
nutzung mit Kleegraseinsaat unterbrochen (Koppel = eingezäuntes
Land; die holsteinischen Knicks sind als natürliche Zäune zum überwiegenden Teil im 18. Jahrhundert angepflanzt worden).

Die tatsächliche Entwicklung weist eigentlich

— die *Bebauung des Brachfeldes* und,

— mit der Aufhebung des Flurzwanges, eine große *Vielfalt an
   Fruchtfolgen* auf, die sich nur in wenigen Fällen in das genannte Entwicklungsschema einordnen lassen.

Da das Getreide bis zur Gegenwart hin fast immer 60 bis 65 v. H.
der Ackerfläche in Anspruch genommen hat (vgl. Abbildung 5),
ist die Fruchtwechselwirtschaft offensichtlich nur ausnahmsweise
eingeführt worden.

Auch bei einer stärkeren Ausdehnung der Blattfrüchte über ein
Drittel der Ackerfläche hinaus wurde häufig nicht schematisch
eine Fruchtwechselwirtschaft zu erreichen versucht, sondern unter
Berücksichtigung der jeweiligen Vorfruchtwerte die rentabelste
Fruchtfolge. So war Klee als Vorfrucht für Kartoffeln oder
Zuckerrüben ertragssteigernder als für Getreide.

Der Vorteil einer reinen Fruchtwechselwirtschaft wurde in der
Mitte des 19. Jahrhunderts darin gesehen, daß das Getreide eine
Frucht ist, die „den Boden verunkrauten läßt und verhärtet". In
der Fruchtwechselwirtschaft folgt auf Getreide jeweils eine andere
(nämlich eine Blatt-) Frucht, „welche den Boden wieder reinigt
und lockert" (Stamm, 1853, S. 305).

Diese Nachteile des Getreideanbaues wurden teilweise durch die
Agrartechnik ausgeglichen. Zwar wurden völlig neue, bisher nicht
bekannte Geräte nur wenig eingesetzt. Nach wie vor bildeten bis
in die 70er Jahre des 19. Jahrhunderts Pflug, Egge und Walze die
wichtigsten Ackergeräte, nach der Jahrhundertmitte noch durch
den Kultivator ergänzt, wie zahlreiche Nachlaßverzeichnisse ergeben. Dennoch gingen von der Agrartechnik die Erträge stei-

gernde Wirkungen aus, und zwar durch Verbesserung der vorhandenen Geräte:

— Es wurden neue Pflugformen eingeführt, mit denen man tiefer
  pflügen konnte, so daß nach und nach die Ackerkrume tiefer
  (von etwa 10 cm auf etwa 25 cm) und die für die Wasser- und
  die Nährstoffhaltung wichtige Humusschicht stärker wurde.

— Die Egge wurde nicht mehr nur als Gerät zur Vorbereitung
  des Saatbettes benutzt, sondern zur Auflockerung des Bodens
  im Frühjahr auf schon begrünten Saatfeldern. Zugleich wurde
  damit das Unkraut bekämpft.

— Der Kultivator (Grubber) war in England entwickelt worden
  und hatte sich in Deutschland etwa seit den 50er Jahren schnell
  verbreitet. Er lockerte den Boden und beseitigte gleichzeitig
  das Unkraut tiefgründiger als die Egge.

Ein weiterer wichtiger Faktor der Ertragssteigerung war die
bessere *Versorgung* der Äcker *mit natürlichem Dung* durch die
Ausdehnung der Tierhaltung. Bittermann geht davon aus, daß je
ha um 1800 8 bis 9 dz, 1878/80 aber bereits 22 bis 23 dz Stalldung
jährlich anfielen. Die Düngung mit betriebsfremden Düngestoffen
stand bis in die 70er Jahre erst am Anfang der Entwicklung, obgleich Liebig mit seinem 1840 veröffentlichten Werk „Die Chemie
in ihrer Anwendung auf Agrikultur und Physiologie" bereits auf
die Notwendigkeit und die Erfolge einer zusätzlichen Düngung
hingewiesen hatte. Kalk und Knochenmehl waren zunächst die
wichtigsten Zusatzdüngemittel, teilweise ergänzt um Guano. Die
Verwendung dieser Mittel und daraus resultierende Ertragssteigerungen waren im Durchschnitt der gesamten Landwirtschaft aber
nicht bedeutend, da eine entsprechende Breitenwirkung fehlte.
Damit wirkte eine Vielfalt von Kräften und Maßnahmen auf die
Ertragshöhe und auf die Ertragsstruktur. Konkrete Angaben sind
nur Schätzungen, die jedoch meistens auf zahlreichen Einzelfällen
aufbauen können und daher den Trend anzeigen. Die folgenden
Durchschnittszahlen für die *Steigerung der Hektarerträge* bei
einzelnen Früchten verbergen im übrigen eine breite Auffächerung
nach Bodenqualität, klimatischen Verhältnissen, persönlicher Wirtschaftsweise des einzelnen Landwirtes usw.:

— *Roggen* und *Gerste* erbrachten 1750/1800 etwa 8 dz und 1870/75 etwa 14 dz je ha (Roggen 23 bis 25 v. H., Gerste 7 bis 11 v. H. des Ackerlandes).

— *Hafer* wird für 1750/1800 mit 6,5 und für 1870/75 mit 13 dz je ha eingeschätzt (16 bis 17 v. H. des Ackerlandes).

— Die *Kartoffel* erbrachte 1800 etwa 80 dz und 1870/75 etwa 90 dz je ha (1,5 bis 11 v. H. des Ackerlandes).

— An *Kleeheu* wurden um 1800 etwa 30 dz und 1870/75 etwa 40 dz je ha geerntet (langsam ansteigend auf 8 v. H. des Ackerlandes).

Die Verbindung von Ausdehnung der Anbaufläche und Erhöhung der Flächenerträge führte zu einer erheblichen *Steigerung der Gesamterträge:*

— Brotgetreide (Weizen, Spelz und Roggen) 1800 = 5,3 Mill. t, 1870/75 = 9,8 Mill. t (plus 85 v. H.).

— Futtergetreide (Gerste, Hafer, Mischgetreide) 1800 = 3,9 Mill. t, 1870/75 = 8,2 Mill. t (plus 110 v. H.).

— Kartoffeln 1800 = 2,2 Mill. t, 1870/75 = 28 Mill. t (plus 1 173 v. H.).

— Futterpflanzen 1800 = 1 Mill. t Getreidewert, 1870/75 = 6,5 Mill. t (plus 550 v. H.).

Insgesamt rechnet man *in Getreidewerten* mit einer *Verdreifachung* der landwirtschaftlichen Produktion allein von 1780/1800 bis 1870/1875 (Bittermann). Da die Bevölkerungszahl sich in dieser Zeit nur knapp verdoppelte und die Nahrungsmittelausfuhr nach und nach zurückging, verbesserte sich die durchschnittliche Ernährungssituation wesentlich. Diese Verbesserung ist *vor allem in die zwei Jahrzehnte nach der Jahrhundertmitte* einzuordnen:

— Die Arbeitslosigkeit und die Unterbeschäftigung gingen mit der zunehmenden Ausdehnung der Industrie zurück, so daß die Nahrungsnachfrage immer breiterer Schichten der Bevölkerung finanziell besser abgesichert war.

— Die Änderungen in der Bodennutzung wirkten erst jetzt in breiterem Maße und brachten Ertragssteigerungen bei Getreide (vgl. Abbildung 3), und bei anderen Früchten.

c) Die Ausdehnung der tierischen Produktion

Die tierische Produktion wurde seit der Mitte des 18. Jahrhunderts
— durch die Vermehrung der *Zahl der gehaltenen Tiere* und
— durch die Erhöhung der jährlichen *Leistung je Tier*
ausgedehnt.

Die Entwicklung der Tierzahl läßt sich in weitgehend gesicherter
Form nur bis in die Zeit von 1800 zurückverfolgen. Dabei besteht
ein ständiger Unsicherheitsfaktor bis in die Gegenwart darin, daß
bei den Tierbeständen sehr starke saisonale Schwankungen vorhanden sein können, die bei jahreszeitlich verschiedenen Erhebungster-
minen den Vergleich zwischen mehreren Jahren erschweren. Der
Entwicklungstrend ab 1800 ist aber aus diesen Zahlen zu ersehen,
vgl. Abbildung 6.
Aber auch bereits in der vorhergehenden Zeit, d. h. im *18. Jahrhundert,* wurden die Tierbestände ausgedehnt:

— Die *Schafzucht* wurde vor allem von den kameralistisch eingestellten Landesherren in Preußen und Sachsen gefördert, was
   für die Erhöhung der Produktion der Wollgewerbe wichtig
   war. Die Einkreuzung von spanischen Merinos verbesserte
   zugleich die Wollqualität, mit einer nennenswerten Breitenwirkung jedoch nur in Sachsen.
— Die *Rinderhaltung* wurde allgemein gefördert, und zwar sowohl zur Fleisch- (Ochsenmast) als auch zur Milchproduktion.
— Die *Pferdehaltung* erhielt eine Förderung nur in den staatlichen Gestüten zur Versorgung der landesherrlichen Höfe
   (Trakehnen, Graditz usw.), während man die Kavalleriepferde
   überwiegend (aus Podolien usw.) importierte.
— Die *Schweinezucht* wurde noch weitgehend vernachlässigt, da
   erst die Verstärkung des Kartoffelanbaues das Schwein in der
   zweiten Hälfte des 19. Jahrhunderts zum wichtigsten Fleisch-
   lieferanten werden ließ.

Die folgende Zusammenstellung zeigt die *Entwicklung der einzelnen Vieharten* sowie die Struktur am Ende des 18. Jahrhunderts:
— Schafe 1800 = 16,2 Mill., 1870/75 = 25 Mill.; der Höhepunkt
   lag um 1860 mit 28 Mill. (plus 73 v. H. von 1800 bis 1860).

— Rindvieh   1800 = 10 Mill.,   1870/75 = 15,8 Mill.   (plus 58 v. H.).
— Pferde 1800 = 2,7 Mill., 1870/75 = 3,6 Mill. (plus 34 v. H.).
— Schweine   1800 = 3,8 Mill.,   1870/75 = 7,1 Mill.   (plus 86 v. H.).

Damit zeichnete sich bereits *ab 1860* im Ansatzpunkt die spätere Entwicklung ab:

— Der *Rückgang der Schafhaltung* durch die beginnende Konkurrenz der überseeischen Wollproduktion (Australien, Argentinien).

— Der starke *Zuwachs* in der *Schweinehaltung,* wobei die für den eigenen Bedarf der privaten Haushalte gehaltenen Schweine einen zwar ziffernmäßig nicht registrierten, aber sicher nicht unerheblichen Anteil (Fütterung mit Haushaltsabfällen), hatten.

Bei der gleichzeitig wachsenden Bevölkerung ergab sich bei Schafen und Rindvieh eine Verringerung der Tierzahl je 100 Einwohner, so daß eine Verbesserung der Versorgung hier nur durch die *Erhöhung der Produktion je Tiereinheit* bewirkt wurde. Dies trifft vor allem bei der Rindviehhaltung zu, während die Schafhaltung für die Fleischversorgung — im Gegensatz z. B. zu England — in Deutschland keine große Bedeutung hatte. Die Schweinehaltung wurde ausgedehnt, und zwar zur Versorgung mit relativ, d. h. im Vergleich zu Rindfleisch, billigerem Fleisch durch:

— Erhöhung der Schweinezahl je 100 Einwohner, und
— Erhöhung der Schlachtgewichte je Schwein.

Hinzu kam eine Verkürzung des Mastprozesses durch Züchtung frühreifer Rassen (von England teilweise eingeführt) und durch eine systematischere Fütterung, so daß auch der Umschlag der Schweine in den landwirtschaftlichen Betrieben beschleunigt wurde. Abbildung 12 zeigt die unterschiedliche Entwicklung der Tierbestände je 100 Einwohner.

Die Zahl der Pferde wurde in diese Übersicht nicht mit aufgenommen, da sie nicht der unmittelbaren Versorgung der Menschen dienten, sondern hauptsächlich als Zugtiere in der Landwirtschaft und in anderen Teilen der Wirtschaft eingesetzt wurden.

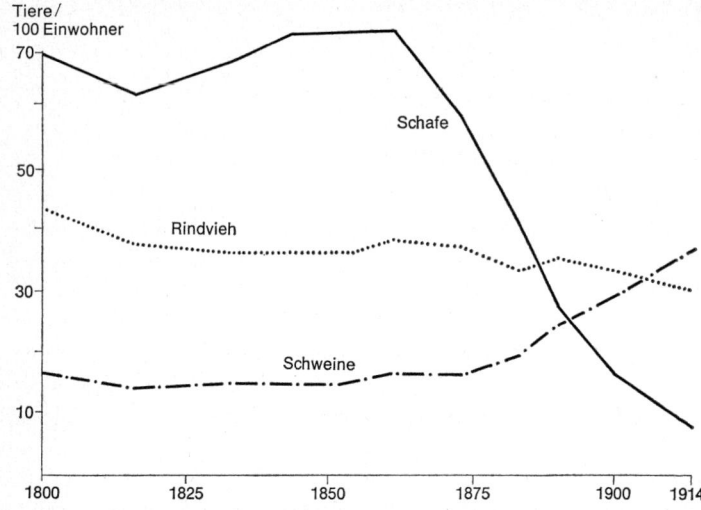

Abb. 12: Entwicklung der Relation zwischen Einwohnerzahl und Viehzahl in Deutschland von 1800 bis 1914

Die *Erhöhung der Leistung* je Tier in der Zeit von 1800 bis
1870/75 kann nur geschätzt werden, da vor allem für die Zeit
um 1800 keine genauen und abgesicherten Angaben vorliegen.
Im allgemeinen geht man aber davon aus, daß die Leistungsent-
wicklung in etwa *folgendes Ausmaß* gehabt hat:

— Die Schlachtgewichte je Kuh und Ochse erhöhten sich von
   1800 = 100 kg über 1835 = 160 kg auf 1870/75 = 190 kg
   (plus 90 v. H.).
— Die Milchproduktion je Kuh erhöhte sich von 1800 = 600 bis
   700 l über 1835 = 900 l auf 1870/75 = 1150 l (plus 75 v. H.).
— Die Schlachtgewichte der Schweine verbesserten sich von
   1800 = 40 kg über 1835 = 50 kg auf 1870/75 = 75 kg (plus
   85 v. H.).
— Je Schaf wurden jährlich an Wolle erzeugt: 1800 = 0,75 bis
   1 kg; 1870/75 = 2 kg (plus 100 bis 165 v. H.).

Diesen Angaben liegen sehr unterschiedliche Einzelergebnisse zugrunde. So war der Ertrag einer Bauernkuh um 1800 häufig nied-

riger als 600 Liter, der einer Kuh in einer Holländerei, d. h. einer speziellen Milchwirtschaft auf einem größeren Gut, bei mehr als 1500 Liter. Auch der Wollertrag je Schaf lag bei den Merinoschafen höher als bei den um 1800 noch überwiegend gehaltenen Landrassen.

Insgesamt kann man feststellen, daß sich der Ertrag je Tier im Durchschnitt aller Tierarten fast verdoppelt hatte. Die gleichzeitige Erhöhung der Rindvieh- und Schweinehaltung um 58 bzw. 86 v. H. hat dazu geführt, daß sich die *tierischen Produkte* aus der inländischen Landwirtschaft zur Versorgung der Menschen *verdreifacht haben*. Da das *Bevölkerungswachstum* von 1800 bis 1870/75 nur zu einer knappen *Verdoppelung* der Nachfrager geführt hatte, wird aus diesem Vergleich die am Ende dieses Zeitabschnittes im Verhältnis zu dem Beginn des 19. Jahrhunderts *bessere Versorgung* deutlich. Damit ist jedoch noch nichts über die Verteilung der tierischen Produkte auf die einzelnen — nach ihrem Einkommen zu unterscheidenden — Bevölkerungsgruppen gesagt. Die Mehrzahl der im sekundären und im tertiären Sektor Beschäftigten wird nach wie vor aufgrund der niedrigen Reallöhne weit unter dem Durchschnitt am Verbrauch beteiligt gewesen sein. Für die ärmeren Bevölkerungsschichten war damit die Möglichkeit der Selbstversorgung aus einer eigenen Viehhaltung von zentraler Bedeutung. Noch in der Mitte des 19. Jahrhunderts (1849) hatten in Preußen 1,79 Mill. Familien Landbesitz, davon 0,87 Mill. weniger als jeweils 1,25 ha. Bei einer gesamten Einwohnerzahl Preußens in Höhe von 16 Mill. in dem genannten Jahr und bei vier bis fünf Personen je Familie wird man annehmen können, daß jede zweite Familie eine teilweise Selbstversorgung hatte. Die Schweinehaltung wird sogar noch größer gewesen sein, da einige der Familien hinzuzurechnen sind, die lediglich einen Garten hatten, aber mit den Abfällen aus Haushalt und Garten den Grundstock für die Mästung eines Schweines besaßen.

d) Treibende und fördernde Kräfte

Während der Anstoß zur Ausdehnung der landwirtschaftlichen Produktion im 18. Jahrhundert vor allem aus der mit dem Bevölkerungswachstum verbundenen steigenden Nachfrage nach

Nahrungsmitteln kam und nach und nach der rechtliche Rahmen für entsprechende Änderungen geschaffen wurde, sorgten *zahlreiche Personen und Institutionen* für die Verbreitung der Kenntnisse von den neuen Produktionsmethoden. Sie basierten dabei weitgehend auf schon in anderen weiter in der Entwicklung fortgeschrittenen Ländern erprobten Produktionsverfahren. Die Gesamtheit der so die Weiterentwicklung auch in Deutschland beschleunigenden oder wenigstens fördernden Kräfte läßt sich folgendermaßen systematisieren.

Von einigen Fürsten wurden nach ursprünglich italienischem Vorbild *Akademien* eingerichtet (Berlin 1700, Göttingen 1751, München 1759). Die Zahl der Akademiemitglieder war meistens begrenzt. Sie zählten zum überwiegenden Teil zu den Geisteswissenschaftlern, haben sich aber in Form der Preisfragen auch wirtschaftlichen und hier auch landwirtschaftlichen Problemen gewidmet. Die Arbeit der Akademien war aber *nicht sehr wirksam,* da sie nur auf zwei recht ineffektiven Wegen an die Landwirtschaft herankamen:

— Die gestellten landwirtschaftlichen *Preisfragen* wurden auch von Landwirten beantwortet, die vielleicht durch die Fragestellung erst zur intensiveren Beschäftigung mit dem betreffenden speziellen Problem angeregt wurden.

— Die preisgekrönten *Antworten* wurden *gedruckt* und damit allgemein zugänglich gemacht.

In beiden Fällen ist aber der Kreis derjenigen Landwirte, der angesprochen wurde, nicht sehr groß gewesen, da die Mehrzahl der Bauern und auch zahlreiche Gutsbesitzer und Gutspächter aufgrund ihrer Vorbildung und aufgrund ihrer grundsätzlichen Einstellung nicht kommunikationsbereit waren.

Wichtiger waren die *landwirtschaftlichen Gesellschaften* (gegründet 1762 in Weißensee/Thüringen, 1764 in Celle und in Leipzig, 1772 in Breslau). Die Mitglieder dieser Gesellschaften gehörten zahlreichen Berufen an. Es handelte sich in erster Linie um *Akademiker* (Ärzte, Pastoren), aber auch für Neuerungen aufgeschlossene *Landwirte.* Durch die engen Beziehungen zur landwirtschaftlichen Bevölkerung konnten diese Gesellschaften eine größere Breitenwirkung haben als die Akademien. Am bekanntesten ist die

Gesellschaft in Celle geworden, weil Albrecht Thaer hier einige Jahre wirkte.

Landwirtschaftliche *Unterrichtsstätten* (Schulen usw.) wurden meistens auf private Initiative gegründet. Am bekanntesten sind die beiden folgenden:

— 1797 gründete Lucas Andreas Staudinger (1770 bis 1842) in Flottbek bei Hamburg ein Lehrinstitut, das in die Literatur eingegangen ist, weil Johann Heinrich von Thünen, der Verfasser des Buches „Der isolierte Staat in Beziehung auf Landwirtschaft und Nationalökonomie", hier Schüler war.

— Albrecht Thaer (1752 bis 1828) gründete 1806 in Möglin bei Berlin eine Schule, die als landwirtschaftliche Akademie bezeichnet wurde.

Bei diesen Lehreinrichtungen handelte es sich um relativ kleine Institute mit nur wenigen Schülern. Die praktische Unterweisung war eng mit dem theoretischen Unterricht verbunden.

In der ersten Hälfte des 19. Jahrhunderts kam es dann zu einer Gründungswelle, in die eigentlich das Mögliner Institut schon mit einzurechnen ist: 1803 Weihenstephan bei München, 1818 Hohenheim bei Stuttgart, 1818 Idstein (Nassau), 1826 Jena, 1829 Tharandt (Sachsen), 1831 Darmstadt, 1835 Eldena bei Greifswald, 1842 Regenwalde (Hinterpommern), 1847 Proskau (Schlesien), 1847 Poppelsdorf bei Bonn, 1851 Weende bei Göttingen, 1858 Waldau bei Königsberg.

Ein praxisbezogenes landwirtschaftliches Schulwesen aber entwickelte sich lange Zeit noch nicht. Die erste entsprechende Schule wurde 1858 in Hildesheim gegründet. Bald folgten landwirtschaftliche Winterschulen, von denen es 1870 bereits 12 gab.

Fördernd für die Entwicklung der landwirtschaftlichen Produktionsmöglichkeiten wirkten sich auch die seit dem letzten Drittel des 18. Jahrhunderts entstehenden *landwirtschaftlichen Kreditinstitute* aus. Hier sind vor allem drei Gruppen mit unterschiedlicher Entstehungsgeschichte und einem unterschiedlichen Kundenkreis zu nennen:

— Die *Landschaften* wurden als Kreditanstalten für die (Ritter-) Güter geschaffen. Die Gesamthaftung aller berechtigten Güter erleichterte die Mittelbeschaffung über die Ausgabe von Pfand-briefen. Die erste Gründung fand in Schlesien statt (1770), andere preußische Gebiete folgten bald: Brandenburg 1777, Pommern 1781, Westpreußen 1787, Ostpreußen 1788. Im nichtpreußischen Gebiet wurde 1790 ein entsprechendes Kredit-institut in Celle für das Fürstentum Lüneburg errichtet. Im 19. Jahrhundert folgten weitere Institute: Mecklenburg 1818, Posen 1821, Württemberg 1825, Hannover 1825, Stade 1826, Königreich Sachsen 1844, Braunschweig 1862, Schleswig-Hol-stein 1862, Provinz Sachsen 1864, Ober- und Niederlausitz 1865, Westfalen 1877.

Da der überwiegende Teil der Kredite offensichtlich nicht zur Verbesserung der Ertragsfähigkeit (Investitionen), sondern zur Finanzierung von Restkaufgeldhypotheken, Erbauseinander-setzungen und sogar von Konsumausgaben verwendet worden ist, kam ein großer Teil der Rittergüter bei kurzfristig rück-läufigen Erträgen in kritische finanzielle Situationen, was im-merhin zu einem sehr starken Eigentumswechsel (durch frei-willigen oder zwangsweisen Verkauf) bis in die 70er Jahre des 19. Jahrhunderts führte (mehr als zwei Drittel aller Ritter-güter wechselten so den Eigentümer). Seit den 40er Jahren des 19. Jahrhunderts wurden einige Landschaften auch für größere Bauernhöfe geöffnet, in anderen Gebieten wurden neue Land-schaften ohne Beschränkung auf Rittergüter gegründet (z. B. Westpreußen 1861, Brandenburg 1869, Pommern 1871).

— Seit den 30er Jahren des 19. Jahrhunderts wurden in einigen Ländern Deutschlands *Kreditinstitute* geschaffen, die der Zwi-schenfinanzierung von *Ablösungsverpflichtungen* dienten. Die-ses hatte den Vorteil,
    — daß der Berechtigte (ehemaliger Grundherr) sofort über die ihm zustehende Summe verfügen konnte und
    — daß der Verpflichtete (Bauer) in Krisenzeiten eher ein Moratorium aushandeln konnte, jedenfalls von dem bis-herigen Feudalherrn nicht bedrängt werden konnte.
Die in Preußen 1850 geschaffenen Provinzial-Rentenbanken hatten bis 1865 Rentenbriefe für 83 Mill. Taler ausgestellt. Einige dieser Kreditinstitute wurden nach und nach in all-

gemeine landwirtschaftliche Kreditinstitute umgewandelt. So hat die 1832 in Kassel gegründete Landeskreditkasse etwa 35 Jahre Ablösungs- und allgemeine Kredite an Bauern gegeben, danach nur noch allgemeine Kredite.

— Seit der Mitte des 19. Jahrhunderts entstanden auf Anregung von Friedrich Wilhelm Raiffeisen, vor allem in kleinbäuerlichen Dörfern Westdeutschlands, bald aber auch in anderen Gebieten *Spar- und Darlehnskassen.* Erst damit eröffnete sich für die zahlreichen kleineren Bauern in Notzeiten und auch zur Finanzierung normaler Investitionen die Möglichkeit, den Kreditweg zu beschreiten. Im übrigen waren die Zinsen hier auch niedriger als für die meistens zuvor von jüdischen Bankhäusern gewährten Kredite, da nunmehr die größere Haftungsbasis eine Verminderung des Risikos bedeutete.

Von großer Bedeutung für die Verbesserung der landwirtschaftlichen Produktion wurden auch zahlreiche *einzelne Personen,* die teilweise in den schon genannten Institutionen tätig waren, die aber außerhalb dieser Einrichtungen manchmal einen noch größeren Wirkungsbereich hatten.

Hier kann aus deren großer Zahl nur eine kleine Auswahl angeführt werden:

Der schon genannte *Albrecht Thaer* (1752 bis 1828) lebte als Arzt in Celle und begann, sich nebenbei für landwirtschaftliche Probleme zu interessieren und auch auf eigenem Land Versuche durchzuführen. Bekannt geworden ist er vor allem durch sein mehrbändiges Werk „Einleitung zur Kenntniß der englischen Landwirtschaft und ihrer neuesten praktischen und theoretischen Fortschritte in Rücksicht auf Vervollkommnung der deutschen Landwirtschaft für denkende Kameralisten", 3 Bände in 4 Teilen, 1798 bis 1804, ferner durch seine „Grundsätze der rationellen Landwirtschaft" 4 Bände, 1809 bis 1812. Thaer versuchte vor allem seit 1804 von Möglin bei Berlin aus (landwirtschaftliche Akademie seit 1806), die „rationelle" Landwirtschaft zu propagieren.

Caspar Voght (1752 bis 1839) war als Hamburger Kaufmann auf seinen Geschäftsreisen mit der englischen (und schottischen) Landwirtschaft in Berührung gekommen. Auf dem von ihm in Flottbek bei Hamburg aus einigen aufgekauften Bauernhufen errichteten

Gut führte er neue Produktionsmethoden ein. Sein Verwalter wurde der schon genannte Staudinger, der hier eine Schule einrichtete. Voght versuchte weniger mit der Feder als mit dem praktischen Beispiel insbesondere die Bauern der Umgebung Hamburgs zu beeinflussen und zur Nachahmung anzuregen. Immerhin wurde er von einem Engländer (Sinclair) nach dem Tode Thaers als nunmehr „the head of German agriculture" angesehen (1831). Dabei unterschied sich Voght von Thaer vor allem dadurch, daß er die „sogenannten rationellen Gutsbesitzer aus der Fellenbergischen und Thaerschen Schule" wegen ihrer „Art von Dogmatik der Agrikultur, die bei den mehrsten oberflächlich ist" (1830) ablehnte (Ahrens, S. 17, 58). Seine sozialpolitischen Überlegungen zur Errichtung einer Altersversicherung für Landarbeiter zeigen, daß er kein reiner homo oeconomicus war.

Johann Heinrich von Thünen (1783 bis 1850) hatte seine Ausbildung bei Staudinger in Flottbek und bei Albrecht Thaer erhalten. Er ist weniger durch die Propagierung neuer Produktionsmethoden als vielmehr durch seine wissenschaftliche Durchdringung des relativen Vorteils der einzelnen Bodennutzungssysteme (in Abhängigkeit der Entfernung des Produktionsstandortes vom Verbrauchszentrum) bekannt geworden. Damit hat er der Wirtschaftswissenschaft in mehrfacher Weise neue Impulse gegeben. Die wichtigsten Ergebnisse seiner theoretischen Überlegungen, basierend auf einer zehnjährigen genauen Buchführung seines Mecklenburger Gutes Tellow, wurden 1826 in Hamburg veröffentlicht: „Der isolierte Staat in Beziehung auf Landwirtschaft und Nationalökonomie, oder Untersuchungen über den Einfluß, den die Getreidepreise, der Reichtum des Bodens und die Abgaben auf den Ackerbau ausüben".

Justus von Liebig (1803 bis 1873) ging als Chemiker in seinem 1840 erschienenen Buch „Die organische Chemie in ihrer Anwendung auf Agrikulturchemie und Physiologie" davon aus, daß die Ertragsfähigkeit der Böden in erster Linie durch die Zufuhr von (anorganischen) Nährstoffen erhalten bzw. erhöht werden kann. Seine Unterschätzung der organischen Düngung und der biologischen Vorgänge im Boden führte zu erheblichen wissenschaftlichen Auseinandersetzungen. Ferner kam es zur Errichtung von

Versuchsstationen, die die naturwissenschaftliche Durchdringung der Bodennutzung wesentlich förderten und entscheidend zur erfolgreichen Anwendung naturwissenschaftlicher Erkenntnisse für die Ertragssteigerungen im letzten Viertel des 19. Jahrhunderts beitrugen.

Friedrich Wilhelm Raiffeisen (1818 bis 1888) wurde durch die Not der Jahre 1846 und 1847 (Mißernte mit niedrigen Einkommen der kleinen Bauernhöfe) veranlaßt, Unterstützungsvereine zu gründen, die sich schließlich zu den genossenschaftlich organisierten dörflichen Spar- und Darlehnskassen und Warenhandlungen entwickelten. Während die schon genannten Landschaften sich in ihrem Kredit fast nur auf die Rittergüter beschränkten und die zur Vorfinanzierung der bäuerlichen Ablösungen gegründeten Kreditinstitute sich erst relativ spät nach und nach auf die Kreditgewährung an Bauern ausrichteten, fehlte vor allem in den westdeutschen Gebieten mit umfangreichem kleinbäuerlichen Besitz (meistens Realteilungsgebiete) ein ländliches Kreditsystem. Der Vorteil der kleinen Genossenschaften lag in der Überschaubarkeit durch eine Begrenzung des einzelnen Vereinsgebietes (Vertrauensbasis), ferner in der Möglichkeit, überschüssige Gelder auch in kleinen Summen zinsträchtig anzulegen. Denn die kommunalen Sparkassen hatten die Dörfer bisher kaum in ihre Geschäftstätigkeit einbezogen. Hinzu kam die individuelle Regelung des Kredites.

Nachteilig war die lange Zeit unbeschränkte Haftpflicht der Mitglieder. Die dennoch günstige Gestaltung des Agrarkredites durch die genossenschaftlich organisierten Darlehnskassen führte zu einer schnellen Ausbreitung und zu einer Erweiterung des Mitgliederbestandes auch über den Kreis der Kleinbauern hinaus. Zugleich erforderte dies die Einführung der nur noch beschränkten Haftung, die sich gegen Ende des 19. Jahrhunderts bei den Neugründungen mehr und mehr durchsetzte.

Diese Spar- und Darlehnskassen wurden durch genossenschaftliche Einrichtungen des Landwarenhandels ergänzt.

5. Die Einkommenslage der Landwirtschaft und der ländlichen Bevölkerung

Die ländliche Bevölkerung gliederte sich in der Zeit von 1850 bis 1870/75 in etwa folgendermaßen:

— 2,5 Mill. hauptberuflich selbständige Landwirte.

— 2,5 bis 3 Mill. mithelfende Familienangehörige der Landwirte.

— 3 bis 3,5 Mill. landwirtschaftliche Lohnarbeiter, davon etwa 1,2 bis 1,3 Mill. als Verheiratete und 1,8 bis 2,2 Mill. überwiegend als Gesindekräfte (Unverheiratete).

— 2 bis 3 Mill. nicht in der Landwirtschaft, sondern im sekundären oder tertiären Sektor Tätige (Landhandwerker, Gastwirte, Kaufleute usw., einschließlich deren mithelfende Familienangehörige, Gesinde und Gehilfen).

Hinzu kamen die nicht mitarbeitenden Familienangehörigen, die bei einer Beschäftigtenquote von etwa 45 bis 48 v. H. eine ebenso große Zahl umfaßt haben dürften.

Ein Problem ist hierbei die Einordnung der mithelfenden Familienangehörigen. Aufgrund ihrer verwandtschaftlichen Beziehungen zu den selbständigen Landwirten — zum überwiegenden Teil als Söhne, Töchter und Geschwister des jeweiligen Betriebsinhabers — wird ihre Einkommenslage im wesentlichen von der Einkommenssituation der selbständigen Landwirte abhängig gewesen sein. Sie sind daher eher dieser Gruppe zuzurechnen als den landwirtschaftlichen Lohnarbeitern, zumal da sie vor allem bei den kleineren Höfen mit wesentlich weniger Einkommen zufrieden sein mußten als eine familienfremde Arbeitskraft.

Daher wird im folgenden nur zwischen den übrigen drei Gruppen der Dörfer unterschieden (Landwirte, landwirtschaftliche Arbeitnehmer, nicht in der Landwirtschaft Tätige).

a) Die Einkommen der selbständigen Landwirte

Die *Einkommen* der selbständigen Landwirte hingen im wesentlichen von der Entwicklung folgender *vier Faktoren* ab:

— Produzierte Mengen und deren Marktquoten.

— Agrarpreise.

— Produktionskosten.

— Belastungen öffentlich-rechtlicher und privat-rechtlicher Art.

Die produzierte Menge an landwirtschaftlichen Gütern hatte in der Zeit von 1750 bis 1870 den schon genannten langfristigen Aufwärtstrend. Diese Zunahme der naturalen Erträge wurde allerdings bis in die Mitte des 19. Jahrhunderts noch sehr häufig von Mißernten infolge ungünstiger Witterung oder infolge kriegerischer Einflüsse unterbrochen, so daß die zum Verkauf verfügbaren Mengen stark voneinander abwichen. Da z. B. von einer Getreideernte eine bestimmte jährlich gleiche Menge wieder für die nächste Saat (etwa 25 bis 30 v. H. einer normalen Ernte im 18. und 20 bis 25 v. H. in der ersten Hälfte des 19. Jahrhunderts) und für die Ernährung der auf dem Hofe lebenden Menschen benötigt wurde, schwankte die für den Verkauf verfügbare Menge noch stärker als die Ernte. Die Marktquote lag bei kleineren Höfen mit einem höheren Besatz an Menschen je 100 ha wesentlich niedriger als bei größeren Höfen. In schlechten Erntejahren reichte der Ertrag hier häufig nicht einmal für den eigenen Bedarf (Saat, Brotgetreide). Die Marktquote ist bei allen Landwirten im Zusammenhang mit der Zunahme der naturalen Erträge gestiegen, so daß sich die naturalen Voraussetzungen für eine Einkommenssteigerung verbesserten.

Aufgrund

— der naturalen Ertragssteigerungen (Angebotsseite) und

— der Entwicklung der nichtlandwirtschaftlichen Bevölkerung (Nachfrageseite)

kann man davon ausgehen, daß sich die *Marktquote* der Landwirtschaft insgesamt und der bäuerlichen Betriebe wegen der hier meistens überdurchschnittlichen Ertragssteigerungen sogar in noch stärkerem Maße *mehr als verdoppelt* hat.

Eine Verminderung ist allenfalls bei den Bauernhöfen eingetreten, die aufgrund der Ablösungsgesetze einen Teil ihrer Nutzfläche im Rahmen der Regulierungen hatten abgeben müssen, deren Betriebsfläche sich also verkleinert hatte.

Die *Agrarpreise* stiegen zunächst von 1750 bis 1806 fast ständig an. Die napoleonischen Jahre führten durch die Kontinentalsperre zu einer Unterbrechung der Getreideausfuhren und damit zu einem

Überangebot auf dem Kontinent, sieht man von einzelnen Jahren ab, in denen schlechte Wetterverhältnisse oder Kriegsführung eine Minderung brachten. Nach den napoleonischen Jahren gab es zunächst einige schlechte Ernten mit hohen Preisen, was der Landwirtschaft nur in den größeren Betrieben, deren Marktquote nicht gänzlich durch die Mißernte beseitigt war, einen angenäherten Ausgleich brachte, so daß hier kaum Einnahmeeinbußen zu verzeichnen waren. Einige gute Ernten in den Jahren von 1819 an verminderten die Getreidepreise auf etwa ein Drittel, mit dem Tiefpunkt in den 20er Jahren. Auch hiervon wurden die Bauernhöfe stärker betroffen als die Gutsbetriebe, weil die Bauern von den verminderten Einnahmen Ablösungsbeträge zu zahlen hatten, während die Gutsbetriebe einen Teil des Einnahmeverlustes durch die Ablösungsleistungen der Bauern ausgleichen konnten, sofern nicht eine hohe Verschuldung den finanziellen Spielraum zu sehr eingeengt hatte. Vom Ende der 20er bis in die 70er Jahre gab es wieder einen langfristigen Trend ansteigender Agrarpreise. Da die Preise für gewerbliche Produkte und für Dienstleistungen erheblich zurückblieben, sprachen die Zeitgenossen sogar von einem

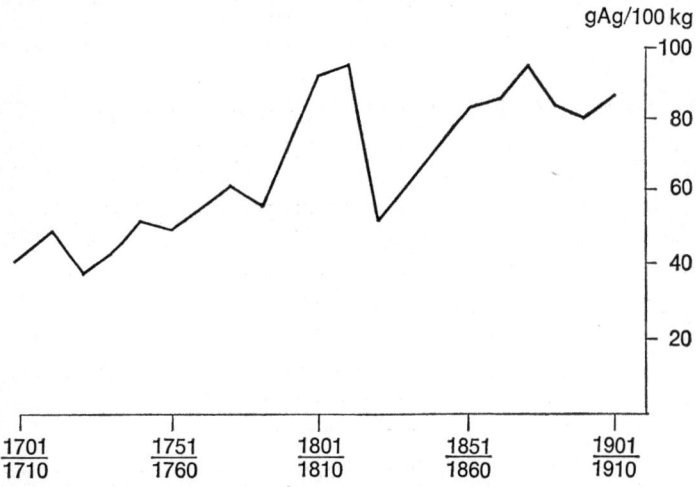

Abb. 13: Roggenpreise in Deutschland in Gramm Silber je 100 kg, Zehnjahresdurchschnitte (nach Abel) von 1701 bis 1910

Gesetz der ständig wachsenden Kaufkraft der landwirtschaftlichen Produkte. Die Entwicklung der Roggenpreise in Zehnjahresdurchschnitten zeigt Abbildung 13.

Diese Zehnjahresdurchschnitte verbergen teilweise die für die Landwirtschaft wirklich gefahrvollen Entwicklungen: Die kurzfristigen, unvorhergesehenen Preisschwankungen, die zu einer erheblichen Verminderung (oder auch Erhöhung) der Einnahmen führen konnten, je nach dem Mengenausfall der Ernte auf dem einzelnen Hof. Abbildung 14 zeigt die stark schwankenden, ja sprunghaft sich verändernden Jahresdurchschnitte des Roggenpreises auf dem Markt zu Jena in Gramm Silber je 100 kg

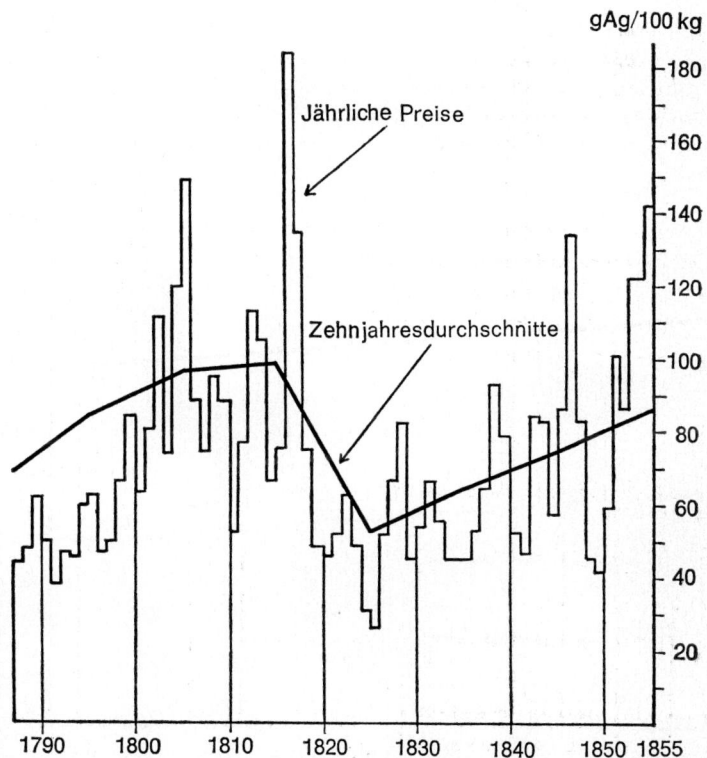

Abb. 14: Jährliche Roggenpreise in Jena von 1788 bis 1855, in Gramm Silber je 100 kg (nach F. G. Schulze, Anhang) und Zehnjahresdurchschnitte (nach Abel, vgl. Abb. 13).

für die Zeit von 1788 bis 1855. Die durchgehende Kurve bringt zum Vergleich die Zehnjahresdurchschnitte für mehrere Orte in Deutschland (vgl. Abb. 13). Aus diesem Vergleich wird das genannte Problem ebenso deutlich wie die örtlichen Abweichungen (z. B. für 1791 bis 1800).

Für den einzelnen Landwirt kam es aber auch darauf an, wann er im Laufe des Jahres das geerntete Getreide dreschen ließ und zum Verkauf brachte. Auch innerhalb eines Jahres gab es erhebliche Schwankungen der

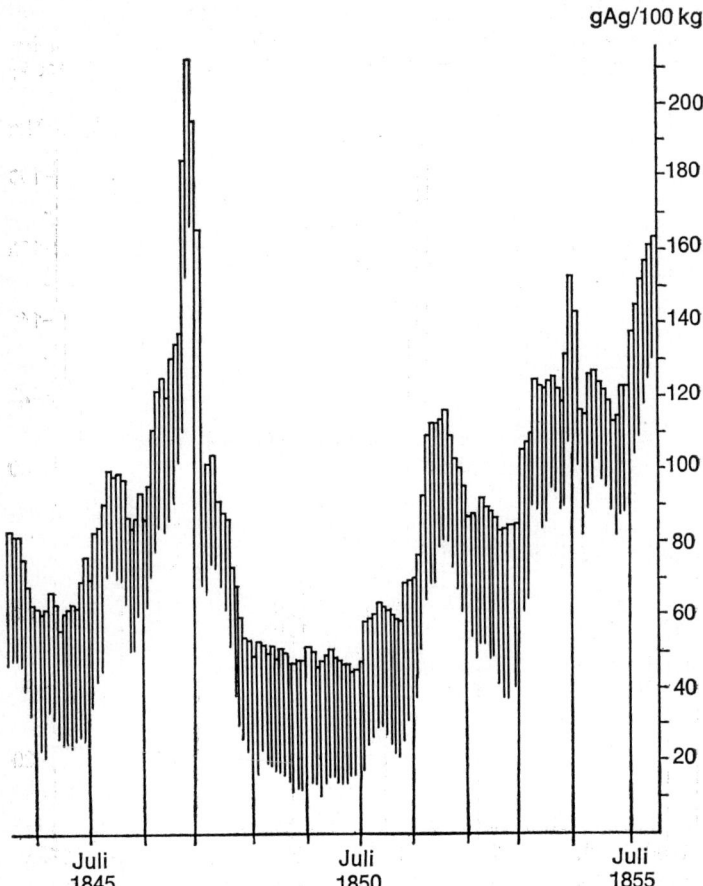

Abb. 15: Monatliche Roggenpreise in Jena von Januar 1844 bis Dezember 1855 (nach F. G. Schulze, Anhang)

Getreidepreise. Abbildung 15 zeigt die Monatspreise für Roggen von Januar 1844 bis Dezember 1855 auf dem Markt in Jena.

Aus den Jahres- und aus den Monatspreisen wird insbesondere auch deutlich, in welchem Maße die wirtschaftliche Situation der städtischen Bewohner in der Zeit vor den Ereignissen des Jahres 1848 durch steigende Lebenshaltungskosten gekennzeichnet wurde. Wenn man die hiervon auf die Revolution von 1848 ausgehenden Wirkungen auch nicht überschätzen darf, so ergibt sich doch eine Beziehung, vor allem, wenn man bedenkt, daß steigende Agrarpreise bei dem Überwiegen der Nahrungsausgaben in den meisten privaten Haushalten eine überproportionale Verminderung der Nachfrage nach gewerblichen, insbesondere auch nach handwerklichen Produkten bedeuteten (vielleicht mit einer gewissen zeitlichen Verzögerung), die ausreichte, um die Ernährungskrise des Jahres 1846/47 als städtische Wirtschaftskrise in den Winter 1848 hineinzuziehen.

Auch die Preise für tierische Produkte hatten erhebliche Schwankungen aufzuweisen, wenn auch nicht so stark wie bei Getreide, da man in Zeiten eines knappen Nahrungsmittelangebotes zunächst den Verbrauch tierischer Erzeugnisse einschränkte, um die so frei werdenden Mittel für das teurer gewordene Getreide einzusetzen.

Die steigenden geldlichen Einnahmen der selbständigen Landwirte bestimmten zwar deren Einkommen entscheidend mit. Jedoch war auch die Entwicklung der mit dem landwirtschaftlichen Betrieb in Zusammenhang stehenden *Ausgaben* wichtig. *Produktionskosten* waren neben den betriebseigenen Aufwendungen (Saat, Futter) die *Löhne* und die Ausgaben für *Leistungen der gewerblichen Wirtschaft.*

Die *Löhne* entwickelten sich während des ganzen Zeitraumes für die selbständigen Landwirte sehr günstig, da erst mit der zunehmenden Industrialisierung nach und nach etwa seit den 60er Jahren des 19. Jahrhunderts eine wachsende Abwanderung aus der Landwirtschaft die Löhne stärker erhöhte, als die Agrarpreise stiegen. Da aber zuvor die Situation über ein ganzes Jahrhundert hin umgekehrt gewesen war, hatten die Landwirte auch dann immer noch einen erheblichen Vorsprung. Die Grundproblematik der Löhne wird in dem nächsten Abschnitt über die Einkommen der familienfremden Arbeitskräfte dargestellt werden.

Die von den selbständigen Landwirten für ihre Betriebe zu erwerbenden *Produkte der übrigen Wirtschaft* kamen vor allem aus dem dörflichen Handwerk. Erst im zweiten Drittel des 19. Jahrhunderts kamen mehr und mehr auch fabrikmäßig produzierte Pflüge und andere Geräte der Bodenbearbeitung und für die Ernte hinzu. Insgesamt hatten die Leistungen aus dem sekundären Sektor in der Ausgabenstruktur der Betriebe aber keinen sehr großen Anteil. Zum Ende des 18. Jahrhunderts lag dieser Anteil im Durchschnitt größerer Bauerngruppen bei weniger als 10 v. H. des Rohertrages. Die Preisentwicklung für Agrar- und für gewerbliche Produkte bis in die 70er Jahre des 19. Jahrhunderts führten dann zu einer erheblichen Verschiebung zugunsten der Agrarprodukte, so daß die selbständigen Landwirte einen geringeren Teil ihrer Einnahmen oder des Wertes ihres Rohertrages für gewerbliche Leistungen aufzuwenden hatten als im ausgehenden 18. Jahrhundert. Die bäuerlichen und die gutsherrlichen Einkommen wurden durch diese *Sachausgaben* für die Aufrechterhaltung der Produktion *nicht entscheidend vermindert.*

Anders verhielt es sich mit den *sonstigen Belastungen.* Hier sind vor allem zwei Gruppen zu nennen:

— Die öffentlich-rechtlichen oder quasi-öffentlich-rechtlichen Belastungen (Feudallasten, Steuern usw.).

— Die privaten Lasten, insbesondere aus einer starken Verschuldung.

Hinsichtlich der zuerst genannten Lasten war die Zeit von der Mitte des 18. bis fast zur Mitte des 19. Jahrhunderts für die meisten *bäuerlichen Höfe* noch durch drückende Feudallasten bzw. deren Ablösung gekennzeichnet. Erst etwa ab 1835/50 waren die Einnahmen der bäuerlichen Höfe durch die Ertragssteigerungen und die ansteigenden Agrarpreise so angewachsen, daß die nunmehrigen Ablösungsleistungen ständig an Gewicht verloren. Für größere Hofgruppen kann man davon ausgehen, daß am Ende des 18. Jahrhunderts je nach Bodenqualität und Intensität der bäuerlichen Abhängigkeit zwischen 20 und 40 v. H. des Rohertrages auf die feudalherrlichen Berechtigten zu übertragen waren. Dieser Anteil der Lasten, einschließlich der verbliebenen Steuern, sank nach und nach auf die Hälfte, obgleich die absoluten Beträge zu-

nächst gleichblieben. In den zwei Jahrzehnten nach der Jahrhundertmitte verbesserte sich damit die bäuerliche Einkommenslage
generell, doch war auch jetzt eine sehr breite Streuung vorhanden,
und zwar in erster Linie in Abhängigkeit von folgenden drei Faktoren:

— Bodenqualität
— Betriebsfläche
— Wirtschaftliche Tüchtigkeit des Betriebsinhabers.

Für die *Rittergüter* waren die öffentlichen Lasten kein Problem.
Sie hatten während der Feudalzeit nur relativ niedrige Abgaben
zu leisten. Auch die Steuern des 19. Jahrhunderts engten ihre
wirtschaftlichen Verhältnisse nicht sehr ein. Ein großer Teil der
Rittergutsbesitzer, insbesondere der Adel Ostdeutschlands, sah
jedoch in diesen landwirtschaftlichen Betrieben offensichtlich in
erster Linie Beleihungsobjekte, um so die eigene, sich nicht am Einkommen orientierende Lebenshaltung zu finanzieren. So stiegen
schon in der zweiten Hälfte des 18. Jahrhunderts und verstärkt
dann im 19. Jahrhundert die Schulden fortlaufend, so daß 70 bis
80 v. H. der adligen Familien durch zu hohe Verschuldung ihre
Güter verloren. Hier wirkten vor allem die kurzfristigen Krisen
(fallende Getreidepreise). Abbildung 16 zeigt das Grundproblem:

— Die steigenden Agrarpreise führten zu steigenden Gutswerten
  und damit zu steigenden Erlösen bei den Gutsverkäufen.
— Damit erhöhte sich die Belastbarkeit, die Schuldaufnahmefähigkeit. Ein nicht geringer Teil der adligen Rittergutsbesitzer
  nutzte den damit wachsenden Kreditrahmen weitgehend aus.

Sanken die Einnahmen um nur 5 v. H., dann sank ihr Einkommen
(Einnahmen abzüglich Betriebsausgaben) bereits um die Hälfte
und mehr. Der Schuldendienst konnte nicht mehr aufgebracht
werden. Das Gut mußte verkauft werden, und diese Güter gingen
zu zwei Dritteln in bürgerliche Hände, so daß am Ende dieser
Periode etwa die Hälfte aller preußischen Rittergüter bürgerliche
Eigentümer hatte. Da vor allem die größeren Adelsbesitze aufgrund der je Familie höheren Einkommen wirtschaftlich stabiler
waren, lag der Anteil der Bürgerlichen an den Gutsbesitzerfamilien 1880 in den sieben östlichen preußischen Provinzen bei
64 v. H.

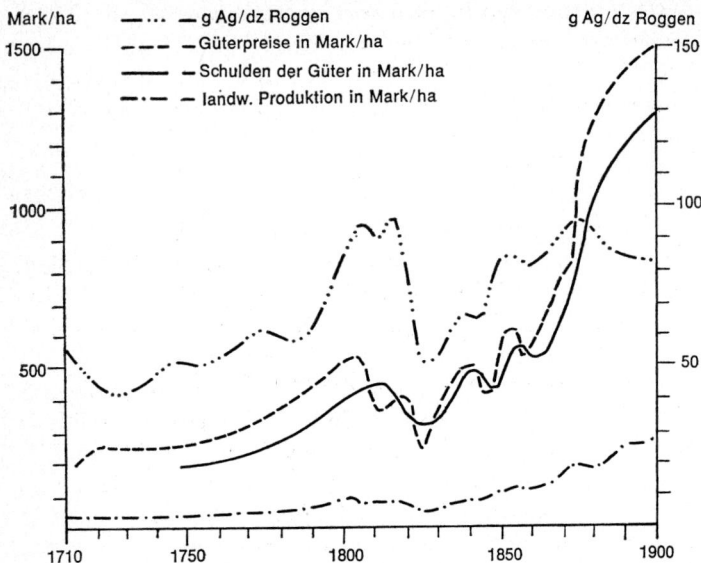

Abb. 16: Entwicklung der Rittergutspreise (554 Verkaufspreise von 147 ostelbischen Rittergütern), der Roggenpreise, des Wertes der landwirtschaftlichen Produktion und der Verschuldung der ostelbischen Rittergüter im 18. und im 19. Jahrhundert.

Im Ergebnis hätte die gesamte Landwirtschaft aufgrund der günstigen Entwicklung der naturalen und der geldlichen Erträge in den 70er Jahren des 19. Jahrhunderts in einer sehr günstigen Lage sein müssen, mit Ausnahme der zu kleinen Bauernhöfe. Die hohe Verschuldung der Rittergüter und damit die wirtschaftliche Labilität bei sinkenden Agrarpreisen wurden ein wichtiger Anstoß für die Einführung der Agrarschutzpolitik im Jahre 1880.

b) Die Einkommen der familienfremden Arbeitskräfte

Hier sind *drei Gruppen* zu unterscheiden:

— Die *Gesindearbeitskräfte* hatten keinen selbständigen Haushalt und lebten meistens mehr oder weniger in den Haushalt des selbständigen Landwirts integriert.

— Die *ständigen Arbeitskräfte* mit eigenem Haushalt.
— Die *nicht ständigen Arbeitskräfte.*

Die *Bemessung der Arbeitseinkommen* in der Landwirtschaft ist aus verschiedenen Gründen recht *schwierig:*

— Ein manchmal nicht unerheblicher *Teil der Entlohnung* erfolgte *natural.* Bei einer Berechnung des Geldwertes dieser Naturalleistungen (Wohnung, Tierhaltung, Futter, Ackernutzung usw.) kann sowohl der Erzeugerpreis als auch der normale Kleinhandelspreis eingesetzt werden. In beiden Fällen ergibt sich aber das Problem, ob der Arbeitnehmer die gesamte Menge an naturalen Leistungen normalerweise bei einer vollen Geldentlohnung ebenfalls erworben hätte. Von der Beantwortung dieser Frage hängt eigentlich die Wertschätzung ab, die der einzelne Arbeitnehmer den Naturallohnbestandteilen zumaß.
— Da es im 18. und auch im 19. Jahrhundert noch keine Tarifverträge gab, wurde im Prinzip *jeder Lohn einzeln ausgehandelt.* Eine Vielzahl an Löhnen muß also einer Gesamtschätzung, die dem wirklichen Durchschnittslohn nahezukommen versucht, zugrunde gelegt werden.
— *Regionale Unterschiede* im Lohnniveau ergaben sich aus
    — der möglichen Konkurrenz um die Arbeitsleistungen in der Nähe aufstrebender Industrie- oder Bergwerksorte und
    — aus den unterschiedlichen Lebenshaltungskosten (insbesondere aus den unterschiedlichen Agrarpreisen).
— Die zahlreichen *verschiedenen Funktionen* (Kleinknecht, Großknecht, Meisterknecht usw., Gespannführer, Aufseher, Viehpfleger und dgl.) brachten erhebliche Abweichungen in der Lohnhöhe bereits in einzelnen Betrieben.

Im Prinzip kann man folgende *Perioden in der Entwicklung* der Arbeitseinkommen unterscheiden:

— Von der Mitte des 18. bis in die 50er Jahre des 19. Jahr*hunderts* bestand infolge der ständig wachsenden Bevölkerungszahl bei nicht ausreichenden Aus- oder Abwanderungsmöglichkeiten ein *Überangebot an Arbeitskräften.* Einige Kriegs- oder Nachkriegsjahre führten ebenso zu einer (allerdings nur kurzfristigen) Verknappung (besonders z. B. in der napoleonischen Zeit) wie die übermäßige Beanspruchung des örtlichen Arbeitsmarktes durch öffentliche Baumaßnahmen (vor allem der Eisenbahnbau hat in der Mitte des 19. Jahrhunderts zu vorübergehenden Abwanderungen aus der Landwirtschaft geführt).

— *Von den 50er Jahren des 19. Jahrhunderts bis in die 90er Jahre* bestand ein *ständiger Abwanderungsstrom,* der sich vor allem in der Nähe größerer neu entstehender oder wachsender Industriezentren und Städte deutlich bemerkbar machte. Die Landwirtschaft klagte zwar bereits über Arbeitskräftemangel, bei besserer Bezahlung konnte dieser Mangel aber noch behoben werden.

— *Vom Ende des 19. Jahrhunderts bis zum Ersten Weltkrieg* kam es dann infolge der industriellen Hochkonjunktur über fast zwei Jahrzehnte zu *sehr starken Abwanderungstendenzen,* so daß sogar der Vorschlag gemacht wurde, chinesische Arbeitskräfte oder Neger (allerdings eher als Arbeitssklaven) „einzuführen" (Nichtweiß, S. 46). Die schon in den vorhergehenden Jahrzehnten immer *stärkere Beschäftigung von* (meistens ausländischen) *Saisonarbeitern* erhielt damit zusätzliche Impulse.

Dementsprechend *entwickelten* sich die *Landarbeiterlöhne* folgendermaßen:

— Für die *zweite Hälfte des 18. Jahrhunderts* kann man von einem Gesamteinkommen von *30 bis 50 Talern im Jahr* ausgehen, wobei der niedrigere Betrag in Ostdeutschland und der höhere in Westdeutschland zu finden war (bei etwa gleichen Unterschieden der Agrarpreise).

— In der *ersten Hälfte des 19. Jahrhunderts* erhöhten sich diese Löhne auf etwa *80 bis 100 Taler.* Steigende Lebenshaltungskosten sorgten dafür, daß die Reallohnsteigerung nicht das gleiche Ausmaß hatte, vielleicht sogar unbedeutend war.

— *Von der Mitte des 19. Jahrhunderts bis in die 70er Jahre* kam es *nochmals* zu einer *Verdoppelung* der Löhne auf bis zu 200 Taler mit weiterhin starken regionalen Unterschieden. Auch jetzt wurde ein Teil der nominalen Lohnsteigerungen durch die höheren Lebenshaltungskosten aufgezehrt.

— *Bis zum Ersten Weltkrieg* fand eine *weitere Verdoppelung* der Nominallöhne statt, und zwar überwiegend in den letzten 20 Jahren. Die Reallöhne stiegen dabei um etwa 25 v. H.

Diese Angaben für nur mit Geld entlohnte, das ganze Jahr über beschäftigte Arbeitskräfte wurden von entsprechenden Entwicklungen anderer Lohnformen begleitet. Der Lohn für einen „Meisterknecht" in einem rheinischen Landwirtschaftsbetrieb stieg z. B. von etwa 60 Talern in der Jahrhundertmitte auf mehr als 90 Taler Barlohn 1871/75. Hinzu kamen Unterbringung und Verpflegung in naturaler Form. In der Mitte des 18. Jahrhunderts hatten die Knechtslöhne im Rheinland noch bei 20 bis 25 Talern gelegen. Bis zum Ersten Weltkrieg wuchs der geldliche Jahreslohn dieses Meisterknechts auf etwa 500 Mark (= 167 Taler).

Im allgemeinen lagen die Landarbeiterlöhne etwa bis um 20 v. H. unter entsprechenden Industriearbeiterlöhnen in derselben Gegend.

Die regionalen Differenzierungen waren aber nicht nur durch die benachbarten oder fehlenden industriellen Arbeitsplätze bedingt. Sie hatten wegen der unterschiedlichen Lebenshaltungskosten (vor allem Agrarpreise) bereits in vorindustrieller Zeit bestanden. Die regionalen Unterschiede für Tagelöhner werden aus folgenden Beispielen für 1873 deutlich (Lohn je Tag in Groschen, wobei 30 Groschen auf einen Taler oder 10 Groschen auf eine Mark gingen):

— In den östlichen Regierungsbezirken Posen, Liegnitz, Gumbinnen, Breslau und Oppeln lag der Tagelohn zwischen 7 und 10 Groschen. Daß auch die schlesischen Gebiete hier dazuzählten, obgleich z. B. Breslau und Oppeln erhebliche Industrie aufzuweisen hatten, lag an der starken Zuwanderung von Arbeitskräften aus den österreichischen und russischen Gebieten (des ehemaligen polnischen Staates).

— Die bayerische Pfalz, das Gebiet um Dresden und der Regierungsbezirk Köln hatten als schon stärker mit Industrie durchsetzte Gebiete mit 15 bis 16 Groschen eine Mittelstellung, ebenso aber das fast rein agrare Mecklenburg, in dem jedoch die Abwanderungstendenzen nach Hamburg und die Auswanderungsneigungen sehr groß waren.

— Der schwerindustrielle Regierungsbezirk Arnsberg (westfälisches Ruhrgebiet), der durch eine umfangreiche Baumwollindustrie gekennzeichnete Bezirk Ober-Elsaß und die Hansestadt Bremen lagen mit 19 bis 24 Groschen an der Spitze der landwirtschaftlichen Tagelöhne.

Die Frauenlöhne lagen bei 60 bis 70 v. H. der Männerlöhne. In welchem Maße die zahlreichen Deputatarbeiter, d. h. diejenigen Arbeitskräfte, die überwiegend natural entlohnt wurden, mit Naturalien versorgt wurden — ob sie diese benötigten oder nicht —, zeigen folgende Beispiele:
Ein Arbeiter auf dem Thünenschen Gut Tellow erhielt 1819/20 neben 11 Talern Bargeld etwas über 10 dz Getreide, einschließlich Erbsen, dazu Wohnung, Feuerung und die Möglichkeit, neben einer Kuh noch Schweine, Gänse, Hühner usw. zu halten. Ein Garten, Kartoffel- und Leinland (8,7 und 3,2 a) ergänzten dieses Deputat. Neben dem Mann hatte dessen Frau noch an 104 Tagen ohne zusätzliches Entgelt und an weiteren 64 Tagen für etwas mehr als 5 Taler insgesamt zu arbeiten.
Ein verheirateter „Gespannknecht" von einem Gut aus dem Kreis Wehlau in Ostpreußen erhielt um 1900:

Freie Wohnung und Feuerung, ferner 14 dz Getreide, 17,04 a Kartoffel-land, 7,1 a Leinland, 4,26 a Gartenland. Er konnte sich 1 Kuh, 2 Schweine, 2 Schafe und 6 Hühner halten. An Barlohn erhielten beide Arbeitskräfte zusammen 172,50 Mark, dazu wurde errechnet, daß von den Naturalien bzw. aus der Viehhaltung Waren im Werte von 135,60 Mark jährlich verkauft wurden. Der Mann hatte dafür das ganze Jahr über zu arbeiten, die Frau an 275 Tagen, d. h. ebenfalls fast das ganze Jahr (nach Mulert, S. 24 f.).

In beiden Fällen erhielten die Landarbeiter und ihre Frauen etwa 20 v. H. eines Lohnes in der gewerblichen Wirtschaft in bar, das übrige, dessen Marktwert aber unter 80 v. H. des Lohnes eines städtischen Arbeiters lag, natural.

c) Die Einkommen der sonstigen ländlichen Einwohner

Hier sind ebenfalls *verschiedene Gruppen* zu sehen:

— Diejenigen *Handwerker,* die in ihrer Produktion auf die Land-wirtschaft ausgerichtet waren (Schmiede, Stellmacher, Sattler), standen in ihrer Einkommensentwicklung in Abhängigkeit von der Entwicklung der landwirtschaftlichen Einkommen. Dabei waren diese Gewerbe jedoch bis in die Mitte des 19. Jahrhun-derts weitgehend zu dicht besetzt, so daß dadurch die Ein-kommensmöglichkeiten gering waren. Nur dort, wo Zulas-sungsbeschränkungen zum Gewerbe (Zunftzwang) eine über-mäßige Ausdehnung des einzelnen Handwerks verhindert hatten, war die finanzielle Lage dieser Handwerker besser. Im allgemeinen kann man davon ausgehen, daß gerade in den zahlreichen kleinbäuerlichen Dörfern West- und Süddeutsch-lands die Handwerker bis in die Mitte des 19. Jahrhunderts durchweg in einer schlechten Einkommenslage gewesen sind. Erst die Jahre sich ständig verbessernder bäuerlicher Einkom-men seit der Mitte des 19. Jahrhunderts hat dann auch die Einkommen der Dorfhandwerker verbessert.

— Die in den Dörfern ansässigen *Verlagsarbeiter* sind mit der zunehmenden Überfüllung dieser Gewerbe von den Verlags-herren, den Verlegern immer wieder gedrückt worden, so daß ihre Einkommen während der ganzen Zeit relativ niedrig waren. Die aufkommende industrielle Konkurrenz hat vor allem im zweiten Drittel des 19. Jahrhunderts, als die Abwan-derungsmöglichkeiten noch nicht sehr günstig waren, diesen

Lohndruck verstärkt. Lediglich die Möglichkeit, den Nahrungs-
mittelgrundbedarf durch die intensive Nutzung eines kleinen
Landstückes zu produzieren, bot eine gewisse Absicherung des
Lebensunterhalts. Die beginnende Industrialisierung auch der
zuvor verlagsmäßig organisierten Gewerbe, insbesondere des
Leinengewerbes in der zweiten Hälfte des 19. Jahrhunderts,
und deren Standortänderung (in die Städte) beseitigte hier die
Einkommensmöglichkeiten und zwang meistens ebenfalls zum
Abwandern. Die Mittelgebirgszonen Deutschlands von Aachen
bis Oberschlesien wurden hiervon in mannigfacher Weise be-
troffen.

— Eine *industrielle Arbeiterschaft* war bis in die 70er Jahre des
19. Jahrhunderts in den Dörfern kaum entstanden, sieht man
von den wenigen in unmittelbarer Nachbarschaft zu Industriestädten und Bergwerken liegenden Dörfern ab. Die Einkommen dieser Arbeiter verbesserten sich ebenfalls erst nach der
Mitte des 19. Jahrhunderts und lagen dann noch deutlicher
über denen der vergleichbaren Landarbeiter.

6. Die Landwirtschaft in der Volkswirtschaft

Zwischen der Landwirtschaft und den übrigen Bereichen der
Volkswirtschaft bestanden umfangreiche Wechselbeziehungen. Es
erhebt sich damit die Frage, in welchem Maße wechselseitige Impulse die wirtschaftliche Entwicklung beeinflußt haben.
Die wachsende nichtlandwirtschaftliche Bevölkerung sicherte die
Nachfrage nach Nahrungsmitteln bei einer wachsenden landwirtschaftlichen Produktion ab. Umgekehrt war die Ernährung der
zunehmenden Bevölkerungszahl unter den gegebenen Verhältnissen am Weltmarkt für Agrarprodukte bis in die 70er Jahre nur
durch eine expandierende Landwirtschaft im Inland möglich.
Die *Einflüsse der Landwirtschaft* auf die allgemeine wirtschaftliche Entwicklung sind aber offensichtlich *vor der Industrialisierung nicht sehr groß* gewesen. Die Waren- und Geldströme eines
aus zahlreichen Einzelbeispielen ermittelten modellhaften norddeutschen Bauernhofes aus der Zeit um 1750 zeigen,

— in welchem Maße die bäuerlichen Wirtschaften von den *Feudallasten* bedrängt wurden und

— welchen *geringen Anteil* die *gewerblichen Produkte* an den bäuerlichen Aufwendungen hatten, vgl. Abbildung 17.

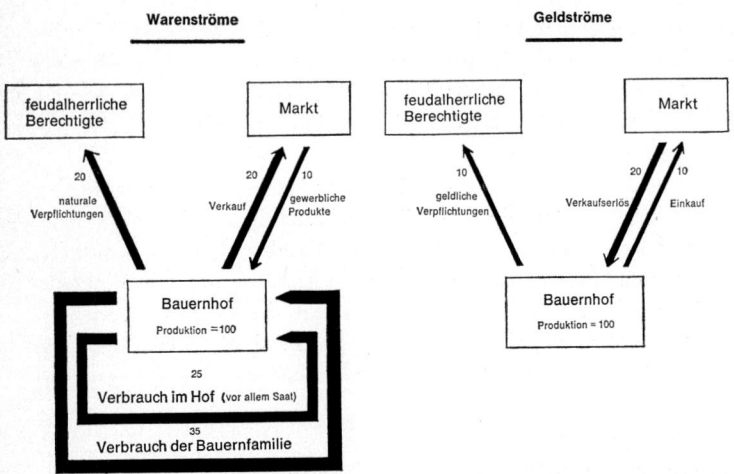

Abb. 17: Warenströme und Wertströme eines norddeutschen Bauernhofes von 15 bis 20 ha um 1750 (Modellhof nach zahlreichen Einzelberechnungen)

Dabei gab es starke Unterschiede, die in eine solche lediglich die Größenordnung und das Grundproblem wiedergebende Abbildung nicht mit aufgenommen werden können. Bei kleineren Höfen konnte die Marktquote, die in dem Modellbeispiel mit 20 v. H. der Produktion ermittelt wurde, völlig fehlen und sogar negativ sein, wenn nämlich die zur Verfügung stehende Fläche nicht ausreichte, um die Nahrungsmittel für eine Familie zu produzieren. Man kann davon ausgehen, daß diese Grenze je nach Ertragsfähigkeit des Bodens im 18. Jahrhundert noch bei etwa 3 bis 8 ha gelegen hat und erst durch den Kartoffelanbau auf 1 bis 3 ha gesenkt wurde.

Andererseits stieg bei größeren Höfen die Marktquote. Rittergüter, die zu einem nicht unerheblichen Teil mit Diensten der abhängigen Bauern wirtschafteten, hatten nur einen verhältnismäßig geringen Verbrauch für die auf dem Hofe lebenden Menschen. Ferner hatten sie keine naturalen Verpflichtungen, so daß sich hier die Marktquote sogar auf mehr als

50 v. H., teilweise sogar bis auf 80 v. H. ausdehnen ließ. Dementsprechend war die Verflechtung mit den nichtlandwirtschaftlichen Bereichen über den Markt erheblich stärker als bei den mittleren Bauernhöfen oder gar bei den Kleinbauern.

Abbildung 17 zeigt auch, daß die große Masse der *Bauern als Nachfrager* für gewerbliche Produkte so lange nicht oder nur in geringem Maße in Betracht kam, wie die Feudallasten sie dazu zwangen, einen erheblichen Teil ihres Ertrages hierfür aufzuwenden. Die *Feudalherren* wiederum verwendeten ihre Einnahmen keineswegs für das örtliche, über das ganze Land verstreute Gewerbe (Handwerk), sondern zu einem nicht unerheblichen Teil für *Luxusgüter,* deren Produktion in einzelnen Orten (Residenzstädte) im Inland oder im *Ausland* konzentriert war.

Da auch der *Staat* (Landesherr) sehr stark an den feudalherrlichen Einnahmen beteiligt war, kam es aber auch auf die Verwendung dieser Mittel an:

— Im 18. Jahrhundert wurde der überwiegende Teil der landesherrlichen Einnahmen für *Soldaten und Beamte* (und zwar nicht nur in Preußen) ausgegeben. Über die *Nahrungsmittelausgaben* kamen vermutlich bis zu 75 v. H. davon wieder in die Hände der Landwirtschaft, und hier vor allem in die Hände der den Markt beliefernden adligen Feudalherren zurück.

— Wie beim Adel wurde auch bei den Landesherren ein Teil der Mittel für *aufwendige Bauten* ausgegeben. Die Bauern hatten dabei noch unentgeltliche Spann- und Handdienste zu leisten. Die Ausstattung der barocken Schloßanlagen, einschließlich der Möblierung, geschah aber weitgehend nicht mit Leistungen des inländischen Gewerbes.

— Für die Infrastruktur, insbesondere für das Bildungswesen und für die Verkehrseinrichtungen wurden nur relativ geringe Mittel aufgewendet. Immerhin wurde aber von 1750 bis 1835 das Binnenschiffahrtsnetz (*Kanäle und kanalisierte Flüsse*) von etwa 2000 auf 3000 km und das *Chausseenetz* von kleinen Anfängen auf 25 000 km ausgedehnt.

Die von den Leistungen der Landwirtschaft ausgehenden Wirkungen sind damit zwar nicht unbeachtlich gewesen. Das *Feudalsystem*

— mit den umfangreichen, die *bäuerlichen* Einkommen einschränkenden *Verpflichtungen* an die Feudalherren und
— mit der *geringen* Bereitschaft der Feudalherren zu *Investitionen*
bedingte jedoch, daß von den *Leistungen der Landwirtschaft kaum
Wachstumsimpulse* ausgingen.
Auch in der Industrialisierungsphase von den 30er bis in die 70er
Jahre des 19. Jahrhunderts waren die von der Landwirtschaft
ausgehenden Wirkungen auf die allgemeine wirtschaftliche Entwicklung *nicht sehr groß:*

— Die *landwirtschaftliche Produktion* im Inland *reichte* bis etwa
   1870/75 aus, um die (finanziell abgesicherte) *Nachfrage der
   Bevölkerung* zu befriedigen, so daß man nicht — wie z. B. in
   vielen heutigen Entwicklungsländern — gezwungen war, in
   der entscheidenden Industrialisierungsphase die Handelsbilanz
   mit Nahrungsmittelzufuhren zu belasten. Rohstoffe für die
   gewerbliche Produktion und Maschinen konnten aus dem Ausland erworben werden.

   Häufig wird zwar noch darauf hingewiesen, daß Deutschland bis in
   die Zeit um 1870 Nahrungsmittel exportiert hat und daß damit ein
   entscheidender Beitrag zum Ausgleich der Handelsbilanz zu sehen ist.
   Hier wird aber die Menge der ausgeführten Nahrungsmittel überschätzt. Sie lag allenfalls bei bis zu 5 v. H. der inländischen Produktion, meistens sogar bei nur etwa 2 v. H. Berücksichtigt man noch die
   starken Ernteschwankungen, die sich teilweise in der Preisentwicklung
   (vgl. Abbildung 14) niederschlugen, dann ist der vor allem aus Ostdeutschland (über Danzig und Stettin) gehende Getreideexport (in
   die skandinavischen Länder und nach England) zu einem großen
   Teil durch Getreideeinfuhren aus dem übrigen Westeuropa nach
   Westdeutschland (über den Rhein) kompensiert worden.

— Die *Nachfrage nach gewerblichen Produkten* hat schon eine
   größere Bedeutung gehabt:

   — Die wachsende landwirtschaftliche Produktion war mit
      einem starken *Bedarf an Bauleistungen* (Scheunen, Speicher,
      Ställe) verbunden. Berücksichtigt man außerdem die Mo-
      dernisierung der bisherigen Gebäude, wird man leicht von
      mindestens einer Verdoppelung der Bausubstanz der land-
      wirtschaftlichen Höfe ausgehen können.
   — Von *geringerer* Bedeutung war die *Nachfrage nach Ma-
      schinen und Geräten.* Aber auch hier gingen einige Impulse

von der Landwirtschaft aus, da eine Vielzahl an Maschinenfabriken kundennah, d. h. weit über das Land verstreut, entstand, die zwar in der Mehrzahl lange Zeit nicht wesentlich über das Niveau eines Dorfschmiedes hinauskamen, aber vielfältige Ansatzpunkte für die Weiterentwicklung der Maschinenfabriken boten.

— Die *landwirtschaftlichen Nebengewerbe* im weitesten Sinne waren hier schon wichtiger. Zuckerfabriken, Brennereien, Stärkefabriken usw. regten die *Maschinenfabrikation* stark an.

— In der Literatur *umstritten* ist der *Beitrag* der Landwirtschaft *zur Finanzierung der* aufkommenden *Industrie.* Zwar lassen sich einzelne Beispiele der finanziellen Beteiligung einzelner Landwirte an industriellen Unternehmen nachweisen. Dies scheint aber nicht so verbreitet gewesen zu sein, wie z. B. B. Gleitze oder M. Boserup annehmen.

Im übrigen sprechen gegen die Annahme einer stärkeren finanziellen Beteiligung von Landwirten an industriellen Unternehmen

— die schon geschilderten Einkommensverhältnisse,

— die Unsicherheit hinsichtlich der Ertragsmöglichkeiten der Industrie gerade in den ersten Jahrzehnten der Entwicklung,

— die Möglichkeit, relativ sicher Geld in festverzinslichen Staatspapieren anzulegen,

— der unter den Landwirten weitverbreitete Expansionsdrang, so daß Gewinne durch den Erwerb von Landflächen oder sogar größerer Güter (teilweise auf Kredit) festgelegt wurden, was unter Berücksichtigung der starken Eigentumswechsel bei den von Adligen in Besitz gehaltenen Gütern leicht möglich war.

Im *Ergebnis* läßt sich feststellen, daß zwar die Landwirtschaft für die industrielle Entwicklung nur *kaum nachweisbare Impulse* gegeben hat. *Jedoch* ist die gesamte wirtschaftliche Entwicklung in den ersten beiden Dritteln des 19. Jahrhunderts, vor allem aber im zweiten Drittel, also etwa von 1835 bis 1870, vom *Ineinandergreifen* folgender *drei Teilentwicklungen* gekennzeichnet gewesen:

— Das Bevölkerungswachstum.

— Die Ausdehnung der landwirtschaftlichen Produktion zur nahrungsmäßigen Absicherung dieser wachsenden Bevölkerung.

— Die Industrialisierung, die, langfristig gesehen, die Einkommensvoraussetzungen für die materielle Absicherung der Bevölkerung schuf.

Die Periode der Agrarschutzpolitik bis zum Ersten Weltkrieg (1870/75 bis 1914)

1. Die vom Weltmarkt ausgehenden Einflüsse

Bis etwa 1870/75 war *über Jahrhunderte* hin die Versorgung der dichter besiedelten Regionen *Europas* aus den dünner besiedelten *Agrarüberschußgebieten* des Kontinents erfolgt. Eine Ausdehnung dieses Handels auf *außereuropäische Gebiete* und insbesondere eine *Zufuhr von Getreide* und anderen Nahrungsmitteln aus Übersee kam aus verschiedenen Gründen *nicht in Betracht:*

— Die *geringe Produktivität je Arbeitskraft in der Landwirtschaft* erlaubte in den Produktionsgebieten keine Preissenkung.

— Die *geringe Produktivität je Arbeitskraft im Transportwesen* erlaubte keine entscheidende Senkung des Transportpreises, so daß Getreide und andere Massengüter nicht über allzu große Entfernungen transportiert werden konnten.

— Die *geringe Produktivität im sekundären und im tertiären Sektor* hielt die Einkommen der Nachfrager in den Zuschußgebieten auf einem niedrigen Niveau, so daß für eine Ausdehnung der Nahrungsmittelausgaben bei der Mehrzahl der Familien keine Möglichkeit bestand.

Von den 40er bis in die 70er Jahre des 19. Jahrhunderts änderten sich die ersten beiden Bedingungen grundlegend. In den folgenden Jahrzehnten bis hin zum Ersten Weltkrieg nahm die Arbeitsproduktivität in fast allen Zweigen der Wirtschaft erheblich zu. *Seit den 40er Jahren* des 19. Jahrhunderts begann daher die *Zufuhr von Getreide aus Nordamerika* nach Europa. In Großbritannien waren die wirtschaftlichen Verhältnisse hierzu am ehesten günstig:

— Es war das wichtigste Getreidezufuhrgebiet Europas.

— Es lag am weitesten von den europäischen Überschußgebieten im östlichen Europa entfernt.

— Es lag am günstigsten zu den sich entwickelnden amerikanischen Überschußgebieten.

— Es hatte in Europa mit die höchsten Getreidepreise.

In den 70er Jahren hatte sich nach und nach folgende Konstellation auf dem *Weltagrarmarkt* entwickelt:

— *In den USA* war nach Beendigung des Sezessionskrieges (1861/65) eine starke *Ausdehnung der besiedelten Fläche* und damit der Agrarproduktion erfolgt (Weizenernte in den USA 1859 = 4,7; 1869 = 7,8; 1879 = 10,3; 1889 = 12,5; 1899 = 14,9; 1907 = 17,3 Mill. t). Die Weizenproduktion hatte sich von 1866 bis 1900 um 123 und die Bevölkerung um 117 v. H. erhöht. Dadurch konnten etwa 0,45 Mill. t Weizen je Jahr ausgeführt werden. Da aber gleichzeitig bei wachsendem Fleischverbrauch der Weizenverzehr je Einwohner von etwa 185 auf 160 kg sank, wurden etwa 3 Mill. t jährlich für den Export frei. Die starken Ernteschwankungen haben dann allerdings zu sehr abweichenden Exportmengen geführt, vgl. Tabelle 3. (Für die Jahre 1901 bis 1905).

— Die *Agrarreform in Rußland* (1861) hatte die dortigen Bauern zu einer *verstärkten Produktion* für den Markt gezwungen, da sie sich nur auf diese Weise die für die Ablösungen erforderlichen Mittel verschaffen konnten.

— Die *Verbesserung der Schiffahrtstechnik* hatte zu einer wesentlichen Verminderung der Seefrachtraten geführt (Transportkosten je t Weizen von Chikago nach Liverpool 1868 = 71 Mark, 1900 = 21 Mark).

— Die *zunehmende Industrialisierung in einigen europäischen Ländern* war — im Zusammenhang mit einer Ausdehnung der Einkommensmöglichkeiten und damit der Arbeitsplatzzahl — von einer ständigen starken *Bevölkerungszunahme* begleitet, so daß die *Nachfrage nach Nahrungsmitteln nicht mehr* allein *aus der europäischen Produktion* gedeckt werden konnte.

— Die *Agrarpreise sanken auf dem Weltmarkt* in erheblichem Maße, vgl. Abbildung 18,

   — weil das *Überangebot den Preis drückte* und
   — weil die *Erzeuger in den Überschußgebieten* zu *niedrigeren Preisen* anbieten konnten (USA) oder mußten (übrige Länder).

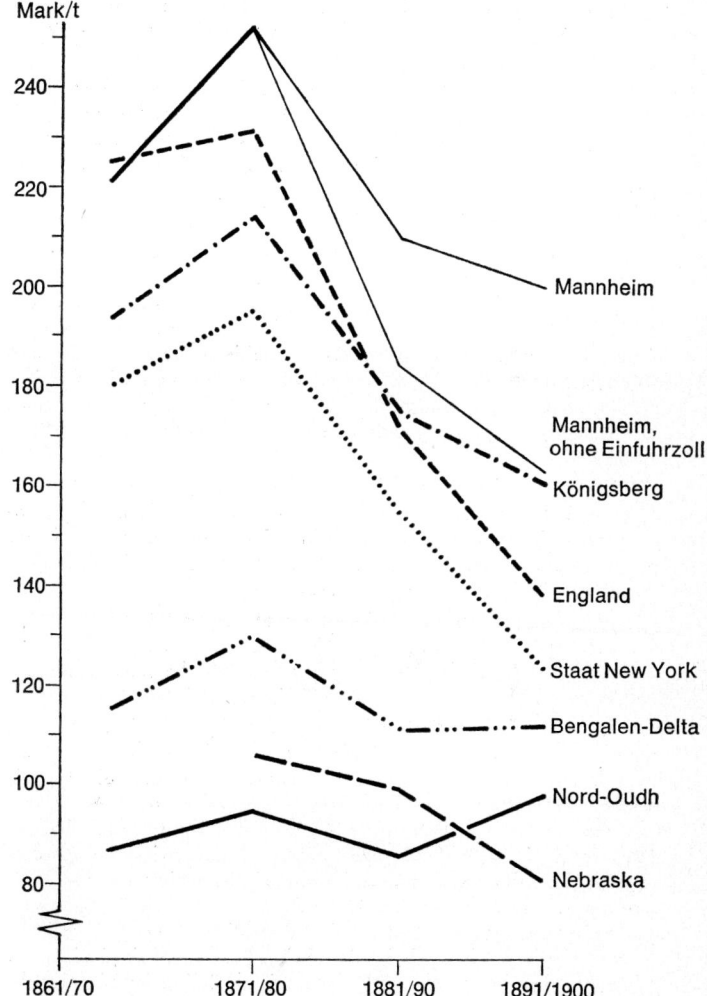

Abb. 18 Weizenpreis in Mark je metrische Tonne in Zehnjahresdurchschnitten von 1861 bis 1900 (nach Engelbrecht)

Nord-Oudh, Nebraska und Königsberg sind repräsentativ für wichtige
Produktionsgebiete:

— Nord-Oudh war das wichtigste Weizenüberschußgebiet Indiens, das
  über das Ganges-Tal und die Häfen im Bengalen-Delta an den Weltmarkt angeschlossen war.

— Nebraska war das zum Ende der 60er und in den 70er Jahren durch
  umfangreiche europäische Zuwanderungen in den Produktionsprozeß
  einbezogene Gebiet der USA, das von den östlich der Rocky Moun-
  tains gelegenen Überschußgebieten die längsten Transportwege zum
  Verschiffungshafen an der Küste hatte.

— Königsberg ist für das ostpreußische Überschußgebiet repräsentativ.

Auch innerhalb dieser Produktionsgebiete gab es große Unterschiede, da
die Entfernungen zu den regionalen Handelszentren bis zu 200 km diffe-
rierten. So betrug z. B. der Transportweg für einen Landwirt aus der
unmittelbaren Nachbarschaft Königsbergs nur wenige Kilometer, die für
ihn kaum Bedeutung hatten, da er das Getreide mit eigenem Gespann
zum Verschiffungshafen bringen konnte, während ein Landwirt aus dem
Kreis Lyck zunächst die Transportkosten über eine Landstrecke von etwa
150 km zu tragen hatte, was sich in einem niedrigeren loco-Hof-Preis
niederschlug.

Die Preise für das Bengalen-Delta, für den Staat New York und für
Königsberg sind in etwa mit den Preisen frei Hafen gleichzusetzen, obgleich diese Hafenpreise meistens noch um einen geringen Betrag höher
lagen. Die Preise in den russischen Ausfuhrhäfen lagen wenig über (Ost-
see) bzw. unter (Schwarzes Meer) den New Yorker Preisen.

Der Durchschnittspreis für zahlreiche Orte in England lag anfangs um
etwa 10 und später um etwa 5 Mark je t über dem Preis im Londoner
Hafen. Für die industriellen Verbrauchszentren außerhalb Londons, z. B.
Birmingham und Manchester, sind diese Preise entscheidend gewesen.

Mannheim war neben Duisburg der für Getreide wichtigste deutsche
Binnenhafen. Hier wurde das Getreide für die beiderseits des Ober-
rheins gelegenen Verbrauchszentren umgeschlagen, so daß die für die
Verbraucher relevanten Preise dann sogar noch höher lagen. Als in den
70er Jahren die Transportkosten für Weizen aus Übersee sanken, begann
zunächst der Preis in England gegenüber der Preisentwicklung auf dem
Kontinent (Königsberg und Mannheim als Beispiele) nicht mehr so stark
anzusteigen. Die in den 80er und 90er Jahren immer preisgünstiger werdenden Einfuhren führten dann zu einer erheblich stärkeren Verminderung der Preise in England als in Mannheim. Für Mannheim ist hier für
diese beiden Jahrzehnte noch der Weizenpreis abzüglich der Einfuhrzoll-
belastung eingefügt. Daraus wird in etwa die Bedeutung der Zölle für
die Preisverhältnisse in Deutschland deutlich. Zugleich zeigen die beiden
Kurven für Mannheim und Königsberg, daß die Landwirte in den östlicheren Gegenden einen um 15 bis 25 v. H. niedrigeren Erlös erzielten
als die Landwirte in Südwestdeutschland, allerdings bei ebenfalls niedrigeren Löhnen.

Vergleicht man die *Preise von Nebraska, New York und England* für die drei Jahrzehnte von 1871 bis 1900, dann zeigt sich, daß die *Preissenkung* auf den europäischen Märkten in erster Linie *auf* folgende *zwei Faktoren* zurückzuführen ist:

— Die Frachtraten sanken, so daß sich die Preisdifferenz zwischen New York und England von 36 Mark je t in dem Jahrzehnt 1871/80 auf 15 Mark 1891/1900 verminderte. Da zugleich auch die Preisdifferenz zwischen Nebraska und New York von 89 auf 42 Mark je t sank, ist der *Fortschritt* in der *Transporttechnik* (Schiffahrt und Eisenbahn) der entscheidende Faktor gewesen (Preisdifferenz Nebraska-England 1871/80 = 125 Mark, 1891/1900 = 57 Mark).

— Die *niedrigen Produktionskosten* (eigentlich Erzeugerpreise) in den Überschußgebieten zeigt ein Vergleich zwischen den Preisen von Königsberg und Nebraska. Die Differenz lag 1871/80 bei 108 Mark und 1891/1900 bei 80 Mark je t; zu beiden Zeitpunkten erhielten die Erzeuger in *Nebraska* nur etwa den halben Preis wie die Erzeuger in Ostpreußen oder sogar noch weniger als die *Hälfte des Erzeugerpreises* in anderen, günstiger zu den Verbrauchszentren gelegenen Gegenden *Deutschlands* (z. B. Südwestdeutschland).

Die Entlohnung der Produzenten war recht unterschiedlich. Eine Preissenkung war nur in dem Maße möglich, wie Gewinnspannen vorhanden waren oder *Produktionskosten* gesenkt werden konnten. Diese Kosten waren damit langfristig die untere für die Erzeuger annehmbare Preisschwelle. Ihnen kam damit eine Schlüsselrolle zu. Hier gab es zwischen den Ländern *grundsätzliche Unterschiede:*

— *In den USA* konnten die *Produktionskosten gesenkt* werden, weil man neue Techniken einführte (Mähmaschine; header = Köpfer, der nur die Ähren mit wenig Stroh erntete; moderne Dreschmaschinen mit höherer Leistung, Felddrusch, einfache Gebäude usw.). Die Überproduktion infolge der Ausdehnung der Siedlungsflächen nach Westen senkte die Preise und zwang damit zur verstärkten Anwendung des technischen Fortschritts, um so die Produktionskosten zu verringern.

— In den unterentwickelten Ländern *Rußland, Rumänien und Indien* erhielten die *Tagelöhner bzw. Bauern* ein sehr *niedriges Einkommen.* Vor allem die russischen Bauern waren gezwungen, zur Erhaltung ihres Hofes unter Inkaufnahme sehr schlechter Lebensverhältnisse das Getreide billig zu verkaufen, um die drohende Einziehung des Bodens bei unterbrochener Zahlung der Ablösesummen zu vermeiden.

— Die *skandinavischen, mitteleuropäischen und nordwesteuropäischen Landwirte* konnten sich die *Produktionstechnik* der US-Farmer *nur teilweise* zunutze machen (klimatische Unterschiede, Betriebsgrößen). Vor allem beim ostdeutschen Großgrundbesitz war die Verschuldung teilweise so hoch, daß Rationalisierungsinvestitionen nicht finanziert werden konnten. Andererseits war die Bereitschaft zur Verringerung des Lebensstandards bei der überwiegenden Mehrzahl der Bauern nicht so groß wie in Rußland, so daß die Einführung der Agrarschutzpolitik der einzige Ausweg zu sein schien.

— In *Großbritannien, Dänemark* und in den *Niederlanden,* wo man nicht zum Agrarschutz überging, *änderte sich* in den folgenden Jahrzehnten die *Produktionsstruktur* erheblich: In Großbritannien wurde der Boden wegen des starken Arbeitskräftebedarfs der Industrie extensiver (Umwandlung von Ackerland in Weideland) genutzt (Ausdehnung der Rindviehhaltung). Dänemark und die Niederlande gingen zur intensiveren Nutzung des Bodens über: Ausdehnung der intensiven Viehhaltung (Milch und Fleisch) und zusätzlich in den Niederlanden des Gartenbaues.

Aufgrund des nicht mehr nur innereuropäischen, sondern *weltweiten Getreidehandels* kam es zu einer größeren Gleichmäßigkeit in der Versorgung der Weltmärkte. Die starken *Ernteschwankungen* in den einzelnen Regionen und Ländern wurden *weitgehend ausgeglichen,* wie die Weizenausfuhr aus den fünf wichtigsten Überschußländern in fünf Jahren, verglichen mit der Gesamtausfuhr aus diesen Ländern, zeigt, vgl. Tabelle 3.

Auch auf dem *Weltmarkt für tierische Produkte* wurde das *Angebot* ausgedehnt:

Tabelle 3: Die Ausfuhr von Weizen aus fünf Ländern von 1901 bis 1905

Land	Weizenausfuhr in Mill. t					Durch- schnitt der 5 Jahre	Durchschnitt = 100	
	1901	1902	1903	1904	1905		Mini- mum	Maxi- mum
USA	4,18	3,08	1,19	0,12	0,94	1,90	6	220
Rußland	2,26	3,05	4,15	4,59	4,80	3,77	60	127
Indien	0,38	0,52	1,30	2,15	0,94	1,06	36	203
Rumänien	0,28	0,46	0,42	0,36	0,86	0,48	58	179
Argentinien	0,45	0,32	0,84	1,16	1,43	0,84	38	170
Zusammen	7,55	7,43	7,90	8,38	8,97	8,05	92	111

— Wolle wurde in zunehmendem Maße von den Steppengebieten der südlichen Halbkugel, aus Australien, Argentinien und Südafrika angeboten, und zwar erheblich unter den europäischen Preisen.

— Milch und Milchprodukte wurden aufgrund der Intensivierung der Landwirtschaft verstärkt von Dänemark und von den Niederlanden exportiert.

— Schweinefleisch wurde ebenfalls von dort ausgeführt, wobei die Schweinemast in starkem Maße auf den billigen Futtergetreideeinfuhren basierte.

— Rindfleisch kam aufgrund der Verbesserung der Kühltechnik vermehrt aus den USA und schließlich auch aus Argentinien. In den USA war die Kombination von natürlichem Weideland und von Maisfütterung in der letzten Mastphase entscheidend, in Argentinien vor allem das natürliche Weideland (Pampas).

Die gerade in den 80er Jahren des 19. Jahrhunderts immer wieder geäußerten Befürchtungen, daß neben dem Getreide nunmehr auch Fleisch aus Übersee zu sehr niedrigen Preisen in großem Maße angeboten werden würde und daß daher hierfür ebenfalls ein erheblicher Preisverfall eintreten würde (M. Sering), traten nicht ein:

— Trotz einer weitgehenden Kostensenkung bei der Fleischproduktion in Übersee machten die Transportkosten hier einen erheblich höheren Anteil bei der Anlieferung in die europäischen Verbrauchszentren aus.

— Die Zunahme des Fleischverbrauches in den USA verringerte die
  Möglichkeit einer Überschwemmung des Weltmarktes mit billigem
  Fleisch jedenfalls aus diesem Lande.
— Die vor allem seit den 90er Jahren steigenden Einkommen auch der
  Industriearbeiter in Deutschland führten zu einer Erhöhung des
  Fleischkonsums.

Die Öffnung der Weltmärkte durch die Verbilligung der Transportkosten mußte sich notwendigerweise auf die europäischen
und damit auch auf die deutschen landwirtschaftlichen Produzenten auswirken.

2. Die Einführung der Agrarschutzzölle

a) Die Begründung der Zölle

Die Einführung der *Agrarzölle* wurde im allgemeinen von den
verschiedenen Gruppen und Politikern *mit drei Argumenten begründet:*
— Die Landwirtschaft sollte *keine Einkommensverminderung
  durch die Einfuhr* billigerer Agrarprodukte hinnehmen müssen.
  Noch lebte fast die Hälfte aller abhängig oder selbständig
  Beschäftigten von Einkommen aus der *Landwirtschaft*. Man
  glaubte, einen so *großen Teil der Bevölkerung* nicht der ausländischen Konkurrenz preisgeben zu dürfen.
— Die *landwirtschaftliche Produktion* sollte *nicht geschmälert*
  werden, um im Falle eines außenpolitischen Konflikts (Krieg)
  bei Abschnürung der Zufuhr nicht in eine Zwangslage zu geraten (*Autarkiepolitik*).
— Das *Reich* hatte bei seiner Gründung *keine* umfangreichen
  eigenen Steuerquellen zugewiesen bekommen, sondern war —
  in Fortsetzung des Deutschen Zollvereins — auf die Zollein-
  nahmen und auf Matrikularbeiträge der Länder angewiesen.
  Die Einführung von Schutzzöllen (ab 1. Juli 1879 für Roheisen
  und verschiedene Eisenwaren) sollte daher (im Sinne von
  Finanzzöllen) die Finanzkraft des Reiches stärken und von
  den von den Ländern zu bewilligenden Matrikularbeiträgen
  unabhängiger machen.

In der Literatur werden alle drei Argumente genannt, wobei die einzelnen Autoren die Akzente recht unterschiedlich setzen. Man wird aber davon ausgehen können, daß hier verschiedene Interessengruppen vor allem das Einkommensargument und das Finanzzollargument als entscheidendes Motiv gehabt haben. Wäre der Autarkiegedanke mehr gewesen als nur die Behauptung allgemeiner Interessen, dann hätte man nach der Einführung der Agrarschutzzölle für eine entsprechende Ausrichtung der landwirtschaftlichen Produktion eintreten müssen. Dies ist aber nicht geschehen.

In der Erörterung der Berechtigung von Schutzzöllen wurde schon in der Zeit ab 1890 bis zum Ersten Weltkrieg, vor allem dann aber in der Zwischenkriegszeit und nach dem Zweiten Weltkrieg immer wieder hervorgehoben, daß die ostdeutschen Großgrundbesitzer die *treibende Kraft für die Einführung der Getreidezölle* gewesen seien. So plausibel dies auch ist, weil hier in erster Linie die innerdeutschen Getreideüberschußgebiete lagen, so wenig stimmt dies mit der Wirklichkeit überein. Man muß vielmehr *unterscheiden:*

— *Ende der 70er Jahre* waren es vor allem die *westdeutschen Landwirte,* die Agrarschutzzölle forderten. Die regionale Nachbarschaft zur Industrie und damit zu den Befürwortern der Industrieschutzzölle war offensichtlich zu diesem Zeitpunkt wirksamer als die soziale Nachbarschaft von Großindustrie und Großlandwirtschaft. Die Preise für Eisen und andere Industriegüter waren ab Herbst 1873 stark gefallen, so daß in der eisenschaffenden Industrie der Schutzgedanke aufkam. Die Getreidepreise zeigten aber erst 1878 einen größeren Preiseinbruch, der allerdings, verglichen mit den Preisschwankungen der vorhergehenden zehn Jahre, keineswegs ungewöhnlich war.

— Die *ostelbischen Großlandwirte* äußerten sich bei den Beratungen über die Einführung der Agrarschutzzölle im „Deutschen Landwirtschaftsrat" und anderswo *überwiegend freihändlerisch.*

Diese Einstellung änderte sich erst, als in den *80er Jahren die beiden* genannten *Gruppen* der Landwirte merkten, daß sie bisher den eigenen *Interessen entgegengesetzt* argumentiert hatten:

— Gerade die *näher zu den Verbraucherzentren* wirtschaftenden Bauernbetriebe, auch z. B. die westfälischen Güter, waren in viel stärkerem Maße auf die Produktion von tierischen Erzeugnissen ausgerichtet. Die *billige Einfuhr von Futtergerste* und *Mais* lag daher eher in ihrem Interesse.

— Die *ostdeutschen Landwirte,* insbesondere die Großgrundbesitzer, hatten die Veredlungswirtschaft noch nicht so weit entwickelt. Ein *hoher Getreidepreis* lag daher in ihrem Interesse.

Schon bald nach der Einführung der Getreidezölle am 1. Januar 1880 zeigte sich die eigentliche Interessenlage, die Argumentation kehrte sich um. Diese Agrarpolitik erreichte ihren ersten Höhepunkt, als 1891 unter dem neuen Kanzler v. Caprivi eine Verringerung der Getreidezölle durchgesetzt wurde. Die Gründung des „Bundes der Landwirte" im Jahre 1893 war das äußere Zeichen der umfangreicher und stärker werdenden Aktivitäten der Landwirte.

Im allgemeinen war die *Einschätzung der konkreten Situation recht unsicher:*

— Der Nationalökonom und Agrarpolitiker Max Sering hatte noch von seiner 1883 durch die USA gemachten Reise, die allein den Zweck gehabt hatte, die preußischen Behörden über die amerikanischen Konkurrenzverhältnisse zu informieren, berichtet, daß die starke Bevölkerungszunahme auf der Welt überhaupt und in den USA im besonderen bald die Getreideproduktion kompensieren würde.

— Demgegenüber wies er auf die Gefahren einer zunehmenden Fleischausfuhr aus den USA und dadurch sinkender Weltmarktpreise hin. Allerdings sah er auch dies nicht als eine dauerhafte Bedrohung an, weil die zunehmende Nachfrage hier in gleicher Weise wie beim Getreide langfristig wieder preissteigernd wirken würde.

— Sering ging daher davon aus, daß die Agrarzölle nur für eine kurze Zeit der Überbrückung zu bestehen brauchten. Er argumentierte gewissermaßen im Sinne von Anpassungszöllen, jedoch nicht im Sinne einer Anpassung der Produktion an die Nachfrage, sondern im Sinne einer in den Überschußgebieten zu erwartenden Anpassung der Bevölkerungszahl an die Nahrungsmittelproduktion.

Bei der Diskussion wurde nur selten oder überhaupt nicht auf folgende Probleme eingegangen:

— War eine Senkung der Kosten in der deutschen Landwirtschaft möglich? Mindestens die Großlandwirte hätten sich eines Teiles der amerikanischen Produktionstechnik bedienen können. Eine Erhöhung der Flächenproduktivität durch eine vermehrte Verwendung von betriebsfremden Düngemitteln hätte die durchschnittlichen Kosten gesenkt, da gerade im Ackerbau die fixen Kosten einen großen Anteil an den Gesamtkosten hatten. Das Pflügen, Eggen oder Besäen einer Fläche ist im allgemeinen unabhängig von der Erntemenge.

— Die niedrigen amerikanischen Preise waren ebenso wie die der anderen genannten Überschußländer (Rußland usw.) mit sehr niedrigen

Einkommen weiter Kreise der Landwirtschaft in diesen Gebieten erkauft. In den USA waren es die Eisenbahngesellschaften oder auch andere Privatpersonen oder Personengruppen, die den Handel in Händen hatten, die zwar für den Absatz, gleichzeitig aber auch für sehr niedrige Preise der Erzeuger sorgten. Sie hatten jedoch wenig Spielraum. Bei einer Erhöhung der Erzeugerpreise wäre eine Konkurrenz auf den europäischen Märkten kaum noch möglich gewesen. Zahlreiche Farmer konnten diese Preis-Kosten-Relation aber nicht durchstehen. Vor allem wenn sie zu der großen Gruppe der Pächter in den westlicheren Gebieten zählten, mußten sie häufig schon nach wenigen Jahren aufgeben und zogen in die Städte zwischen Chikago und dem Atlantik, dort als Arbeitskräfte für die immer stärker wachsende Industrie mit einem niedrigen Lohn arbeitend.

— Auch in den anderen Überschußregionen der Welt verstärkten die niedrigen Agrarpreise das Elend der ländlichen Bevölkerung.

Die Gegner der *Agrarzölle* wiesen vor allem auf drei *Nachteile* hin:

— Die erheblich über den Weltmarktpreis angehobenen inländischen Getreidepreise (vgl. Abbildung 18 mit den beiden Kurven für Mannheim mit und ohne Berücksichtigung der Einfuhrzölle) mußten die *Einkommen* der städtischen Bevölkerung, insbesondere der industriellen *Arbeitskräfte schmälern,* so daß entweder ein entsprechender Teil des Einkommens nunmehr nicht für den Erwerb industrieller Produkte zur Verfügung stand und damit die industrielle Entwicklung gehemmt wurde oder eine Erhöhung der inländischen Löhne erforderlich wurde, so daß die *Konkurrenzfähigkeit der deutschen Industrie* z. B. im Vergleich zu Großbritannien mit niedrigen Nahrungspreisen *verschlechtert* wurde. Der Aufschwung auch des Exports von Industriewaren seit den 90er Jahren spricht jedoch gegen eine grundlegende Beeinträchtigung dieser Ausfuhr.

— (Kurzfristige) Anpassungszölle wurden allenfalls noch akzeptiert. Nach ihrer ganzen Anlage waren die Agrarzölle aber ausgesprochene (langfristige) *Schutzzölle.* Die Landwirtschaft wurde *nicht* zur *Kostensenkung angeregt.*

— Die Zölle für Getreide *stabilisierten eine Gesellschaftsordnung,* die in enger Verbindung mit dem monarchischen Prinzip stand. Hier wurde allerdings übersehen, daß entscheidender für diese Stabilisierung des adligen Landbesitzes die (rechtliche) Einengung der Bodenmobilität durch die Errichtung von 1 152 Fideikommissen war. Letztere umfaßten mit 1,25 Mill. ha landwirtschaftlicher Nutzfläche (1914) immerhin 3,5 v. H. der gesamten landwirtschaftlichen Nutzfläche oder mehr als 10 v. H. der von Höfen mit mehr als 100 ha genutzten Fläche. Ein Viertel bis ein Drittel des landwirtschaftlichen Grundeigentums des Adels war damit weitgehend gegen eine Veräußerung abgesichert.

b) Die Höhe der Agrarzölle

Zwei Zollgruppen waren für die Landwirtschaft und für die Preisgestaltung von Nahrungsmitteln im Inland *von* großer *Bedeutung:*

— Die *Getreidezölle,* und zwar für Brot- und Futtergetreide.
— Die *Vieh- und Fleischzölle.*

Daneben gab es zwar Zölle auf Flachs, Wolle, Butter, Schmalz usw. Diese hatten aber für die Landwirtschaft keine so zentrale Bedeutung und beeinflußten über die inländischen Verbraucherpreise auch den Lebensstandard der breiten Bevölkerung kaum. Bei einer starken Anhebung dieser Zölle hätten hier jedoch auch entsprechende Wirkungen auftreten können.

Die Getreidezölle von 1819 bis zum Ersten Weltkrieg in Preußen (bis 1833), im Deutschen Zollverein (1834 bis 1867/71) und im Deutschen Reich (1871 bis 1914) zeigt Tabelle 4. Für die Zeit ab 1902 waren (normale) Maximalzölle festgelegt worden, die in Handelsverträgen mit anderen Ländern bis auf den jeweils in Tabelle 4 in Klammern gesetzten Betrag vermindert werden konnten. Die Regierung hatte damit beim Abschluß von Handelsverträgen die Möglichkeit, eine Verminderung der Zölle anzubieten und gleichzeitig eine Herabsetzung des betreffenden anderen Landes z. B. bei Zöllen für Industriegüter zu erlangen.

Deutlich sind die *Bewegungen in der Zollpolitik* zu erkennen:

— Die starke *Anhebung der Einfuhrzölle ab 1824* steht in engem Zusammenhang mit den damals nach einigen guten Erntejahren stark abgesunkenen Getreidepreisen. Der Weizenpreis lag 1824 in Berlin bei 101,2 Mark je t, der für Roggen bei 60 Mark

Tabelle 4: Einfuhrzoll in Mark je t in Preußen, dem Deutschen
Zollverein und dem Deutschen Reich von 1819 bis 1914

Jahre des Zolltarifs	Weizen	Roggen	Gerste	Hafer
1819/1821	4,40	1,55	1,90	1,63
1822/1824	4,40	1,88	1,92	1,56
1824/1856	11,77	12,50	15,40	20,80
1857/1864	4,71	1,25	1,54	2,08
1865/1879	0,00	0,00	0,00	0,00
1880/1885	10,00	10,00	5,00	10,00
1885/1887	30,00	30,00	15,00	15,00
1887/1891	50,00	50,00	22,50	40,00
1892/1902	35,00	35,00	20,00	28,00
1902/1914	75,00 (55,00)	70,00 (55,00)	70,00 (40,00)	70,00 (55,00)

(hier umgerechnet von Taler auf Mark). Der Weizenzoll betrug
daher etwas mehr als 10 v. H. des Weizenpreises und der Roggenzoll sogar etwas mehr als 20 v. H. des Roggenpreises.

— Diese *hohen Zölle* wurden *bis nach der Jahrhundertmitte beibehalten.* Dabei dürfte der inländische Getreidepreis jedoch kaum beeinflußt worden sein, da aus Deutschland und erst recht aus Preußen mehr Getreide ausgeführt als eingeführt wurde. Der innereuropäische Markt bestimmte die Preise und nicht der inländische Anbieter.

— *Ab 1857* kam es nach und nach (in zwei Schritten) *zur Freihandelspolitik,* nicht zuletzt aufgrund einer parallelen Entwicklung im Bereich der gewerblichen Waren (Cobden-Bewegung).

— Der Übergang zum *Schutzzoll ab* 1. Jan. *1880* verstärkte sich noch bis 1887. Zu dieser Zeit lag der Zoll für Weizen bei etwa 25 v. H. und der für Roggen bei etwa 30 v. H. der Großhandelspreise.

— Die *Verminderung der Zölle* unter dem Reichskanzler v. Caprivi war für zahlreiche Landwirte Anlaß, diese Zeit als die

Caprivi-Zeit zu bezeichnen, und zwar mit negativem Akzent. Die Preise sanken aber doppelt so stark wie die Zölle, so daß die Verminderung der landwirtschaftlichen Einkommen nur teilweise der Zollsenkungspolitik zu verdanken war. Im übrigen hatte v. Caprivi offensichtlich erkannt, daß bei *zu hohen Getreideeinfuhrzöllen* mehrere *negative Auswirkungen* für die gesamte Volkswirtschaft eintreten würden:

— Die Getreideexportländer konnten zu *hohen Einfuhrzöllen für* aus Deutschland zu exportierende *Industriegüter veranlaßt* werden.

— Die durch *hohe Getreidezölle* bewirkte Anhebung der Nahrungsmittelpreise mußte die *Lebenshaltungskosten* der Arbeiter (und aller anderen Bevölkerungsgruppen) verteuern.

— Die *Anhebung der Getreidezölle zu Beginn des 20. Jahrhunderts* erfolgte nach und nach, nämlich mit dem jeweiligen Ablauf der zwischenstaatlichen Handelsverträge, so daß der neue Zolltarif erst ab etwa 1906 voll wirksam wurde. Er betrug immerhin etwa 30 v. H. der Großhandelspreise der einzelnen Getreidearten.

Diese wenigen quantitativen Bemerkungen zeigen, daß die Getreidezölle einen nicht unerheblichen Einfluß auf die inländischen Getreidepreise gehabt haben dürften und damit die *Einkommenslage der Getreideproduzenten* erheblich *verbessert* wurde. Die *Landwirtschaft insgesamt* hatte jedoch *keinen* so *großen Vorteil,* da die *Getreideproduktion* von 1880 bis 1913 nur *weniger als 25 v. H.* des gesamten Produktionswertes ausmachte.

Die Verteuerung der Lebenshaltungskosten läßt sich nicht berechnen. Sie dürfte beim Brot etwa zwischen 15 bis 20 v. H. des Verbraucherpreises gelegen haben.

Die *Zölle für Tiere und tierische Produkte* weisen ein wesentlich differenzierteres Bild auf. Bis zu dem Zolltarif von 1902, der bis zum 1. März 1906 in Kraft trat, wurden die Zölle je Tier der einzelnen Tierarten und, hier differenziert, nach Gruppen erhoben. Der neue Zolltarif brachte einen Tarif nach Lebendgewicht. Die Entwicklung der Schweinezölle gibt einen Überblick für das ganze 19. Jahrhundert:

— 1819/1821 = 0,20 Mark
— 1822/1824 = 0,50 Mark
— 1824/1827 = 3,00 Mark in den westlichen Provinzen
            2,00 Mark in den östlichen Provinzen
— 1827/1831 = 3,00 Mark in allen preußischen Provinzen
— 1831/1865 = 3,00 Mark für ein Mastschwein
            2,00 Mark für ein mageres Schwein
— 1865/1870 = Halbierung der Zölle (mit einigen Abweichungen)
— 1870/1879 = 2,00 Mark
— 1880/1885 = 2,50 Mark
— 1885/1891 = 6,00 Mark
— ab 1892 konnte in Handelsverträgen der Zoll auf 5,00 Mark je Tier herabgesetzt werden.
— 1906/1914 = 18,00 Mark je 100 kg Lebendgewicht

Pferde, Esel, Maultiere, Maulesel, Stiere, Ochsen, Kühe, Färsen und Jungvieh waren mit einem Vielfachen hiervon belastet.

Der Zoll lag, gemessen an den inländischen Preisen, bei
— etwa 5 bis 8 v. H. bis 1891 und
— etwa 12 bis 15 v. H. ab 1906.

Auch wenn man nicht die gesamte durch die Zölle in etwa wiedergegebene Differenz zwischen inländischen und Weltmarktpreisen als eine Erhöhung der inländischen Preise durch die Einfuhrzölle ansehen darf, wird man doch davon ausgehen müssen, daß mit den Agrarschutzzöllen eine nicht unerhebliche Belastung der Einkommenssituation breiter Bevölkerungsschichten bewirkt wurde und der Landwirtschaft ein Einkommensvorteil zukam, der nicht an der Relation zwischen Zoll und Produktpreis zu erkennen ist, da das eigentliche Einkommen in Form der um die Kosten verminderten Einnahmen durch die Zölle überproportional erhöht wurde, vgl. Abbildung 19.

Erhöhten sich die inländischen Agrarpreise aufgrund der Zollerhebung nur insgesamt um 10 v. H., dann erhöhten sich die Einkommen der selbständigen Landwirte bereits um etwa 1 Mrd. Mark unmittelbar vor dem Ersten Weltkrieg oder um etwa 0,5 Mrd. Mark in den ausgehenden 80er und in den 90er Jahren des

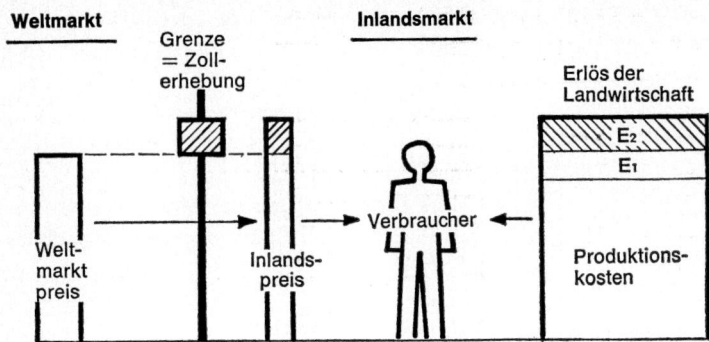

Abb. 19: Schematische Darstellung des Einflusses der Agrarzölle auf die Einkommen der selbständigen Landwirte (E_1 = fiktives Einkommen nach Weltmarktpreis; $E_1 + E_2$ = tatsächliches Einkommen; E_2 = Einkommensanteil aufgrund von Agrarzöllen)

19. Jahrhunderts. Man kann davon ausgehen, daß sich mindestens bei den Getreideproduzenten die Einkommen, d. h. die Einnahmen abzüglich der Sach- und Lohnkosten, verdoppelt haben oder sogar noch stärker angestiegen sind (vgl. E_1 und E_2 in Abbildung 19). Die Verbraucher wurden umgekehrt um die genannten Beträge zusätzlich belastet.

3. Die Entwicklung der landwirtschaftlichen Produktion

a) Die pflanzliche Produktion

In der Zeit *von den 70er Jahren bis zum Ersten Weltkrieg nahm* die *Agrarproduktion* in Deutschland erneut *erheblich zu* (nach Bittermann):

— Die *Erträge je Flächeneinheit* wuchsen *bei Getreide um etwa 40 v. H.:* Weizen von 14,7 auf 20,7 dz je ha (plus 41 v. H.), Roggen von 13,0 auf 17,8 dz je ha (plus 38 v. H.), Sommergerste von 14,4 auf 20,1 dz je ha (plus 40 v. H.), Hafer von 12,8 auf 19,0 dz je ha (plus 48 v. H.).

— Die Erträge der wichtigsten *Hackfrüchte* stiegen ebenfalls: Kartoffeln von 90 auf 133 dz je ha (plus 48 v. H.), Zuckerrüben von 237 auf 280 dz je ha (plus 18 v. H.).

Da der Getreide- und der Hackfruchtbau zu Lasten der Ackerweide und der noch verbliebenen Brachflächen ausgedehnt wurden, erhöhte sich die Gesamtproduktion in noch stärkerem Maße. Vor allem die Zuckerrübenanbaufläche nahm noch um etwa 70 v. H. zu. Der Anteil der Ackerweide und der Brachfläche an der gesamten landwirtschaftlichen Nutzfläche verminderte sich von wenig mehr als 10 v. H. auf weniger als 5 v. H. Die Erhöhung der Erträge im Futterbau glich diese Verminderung der Futterflächen aus, so daß sogar im Ergebnis weit mehr Tiere besser ernährt werden konnten als in den vorhergehenden Jahrzehnten.

Der gesamte Ertrag einzelner Feldfrüchte stieg in der Zeit von den 70er Jahren bis zum Ersten Weltkrieg in Fünfjahresdurchschnitten in Mill. t folgendermaßen (nach W. G. Hoffmann):

— Weizen: 1871/75 = 2,325; 1909/13 = 4,140; plus 78 v. H.
— Roggen: 1871/75 = 6,234; 1909/13 = 11,299; plus 81 v. H.
— Gerste: 1871/75 = 2,170; 1909/13 = 3,343; plus 54 v. H.
— Hafer: 1871/75 = 4,288; 1909/13 = 8,593; plus 100 v. H.
— Kartoffeln: 1871/75 = 21,958; 1909/13 = 45,776; plus 108 v. H.
— Zuckerrüben: 1871/75 = 2,804; 1909/13 = 15,922; plus 468 v. H.

Dabei nahm der Zuckerertrag sogar noch mehr zu, da der ausgenutzte Zuckergehalt der Rüben von 8 auf 15 v. H. in der Zwischenzeit gestiegen war, so daß die inländische Zuckerfabrikation von etwa 0,25 auf mehr als 2 Mill. t jährlich anwuchs.

Hinsichtlich der *Versorgung der Bevölkerung* mit pflanzlichen Nahrungsmitteln ergab sich folgende größenordnungsmäßige Einordnung:

— Die Bevölkerung wuchs von 1871 = 42 Mill. auf 1913 = 67 Mill., d. h. um 59 v. H.

— Seit den 90er Jahren kam es infolge des längerfristigen wirtschaftlichen Wachstums zu einer erheblichen Ausdehnung der Zahl der Arbeitsplätze vor allem im sekundären, aber auch im

tertiären Sektor, so daß die ständig zunehmende Bevölkerungszahl auch überwiegend mit Arbeitseinkommen versehen werden
konnte.

— Ein Teil der Auswirkungen des wirtschaftlichen Wachstums
führte auch zu einer Erhöhung der Reallöhne, so daß gerade
aus diesen, weitgehend noch hinsichtlich der Haushaltsausgaben
auf den Grundbedarf ausgerichteten Familien ein nicht unerheblicher Teil des Realeinkommenszuwachses für Nahrungsmittel ausgegeben wurde. Die Nachfrage nach Agrarprodukten
erhöhte sich daher mehr als die Bevölkerungszahl. Außerdem
verbesserten sich die Einnahmen der Landwirtschaft in noch
stärkerem Maße, weil mit steigenden Einkommen der Anteil
der höherwertigen Nahrungsmittel an der Ernährung breiter
Bevölkerungsschichten wuchs.

— Die Einfuhren von Nahrungsmitteln in Form pflanzlicher Produkte (für die menschliche Ernährung, aber auch zur Tierfütterung) und in Form tierischer Produkte erreichte von den
70er Jahren langsam ansteigend in den letzten Jahren vor dem
Ersten Weltkrieg etwa 15 bis 18 v. H. des inländischen Bedarfs.

In erheblichem Maße vermindert wurde der Flachsanbau, der im vorindustriellen dezentralisierten Gewerbe eine wichtige Grundlage für die
Einkommenssicherung der landarmen dörflichen Bevölkerung gewesen
war. Die Anbaufläche und die Erträge (Schwingflachs) betrugen in
Deutschland:

1850 = 250 000 ha = 90 000 t
1872 = 215 000 ha = 80 000 t
1885 = 100 000 ha = 38 000 t
1900 = 34 000 ha = 12 600 t
1913 = 17 000 ha = 6 500 t

Man kann davon ausgehen, daß in der Mitte des 19. Jahrhunderts der
Höhepunkt der inländischen Flachserzeugung gewesen ist. Die Verringerung der Anbaufläche hatte folgende Gründe:

— Das unter vorindustriellen technischen Bedingungen arbeitende Flachsgewerbe war auf dem Lande angesiedelt. Die enge Verbindung von
geringer Nutzfläche je Familie und damit für die Verarbeitung von
Flachs überschüssiger Arbeitskraft prägte weite Teile Deutschlands bis
in die Industrialisierungsphase.

— Die sich industrialisierenden Flachsgewerbe siedelten sich wie die
meisten neu entstehenden Fabriken in den Städten an. Die Verbin-

dung von Flachsproduktion und -verarbeitung ging verloren. Der Übergang vom stark ländlich orientierten Leinengewerbe zur Leinenindustrie in Schlesien, Südniedersachsen, Westfalen und Württemberg entzog zahlreichen ländlichen Familien die Einkommensgrundlage.

— Die arbeitsintensive Produktion von Rohflachs konnte wegen des seit der Mitte der 60er Jahre des 19. Jahrhunderts sich stabilisierenden Lohnes nicht mehr auf Dauer gegen die osteuropäische Flachszufuhr konkurrieren. Nach und nach verminderte sich die Anbaufläche, da die Kleinbauern nicht mehr in der Lage waren, die zwischen den Pflege- und Erntearbeiten des Flachses liegenden Zeiten einkommensträchtig in den Dörfern einzusetzen.

— Die Einfuhr von Flachs, vor allem aus den baltischen Provinzen Rußlands, nahm stark zu (Schwingflachs):

1872 = 6 000 t
1885 = 24 000 t
1900 = 37 000 t
1913 = 51 000 t

Geht man davon aus, daß je ha etwa 3,5 bis 4,0 dz Schwingflachs gewonnen werden konnten, dann dürfte sich die Versorgung der deutschen Leinenindustrie aus dem Inland und aus dem Ausland etwa folgendermaßen gestaltet haben (in v. H. des Verbrauchs):

1872 = 93 aus dem Inland, 7 v. H. aus dem Ausland
1885 = 61 aus dem Inland, 39 v. H. aus dem Ausland
1900 = 25 aus dem Inland, 75 v. H. aus dem Ausland
1913 = 11 aus dem Inland, 89 v. H. aus dem Ausland

Da der Flachsanbau und die Flachsverarbeitung eine wichtige Schlüsselrolle für die wirtschaftliche Absicherung der umfangreichen klein- und unterbäuerlichen ländlichen Schichten gehabt hatte, führte die Industrialisierung der Flachsverarbeitung und die Ansiedlung der neuen Industrie in den Städten zu einer erheblichen Beeinträchtigung der sozialen Lage großer Teile der Dorfbevölkerung, zumal da von hier aus auch Rückwirkungen auf andere dörfliche Gruppen (Handwerker usw.) vorhanden waren.

Die *Steigerung der gesamten pflanzlichen Produktion* in der deutschen Landwirtschaft von den 70er Jahren bis zum Ersten Weltkrieg läßt sich im wesentlichen *auf folgende Faktoren, Kräfte und technische Neuerungen* zurückführen:

— Die *Verbesserung der Düngung,* und zwar vor allem der künstlichen Düngung. Diese führte ebenfalls zu einer Erhöhung der Futter- und der Strohmengen, was auch die verfügbaren natürlichen Dungmengen erhöhte. Verschiedene Angaben bei Bittermann vermitteln ein Bild von der Größenordnung der ent-

sprechenden Einflüsse, vgl. Tabelle 5. Die durch den natürlichen Dung dem Boden zugeführten Nährstoffe wurden um
weit mehr als 100 v. H. angehoben. Bei dieser Übersicht ist zu
bedenken, daß ein weiter Schätzungsrahmen nur den generellen
Trend wiedergeben kann und daß außerdem die individuelle
Gestaltung in den einzelnen Betrieben sehr unterschiedlich war.
Die Nährstoffanreicherung durch Gründüngung und Wurzel-
rückstände beim Leguminosenanbau lagen bei 6 bis 7 kg N je ha
(im Durchschnitt), so daß die Stickstoffversorgung sogar noch
günstiger war, als Tabelle 5 zeigt.

Tabelle 5: Reinnährstoffversorgung der deutschen Landwirtschaft
von 1878/80 bis 1911/14 in kg je ha landwirtschaftlicher Nutzfläche (nach Bittermann)

Nährstoffart und -quelle	1878/80	1898/1900	1911/1914
Stickstoff,			
natürlicher Dung	10,1	18,5	24,6
künstlicher Dünger	0,7	2,2	6,4
zusammen	10,8	20,7	31,0
Phosphorsäure,			
natürlicher Dung	5,6	10,3	13,7
künstlicher Dünger	1,6	10,3	18,9
zusammen	7,2	20,6	32,6
Kali,			
natürlicher Dung	13,4	24,7	32,8
künstlicher Dünger	0,8	3,1	16,7
zusammen	14,2	27,8	49,5

— Die *Pflanzenzüchtung schuf neue Pflanzensorten,* die in der
Lage waren, die erhöhten Düngemittelgaben zu verwerten, und
die außerdem qualitativ hochwertigere Produkte hervorbrach-
ten.

— In welchem Maße auch eine *Verbesserung der Bodenbearbeitung* (Agrartechnik) auf die pflanzliche Produktion erhöhend gewirkt hat, läßt sich nicht quantitativ erfassen. Es ist aber davon auszugehen, daß tieferes Pflügen, feineres Eggen und Walzen usw. in diese Richtung gewirkt haben.

— Die Änderung der *Struktur der angebauten Früchte,* vor allem die Ausdehnung des Hackfruchtanbaues, hat allein vermittels der besseren Vorfruchtwirkung für Getreide und andere Früchte ertragssteigernd gewirkt.

Damit waren aber noch keineswegs alle Möglichkeiten der (ökonomisch vertretbaren) Ertragssteigerung ausgenutzt. Die Zunahme der Flächenerträge nach dem Zweiten Weltkrieg in Westdeutschland verdeutlicht dies.

b) Die tierische Produktion

Von den 70er Jahren bis zum Ersten Weltkrieg wurde auch die *Tierhaltung* erheblich *ausgedehnt.* Lediglich die Schafhaltung ging zurück, vgl. Tabelle 6. Hierbei ist zu berücksichtigen, daß *Pferde* nicht nur in der Landwirtschaft gehalten wurden. Immerhin hatte das Militär im Jahre 1913 160 000 „Dienstpferde", während es in den 70er Jahren des 19. Jahrhunderts nur wenig mehr als 100 000 waren, sofern man eine in etwa vergleichbare Relation zwischen Militärpersonen und Militärpferden zu den beiden Zeitpunkten unterstellen kann.

Aber auch in den gerade seit den 70er Jahren bis zum Ersten Weltkrieg stark wachsenden Städten wurde die Haltung von Zug- und

Tabelle 6: Umfang der Viehhaltung in Deutschland 1873, 1892 und 1913 in Mill. Stück

Tierart	Zahl der Tiere in Millionen		
	1873	1892	1913
Pferde	3,552	3,836	4,558
Rindvieh	15,777	17,556	20,994
Schweine	7,124	12,174	25,659
Schafe	24,999	13,590	5,521

Reitpferden stark ausgedehnt. Erst zum Ende des 19. Jahrhunderts wurden die Pferdebahnen auf elektrischen Betrieb umgestellt. Lastkraftwagen waren vor dem Ersten Weltkrieg noch nicht in nennenswertem Maße in die Lastentransporte eingespannt. Allein in der Kölner Innenstadt, d. h. innerhalb der Ringstraßen, wurden 1914 noch 1039 Pferde gehalten. Andererseits wurde in den Realteilungsgebieten der Landwirtschaft (Kleinbetriebe) die tierische Zugkraft von Kühen gestellt und in den Intensivbetrieben mit Zuckerrübenbau war die Zugochsenhaltung weit verbreitet, so daß die Pferdehaltung allein nicht die tatsächliche Zugtierhaltung der Landwirtschaft widerspiegelt.

Die *Rinderhaltung* stieg in den letzten vier Jahrzehnten vor dem Ersten Weltkrieg mit etwa 33 v. H. wesentlich langsamer an als die zu versorgende Bevölkerung (plus 50 v. H.). Trotzdem wurden je Einwohner mehr tierische Produkte erzeugt, da die Milchleistung je Kuh von etwa 1300 auf 2200 l im Jahr anstieg (plus 70 v. H.) und das durchschnittliche Schlachtgewicht von weniger als 200 kg auf etwa 250 kg (plus 25 v. H.) anwuchs.

Eine zentrale Bedeutung für die Fleischversorgung erhielt aber die *Schweinehaltung*. Das Schlachtgewicht je Schwein stieg von 70 bis 75 kg auf etwa 90 kg und verstärkte damit die auf mehr als das Dreifache angewachsene Schweinehaltung.

Die Versorgung der Bevölkerung mit Fleisch verbesserte sich während des ganzen 19. Jahrhunderts, wobei den letzten Jahrzehnten vor dem Ersten Weltkrieg eine wichtige Bedeutung zukam, vgl. Tabelle 7.

Tabelle 7: Fleischverbrauch in Deutschland 1800 bis 1913, insgesamt und je Einwohner

Jahr	jährlicher Fleischverbrauch	
	insgesamt in 1000 t	kg je Person
1800	382	17
1883	1364	30
1900	2503	45
1913	3498	52

Bei dieser Zusammenstellung, die nur die Größenordnung wiedergeben kann, da in solche Berechnungen viele Schätzungsbestandteile eingehen, sind zwei Gesichtspunkte zu berücksichtigen:

— Bei den ärmeren Schichten lag der Verzehr unter dem Durchschnitt. Da die Gruppe der einkommensstarken Schicht aber während des ganzen 19. Jahrhunderts nicht sehr groß gewesen ist, kann auch die Gruppe der erheblich unterdurchschnittlich versorgten Personen nicht sehr stark gewesen sein. Deutlich ist der allgemeine Anstieg. Fleisch wurde von einer Rarität für viele Familien am Beginn des 19. Jahrhunderts zu einem fast regelmäßigen Bestandteil wenigstens einer Mahlzeit am Tage.

— Der Anteil der einzelnen Fleischarten änderte sich über das ganze Jahrhundert hin, besonders aber in der Zeit ab den 70er Jahren, vgl. Tabelle 8.

Tabelle 8: Anteil der einzelnen Fleischarten am Gesamtverzehr in Deutschland von 1800 bis 1913

Jahr	Anteil der wichtigsten Tierarten in v. H.			
	Rind	Kalb	Schwein	Schaf, Ziege
1800	38	16	33	13
1872	35	8	45	12
1883	36	7	48	9
1900	33	6	57	4
1913	27	6	65	2

Während die umfangreiche *Schafhaltung* in der Mitte des 19. Jahrhunderts in erster Linie der Wollerzeugung diente, wurde die Schweinehaltung zur Fleischproduktion erhöht. Die in den letzten Jahren vor dem Ersten Weltkrieg zu zwei Dritteln daraus bestehende Versorgung mit Fleisch bedeutete in Anbetracht der relativ hohen Schlachtgewichte bei diesen Tieren eine sehr starke Versorgung mit fettem Fleisch. Da der überwiegende Teil der Bevölkerung noch körperlich schwer zu arbeiten hatte, kam dies dem Kalorienbedarf der meisten Menschen entgegen, beließ aber eigentlich die Proteinversorgung auf einem niedrigeren Niveau, als dies sich allein aus der Fleischmenge je Einwohner ergibt.

Die *Ausdehnung der Viehhaltung* hatte bei in etwa gleichbleibender landwirtschaftlicher Nutzfläche einen großen Einfluß auf die Bodenerträge. Dabei standen aber Verminderung der Schafhaltung und Ausdehnung der Schweinehaltung in keinem engeren Zusammenhang:

— Man ging am Ende des 19. Jahrhunderts von dem Satz aus, „Das Schaf muß dem Pfluge weichen", d. h., mit der Intensivierung der Bodennutzung (Bebauung der Brache, Verminderung der Ackerweide und der Heide) verringerten sich die Flächen, die als Futterflächen für die Schafhaltung zur Verfügung standen. Zugleich wurden aber neue Flächen (z. B. die abgeernteten Ackerfutterbau- und Zuckerrübenflächen) geschaffen. Die Schafhaltung wurde daher gerade in den Intensivbetrieben wieder ausgedehnt.

— Schaffutter und Schweinefutter waren (und sind) so verschieden, daß eine Konkurrenz beider Tierarten um das wirtschaftseigene Futter der Landwirtschaft nicht bestand. Die Schweinehaltung wurde vor allem mit Kartoffeln, weniger mit inländischem Getreide betrieben. Ergänzt wurde diese Futterbasis durch eingeführtes Futtergetreide und eiweißhaltiges Kraftfutter, ebenfalls auf der Basis eingeführter Futtermittel.

Die *Wechselwirkungen zwischen der Intensivierung der Bodennutzung* und der damit verbundenen *Erhöhung der pflanzlichen und der tierischen Produktion* ergeben — unter Einbeziehung auch der betriebsfremden Futter- und Düngemittel — das aus Abbildung 20

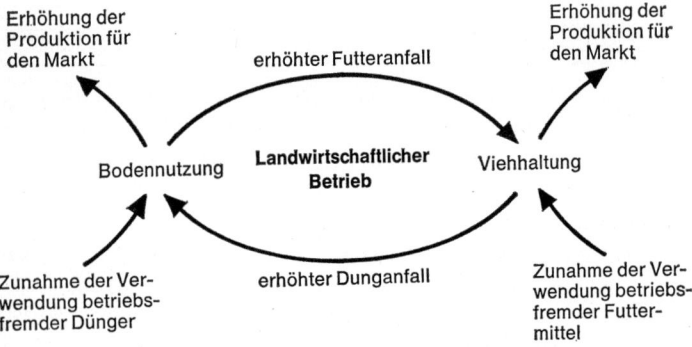

Abb. 20: Schematische Darstellung der Wechselwirkungen zwischen Intensivierung von Bodennutzung und Viehhaltung, ferner der Zufuhr betriebsfremder Futter- und Düngemittel

ersichtliche Bild. Die Zunahme der Nährstoffversorgung aus dem erhöhten Dunganfall und aus der künstlichen Düngung ergibt sich aus Tabelle 5.

Die Ausdehnung der *betriebsfremden Futtermittel,* vor allem importierter Futtermittel und Abfälle aus der Nahrungsmittelindustrie (Ölkuchen usw.), hatte einen nicht unbedeutenden Anteil an der Erhöhung der tierischen Produktion. Die Schätzungen hierfür gehen weit auseinander. Man kann aber wohl davon ausgehen, daß die Mehreinfuhr von etwa 3 Mill. t Futtergerste (genauer Nicht-Malzgerste) in den letzten Jahren vor dem Ersten Weltkrieg der Erzeugung von 0,5 bis 0,6 Mill. t Schweinefleisch entsprach, d. h. etwa 25 v. H. der inländischen Schweinefleisch- oder 15 v. H. der gesamten Fleischproduktion.

Bittermann errechnete den Anteil der Futtermitteleinfuhren am gesamten in der Landwirtschaft verwendeten Nutztierfutter (für Fleisch- und Milchproduktion) auf

1883 =   5,6 v. H.
1900 = 12,0 v. H.
1913 = 16,3 v. H.

Dies stimmt in etwa mit der oben gemachten überschlägigen Berechnung für die Schweinefleischerzeugung überein. Ein Differenzbetrag ist noch für die Milcherzeugung einzuordnen. Dieser Anteil von etwa insgesamt 15 v. H. ist unter zwei Gesichtspunkten von Bedeutung:

— Er gibt Auskunft über die Autarkielücke in der Versorgung der Einwohner mit tierischen Produkten.

— Er zeigt gleichzeitig, welcher Anteil in etwa am tierischen Dünger auf den ausländischen Futteranteil zurückzuführen ist, da man davon ausgehen kann, daß im Stroh nur ein unbedeutender Nährstoffeffekt enthalten ist.

Die Viehhaltung ist damit hinsichtlich ihrer doppelten Funktion in den landwirtschaftlichen Betrieben eingeordnet (Nahrungserzeugung, Dungerzeugung).

Zugleich zeigt sich aber auch, in welchem Maße die Viehhaltung noch — ausgerichtet an dem Bedarf der inländischen Bevölkerung — hätte ausgedehnt werden können. Die Agrarschutzpolitik mit hohen Zöllen vor allem auf Getreide hat diese Entwicklung nicht grundsätzlich aufgehalten. Eine Behinderung für eine weitere Intensivierung der Landwirtschaft durch eine weitere Ausdehnung der Viehhaltung kann jedoch angenommen werden, insbesondere auch, wenn man bedenkt, daß niedrigere Nahrungspreise die Nachfrage nach höherwertigen, d. h. tierischen Produkten verstärkt hätten.

c) Die Produktionstechnik

Die *Produktionstechnik* in der Landwirtschaft *änderte sich* in der Zeit von den 70er Jahren bis zum Ersten Weltkrieg *nur in wenigen Bereichen.* Zwar stieg die Arbeitsproduktivität, d. h. die Produktion je Arbeitskraft. Dies geschah aber hauptsächlich aufgrund der verbesserten Flächenproduktivität. Geht man davon aus, daß zahlreiche landwirtschaftliche Arbeiten, wie Pflügen, Eggen, Säen und teilweise auch Mähen und andere Erntearbeiten, flächenbezogen und nicht ertragsabhängig waren, dann ergibt sich, daß mehr als 70 v. H. der Erhöhung der Arbeitsproduktivität auf die Verbesserung der Flächenproduktivität zurückzuführen sind, während für den arbeitssparenden technischen Fortschritt nur weniger als 30 v. H. verblieben. *Pflug, Egge und Wagen* waren, wie schon am Anfang des 19. Jahrhunderts, *die wichtigsten* auf die tierische Zugkraft ausgerichteten *Geräte.* Sie wurden nach wie vor vor allem durch Handgeräte ergänzt. Lediglich für die, gemessen an der bebauten Fläche, wichtigste Fruchtgruppe, für das Getreide, hatten sich neue Maschinen nach und nach verbreitet (Mähmaschine, Dreschmaschine, Drillmaschine).

Der *Anteil der Maschinen und der Geräte* am gesamten *Kapitalstock* der Landwirtschaft (ohne Bodenwert) blieb mit *15 bis 16 v. H.* von 1871 bis 1913 in etwa gleich hoch. Da aber auch die übrigen Bestandteile des Kapitalstockes, also insbesondere der Viehbestand sich erheblich ausdehnten, erhöhte sich auch der Wert der Maschinen und Geräte von 3,69 Mrd. auf 7 Mrd. Mark (nach W. G. Hoffmann).

Die wichtigsten *arbeitssparenden Maschinen* waren Drillmaschinen (1882 = 63 000; 1907 = 234 000 Stück), Mähmaschinen (1882 = 20 000; 1907 = 300 000 Stück) und Dreschmaschinen (1882 =

375 000; 1907 = 1,5 Mill. Stück). Berücksichtigt man die *Betriebsgrößenstruktur* in den letzten Jahrzehnten vor dem Ersten Weltkrieg, die folgende Betriebszahlen aufwies

    25 000 Betriebe mit mehr als 100 ha
  280 000 Betriebe mit 20 bis 100 ha
1 000 000 Betriebe mit 5 bis 20 ha
1 000 000 Betriebe mit 2 bis 5 ha
1 300 000 Betriebe mit 0,5 bis 2 ha,

dann läßt sich in groben Zügen die *Relation zwischen* den *Betrieben* (nach Betriebsgrößen unterschieden) *und* der *Maschinenzahl* folgendermaßen einordnen:

— *Drillmaschinen* waren 1882 vor allem in Betrieben mit mehr als 80 ha zu finden, 1907 in Betrieben mit mehr als 20 ha.

— *Mähmaschinen* waren 1882 fast nur in Betrieben mit mehr als 100 ha vorhanden, 1907 in den Betrieben mit mehr als 20 ha. Die Mähmaschinen waren Grasmäher oder Ableger. Der Mähbinder war in Deutschland vor 1914 nur sehr wenig verbreitet.

— *Dreschmaschinen* waren offensichtlich schon 1882 in den meisten Betrieben mit mehr als 20 ha vorhanden. 1907 wird kaum noch ein Betrieb mit mehr als 5 ha ohne diese Maschine bestanden haben. Da Dreschmaschinen auch von genossenschaftlichen Einrichtungen gehalten wurden, wird der Dreschflegel in den letzten Jahren vor dem Ersten Weltkrieg nur noch eine sehr geringe Bedeutung gehabt haben.

Da *Getreide* mit 55 bis 60 v. H. den größten Teil des Ackerlandes in Anspruch nahm, wurde offensichtlich versucht, vor allem hier die Arbeitsspitzen in der Frühjahrsbestellung (Drillmaschine), in der Ernte (Mähmaschine) und in der Ernteverwertung (Dreschmaschine) abzubauen.

Der *Hackfrucht- und der Futterbau* hatten sich weitgehend in die Arbeitstäler des jährlichen Bedarfs an landwirtschaftlichen Arbeiten eingeordnet. Dies gilt insbesondere für die erst nach dem Abschluß der Getreideernte voll einsetzende Kartoffelernte. Die umfangreichen Pflegearbeiten bei den Hackfrüchten (Kartoffeln, Zuckerrüben, Gemüse) fielen zum überwiegenden Teil in das Arbeitstal zwischen Frühjahrsbestellung (bis etwa 20. April, aber unterschiedlich nach dem örtlichen Klima) und erster Heuernte im

Juni. Gerade die wichtigste Hackfrucht, nämlich die Kartoffel, wurde auch am Ende des 19. Jahrhunderts noch überwiegend in Handarbeit gepflegt und geerntet.

Die *nur zögerliche Einführung des technischen Fortschritts* hatte recht unterschiedliche Gründe:

— Die vor allem in Großbritannien und in den USA schon recht weit entwickelte Technik wurde nicht auf Deutschland übertragen. Dies mag teilweise — vor allem im Vergleich zu den USA — auf klimatische Unterschiede, vor allem bei der Getreideernte, zurückzuführen sein.

— Trotz einer weitgehenden Kommunikationsmöglichkeit, verbunden mit zahlreichen Amerikareisen deutscher Landwirte oder Wissenschaftler, fehlte offensichtlich die Aufnahmebereitschaft der Landwirte, der Maschinenfabriken und der möglichen Reparaturbetriebe (örtliche Schmiede).

— Niedrige Löhne haben in Ostdeutschland vielleicht in gleicher Richtung gewirkt, obgleich die verbreiteten und immer wiederholten Klagen gerade der ostdeutschen Großgrundbesitzer über die zu hohen Löhne für Landarbeiter und über Landarbeiterknappheit nicht den Übergang zu technisch fortschrittlicheren, weil vor allem arbeitssparenden Methoden bewirkt haben, sondern eher die Verstärkung der Beschäftigung von wenig ausgebildeten, anspruchslosen und nur wenige Monate im Jahr zu entlohnenden Wanderarbeitern aus den Gebieten Russisch-Polens und aus Galizien.

— Nicht unbedeutend war aber auch das weitverbreitete Rentendenken. Man wird diesem Faktor allerdings keine zu große Bedeutung zumessen können, da dann immerhin einige unternehmende Landwirte beispielhaft verstärkt den technischen Fortschritt hätten einführen können und müssen, was aber ebenfalls nicht geschah.

Auch die inzwischen große Gruppe der bürgerlichen Gutsbesitzer hat die geistige *Brücke zum technischen Fortschritt in Großbritannien und in den USA nicht gefunden*. Es kam nicht zu einer vergleichbaren Bewegung wie am Ende des 18. und zu Beginn des 19. Jahrhunderts, als die (rationelle) englische Landwirtschaft in Deutschland von vielen Landwirten eingeführt wurde.

d) Der Landwarenhandel und das ländliche Kreditwesen

Der *Landwarenhandel* nahm mit der *Ausdehnung der landwirtschaftlichen Produktion* und der zunehmenden Erhöhung der Marktquote der einzelnen Landwirte erheblich zu. Andererseits hat sich gerade in der Zeit seit den 70er Jahren auch der Handel mit Düngemitteln, betriebsfremden Futtermitteln und Saatgut um ein Vielfaches ausweiten können, so daß für die Entwicklung des Landwarenhandels insgesamt günstige Bedingungen gegeben waren. Hierbei zeigten sich folgende Entwicklungslinien:

— Teilweise erfolgte eine *starke Spezialisierung* auf einzelne Produkte, insbesondere auf Getreide oder auf Vieh.

— Teilweise führte der einzelne Händler ein *breites Sortiment* der aus der Landwirtschaft gekauften und der dorthin zu verkaufenden Waren.

Diese privaten Landwarenhändler hatten dabei für viele Landwirte *zugleich Bankfunktionen* wahrzunehmen, da die Landwirte alle oder fast alle Außenbeziehungen über einen oder mehrere Händler laufen ließen und im Wege eines Kontokorrents — mit Kreditnahme und Bargeldempfang — auch den größten Teil der Geldbeziehungen abwickelten. Nicht selten waren diese Händler Juden. Als Kreditgeber in normalen Jahren mußten sie bei Mißernten, die nicht zur Abdeckung der laufenden Rechnungskredite ausreichten, die Erbitterung ihrer Kunden schon über die laufenden Zinszahlungen in Kauf nehmen, obgleich nicht sie, sondern die labile Wirtschaftsführung der Landwirte ursächlich für die finanzielle Not war.

Der Landwarenhandel war wohl wegen der breiten Streuung der Kunden über das ganze Land dezentralisiert und überwiegend in Kleinbetrieben organisiert, wie die Angaben für Preußen aus dem Jahre 1895 zeigen:

— Viehhandel: 18 178 Betriebe mit 20 058 Beschäftigten.

— Handel mit landwirtschaftlichen Produkten: 59 088 Betriebe mit 85 799 Beschäftigten.

Der *Einmannbetrieb überwog* bei weitem.

Neben dem privaten Landwarenhandel kam es auch zu einer Ausdehnung des *genossenschaftlichen Handels,* im Anschluß an die von F. W. Raiffeisen gegründeten Spar- und Darlehnskassen. 1909 gab es im Deutschen Reich 356 landwirtschaftliche Absatzgenossenschaften, davon 36 Viehverwertungsgenossenschaften. Vor allem die Getreideabsatzeinrichtungen wurden auch vom Staat seit der Mitte der 90er Jahre gefördert. Durch zwei preußische Gesetze aus den Jahren 1896 und 1897 wurde die sog. *Kornhaus-Bewegung* unterstützt und mit 5 Mill. Mark die Errichtung von Kornhäusern subventioniert. Insgesamt wurden etwa 70 Kornhaus-Genossenschaften gegründet. Eine ganze Reihe von ihnen hatte aber so *hohe Verluste,* daß sich ihre Zahl wieder erheblich reduzierte. Ursache für den *Mißerfolg* vieler *Genossenschaften* (auch über die eigentlichen Kornhäuser hinaus) waren:

— Zu große und damit zu kostspielige Anlagen.

— Schlechte Qualität eines Teiles des angelieferten Getreides.

— Unerfahrene und daher schlechte Geschäftsführung.

— Verfehlte Spekulationsversuche.

Trotzdem wurde 1909 von den Genossenschaften insgesamt für 87 Mill. Mark Getreide umgesetzt, d. h. etwa 450 000 bis 500 000 t, was aber weniger als 5 v. H. des gesamten Getreideumsatzes und nur 2 v. H. der Getreideernte ausmachte.

Wichtiger für die Landwirte wurden die *Molkereigenossenschaften.* 1906 gab es hiervon 1634 mit 164 577 Mitgliedern.

Die Zahl der Spar- und Darlehnskassen betrug mehr als 13 000 (mit mehr als 1 Mill. Mitgliedern).

Sie hatten damit die größte Verbreitung und zeigen zugleich an, daß der *landwirtschaftliche Kredit* für die Entwicklung der Landwirtschaft von zentraler Bedeutung war:

— Die Finanzierung von (Modernisierungs-) Investitionen.

— Die Beschaffung der für Erbauseinandersetzungen erforderlichen Mittel.

— Aber bei größeren Betrieben, insbesondere auch bei den Gutsbesitzern, die Beschaffung von Konsumkrediten.

— Die Finanzierung von Gutskäufen (Restkaufgeldhypotheken).

Im wesentlichen lassen sich folgende *Finanzierungsmöglichkeiten und -institutionen* unterscheiden:

— Die *Landschaften* waren, wie seit dem ausgehenden 18. Jahrhundert, in erster Linie auf die Geldversorgung der Güter oder allgemein der größeren Betriebe ausgerichtet, auch nachdem sie sich in begrenztem Maße ebenfalls den bäuerlichen Betrieben geöffnet hatten.

— Die *Ablösungs-, Meliorations- und Landeskreditkassen* hatten vom Staat bestimmte Aufgaben erhalten, die sich teilweise schon aus den Namen ergaben. Sie sind Mittel der Agrarpolitik, insbesondere zur Stärkung der Bauernhöfe gewesen.

— *Hypothekenbanken* hatten für die Landwirtschaft keine große Bedeutung. Lediglich die 1870 gegründete Deutsche Centralbodenkredit AG hatte auch einen nennenswerten Bestand an landwirtschaftlichen Hypotheken aufzuweisen.

— *Kommunale Sparkassen* waren in den westdeutschen Gebieten in das Kreditgeschäft mit den Bauern eingeschaltet.

— *Genossenschaftliche Spar- und Darlehnskassen* hatten für den kleinbäuerlichen Besitz in Westdeutschland und auch für größere Bauernhöfe in Ostdeutschland vermehrt Bedeutung erlangt. Hier überwog bei weitem der Personalkredit.

— *Privatbanken* und private *Landwarenhändler* waren stärker im Personalkredit für die Landwirtschaft tätig.

Eine eigentliche Kreditnot gab es in der Landwirtschaft nicht. Ein Überangebot an Realkrediten führte aber zu einer recht großzügigen Einstellung vieler Landwirte, so daß die Verschuldung nicht unerheblich war. Für die 60er Jahre des 19. Jahrhunderts war die Schuldenlast der Landwirtschaft in Preußen in v. H. des Kapitalwertanschlags (nach Meitzen):

— Beim privaten Gutsbesitz = 67 v. H.
— Bei den Bauernhöfen = 33 v. H.
— Beim unterbäuerlichen Parzellenbesitz der Dörfer = 20 v. H.

Trotz steigender Grundstückswerte verringerte sich die durchschnittliche Verschuldung in den folgenden Jahrzehnten kaum, d. h., fast im gleichen Maße wie die Grundstückswerte stiegen, wurden auch die Schulden erhöht.

Dabei ergab sich aber ein erheblicher Unterschied zwischen Ost- und Westdeutschland, vgl. Tabelle 9.

Die Sonderstellung der ostelbischen Rittergüter bei der Verschuldung im Verhältnis zu anderen Gruppen ist eindeutig. Der schnelle Besitzwechsel im 19. Jahrhundert hatte keineswegs zu einer finan-

Tabelle 9: Mit mehr als 60 v. H. des Schätzwertes verschuldete
landwirtschaftliche Betriebe in v. H. aller Betriebe in
Deutschland in den 80er Jahren des 19. Jahrhunderts
(nach W. Sombart)

Betriebsgruppe	Ostelbien	Westelbien
Güter	54,7 v. H.	13,5 v. H.
Groß- und Mittelbauern	19,9 v. H.	7,5 v. H.
Kleinbauern	14,8 v. H.	10,6 v. H.

ziellen Gesundung dieser Betriebe geführt, zumal da die Finanzierung der Käufe meistens über erhebliche Restkaufgeldhypotheken erfolgt war. Meitzen meinte daher: „Im Ganzen ist verhältnismäßig am meisten und in der günstigsten Form der Anstaltskredit
unter den Großgrundbesitzern der östlichen Provinzen Dank der
Wirksamkeit der Landschaften verbreitet". Diese Landschaften
hatten sich aufgrund der im Verhältnis zu anderen Kreditgebern
günstigen Bedingungen als ein Hilfsmittel zum beschleunigten Umsatz der Güter, d. h. zur Erhöhung der Bodenmobilität erwiesen.
Die genaue Feststellung der Höhe des Agrarkredits ist nicht möglich. Immerhin ist auch der in die amtlichen Statistiken nicht mit
aufgenommene Personalkredit nicht unerheblich gewesen. Meitzen
gibt für 1867 in den alten preußischen Provinzen einen Realkredit
in Höhe von etwas über 2 Mrd. Talern (mehr als 6 Mrd. Mark) an.
Auf ganz Deutschland übertragen, müßte der Realkredit demnach
mindestens 8 Mrd. Mark zu dieser Zeit betragen haben. Kurz vor
dem Ersten Weltkrieg hatte der Realkredit immerhin dann mehr
als 13 Mrd. Mark erreicht. Diese beiden Zahlen sind mit einer
Wertschöpfung der Landwirtschaft von 3,8 Mrd. Mark im Jahre
1867 und 10,7 Mrd. Mark im Jahre 1913 zu vergleichen. Bei einer
normalen Verzinsung von etwa 4 % waren von der Landwirtschaft in den beiden genannten Jahren demnach mindestens
320 Mill. bzw. 520 Mill. Mark an Schuldendienst (ohne Amorti-
sation) aufzubringen, d. h. zwischen 5 und 10 v. H. der jeweiligen
Wertschöpfung.

4. Agrarsoziale Probleme

a) Bodenreform und Siedlung

Die seit der Mitte des 19. Jahrhunderts, vor allem aber ab den
80er Jahren immer häufiger geäußerten *Bodenreform- und Sied-
lungsgedanken* lassen sich auf zwei Punkte reduzieren:

— Die *Aufsiedlung größerer Besitzungen zur Verstärkung des
bäuerlichen Eigentums* sollte der Stärkung der staatlichen
Macht dienen, weil man davon ausging, daß damit ein gesun-
der selbständiger Mittelstand stabilisiert würde. Der Übergang
von der Realteilung zur geschlossenen Erbfolge im mittel- und
großbäuerlichen Bereich war eine wichtige Ergänzung einer
solchen Politik.

— Die Forderung nach einer *Verstärkung der staatlichen Verfügungsmacht,* manchmal als gesellschaftliche Verfügungsmacht
umschrieben, über den landwirtschaftlich genutzten Boden
wurde damit begründet, daß die Bodenrente den Bodeneigen-
tümern unverdientermaßen zufließt.

Die Bemühungen um eine *Stärkung der bäuerlichen Gruppe* erfolgte in drei Richtungen:

— Die Förderung der *ungeteilten Erbfolge* (Anerbenrecht) wurde
vor allem von Wissenschaftlern wie August von Miaskowski
und Max Sering propagiert. Diese Bemühungen hatten aber
keinen gesetzgeberischen Erfolg. Lediglich in der Provinz Hannover war der überwiegende Teil der bäuerlichen Besitzungen
(durch Eintragung in die Höferolle) auch formell dem Anerbenrecht unterworfen. In den übrigen deutschen Gebieten
überwog die Testierfreiheit, so daß es allein darauf ankam, ob
die Erblasser sich an das gewohnheitsmäßige Vererben in ge-
schlossener Folge hielten oder ob die Betriebe bei jedem Erb-
fall in die Gefahr einer Zersplitterung wie in den Realteilungsgebieten kamen. Eine umfassende, gesetzliche Regelung kam bis
1914 nicht zustande, scheiterte vor allem auch am Widerstand
der Bauern, die ihre Testierfreiheit behalten wollten.

— 1886 wurde in Preußen das *Ansiedlungsgesetz für die Provinzen Posen und Westpreußen* erlassen. Zweck dieses Gesetzes
war die Ansiedlung deutscher Bauern auf hauptsächlich von

bisherigen polnischen Eigentümern erworbenem Großgrundbesitz, um in diesen Gebieten die deutschen Bevölkerungsteile zu
verstärken. Insgesamt wurden bis 1907 179 polnische Güter
(mit 97 307 ha) und 425 deutsche Güter (mit 209 190 ha) aufgekauft und zu fast 16 000 Siedlerstellen umgewandelt (durchschnittlich 19 ha je Siedlerstelle). Vor allem die polnische private Gegenbewegung hatte bald dazu geführt, daß auch Güter
aus deutscher Hand aufgekauft wurden. Der Erfolg dieser Maßnahmen war vom siedlungstechnischen positiv, im Hinblick
auf das angestrebte innenpolitische Ziel aber nicht groß, weil
auch die von polnscher Seite im Gegenzug errichteten Siedlerstellen fast den gleichen Umfang erreichten. Zudem wurde der
nationale Gegensatz durch diese Germanisierungsbemühungen
verschärft.

— 1890 wurde mit der Rentengutsgesetzgebung eine Ausdehnung
der staatlichen Siedlungstätigkeit auf die ganze preußische
Monarchie angestrebt. Schwerpunkt blieb aber auch jetzt das
Gebiet des Ansiedlungsgesetzes von 1886. Von den insgesamt
zwischen 1886 und 1914 in Preußen errichteten etwa 40 000
Siedlerstellen (mit 0,5 Mill. ha, d. h. etwa 1,5 v. H. der landwirtschaftlichen Nutzfläche Deutschlands oder 6,5 v. H. der
von Betrieben mit mehr als 100 ha bewirtschafteten Fläche)
entfielen 22 000 Stellen, d. h. mehr als die Hälfte, auf Westpreußen und Posen. Im Durchschnitt aller Siedlerstellen hatten
die neuen Höfe 12,5 ha Nutzfläche.

Einer zu starken *Ausdehnung der Siedlungstätigkeit* des Staates
standen die *Interessen der Großgrundbesitzer entgegen,* die vor
allem in der Gruppe der adligen Landbesitzer durch die enge Verknüpfung von Offizierskorps, höheren Verwaltungsbeamten und
Dienst am preußischen Hof einen entscheidenden Einfluß auf die
Staatsführung hatten.

Eine ganz andere Ausrichtung als diese Bestrebungen für eine
bäuerliche Siedlung hatten die verschiedenen *Bodenreformbewe-
gungen* im weitesten Sinne:

— Karl Marx (1818 bis 1883) und Friedrich Engels (1820 bis
1895) forderten (im Kommunistischen Manifest 1848) die Be-

seitigung des Bodeneigentums und die „Verwendung der Grundrente zu Staatsausgaben".

— Der deutsche Arzt August Theodor Stamm (1822 bis 1892) und der Amerikaner Henry George (1839 bis 1897) forderten die Verstaatlichung des Bodens bzw. die Aushöhlung des Eigentumsrechtes durch eine umfassende Steuer.

— Wilhelm Liebknecht (1826 bis 1900), der sich in der Sozialdemokratischen Arbeiterpartei (beim Eisenacher Parteitag 1874) gegen Stamm durchsetzen konnte, sah dieses Problem als nebensächlich an, da „die Erde ... keine ökonomischen Werte ohne menschliche Arbeit" liefere und es daher allein darauf ankomme, „die menschliche Arbeit frei zu machen".

— In den 80er und 90er Jahren des 19. Jahrhunderts kam es zur Gründung einer ganzen Reihe von Vereinen und Kreisen, die sich mit der Frage der Bodenreform beschäftigten. Zu nennen ist vor allem der mit dem Namen des Gaggenauer Fabrikanten Michael Flürscheim (1844 bis 1912) verbundene, 1888 gegründete „Deutsche Bund für Bodenbesitzreform", der ab 1890 von dem Berliner Fabrikanten Heinrich Freese (1853 bis 1944) geleitet wurde. Ab 1898 stand dem nunmehr als „Bund der Deutschen Bodenreformer" bezeichneten Verein der Berliner Volksschullehrer Adolf Damaschke (1865 bis 1935) vor. Die Aktivitäten dieses Bundes richteten sich nach und nach vor allem auf den städtischen Boden, anknüpfend an die Wohn- und Bodenprobleme der stark wachsenden Städte. Die Einrichtung von „Kriegerheimen" ab 1916 und das Reichsheimstättengesetz vom 10. Mai 1920 sind weitgehend als Frucht der Arbeit dieses Bundes anzusehen. Sie zeigen zugleich die Ausrichtung der Bestrebungen.

— Die Einstellung der (marxistisch orientierten) Arbeiterpartei war lange Zeit von den Ansichten der schon genannten Marx, Engels und Liebknecht beeinflußt. Im Grunde stand man den Problemen der landwirtschaftlichen Bodenfrage nur unter dem Aspekt gegenüber, daß die Bauern das „Bollwerk der alten Gesellschaft" seien (Marx) und daß das ländliche Leben zu verabscheuen ist: Die Industrialisierung und das Wachsen der Städte werden im Kommunistischen Manifest von 1848 gelobt, weil „ein bedeutender Teil der Bevölkerung dem Idiotismus des Landlebens entrissen" würde.

— Eine Schlüsselrolle wurde von verschiedenen Seiten den Kleinbauern zugesprochen:

— Im internationalen Bereich hatte z. B. Pierre Joseph Proudhon (1809 bis 1865) den freien Kleinbauern auf eigenem Boden propagiert.

— Im Anschluß an die vierte Tagung der Internationalen Arbeiterassoziation in Basel (1869) forderte die deutsche Delegation in einem „Manifest an die landwirtschaftliche Bevölkerung", daß die Kleinbauern freiwillig ihr Eigentum aufgeben sollten, um mit den Landarbeitern Produktionsgenossenschaften zu bilden. Dabei wurde übersehen, daß es dort, wo die Kleinbauern stärker vertreten waren (Realteilungsgebiete), nur wenige größere Betriebe und daher nur wenige Landarbeiter gab (und umgekehrt). Außerdem wäre die Landfläche der Kleinbauern für eine solche Entwicklung zu klein gewesen.

Im Prinzip zeigte sich, daß man in der Agrarfrage vor allem bei der SPD zwischen

— der grundsätzlichen Forderung nach einer Enteignung des landwirtschaftlichen Bodens und

— dem Taktieren zur Erlangung einer breiteren Wählerschaft auch im landwirtschaftlichen Bereich

nicht zu einer klaren Linie kam. Insbesondere in der partei-internen Diskussion zwischen den Parteitagen von Frankfurt/M. 1894 und Breslau 1895, als es um die Frage ging, ob man die Bauern durch die Anerkennung des Bodeneigentums gewinnen könne, zeigte sich das starke Auseinanderlaufen der Meinungen. Die Ablehnung dieser Forderung führte im Prinzip zur schon von Liebknecht und der Vierten Internationale in Basel eingenommenen Position zurück, mochten diese auch in Details unterschiedlich sein.

b) Änderungen in der Agrarstruktur

Ein *grundsätzlicher Wandel* in der *Betriebsgrößenstruktur* und in der Verteilung der landwirtschaftlichen Nutzflächen auf die einzelnen Betriebsgrößengruppen läßt sich für die Zeit von den 70er Jahren des 19. Jahrhunderts bis zum Ersten Weltkrieg *nicht* erkennen, vgl. Tabelle 10. Diese nach den Ergebnissen der drei Erhebungen des Kaiserlichen Statistischen Amtes vorgenommene Zusammenstellung zeigt, daß der größte Teil der landwirtschaftlichen Betriebe weniger als 2 ha bewirtschaftete. Diese Kleinstbetriebe (oder Parzellenbetriebe, wie sie Sombart nennt) konnten nur ausnahmsweise als Grundlage für die Ausstattung einer Familie mit Einkommen dienen. Es handelte sich vielmehr um Betriebe, die neben einer anderen (abhängigen oder selbständigen) Tätigkeit bewirtschaftet wurden. Dabei war der *Anteil dieser*

Tabelle 10: Die Betriebsgrößenstruktur der deutschen Landwirtschaft 1882, 1895 und 1907 nach der Zahl der Betriebe

Betriebs-größengruppe ha	1882		1895		1907	
	Zahl der Betriebe	in v. H.	Zahl der Betriebe	in v. H.	Zahl der Betriebe	in v. H.
weniger als 2	3 061 831	58,03	3 236 367	58,23	3 378 509	58,90
2 bis 5	981 407	18,60	1 016 318	18,28	1 006 277	17,54
5 bis 20	926 605	17,56	998 804	17,97	1 065 539	18,58
20 bis 50	239 887	4,55	239 643	4,31	225 697	3,93
50 bis 100	41 623	0,79	42 124	0,76	36 494	0,64
mehr als 100	24 991	0,47	25 061	0,45	23 566	0,41
zusammen	5 276 344	100,00	5 558 317	100,00	5 736 082	100,00

Kleinstbetriebe an der gesamten Betriebszahl im wesentlichen *von zwei Faktoren abhängig:*

— Das Bestehen von *Arbeitsplätzen außerhalb der Landwirtschaft.* Die gewerbereichen Gebiete Westdeutschlands und der Mittelgebirgsschwelle von Bielefeld bis Oberschlesien kamen hierfür eher in Betracht als die gewerbearmen Gebiete Norddeutschlands oder Bayerns.

— Die Zersplitterung des Bodens aufgrund der *Realteilungssitte* bei den Erbfällen vermehrte die Zahl der selbständigen landwirtschaftlichen Einheiten.

Gemessen an der landwirtschaftlichen Nutzfläche war der Anteil dieser Betriebsgrößengruppe nicht groß, vgl. Tabelle 11.

Gemessen an der Verteilung der Nutzfläche auf die einzelnen Betriebsgrößengruppen war Deutschlands Landwirtschaft vor allem von den *kleinbäuerlichen* (2 bis 5 ha), *mittelbäuerlichen* (5 bis 20 ha) und *großbäuerlichen* (20 bis 100 ha) *Betrieben* gekennzeichnet. Sie *bewirtschafteten mehr als zwei Drittel* der gesamten landwirtschaftlichen *Nutzfläche*. Der Anteil der Betriebe mit mehr als 100 ha lag bei etwas unter einem Viertel. Da diese Betriebe aber vor allem in den ostelbischen Gebieten konzentriert waren, prägten sie hier teilweise die einzelnen Kreise und Regierungsbezirke

Tabelle 11: Die Verteilung der landwirtschaftlichen Nutzfläche in Deutschland auf die einzelnen Betriebsgrößengruppen 1882, 1895 und 1907

Betriebs-größengruppe in ha	1882		1895		1907	
	Fläche in ha	in v. H.	Fläche in ha	in v. H.	Fläche in ha	in v. H
weniger als 2	1 825 938	5,73	1 808 444	5,56	1 731 311	5,4
2 bis 5	3 190 203	10,01	3 285 984	10,11	3 304 878	10,3
5 bis 20	9 158 398	28,74	9 721 875	29,90	10 421 564	32,7
20 bis 50	7 176 129	22,52	7 113 231	21,87	6 821 299	21,4
50 bis 100	2 732 041	8,57	2 756 606	8,48	2 500 804	7,8
mehr als 100	7 786 263	24,43	7 831 801	24,08	7 055 018	22,1
Zusammen	31 868 972	100,00	32 517 941	100,00	31 834 874	100,0

entscheidend. *Mecklenburg* mit etwa 60 v. H. und der *Regierungsbezirk Stralsund* mit etwa 75 v. H. der gesamten Nutzfläche in *Betrieben mit mehr als 100 ha* hatten sogar *Extremwerte* aufzuweisen. Hier hatte im 18. Jahrhundert aufgrund des fehlenden Bauernschutzes (im Gegensatz zu den damals preußischen Gebieten) ein besonders starkes Bauernlegen stattgefunden.

Die Verschiebungen zwischen den einzelnen Betriebsgrößengruppen sind relativ gering gewesen, wenn man nur die Betriebsfläche betrachtet. Mit der unterschiedlichen Ausdehnung und Intensivierung der landwirtschaftlichen Produktion gab es aber hinsichtlich der Ertrags- und Einkommenskraft der einzelnen Betriebe Änderungen, die zahlenmäßig in den Statistiken nicht erfaßt worden sind, die aber gerade bei den mittel- und großbäuerlichen Betrieben aufgrund der Ausdehnung der Viehhaltung besonders stark gewirkt haben. Hier war nach den Viehbestandszählungen von 1882 und 1907 die Zunahme der Schweinehaltung dementsprechend besonders groß.

c) Die Einkommen der Landarbeiter und das Landarbeiterproblem

Vom Beginn der 70er Jahre bis zum Ersten Weltkrieg erhöhten sich die *Landarbeiterlöhne,* und zwar die *Nominallöhne,* auf fast *das Doppelte,* während die *Reallöhne* wegen der ständigen Preissteigerungen nur um etwa *30 bis 35 v. H.* zunahmen.

Die *Landarbeiterlöhne* blieben aber trotzdem *hinter den Industriearbeiterlöhnen um etwa 15 v. H. zurück.* Hinzu kam die starke Abhängigkeit des auf dem Dorfe lebenden Landarbeiters von einem oder von wenigen möglichen Arbeitgebern, die sich zudem noch gut untereinander kannten. Schon aufgrund dieser *engen Verhältnisse* war es nicht leicht möglich, den Arbeitsplatz innerhalb der Landwirtschaft ohne Ortswechsel auszutauschen. *Aus diesen Gründen* fand eine *starke Abwanderung* der Landarbeiter in den städtischen Wirtschaftsbereich statt. Teilweise wurde der erste und entscheidende Anstoß zu einer solchen Orts- und Arbeitsplatzveränderung durch den Militärdienst (in der Stadt) gegeben.

Die *Abwanderung von Landarbeitern* wird aus den statistischen Erhebungen der Jahre 1882, 1895 und 1907 deutlich. Danach waren in der deutschen Land- und Forstwirtschaft an familienfremden Arbeitskräften beschäftigt:

1882 = 3 947 204 = 100
1895 = 3 724 145 = 94
1907 = 3 388 892 = 86

Die Zahl der in die Industrie abwandernden Landarbeiter war aber noch größer, da in der gleichen Zeit die in den genannten

Zahlen enthaltenen Wanderarbeiter zunahmen. Vereinzelt gab es zwar schon im 18. und im ersten Drittel des 19. Jahrhunderts Wanderarbeiter in Deutschland, die vor allem von größeren Gütern oder auch von Gebieten mit Spezialkulturen (und entsprechenden Arbeitsspitzen innerhalb eines Jahres, wie z. B. beim thüringischen Waidanbau) nachgefragt wurden.

Mit dem *Aufblühen des Zuckerrübenanbaues* in der preußischen Provinz Sachsen seit der *Mitte der 30er Jahre* des 19. Jahrhunderts wurden für diese intensive Ackernutzung zahlreiche Arbeitskräfte aus anderen Teilen Deutschlands (als *Sachsengänger* bezeichnet) benötigt. Im letzten Drittel des 19. Jahrhunderts nahmen solche intensiv genutzten Gebiete immer mehr zu. Zugleich stieg die Zahl der in der Industrie Beschäftigten. Daher konnten die bisherigen Heimatgebiete der landwirtschaftlichen Wanderarbeiter (Schlesien, Hinterpommern, der südliche Teil der Provinz Posen, Westpreußen und in geringem Maße auch Ostpreußen) kaum noch solche Arbeiter zur Verfügung stellen. Seit den 90er Jahren des 19. Jahrhunderts mußte man auf ausländische Arbeitskräfte zurückgreifen, was bisher (mit weniger als 50 000) nur in geringem Maße geschehen war. Während die *Zahl der Ausländer,* die in der Landwirtschaft beschäftigt waren, bis 1905 auf 207 000 anstieg, waren es *1909 bereits 364 000.* Fast 60 v. H. davon waren Polen aus Rußland, während weitere 18 v. H. Polen aus Galizien und 12 v. H. Ruthenen (Ukrainer) aus Galizien waren. Damit stellten die *Polen* aus den beiden Ländern Österreich und Rußland fast *80 v. H.* der Wanderarbeiter.

Der Rückgang der deutschen Landarbeiter und der zusätzliche Bedarf der expandierenden Landwirtschaft in den letzten Jahrzehnten vor dem Ersten Weltkrieg wurde aber nicht nur durch Zuwanderung von ausländischen Arbeitern ausgeglichen, sondern auch durch eine — mindestens in den Statistiken festgehaltene — *Erhöhung der familieneigenen Arbeitskräfte von 1,9 auf 3,9 Mill.* Es dürfte jedoch fraglich sein, ob eine solche Ausdehnung der familieneigenen Arbeitskräfte wirklich stattgefunden hat oder ob nicht statistische Ungenauigkeit bei der Einordnung familienfremder und familieneigener Arbeitskräfte eine solche Entwicklung vortäuschen. Es ist recht unwahrscheinlich, daß die Bauernfamilien in der Lage gewesen wären, in stärkerem Maße als zuvor — bei langsam sinkender Geburtenrate — ihre eigenen Familienmitglieder zu bewegen, eher im Betrieb zu bleiben als in der vorhergehenden Zeit. Es bleibt aber das Problem der ausländischen Arbeiter. In welchem Maße die einzelnen größeren intensiv bewirtschafteten Betriebe auf solche Wanderarbeiter zurückgriffen und welche sozialen Probleme dies mit sich brachte, mag das Beispiel eines Gutes aus der Provinz Posen zeigen: Auf dem Gut Brody (mit fünf Vorwerken) wurden an der Wende zum 20. Jahrhundert 208 ständige Arbeitskräfte (Männer, Jungen und Frauen) beschäftigt, die durch 125 „ausländische" Arbeiter und Arbeiterinnen ergänzt wurden (Meitzen).

d) Die Einkommen der selbständigen Landwirte

Zu der Gruppe der *selbständigen Landwirte* sind hier wieder deren mitarbeitende *Familienangehörige* zu zählen. Statistische Angaben von einiger Zuverlässigkeit gibt es eigentlich erst seit den umfassenderen Erhebungen des neuen Statistischen Reichsamtes in Berlin ab 1882. W. G. Hoffmann hat anhand einiger anderer Teilstatistiken versucht, auch für die vorhergehende Zeit die *Zahl der Selbständigen* in der Landwirtschaft (Hauptberuf) zu ermitteln und kommt dabei zu folgenden Ergebnissen:

1855 = 2 130 000
1858 = 2 060 000
1867 = 2 330 000
1882 = 2 595 000
1895 = 2 564 000
1907 = 2 497 000

Man kann davon ausgehen, daß diese Landwirte in etwa als Haupt- oder Vollerwerbslandwirte anzusehen sind, während die ungefähr 3 Mill. weiteren in Tabelle 10 angegebenen Landwirte ihren Hof vermutlich nur als Nebenerwerb betrieben haben. Vergleicht man die hier gemachten Angaben mit Tabelle 10, dann kann man größenordnungsmäßig davon ausgehen, daß *bei etwa 2 ha die Schwelle vom Nebenerwerbslandwirt zum Haupterwerbs-*

landwirt gelegen hat. Dabei wird man sehr starke *Unterschiede* annehmen können.

— weil die *Bodenqualität* nicht immer ausreichte, um von zwei Hektar die für die Ernährung einer Familie erforderlichen Nahrungsmittel zu produzieren (bei nur landwirtschaftlicher Nutzung dieser Fläche wird im übrigen nur eine geringe Marktquote übriggeblieben sein),

— weil bei der *Nähe eines größeren Verbrauchermarktes* (eine größere Stadt), die Möglichkeit bestand, durch intensive Nutzung der Fläche, etwa durch *Feldgemüsebau,* auch bei weniger als zwei Hektar eine Familie mit dem für den Lebensunterhalt erforderlichen Einkommen zu versehen,

— weil je Arbeitsmarktlage die Möglichkeiten, einen *Arbeitsplatz außerhalb der Landwirtschaft* zu finden, recht unterschiedlich waren, und

— weil schließlich auch die *konjunkturelle Lage* für das Hinüberwechseln in eine hauptberufliche Tätigkeit außerhalb des eigenen Hofes von Bedeutung war.

Vor allem der zuletzt genannte Faktor könnte für die Entwicklung, die sich aus den Zahlen von Hoffmann ergibt, ursächlich gewesen sein:

— Bis weit in die 60er Jahre (vgl. die Angabe für 1867) war die Schaffung industrieller Arbeitsplätze noch nicht ausreichend, um die Unterbeschäftigung auf dem Lande vollständig zu beseitigen, so daß die Zahl der selbständigen Landwirte noch zunahm, was zugleich aufgrund der steigenden Flächenerträge ermöglicht wurde, da damit die Schwelle zwischen Nebenerwerbslandwirt und Vollerwerbslandwirt nach unten verschoben wurde.

— In der Zeit von 1867 bis 1895 kam es zu einer anfangs geringen Ausdehnung der Zahl der selbständigen Landwirte. Die seit der Gründerkrise bestehende zeitweise Stagnation und das dann geringe Wachstum der Industrie brachten zwar keinen generellen, aber einen teilweisen Rückstau im Prozeß der Abwanderung aus der (kleinbäuerlichen) Landwirtschaft, so daß im Ergebnis vor allem zwischen 1882 und 1895 keine grundsätzliche Änderung zu sehen ist.

— Der seit der Mitte der 90er Jahre beginnende erneute stärkere Konjunkturaufschwung verringerte dann bis 1907 die Zahl der selbständigen Landwirte immerhin um 67 000, obgleich in derselben Zeit allein durch die Rentengutsbemühungen etwa 30 000 neue Stellen geschaffen worden waren.

Die *Einkommen der selbständigen Landwirte* (und der mithelfenden Familienangehörigen) waren von der Entwicklung der landwirtschaftlichen *Produktion und der Preisentwicklung abhängig.* Die *Wertschöpfung* der Landwirtschaft (die identisch ist mit den Fremdlöhnen und dem Einkommen der Landwirte-Familien) hatte von 1871 bis 1913 einen *Zuwachs um 122 v. H.* zu verzeichnen: Durchschnittliche jährliche Wertschöpfung 1871/75 = 129 Mark je ha; 1909/13 = 286 Mark je ha (in laufenden Preisen).

Ein *Betrieb mit etwa 2 ha* hatte demnach bei durchschnittlichen Ertragsverhältnissen nur knapp die *Hälfte des Einkommens eines Industriearbeiters* aufzuweisen. Hierbei ist aber zu bedenken:

— Die naturalen Entnahmen für die Ernährung der Bauernfamilie verbesserten, weil sie nicht zu Marktpreisen eingesetzt zu werden brauchten, diese Einkommensrechnung zugunsten des Kleinbauern.

— Der städtische Industriearbeiter hatte einen Anteil von 20 und mehr v. H. seines Einkommens für Wohnungskosten aufzubringen, die bei den Kleinbauern hier nicht mitgerechnet worden sind.

Im ganzen wird man aber auch unter Berücksichtigung dieser zwei einschränkenden Punkte zu dem Ergebnis kommen, daß die Mehrzahl der *Kleinbauern* (bei einer Betriebsgröße zwischen 2 und 5 ha) *kaum einen höheren Lebensstandard* gehabt haben dürfte *als* die Mehrzahl der *Industriearbeiter.* Diese Gruppe selbständiger Landwirte war daher aus wirtschaftlichen Gründen eher bereit, bei entsprechender konjunktureller Lage in die Industrie abzuwandern, vor allem, wenn der industrielle Arbeitsplatz in der Nähe des bisherigen Wohnplatzes lag, so daß man die Landwirtschaft nebenerwerbsmäßig weiterbetreiben konnte. Dies ist dann jedoch eine Situation, die erst ab etwa 1955 aufgrund der zunehmenden Mobilität (Individualmotorisierung!) stärker aktuell wurde. In vielen kleinbäuerlichen Gebieten ohne industrielle Entwicklung blieben die Familien vor dem Ersten Weltkrieg in den Dörfern wohnen; die Frauen betrieben die Landwirtschaft; der Mann nahm eine Arbeit weitab vom Wohnsitz auf und kehrte nur kurzfristig, als Bauarbeiter z. B. im Winter, nach Hause zurück. Die Eichsfelder Bauarbeiter waren in Norddeutschland ebenso verbreitet wie die Arbeiter aus der Rhön oder dem Vogelsberg im Rhein-Main-Gebiet.

Die Einkommen der *mittel- und großbäuerlichen Bauern* standen im wesentlichen ebenso wie die der Gutsbesitzer in Abhängigkeit

— von der Wirtschaftsweise und dem damit jeweils erzielten *individuellen Betriebsergebnis* und

— der *Belastung durch Fremdkapital,* das aus dem Einkommen zu bedienen war.

Vor allem die hochverschuldeten Gutsbesitzer Ostdeutschlands wurden durch umfangreiche Zinsleistungen erheblich in ihrem Einkommen eingeschränkt. Die übrigen Landwirte verbesserten entsprechend der zunehmenden Wertschöpfung der Landwirtschaft

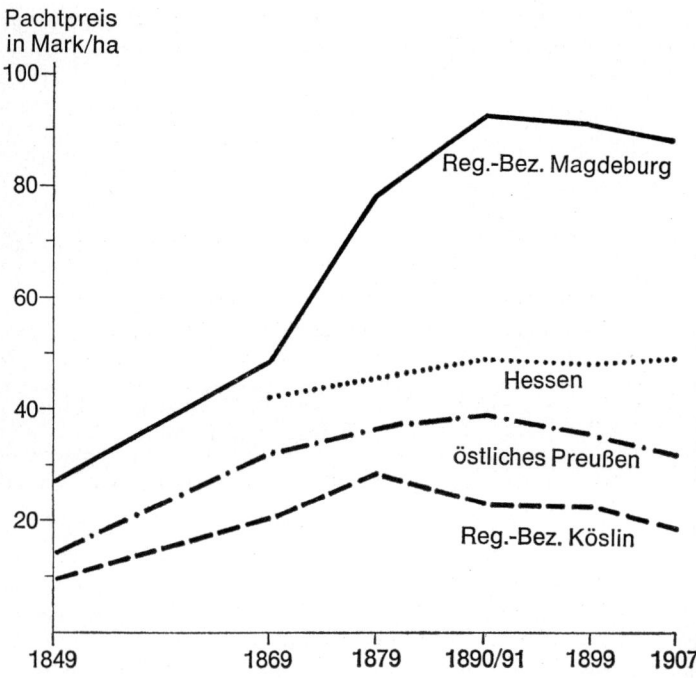

Abb. 21: Preußische Pachterträge aus den Domänen in Mark je ha von 1849 bis 1907 (Reg. Bez. Köslin, Reg. Bez. Magdeburg, Reg. Bez. Wiesbaden und Kassel = Hessen, ferner die sieben östlichen Provinzen Preußens)

je ha, in Abhängigkeit von der speziellen Situation des einzelnen
Hofes und von der speziellen tatsächlichen Gestaltung des Betriebes durch den jeweiligen Landwirt, ihr Einkommen in mehr oder
weniger starkem Maße. Im ganzen läßt sich hier mehr als eine
Verdoppelung der Einkommen in zahlreichen Einzelbeispielen
nachweisen. Die Entwicklung der Pachtzahlungen für preußische
Domänen weist zwar nur einen bis in die 90er Jahre gehenden Anstieg der Einkommen (des Staates aus der Bodennutzung) auf, vgl.
Abbildung 21.

Hierbei ist aber zu bedenken, daß Domänen in erster Linie Großbetriebe waren, während die Produktionsausdehnung vor allem
in der Viehhaltung sich insbesondere auf die bäuerlichen Wirtschaften konzentrierte. Die Unterschiede bei den Pachtzahlungen
zwischen drei Teilbereichen Preußens beruhen auf verschiedenen
Faktoren:

— In Hinterpommern (Reg. Bez. Köslin) herrschte leichter Boden
  vor. Der Anstieg bis in die 70er Jahre ist vor allem auf die
  Ausdehnung der Wollproduktion und teilweise auch des Kartoffelanbaues zurückzuführen. Eine Ausdehnung der Viehhaltung und eine Intensivierung auch des Ackerbaues fand hier seit
  den 70er Jahren kaum noch statt. Die Ausfälle aus der rück-
  läufigen Schafhaltung konnten nicht kompensiert werden, so
  daß sich die Erträge der Großbetriebe (Domänen) verminderten.

— Die Domänen des Reg. Bez. Magdeburg waren vor allem im
  Gebiet südwestlich Magdeburgs, in der sog. Magdeburger Börde,
  angesiedelt. Hier war es die Ausdehnung des Zuckerrübenanbaues, aber auch die Intensivierung in fast allen anderen Be-
  triebszweigen, die eine Erhöhung der Erträge bewirkten und
  damit die Möglichkeit zur Ausdehnung der Pachtpreise schufen.
  Seit den 90er Jahren konnte die Viehhaltung allerdings nicht
  mehr entscheidend ausgedehnt werden, da kaum natürliches
  Grünland vorhanden war und die relativ niedrigen Niederschläge auch den Feldfutterbau behinderten.

— Die Entwicklung in der preußischen Provinz Hessen-Nassau
  (Wiesbaden und Kassel) verlief von 1869 bis 1907 relativ
  gleichförmig. Schon zuvor hatte man aufgrund der günstigen
  Verkehrslage zu den Verbrauchszentren hohe Einnahmen er-

zielt und damit hohe Pachtpreise zahlen können. Eine zusätzliche Intensivierung fand aber in den letzten Jahrzehnten vor dem Ersten Weltkrieg dann nicht mehr statt.

Aus diesen wenigen Bemerkungen wird deutlich, daß die deutsche Landwirtschaft in weiten Teilen, insbesondere in den größeren Betrieben, die *Weiterentwicklung zur Ausdehnung der Einkommen nicht mehr* mit der möglichen Energie betrieb:

— Die *Produktionstechnik blieb* trotz der steigenden Löhne hinter parallelen Entwicklungen in England und in den USA *zurück*, so daß die Kosten nicht gesenkt wurden.

— Die Mengenausdehnung der Produktion durch *künstliche Düngung* wurde ebenfalls *nur recht zaghaft* betrieben, obgleich zahlreiche wissenschaftliche Versuche und auch einzelne Landwirte zeigten, welche wirtschaftlichen Erfolge hier noch möglich waren.

e) Die dörfliche Sozialstruktur

Bei der Betrachtung der *dörflichen Sozialstruktur* sind für die letzten Jahrzehnte vor dem Ersten Weltkrieg folgende *Gruppen von Dörfern* zu unterscheiden:

— Die *Mehrzahl der Dörfer* wurde *durch die Industrialisierung* und die damit wachsenden Städte nicht oder nur *wenig beeinflußt.* Äußeres Kennzeichen war die relativ gleichbleibende Einwohnerzahl. Hierzu rechneten vor allem auch diejenigen Dörfer, die schon vor der Industrialisierung kein oder fast kein ländliches Gewerbe, mit Ausnahme der auf den dörflichen Markt ausgerichteten Handwerker, gehabt haben, wo also insbesondere kein Verlagswesen bestand. Mit der Intensivierung der Landwirtschaft im letzten Drittel des 19. Jahrhunderts und der Ausdehnung der Produktion kam es zwar auch zu einer Ausdehnung der Zahl der in der Landwirtschaft Beschäftigten. In welchem Maße hierdurch die dörfliche Sozialstruktur beeinflußt wurde, läßt sich mangels genauer Angaben für eine größere Dorfzahl nur vermuten. Man kann hierbei zwischen folgenden Dörfern unterscheiden:

— Die *Gutsbezirke* hatten schon zuvor aufgrund der Ausrichtung auf die Lohnarbeit keine Arbeitskräftereserven.
Mit der Ausdehnung der Produktion wurde, vor allem auch
wegen des nur geringfügig eingeführten arbeitssparenden
technischen Fortschritts, die Beschäftigtenzahl erhöht. Eine
Änderung der Sozialstruktur brachte dies aber nicht, da
lediglich die soziale Pyramide, insbesondere an der Basis,
verbreitert wurde.

Das schon genannte Gut Brody hatte z. B. 21 Aufseher, Gärtner,
Handwerker und Maschinisten. Dazu 187 männliche und weib-
liche ständige Arbeitskräfte und 125 ausländische Arbeiter. Daneben werden noch Verwalter für die fünf Vorwerke vorhanden
gewesen sein.

— Die *Bauerndörfer in den Anerbengebieten,* d. h. mit hauptsächlich mittel- und großbäuerlicher Bevölkerung, änderten
aus denselben Gründen wie die Gutsbezirke ihre Sozialstruktur nicht. Allenfalls kann man davon ausgehen, daß
die sozialen Unterschiede innerhalb der Gruppe der Bauernfamilien sich verstärkten, weil mit der Intensivierung der
Produktion sich auch die Einkommen auseinanderzogen.
— Aus den *Bauerndörfern in den Realteilungsgebieten* wanderten vor allem aus den kleinstbäuerlichen Gruppen besonders viele ab. Aufgrund der gerade in den Betrieben
unter etwa 10 ha weitverbreiteten Unterbeschäftigung
war hier für einzelne Familienmitglieder oder, bei den
kleinsten Höfen, sogar für ganze Familien der Anreiz zum
Abwandern (in die wachsenden Städte) oder zum Aus-
wandern besonders groß.
— Die *von der Industrialisierung unmittelbar betroffenen Dörfer*
sind ebenfalls *nicht einheitlich* zu betrachten:
— *Gutsbezirke und Dörfer,* die völlig *von den Städten aufge-
sogen* wurden, hatten einen immer unbedeutender werdenden primären Sektor, der sich allenfalls noch auf kleineren
Flächen als Gärtnereibetrieb erhalten konnte.
— Da *Gutsbezirke,* vor allem wenn sie isoliert lagen, nur
vollständig, d. h. mit der gesamten Fläche, oder überhaupt
nicht in die wachsenden Städte einbezogen wurden, gab es

hier keinen Mittelweg. Mit dem Beginn der Ausweisung von Wohn- und Gewerbeplätzen war auch meistens die *vollständige Auflösung* dieser alten Siedlung verbunden.

— *Bauerndörfer*, die am Rand von Industriebezirken und Städten lagen, boten eine recht günstige Ansiedlungsmöglichkeit, da man hier noch preisgünstiger als in der dichtbesiedelten Stadt wohnen konnte und sich außerdem einen Teil der Nahrungsmittel durch *eine kleine Landnutzung* verschaffen konnte. Aufgrund der noch sehr schlechten Nahverkehrssituation, insbesondere auch wegen der recht teuren öffentlichen Verkehrsmittel, betraf dies nur Dörfer, die nicht in zu großer Entfernung von den industriellen Arbeitsorten lagen.

Diese Grundstruktur wurde noch ergänzt durch eine sich immer mehr ausbreitende Wanderbewegung. Gerade in abgelegenen Dörfern mit zahlreichen Kleinbetrieben (Realteilungsgebiete) kam es teilweise zur Saisonwanderung. So waren z. B. die schon genannten „Eichsfelder" als Bauarbeiter außerhalb des Eichsfeldes beschäftigt und lebten im Winter zu Hause, wo die Frauen den Sommer über die kleine Landwirtschaft betrieben hatten. Die Entwicklung einiger Industriebetriebe, insbesondere der Tabakindustrie, verbesserte diese Situation, ohne eine grundsätzliche Änderung zu bringen.

5. Formierung und Institutionalisierung

Gerade in den letzten Jahrzehnten vor dem Ersten Weltkrieg kam es wie in anderen Teilen der Wirtschaft auch in der Landwirtschaft zur Schaffung zahlreicher privater Vereinigungen und staatlicher Einrichtungen, die den berufsständischen Interessen dienten. Aus der großen Zahl dieser Einrichtungen und Zusammenschlüsse werden im folgenden die wichtigsten herausgegriffen: (a) Die Landwirtschaftskammern, (b) die berufsständischen Organisationen der selbständigen Landwirte und (c) die der Landarbeiter, (d) die fachorientierten Vereinigungen und (e) das landwirtschaftliche Unterrichts- und Versuchswesen.

a) Die Landwirtschaftskammern

Seit den 40er Jahren des 19. Jahrhunderts war es in Deutschland zu einer ganzen Reihe von Zusammenschlüssen gekommen, die sich vor allem dem Landwirtschaftswesen widmeten. In Preußen wurden landwirtschaftliche *Ortsvereine, Kreisvereine* und *Zentralvereine,* die sich schließlich 1872 zum *Deutschen Landwirtschaftsrat* zusammenschlossen, gegründet. Die Aufgaben dieser Vereine entwickelten sich aus den Aufgaben, die sich die in der zweiten Hälfte des 18. Jahrhunderts entstandenen *Landwirtschaftsgesellschaften* gestellt hatten: Die Vermittlung und Verbreitung des Wissens um neue Produktionsmethoden, teilweise auch die Anregung zu Versuchen. Sehr stark in den Vordergrund wurde der Erfahrungsaustausch zwischen den einzelnen Landwirten gestellt. Die Landwirtschaftsgesellschaften und die Landwirtschaftsvereine wurden die Keimzellen für die Landwirtschaftskammern.

Eine der ältesten Landwirtschaftsgesellschaften, die 1764 gegründete Landwirtschaftsgesellschaft zu Celle, wurde 1850 der Zentralausschuß der acht im Königreich bestehenden „Hauptvereine". Mit der Gründung der Landwirtschaftskammer Hannover im Jahre 1899 gingen die wichtigsten Aufgaben des Zentralausschusses auf die Kammer über. Die Landwirtschaftsgesellschaft blieb aber als Traditionsgesellschaft mit weitgehender Identität der führenden Gremien in Kammer und Gesellschaft bestehen.

Einen ähnlichen Weg gingen etwas früher oder später die Vereine in anderen Teilen Deutschlands. Da der Kammergedanke dabei von den (Industrie- und) Handelskammern, deren Wurzeln bis in das Ende des 18. Jahrhunderts reichen, übernommen wurde, ist es auch nicht erstaunlich, daß die erste Landwirtschaftskammer Deutschlands für einen Stadtstaat gegründet wurde: *Bremen* erhielt *1849* eine *Landwirtschaftskammer.* In *Preußen* waren es der Zentralverein der Provinz Sachsen und die ökonomische Gesellschaft Pommerns, die 1848/1850 die Gründung von Landwirtschaftskammern anregten. Der preußische Staat zeigte kein Interesse. Hier wurden daher die Kammern erst aufgrund des Gesetzes vom 30. Juni *1894* errichtet, und zwar zunächst in den östlichen Provinzen, ferner in den Regierungsbezirken Wiesbaden und Kassel. Die Provinziallandtage der Provinzen Hannover, Westfalen und des Rheinlandes lehnten zunächst Landwirtschaftskammern ab. 1898 wurden dann schließlich auch die westfälische und ein Jahr später die rheinische und die hannoversche Kammer gegründet. Bis zum Ersten Weltkrieg folgte noch eine ganze Reihe nichtpreußischer Länder, darunter vor allem das Königreich Sachsen 1906 mit dem reorganisierten, jedoch bereits seit 1849 als Bindeglied der Kreisvereine bestehenden „Landeskultur-Rat", der Kammerfunktionen besaß, nach dem Ersten Weltkrieg dann Württemberg, Bayern, Mecklenburg-Schwerin, Hamburg und Thüringen. In die letztgenannte Kammer wurden auch einige schon vor 1914 gegründete thüringische Institutionen übernommen.

Nach den Ausgaben der 13 preußischen Kammern im Jahre 1906 waren die wichtigsten Aufgabengebiete: Wissenschaftliche und Lehrzwecke, Veterinärwesen, Förderung der Viehzucht, Förderung der Fischerei, Förderung der Waldkultur, Förderung des Obst-, Wein- und Gartenbaus, Landwirtschaftliche Vereine und Landeskultur (nach Meitzen).

Da *in den Kammern* nur die *selbständigen Landwirte* vertreten waren, hatten sie auch die Aufgabe, die korporative Organisation des Berufsstandes der Landwirte zu fördern, den ländlichen Kredit zu verbessern, landwirtschaftliche Vereine und Genossenschaften zu unterstützen, bei der Verwaltung und bei den Preisnotierungen der Produktenbörsen und Märkte, insbesondere der Viehmärkte, mitzuwirken.

Aus diesem Grunde ergaben sich von Anfang an *folgende Probleme:*

— Das preußische Gesetz zur *Errichtung von Landwirtschaftskammern* vom Jahre 1894 sollte offensichtlich dazu dienen, unter Ausnutzung des Kammergedankens die im Bund der Landwirte und anderen Vereinigungen deutlich gewordene *Opposition der Landwirte* gegen die Regierungspolitik (v. Caprivis) zu *kanalisieren.*

— Aus diesem Grunde war ein Teil der *Landwirte gegen diese Zwangskörperschaften.* Man bevorzugte freie Vereinigungen.

Im Ergebnis erwiesen sich dann die Landwirtschaftskammern aufgrund der starken Vertretung der Landwirte (gewählt von den

Kreistagen) als eine *wichtige Unterstützung* auch der Interessen *der Landwirtschaft*, da z. B. durch Gutachten zu Regierungsvorlagen ein erheblicher Einfluß auf die offizielle Agrarpolitik möglich wurde.

b) Berufsständische Vereinigungen der selbständigen Landwirte

Zwei Abwehrrichtungen waren für die Entstehung der berufsständischen Vereinigungen der selbständigen Landwirte *von Bedeutung:*

— Unter dem Einfluß des Jahres 1848 entstanden Zusammenschlüsse zum *rechtlichen Schutze des Eigentums.* Zwei Beispiele zeigen die große Spannweite und zugleich die später verschiedenen Ausrichtungen der Interessengruppen:

   — Ernst Gottfried Georg v. Bülow-Cummerow (1775 bis 1851) aus Hinterpommern gründete 1848 den „Verein zum Schutze des Eigenthums und zur Förderung des Wohlstandes aller Klassen".

   — In Westfalen wurde parallel hierzu der „Westfälische Verein zum Schutze des Eigenthums und zur Beförderung allgemeiner Wohlfahrt" gegründet.

— In den 60er Jahren, als die allgemeine *Wirtschaftspolitik* (und zwar sowohl die Außenhandelspolitik mit Zollsenkungen als auch die Innenpolitik mit Industrieförderungsmaßnahmen) immer mehr zugunsten der Industrie gestaltet wurde, fühlte sich die Landwirtschaft gegenüber den Interessen von Handel und Industrie zurückgesetzt. Man erkannte nicht, daß die Förderung der Industrie zwei Rechtfertigungsgründe hatte, von denen mindestens einer sich auch direkt positiv auf die Landwirtschaft auswirken mußte:

   — Ein neuer Wirtschaftszweig mußte gegenüber dem Ausland so gefördert werden, daß er die Anfangsschwierigkeiten überwinden konnte.

   — Die sich entwickelnde Industrie sorgte auch für eine Ausdehnung des inländischen Marktes für Agrarprodukte. Hierauf wies vor allem Friedrich List (1789 bis 1846) schon in den 40er Jahren unter dem Eindruck der nach seiner Meinung zu erwartenden amerikanischen Konkurrenz auf dem englischen Nahrungsgütermarkt hin (dem Hauptabsatzmarkt des deutschen exportierten Getreides).

Eduard Lasker (1829 bis 1884), Mitglied der Nationalliberalen Partei und gegen Schutzzölle und damit auch gegen Bismarcks Schutzzollpolitik ab 1878/79 eingestellt, meinte 1868: „Alle unsere Gesetze sind eingerichtet im Interesse von Handel und Industrie, es bleibt dabei: der Grundbesitz bezahlt und muß verarmen an den Nachteilen, die ihm zugefügt werden." Bismarck argumentierte in seiner Reichstagsrede vom 8. Mai 1879 ähnlich: „50 Jahre" sind die Landwirte „in dem Interessenkampfe zwischen Stadt und Land der Amboß gewesen". Damit wurde auch von offizieller Seite diese mit der tatsächlichen Entwicklung ständig steigender Einnahmen und Einkommen der Landwirtschaft seit den 20er Jahren des 19. Jahrhunderts nicht übereinstimmende Meinung vertreten, und d. h. bestärkt. Während Lasker jedoch darauf abzielte, die Industrie nicht zu bevorzugen, wollte Bismarck der Landwirtschaft einen mit dem industriellen Schutzzoll vergleichbaren Schutz verschaffen.

Die zweite Richtung, nämlich die auf die ökonomische Absicherung der Landwirtschaft ausgerichtete, konnte sich in der konkreten Situation nach der Gründerkrise mehr und mehr durchsetzen, auch wenn sich zunächst gerade große Kreise der ostdeutschen Getreideproduzenten, offensichtlich in Verkennung der Weltmarktlage, im entscheidenden Stadium der Einführung der Schutzzölle noch gegen diese Zölle aussprachen und von ihrer Haltung erst nach den ersten Erfahrungen mit dem neuen Gesetz und unter Berücksichtigung der Entwicklung am Weltmarkt abrückten.

Die *Anfänge der Entstehung* des wichtigsten Zusammenschlusses der selbständigen Landwirte, des Bundes der Landwirte, gehen auf den „Kongreß der Landwirte" *im Jahre 1875* zurück. Dieser Kongreß setzte sich ebenso wie der 1876 gegründete „Verein der Steuer- und Wirtschaftsreformer" und der 1885 gegründete „Deutsche Bauernbund" (der von der gleichnamigen späteren Gründung zu unterscheiden ist) für die Interessen der Landwirtschaft ein. Eine politische Kraft entwickelte sich zunächst aus diesen Vereinigungen nicht, vielleicht weil Bismarck und damit auch seine Agrarpolitik zu sehr mit den Interessen der meisten Landwirte, insbesondere auch des Großgrundbesitzes, übereinstimmten.

Die *Zollsenkungen unter der Kanzlerschaft v. Caprivis* (vgl. Tabelle 4 mit der Zollsenkung ab 1892), die Handelsverträge mit Österreich und Belgien ab 1891 und zu erwartende entsprechende Handelsverträge mit Rußland und Rumänien (mit Zollbegünstigung der Einfuhren) bereiteten den Boden für die Gründung einer landwirtschaftlichen Interessenvereinigung. Ein Aufruf des Gutspächters Ruprecht aus Ransern (bei Breslau) im Dezember 1892 und schließlich die Einberufung einer Versammlung durch Konrad Freiherr v. Wangenheim (1849 bis 1926) aus Klein-Spiegel (bei Stettin) führten *im Februar 1893* zur Versammlung von etwa 10 000 Landwirten aus ganz Deutschland in der Tivoli-Brauerei in Berlin. Der bisherige Vorsitzende des Deutschen Bauernbundes, Bertold v. Plötz (1844—1889) aus Döllingen (bei Elsterwerda) wurde auch Vorsitzender des nunmehr gegründeten *Bundes der Landwirte*. Schon nach einem Jahr hatte man 179 000 Mitglieder. Der Bund setzte sich dann in den folgenden Jahren für die wirtschaftspolitischen Interessen der Mitglieder, vor allem *für hohe Getreidezölle* ein. Er vertrat damit in erster Linie die Interessen der vieharmen, auf Getreideproduktion ausgerichteten größeren Betriebe.

Damit wurde aber eine andere, bereits seit einiger Zeit bestehende *mehr auf die Bauern ausgerichtete politische Bewegung* aktuell:

— In den *katholischen* Gegenden hatten sich *christliche Bauernvereine* gebildet, die sich in erster Linie mit wirtschaftspolitischen Fragen beschäftigten, bis hin zur Anregung der Gründung von Spar- und Darlehnskassen, Hagel- und Viehversicherungseinrichtungen, Rechtsberatungsbüros usw. Sie unterschieden sich damit von den schon bestehenden landwirtschaftlichen Vereinen, die sich mehr den technischen Problemen des Landbaues widmeten.

Der *erste Bauernverein* war der *1862* von Burghard Freiherr v. Schorlemer-Alst (1825 bis 1895) gegründete Westfälische Bauernverein. Weitere folgten bald: Bayerischer, Rheinischer, Trierischer, Schlesischer, Badischer, Elsaß-Lothringer, Hessischer, Nassauischer und Ermländischer Bauernverein.

— Diese Bauernvereine bildeten aber kein geeignetes Gegengewicht zum Bund der Landwirte, insbesondere auch, weil sie regional begrenzt blieben. Daher organisierten sich *1909* die Bauern anderer Regionen im *Deutschen Bauernbund,* der mit dem *Deutschen Bauernbund im Königreich Sachsen* eine spezielle Ergänzung erhielt. Der Deutsche Bauernbund ging in seinen Forderungen über die engeren landwirtschaftlichen Interessen hinaus, indem er z. B. auch eine Reformation des Wahlrechts zu den Landtagen forderte.

Im Prinzip lassen sich die drei bestehenden Gruppierungen entsprechenden politischen Richtungen zuordnen, die im Parteiensystem des Kaiserreichs zu finden waren:
— Der Bund der Landwirte war weitgehend mit der Konservativen Partei, in manchen Punkten auch mit der Nationalliberalen identisch.
— Der Deutsche Bauernbund hatte mit (liberalen) Mittelstandsparteien eine weitgehende Übereinstimmung.
— Die Bauernvereine standen dem Zentrum nahe.
Diese politischen Wechselbeziehungen drückten sich teilweise auch darin aus, daß führende Mitglieder der landwirtschaftlichen Zusammenschlüsse zugleich Abgeordnete der entsprechenden Parteien waren.

Die Landwirtschaft hatte sich damit in den letzten Jahrzehnten vor dem Ersten Weltkrieg wichtige Einflußmöglichkeiten auf die Wirtschaftspolitik des Staates geschaffen, wobei der Bund der Landwirte in seinen Bemühungen noch durch die engen Beziehungen zwischen den adligen Großgrundbesitzern und der monarchisch ausgerichteten Staatsspitze unterstützt wurde.

c) Landarbeitervereinigungen

Während die Arbeiterbewegung in der zweiten Hälfte des 19. und im beginnenden 20. Jahrhundert einen starken Auftrieb erhielt, blieb die Schaffung von *Landarbeiterorganisationen* noch sehr *in den Anfängen* stecken. Ursächlich hierfür war vor allem wohl die in der dörflichen Enge starke Verknüpfung des Schicksals des einzelnen mit dem Willen des Arbeitgebers. Vor allem in den Gutsbezirken war ein Ausweichen nur unter Inkaufnahme eines Ortswechsels möglich. Im allgemeinen führte dann aber das Ausweichen zu einem Verlassen des dörflichen und landwirtschaftlichen Bereiches überhaupt. Aber auch in den wenigen Dörfern, in denen schon eine größere Anzahl von Industriearbeitern wohnte, wo also erhebliche Einflüsse von der allgemeinen Arbeiterbewegung vorhanden waren und auch die Möglichkeit zur Suche eines anderen Arbeitsplatzes eher gegeben war, kam es nicht zu einer umfangreicheren Arbeiterbewegung. Letztlich waren auch die verschiedenen Versuche der sozialdemokratischen Arbeiterpartei, vor allem gegen Ende des 19. Jahrhunderts, von keinem sehr großen Erfolg gekrönt. Gerade die Enttäuschung über das immer noch schlechte Abschneiden bei den Reichstagswahlen 1893 in den ländlichen Gebieten, trotz umfangreicher agitatorischer Bemühungen, führte zu einer intensiven Diskussion über die grundsätzliche Linie der Agrarpolitik der Partei.

Aus diesen Gründen ist es nicht erstaunlich, daß zwar schon *1873* (Eisenacher Parteitag der Sozialdemokraten) die Gründung einer *Landarbeiter-Gewerkschaft beschlossen* worden war, es aber erst *1909* tatsächlich zur *Gründung des Deutschen Landarbeiter-Verbandes* kam. Dieser Verband hatte bei Ausbruch des Ersten Weltkrieges zwischen 20 000 und 25 000 Mitglieder. Parallel dazu hatte sich auch das Zentrum um die Gründung einer Gewerkschaft für die im primären Sektor Beschäftigten bemüht. Diese Vereinigung kam erst *1912* zustande. Dieser *Zentralverband der Land- und Forstarbeiter Deutschlands* hatte bis zum Ersten Weltkrieg weniger als 4000 Mitglieder. Bei insgesamt mehr als 3 Mill. abhängig Beschäftigten in der Landwirtschaft (ohne mithelfende Familienangehörige) waren der Organisationsgrad und dementsprechend auch die Erfolge dieser beiden Gewerkschaften sehr gering.

d) Die fachorientierten Vereinigungen der Landwirtschaft

Neben die genannten allgemeineren Zusammenschlüsse der selbständigen Landwirte trat auch eine große Zahl von nur *auf einzelne Produktionsbereiche ausgerichteten Vereinigungen*, wobei die Tierzucht und die Agrartechnik bei weitem im Vordergrund standen:

— Die 1884/85 gegründete *Deutsche Landwirtschaftsgesellschaft* wollte sich in erster Linie der *Agrartechnik* und der *-wissenschaft* widmen. Ihr Mentor war der Maschineningenieur Max Eyth (1836 bis 1906), der im Dienst der englischen Landmaschinenfabrik Fowler & Co tätig gewesen war und die segensreiche Tätigkeit der englischen *Royal Agricultural Society* kennengelernt hatte. Die Zahl der Mitglieder der Deutschen Landwirtschaftsgesellschaft stieg von 1885 = 2500 über 1900 = 13 000 auf 1910 = 18 000. Sie wurde wirksam in Form von

— jährlichen Wanderausstellungen,
— jährlich drei Hauptversammlungen mit Berichten,

— Prämiierung und Anerkennung von besonderen züchteri-
schen und produktionstechnischen Leistungen,
— Auskunftserteilung.

— Von der ersten Wanderausstellung der Deutschen Landwirtschaftsgesellschaft im Jahre 1886 bis kurz vor dem Ersten
Weltkrieg erhöhte sich die *Zahl der Züchterverbände von 60
auf 1388* (im Jahre 1911): 1051 für Rinder, 131 für Pferde, 120
für Ziegen, 83 für Schweine und 3 für Schafe. Allein aus dieser
zahlenmäßigen Entwicklung der Züchterverbände wird deutlich, in welchem Maße die Zeit von den 80er Jahren an durch
einen *Übergang von individueller Züchtung zu großräumiger
Herausbildung neuer Rassen* (mit einer entsprechenden Stan-
dardisierung des Angebotes auf dem Markt) gekennzeichnet
war. Die vielgestaltige und unübersichtliche Experimentier-
phase auf dem Gebiet der Tierzucht hatte ihr Ende gefunden.

Eine kurze Aufzählung einiger fachorientierter Vereinigungen (in der
Rangfolge der zeitlichen Entstehung) mag einen Eindruck von der Vielfalt der Spezialisierungen vermitteln. Einige dieser Zusammenschlüsse
haben allerdings nur wirtschaftspolitische Probleme behandelt:

— 1850 wurde der Verein der Deutschen Zuckerindustrie gegründet.
Mitglieder waren vor dem Ersten Weltkrieg 350 Zuckerfabriken bzw.
-raffinerien. Die umfangreichen Begünstigungen der inländischen
Zuckerproduktion und dann schließlich auch des Zuckerexports durch
den Staat waren das Ergebnis der Tätigkeit dieses Vereins.

— 1857 entstand der Verein für Spiritusfabrikate, dem kurz vor dem
Ersten Weltkrieg etwa 5000 Mitglieder (etwa zur Hälfte Brennerei-
eigentümer Ostdeutschlands) angehörten. Dieser Verein sorgte für die
wirtschaftliche Absicherung dieses landwirtschaftlichen Betriebszweiges
durch staatliche Maßnahmen. Zugleich wurde aber auch mit der 1874
errichteten Versuchsanstalt die Produktionstechnik gefördert.

— 1883 konstituierte sich in Anlehnung an den Verein für Spiritusfabrikate der Verein der Stärkeinteressenten.

— 1907 wurde der Verein deutscher Kartoffeltrockner gegründet.

Bei den zuletzt genannten drei Vereinen handelte es sich um solche,
deren Interessenten hauptsächlich aus dem Bereich der ostdeutschen Gutswirtschaften kamen. Daneben wurden aber auch mehr auf bäuerliche
Produkte ausgerichtete Vereine gegründet, z. B. der Volkswirtschaftliche
Verein der Obst- und Gemüseverwertung.

Insgesamt entstand eine Fülle an Interessenvertretungen, die zwar häufig die Förderung der Produktionstechnik in den Vordergrund ihrer Tätigkeit stellten, in Wirklichkeit aber wirtschaftliche Vorteile allgemeiner Art für ihre Mitglieder zu erlangen versuchten.

e) Das landwirtschaftliche Unterrichts- und Versuchswesen

Das *landwirtschaftliche Unterrichtswesen* entwickelte sich aus den in den 60er Jahren bestehenden Anfängen *vierstufig* weiter:

— *Akademische Einrichtungen* an Universitäten oder speziell errichteten Lehranstalten widmeten sich gleichzeitig der Lehre und der Forschung. Einen gesonderten Studiengang mit einem Abschluß nur für Landwirte gab es aber noch nicht. Der einzelne Student konnte seine Ausbildung noch weitgehend nach eigenem Wunsch gestalten.

— *Landwirtschaftsschulen* nach der Art der von Michelsen 1858 in Hildesheim gegründeten entstanden in größerer Zahl. Bis zum Ersten Weltkrieg waren insgesamt 30 hiervon eingerichtet worden. Sie wurden meistens als *Realschulen* eingestuft und entsprachen in der Ausbildung den Klassen Untertertia, Obertertia und Untersekunda der allgemeinbildenden Schulen. Während die Landwirtschaftsschulen in der Regel auch das „Einjährige" verleihen konnten, war dies bei den ähnlich strukturierten, jedoch mehr auf den landwirtschaftlichen Unterricht beschränkten *Ackerbauschulen* nicht der Fall. Bis zum Ersten Weltkrieg waren hiervon etwas über 20 Schulen vorhanden. Die Schulzeit betrug 1½ bis 2 Jahre.

— Die 1870 erst mit 12 Schulen am Anfang ihrer Entwicklung stehenden *Winterschulen* haben die größte Breitenwirkung gehabt. Sie waren für den überwiegenden Teil der Bauernsöhne geschaffen worden, die nur im Winter im väterlichen Betrieb entbehrt werden konnten. Im allgemeinen waren zwei Winterkurse für einen normalen Unterricht erforderlich. Die Entwicklung ergibt sich aus folgenden zwei Zahlen:
1870 =   12
1908 = 170 (mit 7000 Schülern).

— Die aufgrund der Gewerbeordnung von 1869 auch im landwirtschaftlichen Bereich errichteten *Fortbildungsschulen* dienten zwar hauptsächlich der allgemeinbildenden Fortbildung, sie hatten aber im ländlichen Bereich im Unterrichtsstoff auch eine sehr starke Ausrichtung auf die Landwirtschaft. Immerhin hatten diese ländlichen Fortbildungsschulen folgende Entwicklung aufzuweisen:

1875 = 100
1897 = 1000
1908 = 3000

Über ihre Effektivität läßt sich allerdings wenig sagen.

Hinzu kamen noch zahlreiche *Spezialschulen* bis hin zur Hufbeschlag-Lehrschmiede und zur Imkerschule.

Das *landwirtschaftliche Versuchswesen* erhielt durch verschiedene Teilentwicklungen viele Impulse:

— Der Ausbau der *akademischen Lehreinrichtungen* vermehrte auch die wissenschaftlichen Forschungs- und damit die Versuchseinrichtungen.

— Das 1906 in Bromberg gegründete *Kaiser-Wilhelm-Institut für Landwirtschaft* stand durch die im Kuratorium vertretenen praktischen Landwirte in enger Verbindung zur Landwirtschaft. Die Wahl Brombergs als Standort zeigt aber, daß (erklärtermaßen) die „Stärkung des Deutschtums in den ehemals polnischen Landesteilen" (Meitzen, Bd. 8, S. 624) ein wichtiges Motiv für die regionale Zuordnung war. Die großen regionalen Unterschiede im Deutschen Reich waren ein Hindernis für die Allgemeingültigkeit der Forschungsergebnisse.

— *Zahlreiche Einzeleinrichtungen* in den verschiedenen Teilen Deutschlands widmeten sich *der Kontrolle und* den *Versuchen* mit zahlreichen im Handel befindlichen und der Landwirtschaft angebotenen Waren.

In allen genannten Einrichtungen waren vor allem drei Bereiche seit den 70er Jahren von Bedeutung:

— *Versuche mit Düngemitteln* standen in den 70er Jahren am Anfang dieser Entwicklung, da gerade hier eine große Unsicherheit bei den Landwirten herrschte und der Handel häufig die Wirkungsmöglichkeiten der Düngemittel (absichtlich oder unabsichtlich) falsch deklarierte.

— Die *Saatgutkontrolle* war vor allem in Tharandt konzentriert, wurde aber auch an anderen Orten durch vergleichende Versuche betrieben.

— Die *Futtermittelkontrolle* richtete sich zunächst auf den Nährstoffgehalt. Später kam es auch zu mikroskopischen Untersuchungen, um die Zusammensetzung und die Wirkung besser beurteilen zu können.

Insgesamt hat die starke Ausdehnung des Kontroll- und Versuchswesens seit den 70er Jahren erheblich dazu beigetragen, daß mit Hilfe von betriebsfremden Düngemitteln und Futtermitteln die Ausdehnung der landwirtschaftlichen Produktion weitergetrieben werden konnte.

6. Die Landwirtschaft in der Volkswirtschaft

Das *Gewicht der Landwirtschaft an der gesamten Volkswirtschaft nahm* seit den 70er Jahren erheblich *ab,* wie die schon genannte Entwicklung vom Agrarstaat zum Industriestaat gezeigt hat (vgl. auch Abbildung 8). Der Anteil der in der Landwirtschaft Beschäftigten an der gesamten in der Volkswirtschaft Beschäftigtenzahl sank von 1875 = 49 auf 1913 = 34 v. H. Demgegenüber stieg der Anteil des sekundären Sektors von 30 auf 38 v. H. Der Beitrag zum Volkseinkommen lag (in Preisen von 1913) im Jahre 1875 im sekundären Sektor (einschließlich dem Bergbau) noch um 12 v. H. unter dem der Landwirtschaft (einschließlich Forsten und Fischerei). *Ende der 80er Jahre* trugen *beide Sektoren im gleichen Maße* zum Sozialprodukt bei, während *1913 der sekundäre Sektor* bereits eine *doppelt so große* Wertschöpfung aufzuweisen hatte wie die Landwirtschaft.

Trotzdem war die Bedeutung der Landwirtschaft noch groß genug, um einen fühlbaren Einfluß auf die gesamtwirtschaftliche Entwicklung ausüben zu können, z. B. in Abhängigkeit vom Ernteausfall usw. Die durchschnittliche jährliche von der Landwirtschaft nachgefragte Bauleistung für die Errichtung neuer Gebäude wird von W. G. Hoffman für die Zeit von 1893 bis 1913 auf etwa 0,6 Mrd. Mark geschätzt, die nachgefragten Maschinen und Geräte hatten jährlich einen Wert von 0,2 Mrd. Mark. Hinzu kamen Reparaturen. Damit war die Landwirtschaft immerhin Abnehmer für 5 und 12 v. H. der Produktion des sekundären Sektors in den einzelnen Jahren. In Anbetracht der Größe des Sektors ist dies recht wenig. Die geringe Neigung zur Technisierung der landwirtschaftlichen Produktion hemmte offensichtlich die Wechselbeziehungen und trug zugleich dazu bei, daß die Wertschöpfung je Arbeitskraft in der Landwirtschaft nur wenig mehr als die Hälfte derjenigen in Industrie, Handwerk und Bergbau betrug. Hinzu kam dann noch die Nachfrage der etwa 15 Mill. in der Landwirtschaft Arbeitenden (einschließlich ihrer Familienangehörigen).

Die von der Landwirtschaft nachgefragten Güter stammten überwiegend immer noch vom Handwerk, einschließlich dem Bauhandwerk, so daß der eigentliche Industrialisierungsprozeß allenfalls durch die regional sehr breite Streuung der Nachfrage nach Landmaschinen zusätzliche Impulse erhielt.

Die industrielle Entwicklung war im übrigen inzwischen so weit fortgeschritten, daß auch *Finanzierungshilfen* seitens der Landwirtschaft nicht erforderlich wurden. Es erhebt sich sogar die Frage, ob die zunehmende Verschuldung der Landwirtschaft möglicherweise über grundpfandrechtlich abgesicherte Kredite von nichtlandwirtschaftlichen Kreisen finanziert worden ist. Da die Sicherheit dieser Schuldtitel, meistens Pfandbriefe der Landschaften, recht groß war, wird man solche Transferleistungen zugunsten der Landwirtschaft mit Sicherheit annehmen können. Andererseits flossen über die Verzinsung dieser Schuldtitel im gesamten Zeitraum von den 70er Jahren bis zum Ersten Weltkrieg ebenso umfangreiche Mittel wieder an die Kapitaleigner zurück.

Im Ergebnis bleibt damit recht wenig:

— Die weitere *Steigerung der Nahrungsmittelproduktion entlastete* nach wie vor die *Außenhandelsbilanz*, obgleich dies in noch stärkerem Maße hätte geschehen können, wenn die Ausnutzung der vorhandenen Produktionsreserven durch eine Intensivierung der Großbetriebe weitergetrieben worden wäre.

— Die *Nachfrage nach Produkten der Industrie war* ebenfalls *gering*. Die gewerbliche Produktion wurde noch überwiegend in Form der Leistungen des alten Dorfhandwerks und des Bauhandwerks in Anspruch genommen.

Umgekehrt war die *industrielle Entwicklung für die Landwirtschaft von großem Vorteil,* weil nur so *der inländische Markt für die landwirtschaftlichen Produkte ausgedehnt* werden konnte, was vor allem seit dem Ende der 70er Jahre immer wichtiger wurde, da die Konkurrenzfähigkeit auf dem Weltagrarmarkt immer geringer wurde.

Das Zeitalter der Kriege und Krisen (1914 bis 1945)

1. Landwirtschaft und Ernährung im Ersten Weltkrieg

a) Die Entwicklung von Nahrungsmittelproduktion und -einfuhr im Ersten Weltkrieg

Die *Versorgung* der deutschen Bevölkerung *mit Nahrungsmitteln* war in den letzten Jahren *vor dem Ersten Weltkrieg zu etwa 80 bis 85 v. H. aus der einheimischen Produktion* und zu etwa 15 bis 20 v. H. aus Nahrungsmitteleinfuhren bestritten worden. Dabei ist nicht berücksichtigt, daß auch in dieser Zeit Nahrungsmittel ausgeführt wurden, die insbesondere beim Zucker einen erheblichen Teil der inländischen Produktion umfaßten (1912 von 1,5 Mill. t Ernte 28 v. H., 1913 von 2,7 Mill t 40 v. H.). Im Grundzug ergab sich aber *für den Ersten Weltkrieg* das *Problem,*
— daß mit der *Verminderung der Nahrungsmitteleinfuhr* eine Reduzierung der Versorgung der Bevölkerung eintreten mußte,
— die verstärkt wurde durch eine *Verminderung der inländischen Produktion* aufgrund vor allem der weniger zur Verfügung stehenden betriebsfremden Futter- und Düngemittel.

Schon vor dem Ersten Weltkrieg war diese Problematik gesehen worden. So heißt es hierzu in der Biographie des Hamburger Reeders Albert Ballin (von Huldermann): „Als im Jahre 1912 der General Graf Georg Waldersee Oberquartiermeister wurde, beschäftigte er sich als erster ernsthaft mit dem Gedanken, was für die Versorgung des Heeres und der Zivilbevölkerung zu geschehen habe, wenn Deutschland in einen Koalitionskrieg geriete, und etwa die Zufuhr von der See unterbunden sei ... Militärischerseits habe man sich mit dieser Frage bereits theoretisch beschäftigt, mit den Zivilbehörden sei aber nicht weiterzukommen." Wie wenig wirklichkeitsnah die Verwaltung die Probleme sah, zeigen die weiteren Ausführungen von Ballin: „Die einzige praktische Maßnahme, die man von seiten der Zivilbehörden traf, war ... ein Vertrag mit einer holländischen Firma über den Import von Getreide im Kriegsfalle. Die von dieser Firma dann, als der Fall praktisch wurde, im Sommer 1914 gecharterten Dampfer waren englische Dampfer, die nach Kriegsausbruch mit ihren Ladungen statt nach Rotterdam nach England gingen."

Praktisch wurde sofort nach Kriegsbeginn die *Zufuhr von Nahrungsmitteln* und Rohstoffen nach Deutschland weitgehend *unterbunden*. Die englische Proklamation vom 5. August 1914 brachte zwar noch nicht die Blockade, jedoch eine umfassende Kontrolle auch der Handelsschiffe der neutralen Staaten, so daß auf dem Seeweg nur noch aus den skandinavischen Ländern Importe möglich waren. Aber wie das angeführte Zitat (von Ballin) zeigt, wurden auch die Importe aus den auf dem Landweg erreichbaren Ländern behindert (Schweiz, Niederlande). Die am 2. November 1914 ausgesprochene Blockade formalisierte daher lediglich einen faktisch schon seit Monaten bestehenden Zustand. Daß diese Blockade, da sie *auch neutrale Länder mitbetraf*, völkerrechtswidrig war, sei nur am Rande erwähnt. Die Nahrungsmittelimporte aus Österreich-Ungarn und aus Rumänien verminderten sich ebenfalls, weil auch hier die Erträge zurückgingen und durch die Kampfeinflüsse (Galizien) Feldfrüchte, Vieh und Vorräte vernichtet wurden.

Die Bedeutung der *Nahrungsmittelimporte* ergibt sich in etwa aus folgenden Angaben (*für die letzten Vorkriegsjahre*):

— Die Nahrungsmitteleinfuhr nahm mit ungefähr 3,1 Mrd. Mark 27 v. H. des Wertes der gesamten Einfuhr ein.

— Von dem inländischen Verbrauch an Getreide (Roggen, Weizen, Gerste und Hafer) in Höhe von etwa 30 Mill. t wurden mit rund 7 Mill. t 23 v. H. eingeführt. Zwar wurde ein Teil des im Inland erzeugten Getreides (aus Ostdeutschland) ausgeführt, jedoch kamen neben dem genannten Getreide auch Mais und andere Futtermittel aus dem Ausland.

— Die jährliche Einfuhr von etwa 1,8 Mill. t Ölfrüchten befriedigte etwa 40 v. H. des inländischen Fettbedarfs. Hinzu kamen tierische Fette und fetthaltiges Schweinefleisch.

— Die Versorgung der Viehhaltung, soweit sie Nahrungsmittel erzeugte (d. h. außer der Pferdehaltung), war zu etwas mehr als 15 v. H. von der Einfuhr von Futtermitteln abhängig.

— Die Einfuhr von tierischen Produkten befriedigte weitere 15 bis 20 v. H. des inländischen Bedarfes.

Gemessen an der gesamten Nahrungsmittelversorgung waren wegen der, nach Kalorien gemessen, starken Anteile der Kartoffeln und des

Gemüses immerhin noch bis zu 20 v. H. des Bedarfes einzuführen. Die mit der Agrarschutzpolitik angeblich angestrebte Autarkie war also nicht erreicht worden. Bedenkt man, daß Nahrungsmittel relativ unelastisch nachgefragt werden, d. h. auch, daß die Nahrungsmittelversorgung nicht ohne nachteilige Folgen für die Gesundheit der gesamten Bevölkerung erheblich eingeschränkt werden konnte, dann zeigt sich, daß hier ein Schlüsselproblem der Kriegswirtschaft lag und liegen mußte.

Die inländische Produktion wurde aber nach Kriegsbeginn keineswegs gefördert, um die Importlücke auszugleichen. Man rechnete mit einem kurzen Krieg, in dem dann die Ernährungsfrage nicht aktuell werden würde.

Der *Rückgang der tierischen Produktion* war im wesentlichen von folgenden drei Faktoren abhängig:

— Der *Ausfall der Futtermittelimporte* entzog etwa 15 v. H. der Viehhaltung die Grundlage.

— Die *Verminderung der Flächenerträge,* auch beim Feldfutterbau, reduzierte ebenfalls die Basis.

— Das Bestreben, die *inländische Pflanzenproduktion* möglichst ohne den Umweg über den Tiermagen *für die Menschen* verfügbar zu machen, entzog der Viehhaltung weitere Futtermittel.

Man geht im allgemeinen davon aus, daß im Laufe des Krieges diese drei Faktoren zusammen mit dem Ausfall der direkten Importe die Versorgung mit Nahrungsmitteln aus der Tierhaltung um bis zu 65 v. H. vermindert haben. Die Folge war eine Versorgungslücke beim Eiweiß, die wegen der essentiellen Aminosäuren auch weitgehende gesundheitliche Schäden bewirken mußte. Da vor allem auch das Schweinefleischangebot geringer wurde, wurden zusätzlich die tierischen Fette reduziert.

Im ganzen verminderte sich die Tierhaltung bis zum Ende des Ersten Weltkrieges bei den einzelnen Tierarten in folgender Weise:

— Die Schweinehaltung ging um etwa ein Drittel zurück. Als man 1915 erkannte, daß der Krieg sich länger hinziehen würde, wurde eine Verminderung der Schweinehaltung propagiert, um vor allem die Kartoffeln für die menschliche Ernährung einsetzen zu können. Dieser „Schweinemord" soll insgesamt zu einer Schlachtung von 9 Mill. Schweinen innerhalb weniger Wochen geführt haben, ohne daß damit aber eine länger reichende Fleischreserve geschaffen werden konnte.

— Die Rindviehhaltung ging zwar nur um etwa 10 v. H. zurück. Da die Milchleistungen und teilweise auch die Fleischproduktion hier aber von der Verfütterung eingeführten Kraftfutters abhingen, reduzierte sich die gesamte Produktion wesentlich stärker.

— Die Pferdehaltung nahm zwar insgesamt nur um etwa 5 v. H. ab. Da das Militär aber in verstärktem Maße Zugtiere benötigte, verminderte sich der in der Landwirtschaft eingesetzte Zugtierbesatz erheblich mehr und wirkte sich besonders negativ auf den Ackerbau aus.

Die Schafhaltung wurde als einziger Viehhaltungszweig im Ersten Weltkrieg ausgedehnt. Die Knappheit an Textilrohstoffen, vor allem an Wolle für die Herstellung von Uniformtuchen, war aufgrund der starken Importabhängigkeit ein zentrales Problem der Truppen. Die Schafhaltung wurde um etwa 20 v. H. auf mehr als 6,5 Mill. Schafe ausgedehnt. Wegen der starken Ausrichtung auf die Wollproduktion und des geringen Schlachtgewichtes der Schafe wurde damit aber kein Ausgleich bei der Fleischversorgung erreicht.

Der *Rückgang der pflanzlichen Produktion* war im wesentlichen von folgenden vier Faktoren abhängig:

— Die *Nutzfläche* wurde *um etwa 5 v. H. vermindert,* offensichtlich weil die Verminderung der Arbeitskräfte dazu zwang. Möglicherweise gab es einen Zusammenhang zwischen der Ausdehnung der Schafhaltung und der Ausdehnung der „Ödland"-Flächen durch Verminderung der statistisch erfaßten Nutzfläche.

— Die Zahl der *in der Landwirtschaft tätigen Personen verminderte sich um etwa 3 Mill.* infolge der Einberufungen. Dies bedeutete eine Verringerung der Arbeitskräfte um fast 30 v. H. Nur teilweise erfolgte ein Ausgleich durch in der Landwirtschaft beschäftigte Kriegsgefangene. Ein Ausgleich durch den verstärkten Einsatz von Frauen war nur in sehr engen Grenzen möglich, da sie schon vor 1914 in der Landwirtschaft weitgehend, mindestens in Zeiten der Arbeitsspitzen, mit eingesetzt wurden. Auch die verschiedenen Versuche, jedenfalls zeitweilig andere Personenkreise mit heranzuziehen, brachte keine entscheidende Entlastung. Hinzu kam, daß auch die Erzeugung von Geräten und Maschinen nicht mehr auf dem bisherigen Niveau beibehalten wurde, so daß die *Arbeitsproduktivität erheblich absank.*

— Der *Rückgang der Viehhaltung* und die noch stärkere Verminderung der Viehfütterung führte zu einer *Reduzierung des* jährlich anfallenden *natürlichen Dungs.* Die Versorgung der Ackerflächen konnte daher nicht mehr im bisherigen Maße aufrechterhalten werden, so daß von hier ertragsmindernde Wirkungen ausgehen mußten.

— Wichtig war aber vor allem auch das *Problem der Versorgung mit* künstlichem oder *betriebsfremdem Dünger.* Hier hätte ein Ausgleich der anderen Faktoren eintreten können; gemessen an der Entwicklung der landwirtschaftlichen Produktion bis in die Gegenwart hätte sogar eine erhebliche Steigerung der Flächenerträge erreicht werden können.

Die Versorgung der Landwirtschaft mit betriebsfremden Düngemitteln hatte daher eine Schlüsselrolle für die gesamte landwirtschaftliche Produktion, zumal da bei einer Erhöhung der pflanzlichen Produktion auch die Viehhaltung wieder hätte ausgedehnt werden können. Die Versorgung mit den drei wichtigsten Düngemitteln gestaltete sich folgendermaßen:

Die Kaliproduktion war am wenigsten problematisch. Die umfangreichen Kalivorkommen in Mitteldeutschland und im Elsaß hatten vor dem Ersten Weltkrieg zu einem Export geführt, der etwa ein Viertel der geförderten Düngesalze umfaßte. Die Kaliförderung war noch auszudehnen, da die Produktion vor dem Ersten Weltkrieg aus Kartellgründen gedrosselt worden war. Insgesamt erhöhte sich der Verbrauch an Kalisalzen im Ersten Weltkrieg (gemessen an der Nährstoffmenge K_2O) von knapp 500 000 auf etwa 700 000 t. Hier waren also die besten Voraussetzungen für eine Erhöhung oder wenigstens Stabilisierung der pflanzlichen Produktion gegeben.
Problematisch war die Versorgung mit Phosphorsäure. Solche Düngemittel konnten im Inland lediglich bei der Stahlherstellung nach dem

Thomasverfahren und unter Verwendung phosphorhaltigen Eisenerzes produziert werden (Thomasmehl). In den letzten Jahren vor dem Ersten Weltkrieg wurden — in Abhängigkeit von der Stahlkonjunktur — in Deutschland jährlich etwa 0,8 Mill. t Thomasmehl hergestellt, mit einem P_2O_5-Gehalt von etwa 130 000 t. Damit war aber erst etwa ein Viertel des Verbrauches der Landwirtschaft an künstlichen Düngemitteln befriedigt. Der überwiegende Teil wurde durch die Einfuhr von Kalziumphosphat, insbesondere aus den USA (0,9 Mill. t jährlich) und teilweise auch durch die Einfuhr von Guano (30 000 bis 35 000 t, vor allem aus Peru) beschafft. Ein Teil der Phosphorsäure wurde in Form von Thomasmehl oder von Superphosphat bis 1914 wieder ausgeführt. Per Saldo war die deutsche Landwirtschaft aber auf die Zufuhr aus dem Ausland angewiesen. Dementsprechend ging die Versorgung im Ersten Weltkrieg bei diesem Dünger auf weit weniger als die Hälfte zurück. Ein Ausgleich konnte nicht geschaffen werden.

Die Stickstoffversorgung verminderte sich ebenfalls. Vor dem Ersten Weltkrieg hatte die deutsche Landwirtschaft jährlich etwa 185 000 t N (Reinstickstoff) verwendet. Davon war mehr als die Hälfte in Form des eingeführten Chilesalpeters gedüngt worden. Die gesamte inländische Produktion an Reinstickstoff betrug 1913:

108 400 t Ammoniak aus Kokereien und Gaswerken
  9 800 t Kalkstickstoff (Luftstickstoff als Basis)
    800 t Synthetisches Ammoniak (Haber-Bosch-Verfahren, ebenfalls mit Luftstickstoff als Rohstoffbasis).

Von der Ammoniakerzeugung wurde ein Teil exportiert, da die inländische Nachfrage nicht ausreichte, um die zwangsläufig bei der Koksherstellung anfallenden Ammoniakmengen hier abzusetzen. Da die Kokserzeugung im Ersten Weltkrieg zurückging, teilweise weil die Nachfrage der Eisen- und Stahlindustrie infolge der Unterversorgung mit Eisenerzen nachließ, teilweise weil für den zivilen Bedarf (Zentralheizungen für Koks, Gaserzeugung für die privaten Haushalte) nicht mehr genügend Energie zur Verfügung gestellt wurde, stand der Landwirtschaft weniger Ammoniak zur Verfügung als in Friedenszeiten. Die Kalkstickstoffproduktion wurde ausgedehnt, ebenso die Herstellung von synthetischem Ammoniak (insbesondere das Werk Leuna der Badischen Anilin- und Soda-Fabrik). Die Produktion an Reinstickstoff erhöhte sich daher im Ersten Weltkrieg erheblich, vgl. Tabelle 12.

Die Versorgung der Landwirtschaft wurde dadurch aber nur teilweise verbessert. Die Ausdehnung der Stickstofferzeugung wurde vor allem betrieben, weil es sich hierbei um einen wichtigen Rohstoff für die Pulver- und damit für die Munitionsherstellung gehandelt hat. Je Flächeneinheit erhielt die Landwirtschaft weit weniger als die Hälfte der Vorkriegsmengen, d. h. es wurde nur teilweise der Ausfall der Zufuhr von Chilesalpeter ausgeglichen.

Tabelle 12: Stickstoffproduktion in Deutschland von 1913 bis 1919 in t N (Reinstickstoff)

Jahr	Reinstickstoff in metrischen Tonnen			
	Ammoniak aus Kokereien und Gaswerken	Kalkstick-stoff	Synthetisches Ammoniak	Zusammen
1913	108 400	9 800	800	119 000
1914	94 700	13 200	5 900	113 800
1915	69 300	14 700	12 200	96 200
1916	68 200	34 000	51 000	153 200
1917	56 500	36 600	75 000	168 100
1918	53 800	35 600	—	—
1919	55 000	43 200	63 000	161 200

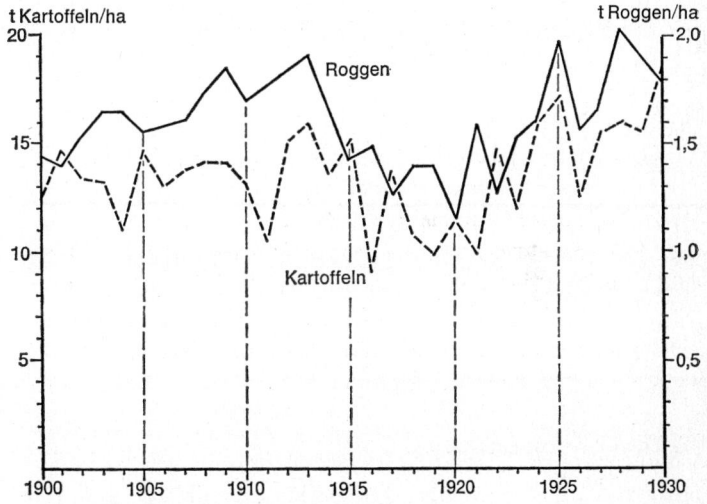

Abb. 22: Hektarerträge an Kartoffeln und Roggen im Deutschen Reich von 1900 bis 1930 (nach W. G. Hoffmann)

Die Entwicklung der Roggen- und der Kartoffelerträge je Hektar sind aus Abbildung 22 ersichtlich. Die Erträge der einzelnen Fruchtarten schwankten bereits in normalen Zeiten erheblich, da es eben nicht nur auf die Nährstoffversorgung ankam, sondern auch auf die jeweilige Witterung, insbesondere auf die Dauer des Winters (Länge der Vegetationsperiode) und die Höhe der Niederschläge. Das Jahr 1916 war in mehrfacher Hinsicht negativ:

— Die Kartoffelanbaufläche war von bisher 3,3 bis 3,5 Mill. ha um fast ein Fünftel auf 2,8 Mill. ha vermindert worden.

— Auf dieser kleineren Fläche wurden aufgrund der schlechten Witterung je Hektar mit 9 t nur 60 v. H. des Ertrages von 1915 (= 15,1 t) geerntet. Auch gegenüber den durchschnittlichen Vorkriegserträgen von 13 bis 14 t war das eine Reduzierung auf etwa zwei Drittel. Die starken Schwankungen der jährlichen Kartoffelernte zeigen, wie wichtig bei Nahrungsmitteln der Ausgleich über den Weltmarkt in den einzelnen Jahren gewesen ist. Schlechte Kartoffelernten konnten in normalen Zeiten durch Futtergetreideeinfuhren ausgeglichen werden.

— Die Roggenanbaufläche verminderte sich von 6,3 bis 6,4 Mill. ha in den Jahren 1912 bis 1915 auf 1916 = 6 (minus 5 v. H.) und 1917 = 5,6 Mill. ha (minus weitere 7 v. H.).

— Zugleich verringerte sich der Flächenertrag von 1,7 bis 1,9 t je ha in den Jahren bis 1914 auf 1,5 (1916) und 1,26 (1917). Roggen war als Brotgetreide immer noch neben der Kartoffel das wichtigste Grundnahrungsmittel.

Die Zusammenhänge zwischen Düngemittelversorgung und Entwicklung der Erträge waren für die Verminderung der Flächenerträge entscheidend, entsprechend dem in Abbildung 20 wiedergegebenen Schema. Diese negativen Einflüsse wirkten nachhaltig, d. h. bis weit in die Nachkriegszeit hinein.

b) Die Ernährungssituation

Aufgrund der dargestellten Entwicklung der inländischen Nahrungsmittelproduktion und der fast völligen Abschnürung der vor 1914 recht umfangreichen Nahrungsmittelzufuhr kam es zu einer erheblichen *Verschlechterung der Versorgung der Bevölkerung*. Man kann davon ausgehen, daß die Zufuhr völlig zum Erliegen kam und daß damit 20 v. H. weniger Nahrungsmittel zur Verfügung standen. Die Verminderung der inländischen Produktion um etwa ein Drittel im Durchschnitt der tierischen und der pflanzlichen

Nahrungsgüter (nach Kalorien gemessen) bedeutete eine *Verminde-rung der gesamten verfügbaren Nahrungsmittelmenge um etwa 45 v. H.* Die grundsätzliche Situation und die Versorgungslücke zeigt Abbildung 23.

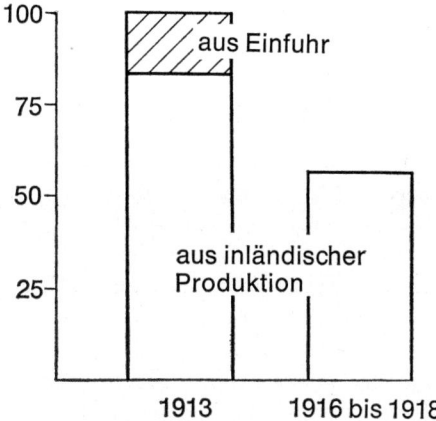

Abb. 23: Versorgung der deutschen Bevölkerung mit Nahrungsmitteln im Ersten Weltkrieg (1913 = 100)

Die knapper werdende Versorgung führte bald zu den ersten Be-wirtschaftungsmaßnahmen. Zunächst glaubte man zwar, daß der Krieg nur eine relativ kurze Zeit dauern würde und daß daher überhaupt keine Regelungen erforderlich sein würden. Bis Oktober 1914 wurde der Export von etwa 30 000 t Getreide (in die Schweiz) und von 1,1 Mill. t Zucker (auf den Weltmarkt) von der Reichs-regierung nicht behindert. Der Zuckerexport wurde von der Regie-rung genehmigt; ob er wirklich (aus der Ernte 1914) noch durch-geführt wurde, muß jedoch bezweifelt werden.

Infolge der Kriegssituation im Winter 1914/15 war die Hoffnung auf einen baldigen Sieg geschwunden. Die ersten Engpässe stellten sich vor allem bei den Grundnahrungsmitteln ein. Als im Septem-ber 1914, nachdem das Scheitern der Offensive im Westen gezeigt hatte, daß der Krieg nicht innerhalb kurzer Zeit beendet sein würde, die ersten Vorratskäufe der Bevölkerung in nennenswertem

Maße einsetzten, kam es zu den ersten Preisregulierungen. Seit dem 28. Oktober 1914 bis zum Jahresende wurden Höchstpreise für Getreide, Kartoffeln und für einige Futtermittel eingeführt. Die meisten tierischen Produkte und ein Teil der Gartenprodukte wurden 1915 nach und nach in das Höchstpreissystem eingefügt. Da das Rindfleisch vor 1914 mit etwa 27 v. H. des Fleischverzehrs nicht so ausschlaggebend war wie das Schweinefleisch, konnte man sich dabei noch bis zum Frühjahr 1916 mit Bewirtschaftungsmaßnahmen und Preisregulierungen zurückhalten. Hinzu kam, daß die Reproduktion beim Rind länger dauert, so daß hier nicht wie beim Schwein (Schweinemord!) ein so schneller Abbau der Bestände eingeleitet wurde. Außerdem versuchten gerade die klein- und mittelbäuerlichen Betriebe ihre Viehhaltung und d. h. vor allem die Rindviehhaltung uneingeschränkt durchzuhalten.

Die Höchstpreisregelung sollte zwar den Verbraucher vor zu hohen Preisen, entsprechend der zunehmenden Knappheit der Güter, schützen. Die tatsächliche Wirkung war aber, daß die Produzenten eine möglichst geringe Menge der in die Preisregelung einbezogenen Güter offiziell verkauften, das übrige aber auf dem sich schnell entwickelnden Schwarzmarkt abzusetzen versuchten, wo die Preise teilweise erheblich über den bisherigen und über den Höchstpreisen lagen, zumal da mit fortschreitendem Krieg die verfügbaren Geldmittel in einigen Bevölkerungsschichten recht umfangreich wurden und auch sonstige Waren kaum auf dem regulären Markt zu erhalten waren. Teilweise konzentrierte man sich in der Erzeugung auch auf nicht durch gesetzliche Preisregelungen betroffene Produkte!

Im Ergebnis bedeutete dies eine erhebliche Verzerrung der Produktion und der Verteilung der Nahrungsmittel, d. h. die ärmeren Schichten, die schon mit weniger Reserven in den Krieg gegangen waren, hatten ihren Verzehr noch stärker einzuschränken. Ein durchdachtes Bewirtschaftungssystem war den Verantwortlichen nicht bekannt. Einerseits mußte man daher erst Erfahrungen mit der Bewältigung der Knappheitssituation sammeln; wichtiger für das Zögern war aber wohl der Grund, daß man mit der Einführung eines Bewirtschaftungssystems (gegenüber dem Ausland) eingestehen mußte, daß man von den Blockademaßnahmen erheblich getroffen wurde, und gegenüber der eigenen Bevölkerung, daß offensichtlich doch mit einem längeren Krieg zu rechnen sein würde, als man bisher zugegeben hatte.

Um eine jedenfalls in den Grundzügen gleichmäßigere Verteilung der wichtigsten Nahrungsmittel zu erreichen, wurde nach und nach ein Zuteilungssystem eingerichtet. Es begann im Januar 1915 mit der Einführung von Brot- und Mehlkarten. Schon zuvor war im November 1914 eine Kriegsgetreidegesellschaft eingerichtet worden, die den Ausgleich zwischen den Überschuß- und den Zuschußgebieten in die Wege leiten sollte. Diese Organisation wurde im Januar 1915 in die Reichsgetreidestelle umgewandelt und diente nunmehr als die entscheidende Vermittlungsinstitution zwischen Erfassung und Verteilung. Nachdem man sich bis 1916 mit solchen privatrechtlichen, in den Funktionen aber eigentlich öffentlich-rechtlichen (weil hoheitliche Aufgaben wahrnehmend) Einrichtungen beholfen hatte, wurde im Mai 1916 ein Kriegsernährungsamt errichtet, was aber keine grundlegende Verbesserung brachte. Zum Leiter dieses Amtes wurde der ehemalige ostpreußische Oberpräsident Adolf von Batocki ernannt, der sich beim Wiederaufbau Ostpreußens nach den Zerstörungen durch den Einfall der russischen Armeen im Herbst 1914 und Frühjahr 1915 einen Namen als Organisator gemacht hatte. Man kann wohl davon ausgehen, daß hier eine gewisse Parallele zur Bildung der neuen Obersten Heeresleitung im August 1916 mit Hindenburg und Ludendorff zu sehen ist. Das Deutsche Reich zehrte propagandistisch gegenüber der eigenen Bevölkerung von den Erfolgen gegen Rußland in der Anfangsphase des Krieges.

Durch die Ernennung v. Batockis verbesserte sich die Ernährungslage in Deutschland aber keineswegs. Im Gegenteil, die relativ schlechte Ernte des Jahres 1916 führte zu einer wesentlichen Verschlechterung der gesamten Ernährungssituation. Der berüchtigte Steckrübenwinter 1916/17 kam auf die Bevölkerung zu. Sämtliche Vorräte bei den privaten Haushalten, beim Handel und beim Staat waren in den ersten Kriegsjahren aufgebraucht. Eine Mißernte mußte hier verheerend wirken. Die Entwicklung der Kartoffelerträge in Deutschland von 1913 bis 1918 zeigt einen entscheidenden Teil der Nahrungsmittelversorgung, vgl. Tabelle 13.

Tabelle 13: Kartoffelerträge in Deutschland 1913 bis 1918

Jahr	Kartoffelertrag in Mill. t	Kartoffelertrag relativ 1913 = 100
1913	54	100
1914	50	93
1915	54	100
1916	25	46
1917	34	63
1918	30	55

Die Versorgung der Bevölkerung in Höhe des Existenzminimums war seit dem Spätsommer 1916, d. h. in den letzten beiden Kriegsjahren, nicht mehr gewährleistet. Man geht im allgemeinen davon aus, daß vor dem Ersten Weltkrieg je Einwohner mehr als 2300 Kalorien pro Tag zur Verfügung standen und daß die Mindestversorgung bei etwas über 2000 Kalorien lag. Die offizielle, durch die Zuteilung abgegrenzte, aber nicht einmal abgesicherte Versorgung war erheblich niedriger: Nach der Zuteilung standen ab 1916 dem einzelnen nur noch 1000 bis 1200 Kalorien zur Verfügung. Ausnahmeregelungen für Militärpersonen und Rüstungsarbeiter waren aus diesem Grunde wichtig. Breite Teile der Bevölkerung mußten zusätzliche Versorgungsquellen erschließen. Die Beziehungen zu Verwandten auf dem Lande wurden ebenso wieder intensiviert wie die eigene Gartennutzung. Der schwarze Markt bot zwar alles, was man benötigte und darüber hinaus. Die Preise waren hier aber so hoch, daß gerade die ärmeren Bevölkerungsschichten von dieser zusätzlichen Versorgungsquelle abgeschnitten waren.

Die Gemeinden und die Gemeindeverbände hatten die Organisation auf der untersten Ebene zu gewährleisten. Sie verwalteten die Berechtigungsscheine. Sie richteten teilweise, vor allem auch in den Großstädten, zur Linderung der gröbsten Not Zusatzverpflegungsmöglichkeiten ein. Eine kalorienmäßig ausreichende Versorgung konnten sie jedoch damit auch nicht erreichen. Die körperliche Schwächung infolge der schlechten Ernährung war vor allem in den letzten Kriegsjahren weit verbreitet. Dies bedeutete aber auch eine große Anfälligkeit für Krankheiten. Immerhin gehen Schätzungen davon aus, daß in den letzten beiden Jahren des Ersten Weltkrieges etwa 0,5 Mill. Menschen direkt oder indirekt infolge der unzureichenden Ernährung — über die größere Anfälligkeit für Krankheiten — vorzeitig verstorben sind.

Österreich-Ungarn war zwar vor dem Ersten Weltkrieg noch ein Agrarexportland gewesen, und zwar mit dem Schwerpunkt bei Getreide und Vieh aus Ungarn. Die auch hier verringerte Produktion hatte das Land eigentlich noch stärker getroffen als das Deutsche Reich, zumal da die Organisation der Bewirtschaftung weniger effektiv war. In den letzten zwei Kriegsjahren wurde daher die deutsche Verwaltung zusätzlich mit Versorgungsproblemen des Bündnispartners belastet, um die Kriegsmüdigkeit hier nicht zu weit um sich greifen zu lassen.

In der Schlußphase des Ersten Weltkrieges versuchten das Deutsche Reich und Österreich-Ungarn, durch die Besetzung der Ukraine sich die Hilfsmittel dieses Gebietes nutzbar zu machen. Pferde und anderes Vieh wurden ebenso wie etwa 0,3 Mill. t Getreide aus der Ukraine geholt. Eine entscheidende Verbesserung der Ernährungssituation wurde damit aber nicht erreicht. Die Pferde wurden im übrigen nicht der deutschen Landwirtschaft zur Verbesserung der Bodenbearbeitung zur Verfügung gestellt, sondern dem Westheer zur Vorbereitung der großen Frühjahrsoffensive zugeteilt. Immerhin wurde damit aber erreicht, daß die Landwirtschaft kaum noch Pferde hierfür bereitzustellen hatte.

2. Landwirtschaft und Ernährung in der Weimarer Republik

a) Die Nahrungsmittelversorgung in den ersten Nachkriegsjahren

Die ersten Nachkriegsjahre waren hinsichtlich der *Nahrungsmittelversorgung und der landwirtschaftlichen Produktion* vor allem von folgenden Problemen gekennzeichnet:

— Die zunächst *fortdauernde Blockade der Siegermächte* hielt die Nahrungsmittelversorgung auf einem Niveau, das nicht über das der letzten beiden Kriegsjahre (von Herbst 1916 bis Herbst 1918) hinausging. Offiziell wurde die Blockade am 12. Juni 1919 aufgehoben. Schon zuvor waren aber Nahrungsmittel eingeführt worden, und zwar ab März 1919 in nennenswertem Maße. Andererseits standen auch nach der formellen Aufhebung der Blockade die Weltmärkte nicht völlig offen. Einmal mußten sich die vom Kriege betroffenen Länder erst wieder erholen, insbesondere die Agrarexportländer Ungarn, Rumänien und Rußland, wobei Rußland für lange Zeit weitgehend ausfiel. Zum anderen hatte Deutschland nur wenig Devisen, um Nahrungsmitteleinfuhren zu bezahlen. Die Exporte liefen nur langsam an, und die dadurch verschafften Devisen waren entweder für den Erwerb industrieller Rohstoffe erforderlich oder sie wurden von den Reparationsgläubigern beansprucht.

— Die Ernährung der breiten Bevölkerung war bis Ende 1923 aber auch noch durch die *Entwicklung der Währung* beeinflußt. Die *fortschreitende Inflation* entwertete die Einkommen, insbesondere die Lohneinkommen sehr schnell, so daß weite Kreise der Bevölkerung keine ausreichenden geldlichen Mittel hatten, um die erforderlichen Nahrungsmittel zu erwerben. Zunächst verstärkte sich diese Erscheinung durch die umfangreiche Arbeitslosigkeit infolge der Entlassung von fast 10 Mill. Angehörigen der Streitkräfte, später verstärkte die Inflation selbst ihre Wirkungen. Die *Bewirtschaftungsmaßnahmen* blieben, vor allem bei den Grundnahrungsmitteln daher *teilweise bis zum Herbst 1923* bestehen.

— Die *inländische Produktion* von Nahrungsmitteln stieg zunächst *nur wenig über das Niveau der letzten Kriegsjahre,* weil die Zufuhr von ausländischen Futtermitteln und auch die Einfuhr von Düngemitteln nur sehr langsam und in einem geringen Umfang wiederaufgenommen wurde. Vor allem Phosphorsäuredüngemittel waren nach wie vor knapp. Der Verbrauch je Flächeneinheit lag im Durchschnitt der Jahre von 1920 bis 1924 bei weniger als 50 v. H. des Verbrauches von vor 1914.

**b) Die landwirtschaftliche Produktion bis zum Beginn der Welt-
wirtschaftskrise**

Erst etwa *1928* hatte die landwirtschaftliche *Produktion wieder*
ein mit dem *Vorkriegsstand* vergleichbares Niveau erreicht, vgl.
Abbildung 22 für Roggen und Kartoffeln. Bezogen auf den Gebietsstand des Deutschen Reiches von 1933 lag die Produktion
1913, 1920, 1924 und 1928 bei den aus Tabelle 14 ersichtlichen
Mengen (Angaben des Statistischen Reichsamtes).
Die hier genannten Früchte nahmen etwa 80 v. H. des Ackerlandes
ein. Sie bildeten außerdem die wichtigsten pflanzlichen Nahrungsmittel, so daß sie insgesamt ein Bild von der Versorgung der Bevölkerung aus der inländischen Produktion bieten.

Zu den einzelnen Fruchtarten ist noch zu bemerken:
— Brotgetreide wurde, vor allem nachdem in allen kriegführenden
  europäischen Ländern die eigene landwirtschaftliche Produktion wieder weitgehend in Gang gesetzt worden war, in stärkerem Maße auf
  dem Weltmarkt angeboten, so daß die Weltmarktpreise sanken und
  daher die weitere Ausdehnung der Getreideproduktion in Deutschland gebremst wurde.
— Der Hafer hatte wie vor dem Ersten Weltkrieg eine sehr starke Ausdehnung erfahren, er war als Pferdefutter wichtig. Die Pferdehaltung
  erreichte bald wieder den Stand von vor 1914. In der deutschen
  Landwirtschaft wurde das Pferd in den 20er Jahren nur in sehr
  geringem Maße durch den Traktor ersetzt.

Tabelle 14: Produktionsmengen in der deutschen Landwirtschaft
       1913, 1920, 1924 und 1928

Produktart	Produktionsmenge in 1000 t			
	1913	1920	1924	1928
Roggen	10 276	4 934	5 730	8 522
Weizen	4 109	2 247	2 428	3 854
Gerste	3 046	1 793	2 400	3 347
Hafer	8 643	4 826	5 654	6 996
Getreide zus.	26 074	13 800	16 212	22 719
Kartoffeln	44 650	27 877	36 402	41 269
Zuckerrüben	16 919	7 935	10 267	11 011

— Die Kartoffelproduktion hatte fast wieder das Vorkriegsniveau erreicht. Begrenzt wurde die Ausdehnungsmöglichkeit durch die Aufnahmefähigkeit des Marktes.

— Der Zuckerrübenbau war erheblich zurückgegangen. Er wurde auch nicht mehr in dem Maße ausgedehnt wie vor dem Ersten Weltkrieg, weil die Exportmöglichkeiten zurückgegangen waren. Mit der bis 1924 wiederaufgebauten Zuckerproduktion war in etwa der inländische Bedarf zu decken. Der Zuckerrübenanbau wurde kontingentiert, um eine zu starke Überproduktion zu vermeiden. Die Exportmärkte, insbesondere Großbritannien, hatten sich im Ersten Weltkrieg auf Kuba und andere Zuckerrohrgebiete ausgerichtet.

Die *Zunahme der Agrarproduktion* war *vor allem* eine Folge der verstärkten *Düngung*:

— Die *künstliche Düngung* wurde verbessert und zum Teil über das Vorkriegsniveau gehoben, vgl. Tabelle 15.

— Der *Wiederaufbau der Viehbestände* vergrößerte auch die Zufuhr betriebseigener Düngemittel.

Tabelle 15 zeigt, daß *die drei wichtigsten Nährstoffe* sich *unterschiedlich entwickelt* haben:

Tabelle 15: Verbrauch der deutschen Landwirtschaft an künstlichen Düngemitteln (in kg Reinnährstoff) 1913, 1920, 1924, 1928

Nährstoff	1913		1920		1924		1928	
	1000 t	kg/ha	1000 t	kg/ha	1000 t	kg/ha	1000 t	kg/ha
Stickstoff	185	6,2	212	7,6	340	12,0	430	14,6
Phosphorsäure	555	18,7	258	9,3	371	13,1	553	18,8
Kali	490	16,5	577	20,7	663	23,5	764	26,0

— Die *Kalidüngung* war im Ersten Weltkrieg ausgedehnt worden und wuchs auch nach dem Kriege weiter. Da parallel dazu in den 20er Jahren auch die beiden anderen Düngerarten verstärkt verwendet wurden, verbesserte sich die *Wirkung* des Kalis über die mengenmäßige Ausdehnung hinaus.

— *Phosphorsäuredünger* war im Kriege knapp geworden. Als danach, vor allem ab 1923, die Zufuhren wieder anwuchsen, stieg der Verbrauch bis 1928 auf das Niveau des Jahres 1913. Phosphorsäure war im Ersten Weltkrieg und in den folgenden Jahren der Minimumfaktor gewesen. Erst als wieder die Vorkriegsmengen verwendet wurden, erreichten die Ernten erneut die Höhe von vor 1914. Der Versorgung mit Phosphorsäure kam also in der landwirtschaftlichen Produktion und damit in der Versorgung der Bevölkerung mit Nahrungsmitteln eine Schlüsselrolle zu, was vor allem auf der pflanzen- und bodenphysiologischen Wirkung beruhte.

— Die Versorgung mit *Stickstoffdünger* war auch nach dem Kriege zunächst nur in beschränktem Maße möglich. Zwar standen die im Kriege für die Ammoniakherstellung aufgebauten Kapazitäten nunmehr für die Landwirtschaft zur Verfügung, da die Produktion von Pulver nicht mehr in Betracht kam. Damit konnte aber nur in etwa das Vorkriegsniveau erreicht werden, d. h. die ausgefallene Einfuhr von Chilesalpeter ausgeglichen werden. Schon die Verwendung von 212 000 t Stickstoff im Jahre 1920 war nur möglich, weil etwa 50 000 t eingeführt worden waren. Erst danach hat dann die synthetische Stickstoffproduktion ein solches Ausmaß angenommen, daß man den Zuwachs des landwirtschaftlichen Verbrauchs weitgehend aus der zunehmenden inländischen Produktion befriedigen konnte.

Gegenüber der Vorkriegszeit hatte sich die *Struktur der Düngerverwendung* erheblich *geändert: Stickstoff und Kali* wurden je Flächeneinheit *in stärkerem Maße* verwendet, *Phosphorsäure* aber nur *wie vor 1914.*

Diese Angaben können nur größenordnungsmäßig die Entwicklung der künstlichen Düngung wiedergeben. Insbesondere sind hier zwei Unsicherheitsfaktoren:

— Das Statistische Reichsamt hat die Verwendung der verbrauchten Düngermengen auf das Gebiet des Deutschen Reiches in den Grenzen von 1933 bezogen. Die Verwendung der im gesamten Deutschen Reich vor 1914 verbrauchten Mengen läßt sich aber nicht regional genau genug abgrenzen.

— Die landwirtschaftliche Nutzfläche hatte sich im Ersten Weltkrieg um
etwa 5 v. H. vermindert, bezogen auf das Deutsche Reich in den
Grenzen von 1933 von 29,7 Mill. ha auf 27,9 Mill. ha. Von 1920
bis 1928 wuchs die Fläche wieder auf 29,4 Mill. ha an. Dabei sind
teilweise die Obstanlagen und das Gartenland mitgerechnet (1913
und 1928), teilweise aber nicht (1920 und 1924).

Die *Versorgung mit natürlichem Dung* ist an der *Entwicklung
der Viehhaltung* abzulesen. Auch hier erfolgte bei dem Vergleich
mit dem Jahre 1913 eine Beschränkung auf das Reichsgebiet des
Jahres 1933, vgl. Tabelle 16. Der *Viehbestand des Jahres 1913*
war ungefähr *erst 1928* wieder erreicht. Die Schweinezahl lag
allerdings immer noch niedriger als 1913. Die Schafhaltung war
bis 1925 um den Zuwachs aus dem Ersten Weltkrieg wieder abgebaut worden und hatte sich bis 1928 noch stärker vermindert.
Eine Bedeutung hatte diese Entwicklung der Viehhaltung für die
Ernährungssituation allerdings nicht mehr, da inzwischen der Bedarf durch Einfuhren ergänzt werden konnte. Für die Landwirtschaft selbst spiegelte sich in dieser Entwicklung der Viehzahl aber
die Produktionsseite wider.

Tabelle 16: Entwicklung der Viehhaltung im Deutschen Reich von
1913 bis 1928 (Gebietsstand 1933)

Viehart	Anzahl der Tiere in 1000 Stück			
	1913	1920	1924	1928
Pferde	3 807	3 582	3 855	3 718
Rindvieh	18 474	16 786	17 328	18 414
davon Kühe	9 973	7 909	8 921	9 474
Schweine	22 533	14 153	16 895	20 106
Schafe	4 988	6 149	5 735	3 635

c) **Agrarkrise und Weltwirtschaftskrise 1928 bis 1933**

Die Jahre von *1928 bis 1933* waren von der *Agrarkrise und* über
die Landwirtschaft hinaus von der allgemeinen *Weltwirtschaftskrise* gekennzeichnet. Die wichtigsten Merkmale dieser Einflüsse
waren:

— Ein starker *Rückgang der Agrarpreise* (vgl. Abbildung 24) führte zu einer erheblichen *Verminderung der Agrareinkommen* (Agrarkrise). So verminderte sich die Wertschöpfung der Landwirtschaft von 11,7 Mrd. RM (1928) auf 7,3 Mrd. RM (1932) in laufenden Preisen, d. h. um 38 v. H., während in realen Einheiten zwischen den beiden genannten Jahren kaum ein Unterschied bestand.

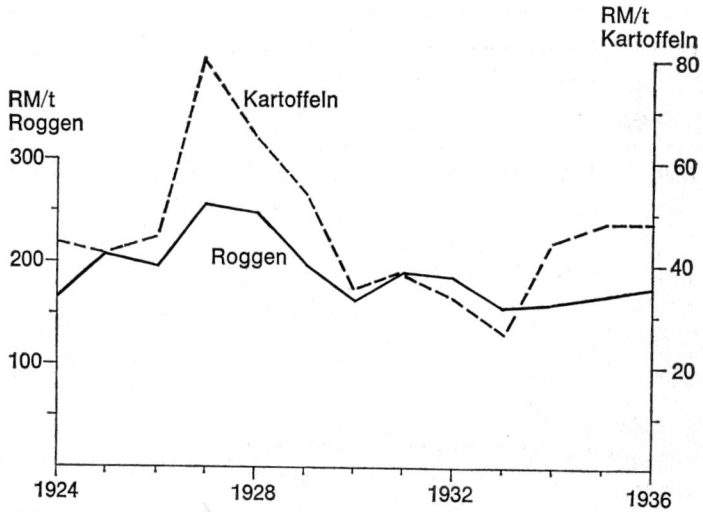

Abb. 24: Roggen- und Kartoffelpreise von 1924 bis 1936 in RM je t (im Deutschen Reich)

— Die *allgemeine Wirtschaftskrise verminderte* auch die *Einkommen der übrigen Bevölkerung* und damit — trotz der relativ unelastischen Nachfrage nach Nahrungsmitteln — die Nachfrage nach landwirtschaftlichen Produkten. Eine Stabilisierung der Agrarpreise war nicht in kurzer Frist zu erwarten.

Als *Ursachen des Preisverfalls* wurden angesehen:

— Eine weltweite *Überproduktion,* die vor allem durch folgende Entwicklungen hervorgerufen wurde:

— Die Überwindung der Produktionskapazitätsverluste der kriegführenden Länder in Europa.

— Die Ausdehnung der Anbauflächen in den USA, nicht zu-
  letzt infolge des Bedarfes an Nahrungsmitteln im Ersten
  Weltkrieg.
— Der weitgehende Ersatz der tierischen Zugkräfte durch
  Traktoren in den USA mit der Folge einer Verringerung der
  Futterflächen.
— Die zunehmende Verbreitung von künstlichen Düngemit-
  teln mit einer allgemeinen Verbesserung der Flächenerträge
  in vielen Ländern.
— Die *Unterkonsumtions*theoretiker gingen davon aus, daß die
  Weltwirtschaftskrise zu einer Begrenzung oder sogar zu einer
  Reduzierung des Verbrauchs an Nahrungsmitteln, vor allem
  in den Industrieländern, geführt habe.

Man wird davon ausgehen können, daß die *Überproduktion* die
Hauptursache der Agrarkrise gewesen ist, was sich auch schon daraus ergibt, daß die Agrarpreise bereits abzubröckeln begannen,
als die Weltwirtschaftskrise noch nicht spürbar geworden war,
vgl. Abbildung 24 für 1928. Die Nachfrageschwäche der von der
industriellen Arbeit abhängigen Bevölkerung hat dann die Agrarkrise verstärkt. In Deutschland (und auch in einigen anderen Ländern) versuchten die Landwirte die Einnahmeausfälle infolge der
rückläufigen Agrarpreise durch eine Ausdehnung der Produktion
auszugleichen. Von 1928 bis 1933 wurde die Agrarproduktion im
Deutschen Reich folgendermaßen erhöht, vgl. Tabelle 17 (nach
einer Zusammenstellung des Statistischen Reichsamtes). Eine Verminderung der Produktion lag lediglich bei Hafer (als Pferdefutter) und bei Zuckerrüben vor. Der Rückgang der Zuckerrüben-
produktion erfolgte, weil die Zuckerpreise absanken und weil
außerdem der Export nicht ausgedehnt werden konnte, so daß
man auf den inländischen Absatz beschränkt blieb (mit Kontingen-
tierung der von den Zuckerfabriken abgenommenen Mengen). Die
Erträge der übrigen Früchte wurden ausgedehnt. Dabei sind wegen
der aus Witterungsgründen häufig schwankenden Ernteerträge
eigentlich nur die stark angestiegenen Weizenerträge aussagekräftig. Gerade hier bestand eine umfangreiche Konkurrenz aus Übersee, vor allem aus den USA, aus Kanada und aus Argentinien. In
Preisen von 1913 stieg der Wert der Agrarproduktion (nach Ab-

Tabelle 17: Entwicklung der landwirtschaftlichen Produktion in Deutschland von 1928 bis 1933

Produktart	Einheit	1928	1933	Zunahme 1933 bei 1928 = 100
Roggen	1 000 t	8 522	8 727	102,4
Weizen	1 000 t	3 854	5 600	145,3
Gerste	1 000 t	3 347	3 468	103,6
Hafer	1 000 t	6 996	6 952	99,4
Kartoffeln	1 000 t	41 269	44 071	106,8
Zuckerrüben	1 000 t	11 011	8 579	77,9
Pferde	1 000 Stück	3 718	3 397	91,4
Rindvieh	1 000 Stück	18 414	19 739	107,2
davon Kühe	1 000 Stück	9 474	10 099	106,6
Schweine	1 000 Stück	20 106	23 890	118,8
Schafe	1 000 Stück	3 635	3 387	93,2

zug von Saat, Futter und Schwund) von 9,559 Mrd. Mark im Jahre 1927 auf 12,006 Mrd. Mark im Jahre 1933, d. h. um 26 v. H.

In der Viehhaltung waren die Pferde- und die Schafbestände rückläufig. Die Verminderung der Schafbestände erfolgte wegen der absinkenden Wollpreise aufgrund der billigen Importe aus Übersee. Die Verminderung der Pferdebestände zeigt eine beginnende Motorisierung der Landwirtschaft, vielleicht aber teilweise auch ein kostenbewußteres Wirtschaften, insbesondere durch Ausnutzung von Zugtieren aus dem Rindviehbestand (Zugochsen, Zugkühe). Die Zahl der Ackerschlepper, Motorpflüge usw. stieg von den Anfängen in den letzten Jahren vor dem Ersten Weltkrieg auf etwa 25 000 im Jahre 1932. Nur etwa 1 v. H. aller Betriebe mit mehr als 2 ha hatten damit den ersten Schritt zur Ersetzung tierischer Zugkraft durch betriebsfremde Energiequellen und Mechanisierung der Landwirtschaft gemacht.

Der Rindviehbestand wurde weiter ausgebaut. Die Zunahme der Tierzahl in wenigen Jahren um 7 v. H. kann ebenfalls als das Bemühen um eine Vergrößerung der tierischen Produktion zum Ausgleich der rückläufigen Stückpreise angesehen werden. Besonders stark stieg die Schweinezahl, was leicht erklärlich ist, bedenkt man, daß hier der Umsatz kurzfristiger geschehen kann. Man konnte die Preisverluste durch eine Ausdehnung der Produktion schneller ausgleichen.

Tabelle 18: Entwicklung der Preise für landwirtschaftliche Produktgruppen (1913 = 100)

Jahr	Pflanzliche Nahrungsmittel	Schlachtvieh	Vieh- erzeugnisse
1913	100,0	100,0	100,0
1924	115,1	102,1	155,3
1925	127,1	120,2	162,2
1926	130,5	120,9	145,7
1927	153,8	111,5	142,9
1928	142,2	111,3	144,0
1929	126,3	126,6	142,1
1930	115,3	112,4	121,7
1931	119,3	83,0	108,4
1932	112,0	65,5	93,9
1933	98,7	64,3	97,5

Die *Preisentwicklung für pflanzliche Nahrungsmittel, für Schlachtvieh und für Vieherzeugnisse* (wie sie vom Statistischen Reichsamt veröffentlicht worden sind) ergeben sich aus Tabelle 18. Die *Preise für gewerbliche Produkte* (Düngemittel, Maschinen) sanken in derselben Zeit ebenfalls. Sie blieben aber etwa bei *15 bis 25 v. H. über* dem Preisniveau von *1913* stehen, so daß sich für die Landwirtschaft die Relation zwischen Sachkosten und Erlösen verschlechtert hatte. Die *Löhne sanken von 1928 bis 1933 um 16 v. H.* (Stundenlöhne) und lagen damit nur wenig über dem Niveau von 1913. Da aber in der Weltwirtschaftskrise in Deutschland die Zahl der Arbeitslosen auf mehr als 6 Mill. und die Zahl der Kurzarbeiter auf mehr als 3 Mill. anstieg, konnte sich die

Landwirtschaft in den Arbeitsspitzen auf Saisonarbeiter beschränken und brauchte eine geringere Zahl von Arbeitskräften über das ganze Jahr zu beschäftigen und zu entlohnen. Die *Lohnentwicklung* sah in der Landwirtschaft daher folgendermaßen aus:

— Die Entlohnung der in der Landwirtschaft Beschäftigten hatte sich in etwa so entwickelt wie die landwirtschaftlichen Erlöse, so daß hier kaum Ent- oder Belastungseffekte zu bemerken waren.

— Die Verringerung der Lohneinkommen in den Städten schmälerte die Einkommenschancen der Landwirte wegen der zurückgehenden Nachfrage aus diesem Bereich (Unterkonsumtion).

Hinzu kam die nach und nach zunehmende Verwendung von Maschinen. Wenn sich auch hier die Produktionstechnik nicht so grundsätzlich änderte wie in den 20er Jahren in den USA, so verminderte sich die Zahl der im primären Sektor Beschäftigten doch von 1925 = 9,778 Mill. über 1928 = 9,5 Mill. auf 1933 = 9,034 Mill., d. h. von 1928 bis 1933 um etwa 5 v. H.

Die gesamte Landwirtschaft hatte durch die sinkenden Agrarpreise zwar *Einkommenseinbußen* hinzunehmen, diese wurden aber wieder *ausgeglichen*

— durch die *Steigerung der Produktion* und
— durch die *Verringerung der Löhne bzw. der Arbeitskraftzahl.*

Der Anteil der gewerblichen Produkte an der Kostenstruktur der Landwirtschaft dürfte nur selten über 20 v. H. der jährlichen Betriebsausgaben hinausgegangen sein, so daß eine erhebliche Verminderung der landwirtschaftlichen Einkommen durch die ungünstige Verschiebung der Relation zwischen den Preisen der Industriegüter und der landwirtschaftlichen Produkte nicht hervorgerufen worden sein wird. Mindestens ist die Not der landwirtschaftlichen Bevölkerung aber nicht größer gewesen als die der zu einem großen Teil arbeitslos gewordenen städtischen Bevölkerung. Trotzdem kamen viele landwirtschaftliche Betriebe in finanzielle Schwierigkeiten, nahm die Zahl der Zwangsversteigerungen von landwirtschaftlichen Höfen zu.

d) Die staatliche Agrarpolitik

Die staatliche *Agrarpolitik* läßt sich für die Weimarer Zeit in *drei Hauptbereiche* aufgliedern:

— Die *Siedlungspolitik* und die Beeinflussung der Agrarstruktur.
— Die *Agrarschutzzollpolitik* ab 1925.
— Die *Agrarsubventionspolitik,* deren Hauptbetätigungsfeld in der Agrar- und Weltwirtschaftskrise lag.

Die *Siedlungspolitik und* der *Bodenreformgedanke* erhielten aus verschiedenen Richtungen, teilweise in Anknüpfung an schon vor dem Ersten Weltkrieg vorhandene Bewegungen, neue Impulse. Im wesentlichen konnte man *vier verschiedene Richtungen,* mehr theoretischer Art, unterscheiden:

— Die *Agrarsozialisten* forderten, insbesondere unter Berufung auf Karl Kautsky (1854 bis 1938), die Schaffung *genossenschaftlicher oder kommunaler Großbetriebe* in der Landwirtschaft zur Ausnutzung des organisatorischen und des technischen Fortschrittes (bei gleichzeitiger Aufhebung des Privateigentums). Diese Forderung war die Fortsetzung der Politik der SPD seit dem Erfurter Programm von 1891.

— Die *Agrarrevisionisten* forderten, insbesondere in Anlehnung an Eduard David (1863 bis 1930), die Aufsiedlung des Großgrundbesitzes zu *Kleinbauernstellen.* Genossenschaftlich organisierte überbetriebliche Einrichtungen sollten die Nachteile der kleinen Betriebe ausgleichen. Das unter starkem Einfluß Fritz Baades (geb. 1893) entstandene Kieler Agrarprogramm der SPD von 1927 war in etwa an diesen Überlegungen ausgerichtet.
Agrarsozialisten und Agrarrevisionisten waren die beiden wichtigsten Richtungen innerhalb der SPD. Sie bestimmten die Auseinandersetzungen innerhalb der Partei bereits seit dem Ende des 19. Jahrhunderts. 1927 konnten sich die Agrarrevisionisten endgültig in der Partei durchsetzen. Die beabsichtigte Gewinnung bäuerlicher Wähler gelang aber damit nicht.

— Die historisch orientierte *sozial-politische Schule,* insbesondere *Max Sering* (1857 bis 1939), forderte ebenfalls eine Aufsiedlung von Großbetrieben zu *bäuerlichen Familienwirtschaften.* Damit sollte der selbständige Mittelstand gestärkt, die Landflucht vermindert, die Bevölkerung dezentralisiert und die landwirtschaftliche Produktion je Flächeneinheit (wegen der zu erwartenden Intensivierung der landwirtschaftlichen Produktion) vergrößert werden. Diese Richtung setzte die Tradition der Siedlungs- und Autarkiepolitiker aus der Zeit vor dem Ersten Weltkrieg fort. Politisch wurden diese Ideen vor allem von den Mittelstandsparteien unterstützt.

— Die *Radikal-Konservativen* waren vor allem bei der *Deutschnationalen Volkspartei* zu finden. Sie wandten sich gegen eine grundsätzliche und umfassende Beseitigung des Großgrundbesitzes. Neue Bauernstellen wurden auch von ihnen befürwortet. Als Bodenquelle hierfür wurden angesehen: Bisher nicht genutzte Flächen und freiwillige Abgaben (Verkäufe) der Großgrundbesitzer. Man hoffte damit die Bodenpreise hochhalten zu können, was insbesondere bei der relativ hohen Verschuldung weiter Teile des Großgrundbesitzes von Bedeutung war.

Die in Fideikommissen gebundenen Flächen des Großgrundbesitzes waren vor dem Ersten Weltkrieg auf mehr als 3 Mill. ha angewachsen. Die Weimarer Reichsverfassung sah die Auflösung der Fideikommisse vor (Art. 155), was aber erst zum 1. Jan. 1939 durch ein Gesetz der Nationalsozialisten vom Juli 1938 geschah. Durch diese Fideikommisse war ein großer Teil der landwirtschaftlichen Nutzfläche der Verfügungsmacht ihrer Besitzer entzogen und stand damit auch nicht für Siedlungszwecke zur Verfügung.

Die *tatsächliche Siedlungspolitik des Staates* war *in der letzten Phase des Ersten Weltkrieges* zunächst noch durch die *Absichten* der Obersten Heeresleitung (*Hindenburg und Ludendorff*) geprägt:

— Kriegerheimstätten sollten der Versorgung der Kriegsbeschädigten und nach dem Kriege der Soldaten dienen. Belastungs- und Verfügungsbeschränkungen sollten die Besitzstabilität verstärken (in etwa in Anlehnung an die Regelungen bei der Rentengutsgesetzgebung).

— Die Ansiedlung von deutschen Bauern in zum Deutschen Reich zu schlagenden Gebieten Osteuropas und in Elsaß-Lothringen sollte die Eindeutschung dieser Gebiete fördern. Der Professor der Nationalökonomie Ludwig Bernhard (1875 bis 1935) entwarf für die Oberste Heeresleitung entsprechende Verordnungen für Kurland. Gemeinnützige Siedlungsgesellschaften wurden eingerichtet und sollten die Durchführung der Siedlung organisieren.

Das sog. Hindenburgsche Siedlungsversprechen (am Ende des Krieges an die heimkehrenden Soldaten gerichtet: Es werden „Hunderttausende von Stellen errichtet") sollte die politische Zuverlässigkeit der Soldaten verbessern. Es ist zu vergleichen mit dem sog. Dekret über den Boden von Lenin vom Herbst 1917. Danach sollte der Großgrundbesitz Rußlands entschädigungslos enteignet werden und der Boden den Landarbeitern und Kleinbauern übergeben werden. Man wollte so die vor allem den Sozialrevolutionären, nicht aber den Kommunisten (Bolschewiki) zugeneigten Kleinbauern für die Revolution Lenins gewinnen. Dabei war von vornherein klar, daß zwar den Bauern der Boden versprochen wurde, daß aber später die individuellen Wirtschaften zu beseitigen waren. Dieselbe Strategie ist dann ab 1945 in der sowjetischen Besatzungszone bzw. in der DDR angewendet worden.

Die *Vielzahl der siedlungspolitischen Vorstellungen* im Deutschen Reich kam nur teilweise nach 1918 zum Zuge. Die „Verordnung zur Beschaffung von landwirtschaftlichem Siedlungsland" des Rates der Volksbeauftragten vom 29. Januar 1919 mündete in das Reichssiedlungsgesetz vom 11. August 1919. Für die Siedlung ergab sich folgende grundsätzliche Konstellation:

— Da eine teilweise oder gänzliche Enteignung des Großgrundbesitzes nicht durchgeführt wurde,
— waren für eine umfangreiche Siedlung erhebliche finanzielle Mittel notwendig,
— die der aus dem Ersten Weltkrieg völlig überschuldete Staat nicht aufbringen konnte.

Im Prinzip setzte man die seit 1886 vorhandene staatliche Siedlungspolitik fort, nunmehr jedoch ohne die nationale Komponente wie in den Provinzen Westpreußen und Posen vor 1914. Die beiden genannten Gebiete waren im wesentlichen zu dem neuerrichteten polnischen Staat gekommen.

Das *für die Siedlung erforderliche Land* wurde
— *durch freien Kauf von am Markt* angebotenen Gütern und Höfen erworben

— oder von *Landlieferungsverbänden des Großgrundbesitzes* zur Verfügung gestellt (gegen Entgelt)

— oder aus dem *Domänenbesitz* entnommen.

Landlieferungsverbände waren vom Großgrundbesitz in den Gebieten zu gründen, in denen die Betriebe mit jeweils mehr als 100 ha mehr als 13 v. H. der landwirtschaftlichen Nutzfläche umfaßten. Diese Verbände hatten so lange Boden bereitzustellen, bis der ihnen gehörende Anteil auf 10 v. H. abgesunken war.

Im Prinzip gab es während der ganzen Weimarer Zeit keinen Engpaß an zur Verfügung stehendem Boden:

— weil die finanziellen Mittel des Staates zu knapp waren,

— weil man den neuen Siedlern nicht eine zu hohe Schuldenlast aufbürden konnte und

— weil die recht langwierigen Verfahren der Aufsiedlung von Großbetrieben bzw. der Neuerrichtung von Kleinbetrieben nur einen geringen Bedarf entstehen ließen.

Im übrigen war die wirtschaftliche Situation der Neubauern keineswegs günstig, denn die Landlieferungsverbände trennten sich verständlicherweise zunächst von den schlechteren, d. h. ertragsärmeren Böden. Die Neubauern benötigten lange Zeit, bis sie mit Hilfe einer ausgedehnten Viehhaltung diese Böden verbessert hatten.

Im Ergebnis war die gesamte Siedlungspolitik von 1919 bis 1932 mit wenig mehr als 60 000 Siedlerstellen auf 660 000 ha und etwa 100 000 Landzulagen für bisherige Kleinstellen (insgesamt etwa 160 000 ha) wirkungsvoller als die Siedlungstätigkeit von 1886 bis 1914. Man hatte aber 1919 mit etwa 1 Mill. potentieller Siedler (Bauernsöhne und Landarbeiter) gerechnet. Hieran gemessen war der Erfolg nicht sehr groß.

Teilweise wird als Ursache dafür angesehen, daß

— die Landarbeiter ihre Freizügigkeit nicht aufgeben wollten. Hierbei wird aber übersehen, daß die Mehrzahl der Landarbeiter auf den ostdeutschen Gütern von dieser Freizügigkeit keinen Gebrauch machen konnten, da Arbeitsplätze an anderen Orten schon bei der in den 20er Jahren durchweg über 1 bis 2 Mill. liegenden Arbeitslosenzahl kaum vorhanden waren.

— Mit der Verbesserung der Nahrungsmittelversorgung entfiel ein weiterer Anreiz, was aber allenfalls für potentielle Siedler aus der Stadt zutreffen konnte.

Entscheidend dürfte die Schwerfälligkeit des Siedlungsverfahrens und die aufgrund der meistens schlechten Qualität der verfügbaren Böden geringe Ertragskraft der neuen Höfe gewesen sein.

Neben der nicht sehr erfolgreichen Siedlungspolitik war für die Landwirtschaft die Agrarschutzpolitik von Bedeutung. Gemessen an den durchschnittlichen Ertragsverhältnissen der Landwirtschaft waren die Agrarpreise im Inland mindestens bis 1930 hoch genug. Die Wiedereinführung der Schutzzollpolitik ab 1925 zu niedrigeren Zollsätzen (35 Mark/t Weizen) als die des sog. Bülow'schen Zolltarifes, d. h. des 1902 beschlossenen und bis zum Ersten Weltkrieg geltenden (75 Mark/t Weizen), verbesserte die Situation der Landwirtschaft erheblich. 1926 erfolgte eine Erhöhung (auf 50 Mark/t Weizen). Ab 1930 lagen die Zölle (mit 95 Mark/t Weizen) sogar über den Vorkriegszöllen, und 1931 wurden sie nochmals angehoben (bei Weizen auf 250 Mark/t). Abbildung 25 zeigt den Weizenpreis in Berlin und Rotterdam, ferner den Weizenzoll. Die den Berliner und den Rotterdamer Weizenpreis differenzierende Wirkung des Zolls wird deutlich. Ab 1931 war der Zoll so hoch anzusetzen, daß ein Richtpreis von 260 Mark/t erreicht wurde.

Vor der Wiedereinführung der Schutzzölle war einerseits die Zollsouveränität des Deutschen Reiches beschränkt gewesen, so daß Zölle nicht autonom eingeführt werden konnten, andererseits war die Industrie an niedrigen Agrarpreisen interessiert, da so die Löhne auch niedriger gehalten werden konnten.

Die Auslandsmärkte konnten nur bei niedrigen inländischen Kosten wieder bedient werden. Die Ausfuhren waren aber wichtig, da nur so die durch die Reparationen belastete Zahlungsbilanz einigermaßen ausgeglichen werden konnte.

Diese Agrarschutzzollpolitik wurde zugleich, wie vor dem Ersten Weltkrieg, mit der Ausgabe von *Einfuhrscheinen* bei der Ausfuhr von Getreide (aus Ostdeutschland) verbunden. Diese Einfuhrscheine waren Wertpapiere, die schnell in Geld umgesetzt werden

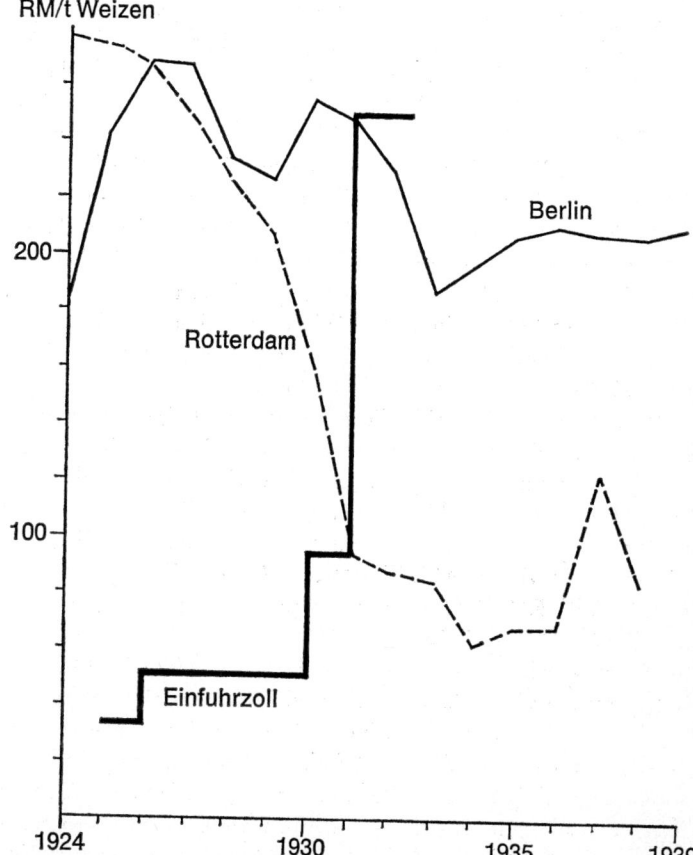

Abb. 25: Weizenpreis in Rotterdam und Berlin, ferner deutscher Einfuhrzoll für Weizen von 1924 bis 1930, ab 1931 Richtpreiszoll von
zunächst 250 (in RM je t)

konnten, da die westdeutschen Getreidehändler bei der Vorlage
solcher Scheine Zollminderungen bei Getreideeinfuhren erhielten.
Zusätzlich wurde die Landwirtschaft noch durch die *Osthilfe*
unterstützt. Der Weg zur 1930 eingeführten Osthilfe begann bereits *1922*. Der preußische Staat (23. Juni 1922) und das Reich

(12. August 1922) stellten ein *Ostpreußenprogramm* auf, das zunächst auf die Gleichstellung dieser Provinz mit den übrigen Teilen Deutschlands abzielte. Insbesondere sollten die Benachteiligungen, die durch die Einrichtung des polnischen Korridors (Westpreußen) entstanden waren, beseitigt werden. Das Ostpreußenprogramm stellte daher *Verkehrsprobleme in den Vordergrund:* Ausbau der ostpreußischen Häfen und der Binnenwasserwege. Hinzu kamen aber auch fördernde Maßnahmen für die Landwirtschaft: Verbesserung der Viehzucht und des Bodens, Ausbau des landwirtschaftlichen Bildungswesens, Landarbeiterfürsorge usw. Aufgrund des 1923 beginnenden Ruhrkampfes konnten aber kaum Mittel zur Durchführung der geplanten Maßnahmen bereitgestellt werden.

1924 und 1925 zeigte sich die erste größere Krise der ostpreußischen Landwirtschaft, aber auch der Landwirtschaft in anderen östlichen Provinzen Preußens. Es folgte eine ganze Reihe von Maßnahmen mit verschiedenen Regelungen, die immer wieder einen neuen Namen bekamen: 1926 Sofortprogramm für alle preußischen Ostprovinzen (41 Mill. RM), 1927 Grenzhilfe (von 25 Mill. RM, 10 Mill. RM für Bayern, Baden und Sachsen), 1928 Ostpreußenhilfe (75 Mill. RM).

Teilweise wurden diese Unterstützungen, wie schon im Ostpreußenprogramm von 1922 vorgesehen, nicht den einzelnen Betrieben gegeben, sondern zur allgemeinen Förderung der Landwirtschaft verwendet: Genossenschaften, Schulen, Versuchswesen, Tierzucht waren die wichtigsten Bereiche z. B. der Grenzhilfe von 1927. Der *Hauptteil der Unterstützungen* aus den verschiedenen Programmen wurde aber für *Umschuldungen* verwendet. Das war erforderlich, weil die Landwirtschaft in den östlichen Landesteilen, und hier insbesondere der Großgrundbesitz, im Verhältnis zu der Ertragssituation zu hoch verschuldet war, so daß manchmal eine Bedienung der Schulden nicht mehr oder kaum noch möglich war, auf jeden Fall aber Rationalisierungsinvestitionen nicht finanziert werden konnten. Im Prinzip handelte es sich um eine Situation wie vor dem Ersten Weltkrieg.

Bis zum Ersten Weltkrieg hatte die Landwirtschaft einen *Schuldenberg von mehr als 18 Mrd. Mark* angehäuft (bei einem durchschnittlichen Zinssatz von etwa 4,5%). Durch die Verbesserung der Liquidität im Kriege und durch die *Inflation* wurden die *Schulden fast völlig getilgt*. Nach und nach wurde ein Teil wieder aufgewertet, so daß insgesamt aus der Vorkriegszeit etwa 3 Mrd. RM Schulden nach 1924 bestehengeblieben waren. Hinzu kamen 1,6 Mrd. RM durch die Absicherung des Grundkapitals der im Zusammenhang mit der Währungsreform im Herbst 1923 gegründeten Deutschen Rentenbank. Diese Grundschuld war mit 6% zu verzinsen. Darüber hinaus war im Herbst 1923 ein Teil der Ernte bereits verkauft, was jedoch nicht überschätzt werden darf. Immerhin wird aber davon auszugehen sein, daß die *Schulden der Landwirtschaft* durch etwa 4,5 Mrd. RM Neuverschuldung in den drei Jahren 1924, 1925 und 1926 bereits wieder auf 9 Mrd. RM angewachsen waren und *bis 1932 auf 11,5 Mrd. RM* weiter anstiegen. Negativ wirkte sich dabei aus,

— daß die *Schulden vor allem die ostdeutschen Großbetriebe* überdurchschnittlich — gemessen am Einheitswert etwa doppelt so hoch wie die übrige Landwirtschaft — belasteten, weil hier offensichtlich nicht mit sinkenden Agrarpreisen gerechnet worden war und Verbesserungsinvestitionen kaum durchgeführt worden waren,

— daß etwa *ein Drittel der Schulden nicht mehr langfristige Kredite* waren und daher möglicherweise nur gegen wachsende Zinsen verlängert werden konnten.

Für die gesamte Landwirtschaft soll die Belastung aus Zinsen, Steuern und Sozialabgaben 1926/27 17 v. H. und 1931/32 24 v. H. der Verkaufserlöse in Anspruch genommen haben. Bei den überdurchschnittlich hoch verschuldeten Großgrundbesitzern Ostdeutschlands dementsprechend noch mehr.

Nach Sering betrug allein die *Zinslast* der deutschen Landwirtschaft schließlich fast *14 v. H. der Verkaufserlöse,* vgl. Tabelle 19. Geht man davon aus, daß die ostdeutschen Großlandwirte im Durchschnitt doppelt so hoch verschuldet waren, dann dürfte ihre Zinslast mindestens 25 v. H. der Verkaufserlöse, in vielen Fällen sogar weit mehr ausgemacht haben.

Aufbauend auf den Erfahrungen mit den bisher genannten Unterstützungsmaßnahmen vor allem für die ostdeutsche Landwirtschaft

Tabelle 19: Zinsbelastung der deutschen Landwirtschaft 1913 bis 1932 in v. H. der Verkaufserlöse

Jahr	Verkaufserlöse in Mrd. Mark	Zinslast in Mrd. Mark	Zinsen in v. H. Verkaufserlöse
1913	10,750	0,750	6,98
1924/25	7,490	0,425	5,60
1925/26	8,036	0,610	7,50
1926/27	8,447	0,625	7,28
1927/28	9,245	0,785	8,32
1928/29	10,173	0,920	8,93
1929/30	9,847	0,950	9,74
1930/31	8,691	0,950	10,69
1931/32	7,364	1,005	13,82

wurde schließlich 1930 die Osthilfe beschlossen. Rechtliche Basis war die „Notverordnung des Reichspräsidenten zur Behebung finanzieller, wirtschaftlicher und sozialer Notstände" vom 26. Juli 1930 und das eigentliche Osthilfegesetz vom 31. März 1931. Während die Notverordnung sich in ihrem Anwendungsbereich nicht auf die Landwirtschaft beschränkte, war dies bei dem Osthilfegesetz der Fall. Hier war nach der gesetzlichen Regelung eine Konzentration der einzusetzenden Mittel in Ostdeutschland zu erwarten und dann auch erfolgt. Die Notverordnung sollte die Siedlung fördern, die bisherigen Siedlerstellen schützen, aber auch der Landwirtschaft allgemein Umschuldungen vermitteln. Sie war in ihrer Anwendung auf bestimmte Teile Ostdeutschlands beschränkt. Das *Osthilfegesetz* umfaßte nunmehr alle Teile Deutschlands östlich der Elbe und der Grenze zwischen Mecklenburg und Holstein. Die *wichtigsten Maßnahmen* waren:

— Betriebe, die nach einer Umschuldung rentabel bewirtschaftet werden konnten, sollten umgeschuldet werden (Verringerung der Zinslast). Zugleich wurde ein Plan festgelegt, der zu einer völligen Entschuldung nach Ablauf von 33 Jahren führen sollte.

— Von 1932 bis 1936 sollten jährlich 50 Mill. RM aus Reichsmitteln aufgebracht werden, um nicht umschuldungsfähige Großbetriebe aufzusiedeln.

— Verschiedene Maßnahmen zur Förderung des Verkehrswesens sollten die Ertragsverhältnisse der ostdeutschen Landwirtschaft verbessern.

Insgesamt wurden bis 1937 für fast 80 000 Betriebe Anträge auf Unterstützung aus einem der genannten Programme gestellt, davon etwas mehr als 10 000 aus Bayern und Sachsen. In das eigentliche *Osthilfeverfahren* wurden *33 619 Betriebe* mit einer Gesamtfläche von 2,2 Mill. ha einbezogen *(durchschnittlich 65 ha)*. Von dem Gesamtbetrag von mehr als 600 Mill. RM wurde etwa die Hälfte für Betriebe mit mehr als 100 ha aufgebracht.

Die *Mittel für die Osthilfe* stammten *aus folgenden Quellen:*

— Etwa 80 v. H. (500 Mill. RM) von einer neugegründeten Industriebank, die sich mit Hilfe einer Umlage refinanzierte, so daß im Ergebnis die *Industrie* die Umschuldung der Landwirtschaft zum überwiegenden Teil bezahlte.

— Etwa 8 v. H. der Mittel kamen aus dem *Reichshaushalt.* Sie wurden vor allem zur Aufrechterhaltung der Betriebsfähigkeit der umzuschuldenden Betriebe gegeben.

— Lediglich 12 v. H. der Mittel kamen aus der *Landwirtschaft* selbst, meistens durch Verkauf einzelner Parzellen von den umzuschuldenden Betrieben.

Insgesamt trugen die verschiedenen Maßnahmen zu einer Stabilisierung der Agrarstruktur bei. Ein erheblicher Teil der überschuldeten Betriebe blieb im Eigentum der bisherigen Besitzer, so daß die bei einer normalen Krise gerade für ein marktwirtschaftliches System immer wieder hervorgehobene reinigende und damit die schwachen Betriebe ausmerzende bzw. umwandelnde Wirkung ausblieb.

Diese *Politik des Staates* stand unter dem Einfluß einer *politischen Richtung,* die vor allem repräsentiert wurde

— durch die *Deutschnationale Volkspartei,*

— durch den *Reichs-Landbund* und

— durch den *Reichspräsidenten* mit den von hier ausgehenden Einflüssen auf Reichswehr und höhere Beamtenschaft.

e) Politische Interessengruppen und Verbände

Neben den politischen Parteien waren auch und vor allem die Berufsverbände von großem Einfluß auf die staatliche Agrarpolitik. Dabei spielten die *Landarbeitergewerkschaften* keine entscheidende Rolle. Die Situation der Landarbeiter, einschließlich der landwirtschaftlichen Gesindekräfte, hatte sich zwar ab Herbst 1918 formell erheblich geändert. So wurden vom Rat der Volksbeauftragten am 12. November 1918 die Gesindeordnungen aufgehoben, die den landwirtschaftlichen Arbeitgebern ihren Gesindekräften gegenüber noch recht patriarchalische und bevormundende Rechte zugestanden hatten. Die Tariffreiheit und die Tarifautonomie wurden auch für die Landwirtschaft verbindlich. Der in Berlin tagende „Reichs-Bauern- und -Arbeiter-Rat" stellte in einer Landarbeitsordnung die Landarbeiter den Industriearbeitern gleich. Arbeitszeitregelungen nahmen zwar auf die saisonal und witterungsbedingten Arbeitsspitzen in der Landwirtschaft Rücksicht, brachten aber in die Arbeitsbedingungen eine größere Übersichtlichkeit. Die gewerkschaftliche Organisation der Landarbeiter, vor allem der Deutsche Landarbeiter-Verband und der Zentralverband der Land- und Forstarbeiter erhielten in der ersten Nachkriegszeit einen erheblichen Zulauf. Ihre Mitgliederzahl wuchs auf 770 000 beim Landarbeiter-Verband und wenig über 100 000 beim Zentralverband, bei insgesamt etwa 3 Mill. familienfremden Arbeitskräften in der Landwirtschaft ein recht hoher Organisationsgrad. Die geringen Erfolge der Gewerkschaften und die starke Integration der landwirtschaftlichen Arbeitnehmer in die dörflichen Gesellschaften ließen allerdings die Mitgliederzahl schnell wieder zurückgehen. Schon Ende 1923 lag der Bestand beider Gewerkschaften bei weniger als 200 000 und 1932 bei weniger als 50 000. Dementsprechend war ihr *Einfluß auf die Agrarpolitik* auch äußerst *gering*.

Von entscheidendem Einfluß auf die staatliche Agrarpolitik wurden die *Interessenverbände der selbständigen Landwirte.* Hier kamen *vor allem zwei Verbände* in Betracht:

— Der *Reichs-Landbund,* der im wesentlichen die Politik des Bundes der Landwirte aus der Zeit vor dem Ersten Weltkrieg fortsetzte. Diese Vereinigung hatte 1930 nach eigenen Angaben 5,6 Mill. Mitglieder, davon 1,7 Mill. selbständige Landwirte. Diese Zahlen dürften aber zu hoch liegen, wie ein Vergleich mit den potentiellen Mitgliedern zeigt.

— In der *Vereinigung der deutschen christlichen Bauernvereine* waren — wie in den Bauernvereinen vor dem Ersten Weltkrieg — vor allem die klein- und mittelbäuerlichen Schichten vertreten. Nach eigenen Angaben betrug der Mitgliederbestand 1929 etwa 1,5 Mill., was aber ebenfalls zu hoch gegriffen sein dürfte.

— Daneben bestand seit 1927 noch der Zusammenschluß einiger Splitterverbände, die in der *Deutschen Bauernschaft* zusammengefaßt waren, mit 1929 nach eigenen Angaben 200 000 Mitgliedern.

Die *politische Ausrichtung der ersten beiden Verbände* ist aus ihrer Mitgliedschaft erklärlich:

— Im Reichs-Landbund gaben die Vertreter des Großgrundbesitzes den Ton an. Ihre starke Übereinstimmung oder teilweise sogar Identität mit den Parteiführern der Deutschnationalen Volkspartei sorgte dafür,

— daß sie einerseits der Weimarer Republik, d. h. dem demokratischen System gegenüber ablehnend eingestellt waren,

— andererseits aber (nicht zuletzt, weil sie die Agrarpolitik dieses Systems für die eigene wirtschaftliche Misere verantwortlich machten) von ebendiesem Staat finanzielle Unterstützung verlangten.

Dabei läßt sich kaum zwischen denjenigen Landwirten differenzieren, die eigentlich wirtschaftlich tüchtig und erfolgreich waren, und denjenigen, die Unterstützung benötigten. Für beide Gruppen brachte die staatliche Agrarpolitik Einkommensverbesserungen.

— Die christlichen Bauernvereine waren (trotz ihrer teilweise ebenfalls sehr konservativen und eher dem 1918 abgeschafften System zugeneigten Haltung) bereit, die Politik des Zentrums zu unterstützen, diese dadurch aber in eine stärker konservative Richtung (gemeinsam mit anderen Mittelstandsgruppen) drängend.

Da auch die *Landwirtschaftskammern,* die *teilweise* sogar eine *Beteiligung der Landarbeiter* vorsahen, entscheidend von den berufsständischen Verbänden geprägt waren, war deren Politik im Grunde so ausgerichtet wie die Politik der genannten zwei Verbände. Im Ergebnis läßt sich sagen,

— daß die landwirtschaftlichen Interessenverbände einen entscheidenden Einfluß auf die Agrarpolitik gehabt haben und insbesondere in der Gesetzgebung (im Zusammenhang mit den zahlreichen Hilfsmaßnahmen für die überschuldeten Betriebe) eine Stabilisierung der Agrarstruktur mit einem besonderen wirtschaftlichen Schutz der Großbetriebe erreichten,

— daß sich aber gleichzeitig keineswegs eine positive Einstellung zu dem 1918 entstandenen Staat (Weimarer Republik) bildete.

Daß man hierbei die Nationalsozialisten unterstützte, mag nur teilweise damit zusammenhängen, daß man die Gefährlichkeit dieser Partei nicht erkannte (oder vielleicht auch nicht erkennen wollte). Die Auseinandersetzungen im Reichs-Landbund seit 1928 zeigen, daß dieser die nationalsozialistische Machtergreifung letztlich fördernde Weg keineswegs vorgezeichnet war; daß man Eberhard Graf v. Kalckreuth den entscheidenden Einfluß auf den eigenen Verband überließ und damit die faktische Gleichschaltung mit den Nationalsozialisten ermöglichte, zeigt, daß die Mehrzahl dieses Verbandes die Änderung der politischen Verhältnisse nicht in ihren Auswirkungen richtig einschätzte und daher dieser Änderung keinen Widerstand entgegensetzte, vielmehr sogar eine Verbesserung der eigenen Lage durch die Nationalsozialisten erhoffte. Der entscheidende Teil der führenden Politiker der Deutschnationalen Volkspartei (vor allem Alfred Hugenberg, 1865 bis 1951) und des Reichs-Landbundes (vor allem Eberhard Graf v. Kalckreuth, 1881 bis 1941, aus Ober-Siegersdorf, Kreis Freystadt, Niederschlesien) drängte die mit der Weimarer Verfassung nach und nach einverstandenen Flügel (vor allem westelbischer Mitglieder) zurück. Das Zusammengehen mit den Nationalsozialisten brachte aber keine Stärkung für Hugenberg und Kalckreuth, sondern ließ diese — verstärkt durch vergleichbare Tendenzen in anderen Verbänden — nur zur Absicherung der NSDAP-Position ab Januar 1933 beitragen.

Zwar wird immer wieder in der Literatur die Schuld an dieser Entwicklung den Großgrundbesitzern zugesprochen. Es wird dabei aber nicht berücksichtigt, daß gerade auch in der bäuerlichen Schicht, die in dem nationalsozialistischen Parteiprogramm (Blut und Boden usw.) besonders angesprochen wurde, eine starke Verbitterung gegen die Weimarer Republik vorhanden war, die sich z. B. in Schleswig-Holstein seit 1928 immer wieder in Demonstrationen und Gewaltanschlägen niederschlug. Die Zahl der zur Zwangsversteigerung gebrachten Bauernhöfe hatte erheblich zugenommen und zeigte deutlich, daß keineswegs nur die Großgrundbesitzer von der Agrarkrise betroffen waren. Entscheidend wurde, daß die gemäßigteren Gruppen innerhalb der Verbände sich nicht auf ein Zusammengehen einigen konnten, daß daher kein Gegengewicht zu den immer mehr den Nationalsozialisten zuneigenden Kräften entstand.

3. Landwirtschaft und Agrarpolitik in der Zeit der Nationalsozialisten

a) Die Blut-und-Boden-Ideologie

Der Bauernstand hatte für die nationalsozialistische Ideologie eine zentrale Bedeutung. Schon im 25-Punkte-Programm vom 24. Februar 1920 wurde der *Mittelstand* als besonders förderungswürdig hervorgehoben. Der *Bauernstand* wurde in doppelter Weise als der wichtigste Teil eines Volkes angesehen:

— Die *überdurchschnittliche Geburtenrate*, die im Bauernstand vorhanden war, wurde für die nationalsozialistische Bevölkerungspolitik als wichtig angesehen.

— Durch das angeblich *gesunde Landleben* sollte der Bauernstand zu einem Erneuerer des Volkes werden.

Wie weit diese Rassenideologie ging, zeigt folgendes Beispiel:
Der nationalsozialistische Reichsbauernführer Richard Walther *Darré* (1895 bis 1953), der den Begriff Blut und Boden prägte, wies auf die Erbmasse Goethes (in Thüringen) hin und forderte in „Odal", der Monatsschrift für Blut und Boden (1935, Heft 11,

S. 799), die *züchterische Auswahl von überdurchschnittlichem Erbgut* — was immer man darunter verstand und wer immer hier die Auswahl zu treffen hatte. „Und wenn wir die letzte gedankliche Folgerung ... wegen ihrer Neuheit noch nicht gleich in uns aufnehmen können, so müssen wir doch Narren sein, wenn wir nichts dagegen tun wollten, daß unsere ländliche Blutsquelle infolge des bisher geltenden Rechtes versiegt und sich im nichtländlichen Sektor unseres völkischen Daseins nutzlos verschwendet. Und dies alles, nachdem uns alle Geschichte beweist, daß unsere Kultur vom germanischen Blute bedingt ist und dieses wiederum in seiner Lebensfähigkeit vom Bodenrecht abhängt, unter dem es leben muß". Im Zweiten Weltkrieg wurde dieser *Gedanke der Züchtung des Menschen von Heinrich Himmler* (1900 bis 1945) und seiner SS-Führung noch weiter geplant (insbesondere im *Wewelsburger Kreis*).

In dem Darré-Zitat wurde bereits der *Boden* angesprochen. Die Besitz- und damit *Nutzungskontinuität über Generationen* in den einzelnen Familien war das erklärte Ziel der Bodenpolitik der Nationalsozialisten. Man war daher gegen das „liberale Bodenrecht" des Bürgerlichen Gesetzbuches, das gegen „jedes bodenständige, deutsche Bauerntum" wirkte und damit auch gegen „jede Bejahung der Blutsgesetze im Deutschen Volke" (Darré a. a. O.,).
Dementsprechend wurde auch *gefordert,*

— daß das *Anerbenrecht* die Realteilung zurückdrängen müsse und

— daß die *weichenden Erben kein Anrecht auf das Vermögen des Hofes* erhalten sollten, sondern lediglich eine Ausstattung und Berufsausbildung, ausgerichtet am Ertrag des einzelnen Hofes,

— daß ferner „für Notfälle das Recht der *Heimatzuflucht* auf dem Hofe" geschaffen werden sollte.

Man propagierte daher die Anlage von Neusiedlerhöfen. Auch hier wurde wie bei den bestehenden Höfen die Sippe, eigentlich die Familie, und nicht der einzelne Mensch als der Träger des Hofes angesehen; der jeweilige Hofbesitzer war demnach lediglich eine Art Treuhänder der Sippe bzw. der Familie.

Rudolf Heß, der Stellvertreter des Führers (geb. 1894), drückte die enge Verbindung der beiden Begriffe Blut und Boden in der Ideologie der Nationalsozialisten auf dem Reichsparteitag in Nürnberg 1933 folgendermaßen aus: Nationalsozialismus bedeutet nichts anderes als angewandte Rassenkunde. Nach Darré war hierunter zu verstehen, daß „die Rassenfrage nicht nur der Schlüssel zum Verständnis der Weltgeschichte ist . . ., sondern daß die Rassenfrage die Achse aller politischen Überlegungen des Nationalsozialismus darstellt. Da aber keine Staatskunst der Welt die erdräumlichen Verhältnisse des Gebietes außer acht lassen kann, in welchem das Volk lebt, so wird hieraus ersichtlich, daß die Begriffe „Blut" und „Boden" zum entscheidenden Grundgedanken des Nationalsozialismus werden" (Darré, a. a. O., S. 805).

Kernstück der Blut-und-Boden-Politik war neben dem vor allem in der Judenverfolgung deutlich werdenden Rassismus die *Erbhofgesetzgebung*. Letztere knüpfte teilweise an die Anerbenrechtsbewegung der Zeit vor 1914 an, brachte aber eine stärkere Beeinträchtigung des Eigentumsrechtes. In der Präambel zum Erbhofgesetz wurden die beiden Komponenten von *Blut-und-Boden* ausdrücklich hervorgehoben:

— „Die Reichsregierung will unter Sicherung alter deutscher Erbsitte das *Bauerntum als Blutsquelle des deutschen Volkes* erhalten".

— „Die *Bauernhöfe* sollen vor Überschuldung und Zersplitterung im Erbgang geschützt werden, damit sie dauernd *als Erbe der Sippe* in der Hand freier Bauern verbleiben".

Zu *Erbhöfen* wurden *kraft Gesetzes* alle land- und forstwirtschaftlich genutzten Besitzungen, die *höchstens 125 ha* groß waren *oder mindestens eine Ackernahrung* umfaßten, d. h. mindestens eine Familie ernähren und mit dem für den Lebensunterhalt erforderlichen Einkommen versehen konnten. Besitzungen mit mehr als 125 ha konnten *durch besondere Zulassung* ebenfalls die Erbhofeigenschaft erhalten,

— wenn Bodenart und Klima besonders ungünstig waren,

— wenn es sich um einen abgerundeten Hof handelte, der seit mehr als 150 Jahren im Eigentum der betreffenden Familie gewesen war,

— wenn „ein um das Gesamtwohl des deutschen Volkes besonders verdienter Deutscher in eigener Person oder in seinen Nachkommen geehrt werden soll" (z. B. der Besitz des Fürsten von Bismarck oder des Generalfeldmarschalls von Mackensen),

— wenn die auf der Besitzung ansässige Familie Werte, wie z. B. Bauwerke von künstlerischer oder kulturgeschichtlicher Bedeutung, geschaffen hatte, die nur bei einer größeren Besitzung als 125 ha erhalten werden konnten.

Die Fideikommiß-Güter sollten ausdrücklich nur dann als Erbhof anerkannt werden, wenn eine der vorgenannten Bedingungen gegeben war.

Um die *Besitzkontinuität* in den einzelnen Familien bei den Erbhöfen zu erhalten, wurden vor allem folgende Rechtsbereiche streng geregelt:

— Das Erbrecht legte die *genaue Erbfolge* fest. Dabei hatten die männlichen Verwandten vor weiblichen Nachkommen den unbedingten Vorzug.

— *Veräußerung, Belastung* und *Verpachtung* waren bis auf festgelegte Ausnahmefälle *nicht zulässig.* Vor allem die Verschuldung mit der dadurch bewirkten wirtschaftlichen Aushöhlung des Eigentumsrechtes sollte abgebaut werden, um kritische finanzielle Situationen für den einzelnen Erbhof zu vermeiden.

Das Erbhofgesetz vom 29. September 1933 sah vor, daß die *Erbhöfe* in ein *besonderes Register (Erbhöferolle)* einzutragen waren, was aber für die Höfe, die kraft Gesetzes Erbhöfe wurden, nur deklaratorische, nicht konstitutive Wirkung hatte. Insgesamt wurden *fast 1 Mill. Höfe* mit zusammen 14,2 Mill. ha landwirtschaftlicher Nutzfläche, d. h. mit etwas *mehr als der Hälfte der gesamten Nutzfläche* des Deutschen Reiches, Erbhöfe.

Da die Erbhöfe nur von solchen Personen in Besitz gehalten werden durften, die

— die deutsche Staatsangehörigkeit besaßen,
— deutschen oder stammesgleichen Blutes waren,
— nicht entmündigt waren,
— als ehrbar galten und
— wirtschaftsfähig waren,

bedurfte es hier eines besonderen Prüfungsverfahrens, um die Erbhofbauernfähigkeit bestätigt zu bekommen. Ausgeschlossen vom Besitz eines Erbhofes wurden vor allem Juden und Farbige bzw. deren Nachkommen.

Obgleich die Nationalsozialisten die Förderung der bäuerlichen Wirtschaften immer wieder betont haben, war die *Siedlungstätigkeit* wesentlich *geringer* als in der Zeit der Weimarer Republik. Insgesamt wurden von 1933 bis 1941 auf 380 000 ha 22 000 neue Siedlerstellen eingerichtet, d. h. im Durchschnitt 2444 pro Jahr. In der Zeit von 1919 bis 1932 waren trotz der Anlaufschwierigkeiten nach dem Ersten Weltkrieg im jährlichen Durchschnitt immerhin 4 286 Neubauernhöfe errichtet worden, d. h. 76 v. H. mehr. Hinzu kommt noch, daß die Nationalsozialisten eine ganze Reihe von bereits begonnenen Verfahren 1933 nur fortzusetzen brauchten. Hierin wird zugleich deutlich, daß für die nationalsozialistische Führung der Blut- und Bodenpolitik lediglich ein untergeordneter Stellenwert zukam. Die *Expansionspolitik* stand *im Vordergrund.*

b) Der Reichsnährstand

Die *Interessenverbände der Landwirtschaft,* mit denen auch weitgehend die *Landwirtschaftskammern* gleichgerichtet waren, standen dem *Nationalsozialismus teilweise skeptisch* gegenüber, *teilweise* gingen sie davon aus, daß sie in der Lage wären, ihn *für ihre Interessen* einzuspannen. Der zum Reichsernährungsminister unter Adolf Hitler ernannte deutschnationale Politiker Alfred Hugenberg repräsentierte die zuletzt genannte Richtung. Schon bald mußte man aber feststellen, daß der *Nationalsozialismus* es verstand, vor allem in den *landwirtschaftlichen Interessenverbänden* die entscheidenden Positionen zu besetzen, den Deutschen Landwirtschaftsrat, eine Art Spitzengremium der landwirtschaftlichen Interessenvertretungen, *zu durchdringen* und damit der staatlichen Verwaltung unter *Hugenberg die Einflußmöglichkeiten zu entziehen.* Walther Darré war damit zum Kontrahenten Hugenbergs geworden. Am *26. Juni 1933* zog *Hugenberg* hieraus die Konsequenzen und *legte sein Ministeramt nieder.* Damit war der Weg zur einheitlichen Entwicklung der privaten und der öffentlich-rechtlichen Einrichtungen in der Landwirtschaftspolitik freigemacht. Die *Errichtung des Reichsnährstandes* konnte in die Wege geleitet werden.

Durch Gesetz vom *13. September 1933* wurde der *Reichsnährstand gegründet.* Er umfaßte die *Erzeuger, die Bearbeiter und Verarbeiter,* ferner den *Handel mit Agrarprodukten.* Damit war eine wichtige Voraussetzung für die schnelle Verwirklichung der späteren Kriegswirtschaft im Nahrungsbereich geschaffen.

Der *Reichsnährstand* war organisatorisch wie folgt *aufgebaut:*

In horizontaler Richtung gab es auf jeder Ebene drei Hauptabteilungen, die auf den unteren Ebenen, insbesondere beim Ortsbauernführer in Personalunion verwaltet wurden (Aufgaben nach H. Reischle und W. Saure):

— *Der Mensch* stand im Mittelpunkt der ersten Abteilung: Dieser Abteilung fielen in erster Linie die Aufgaben zu, „welche die bisherigen freien Organisationen, Vereine und Verbände der deutschen Landwirtschaft sich gestellt hatten. Ihre Tätigkeit dient insbesondere auch der Verwirklichung des Staatsgedankens von *Blut und Boden* (z. B. Durchführung des Reichserbhofgesetzes, Neubildung deutschen Bauerntums u. a.)" (nach Wilhelm Saure).

— *Der Hof* als Betriebsstätte sollte von der zweiten Hauptabteilung betreut werden. Diese Abteilung „bearbeitet die fachlichen und betrieblichen Angelegenheiten der Landwirtschaft, die bisher von den öffentlich-rechtlichen landwirtschaftlichen Berufsvertretungen (Landwirtschaftskammern, Bauernkammern), der Preußischen Hauptlandwirtschaftskammer und dem Deutschen Landwirtschaftsrat wahrgenommen wurden. Ihr liegt insbesondere die Leitung und Durchführung der *Erzeugungsschlacht* ob".

— Die Reichshauptabteilung *Der Markt* hatte sämtliche Marktfragen der Landwirtschaft im weitesten Sinne zu betreuen. „Sie hat die Aufgabe, die Verteilung der den Hof verlassenden Lebensmittel und ihre weitere Be- und Verarbeitung im Dienste der *Volksernährung* zu regeln, insbesondere die Maßnahmen der Zusammenschlüsse zu steuern, zu fördern, zusammenzufassen und auszugleichen (Marktordnung und Marktförderung). Hierhin gehören u. a. auch das Marktrecht, das Marktüberwachungswesen, der Marktausgleich, die Schiedsgerichtsbarkeit, die Bearbeitung aller Beschwerden in Angelegenheiten der Marktordnung sowie die allgemeinen Fragen des Genossenschaftswesens und des Landhandels (der Nährstandskaufleute)".

Die vertikale Gliederung war folgendermaßen:

— Das *Verwaltungsamt* des Reichsnährstandes war die *zentrale Einrichtung*, an deren Spitze ein Verwaltungsamtsführer stand.

Diesem Verwaltungsamt zur Seite — und in gleicher Weise dem Reichsbauernführer als dem eigentlichen Führer des gesamten Reichsnährstandes untergeordnet — gab es

— ein Stabsamt (mit einem Stabsamtsführer) „gewissermaßen der Generalstab des Reichsbauernführers,"

— einen Reichsbauernrat, als Beirat des Reichsbauernführers (Mitglieder wurden vom Reichsbauernführer berufen), und

— den Reichsbauerntag und das Reichsbauernthing, zu denen die gesamte Führerschaft der deutschen Bauern gehörte.

Ständiger Vertreter des Reichsbauernführers war der Reichsobmann des Reichsnährstandes.

— Die 26 *Landesbauernschaften* (1940) waren ähnlich aufgebaut wie die Zentrale des Reichsnährstandes.

— Die *Kreisbauernschaften* hatten als unterste durchgegliederte und mit hauptberuflich als Verwaltungsbeamten besetzte Behörde die Hauptarbeit der Betreuung der einzelnen Betriebe.

— Die *Ortsbauernschaften* umfaßten in der Regel die Bauern einer politischen Gemeinde. Hier gab es keine hauptamtlichen Verwaltungsbeamten. Der Ortsbauernführer war eine Art Vertrauenslandwirt für die Kreisbauernschaften.

Manchmal war zwischen Orts- und Kreisbauernschaften noch eine Bezirksbauernschaft zwischengeschaltet, wenn dies aus organisatorischen Gründen für erforderlich gehalten wurde. Das vertikale Organisationsschema des Reichsnährstandes läßt sich in etwa folgendermaßen darstellen, vgl. Abbildung 26.

Die Reichshauptabteilung *Der Markt* wurde *unterstützt* von

— *Reichsstellen* für einzelne Produkte oder Produktgruppen (Regelung der Einfuhren) und

— *Hauptvereinigungen* für einzelne Produkte und Produktgruppen (Erfassung der inländischen Produktion, Verteilung der inländischen Produktion und der Einfuhren).

Errichtet wurden solche Hauptvereinigungen für die

— Getreide- und Futtermittelwirtschaft,	— Zuckerwirtschaft,
— Viehwirtschaft,	— Gartenbauwirtschaft,
— Milch- und Fettwirtschaft,	— Weinbauwirtschaft,
— Eierwirtschaft,	— Brauwirtschaft,
— Kartoffelwirtschaft,	— Fischwirtschaft.

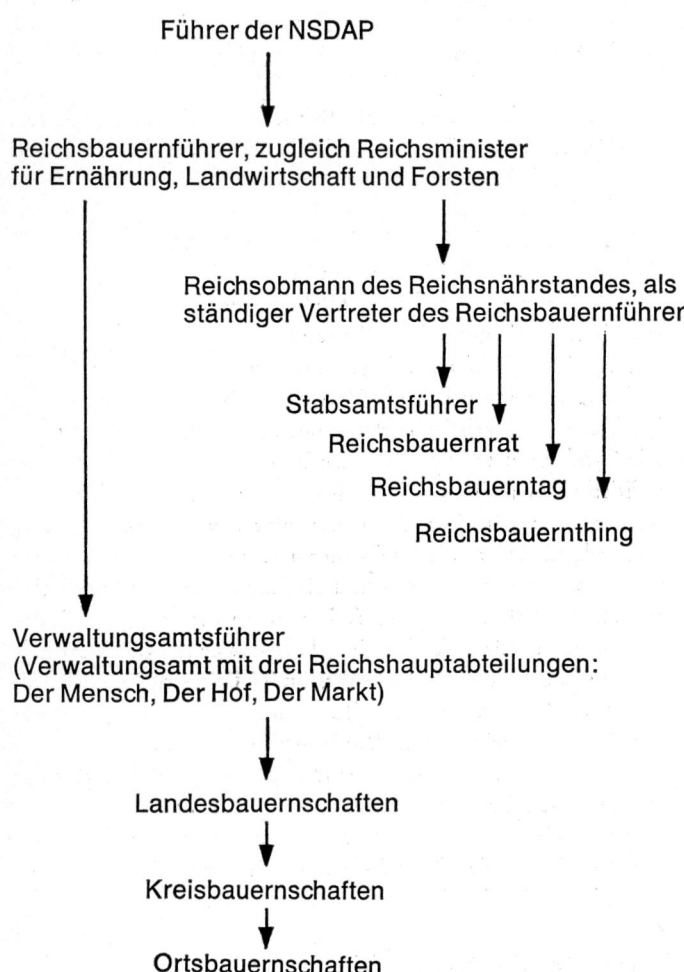

Abb. 26: Organisationsschema des Reichsnährstandes (nach Reischle und Saure)

Regional, meistens in Anlehnung an die Gebiete der Landesbauernschaften, waren die Hauptvereinigungen in Wirtschaftsverbände untergliedert. Diese Zusammenschlüsse waren Zwangsvereinigungen. Sie umfaßten Erzeuger, Verarbeiter und Verteiler, d. h. sämtliche Stufen des Weges der Nahrungsmittel von der Landwirtschaft bis zum Ladentisch.

Die Leiter der Hauptvereinigungen wurden vom Reichsbauernführer ernannt. Dem Leiter stand jeweils ein Verwaltungsrat zur Seite, dessen Mitglieder ebenfalls vom Reichsbauernführer bestimmt wurden. Eine entsprechende Regelung galt für die regionalen Wirtschaftsverbände, wo dann der Landesbauernführer die entscheidende Instanz war.

Die Aufgaben der Hauptvereinigungen und der regionalen Wirtschaftsverbände waren im wesentlichen folgende:

— Die Beeinflussung der Produktion, insbesondere die Ausdehnung derjenigen Produktionszweige, bei denen ein erheblicher Einfuhrüberschuß bestand. Die Maßnahmen konnten bis hin zu konkreten Anbauanordnungen gehen. Es konnten außerdem auch Ablieferungskontingente festgelegt werden. Für jeden Hof wurde zu Beratungszwecken bei der Kreisbauernschaft eine Hofkarte angelegt, die die Produktionsbedingungen und die Produktionsmöglichkeiten der einzelnen Höfe aufnahm. Die Berater versuchten, anhand dieser Hofkarte die Produktion in den einzelnen Betrieben zu beeinflussen und zu lenken.

— Die Markt- und Preisverhältnisse wurden kontrolliert. Man versuchte hier ebenfalls die Produktion, aber auch den Absatz zu beeinflussen. Preisregulierungen, Verarbeitungskontingente, Lieferungsbedingungen (Verpackung usw.) wurden ebenso festgelegt wie die Handelsspannen, die Reklame usw. Die Agrarpreise wurden vor allem ab 1937 allgemein angehoben, so daß die landwirtschaftlichen Einnahmen (nach Petzina) von 1932/33 = 6,4 Mrd. RM auf 1938/39 = 10,7 Mrd. RM anstiegen.

— Die Hebung der „allgemeinen Lebenshaltung" (H. Reischle und W. Saure) zielte auf eine Erhaltung oder gar Verbesserung der Versorgung. Dabei wird man diesem Teil der Aufgaben mehr eine propagandistische Ausrichtung zumessen können, denn das Hauptziel der nationalsozialistischen Agrar- und Ernährungspolitik war die Autarkie. Diese bedeutete eine Verminderung der Im- und Exporte auch von Nahrungsmitteln und damit weniger Ausgleichsmöglichkeiten bei stark schwankenden Erträgen, was gerade aufgrund der witterungsabhängigen landwirtschaftlichen Produktion zu Schwierigkeiten bei der Versorgung der Bevölkerung führen mußte.

Für die *Organisation des Reichsnährstandes* sind folgende Punkte *von grundsätzlicher Bedeutung:*

— Die der zentralen Spitze beigefügten *Institutionen* (Reichsbauernrat, Reichsbauerntag und Reichsbauernthing) waren nicht nach dem demokratischen Prinzip zusammengesetzte Gremien, da die *Mitglieder* nicht gewählt, sondern *ernannt* wurden.

— Das *Führerprinzip* (Befehlsgewalt nach unten, Verantwortung nach oben) beherrschte die gesamte Organisation.

— Die Errichtung des Reichsnährstandes und die Durchgliederung bis in das letzte Dorf beseitigte zugleich die bisher bestehenden staatlichen und privaten Einrichtungen, Verbände und sonstigen Organisationen. Lediglich die bisher neben den Kammern bestehenden Landwirtschaftsabteilungen bei den Regierungspräsidenten und die Landwirtschaftsministerien blieben bestehen. Die zuerst genannten Behörden hatten vor allem den Grundbesitz des Fiskus (Domänen usw.) zu verwalten. Der Reichsbauernführer wurde zugleich Landwirtschaftsminister des Reiches (Walther Darré seit 1933 Landwirtschaftsminister und seit 1934 auch Reichsbauernführer).

Die in Diktaturen (mit einem Einparteiensystem) übliche Identität von Partei und Staat (im Deutschen Reich auch formell seit dem entsprechenden Gesetz „zur Sicherung der Einheit von Partei und Staat" vom 1. Dezember 1933) wurde hier verwirklicht.

c) Nahrungsmittelproduktion und -verbrauch von 1933 bis 1939

Die im Vordergrund stehende *Autarkiepolitik,* um im Falle eines außenpolitischen Konfliktes die Ernährung aus der eigenen „Scholle" sichern zu können, stand unter dem Schlagwort der „Erzeugungsschlacht". Wie in Diktaturen üblich, setzte man in umfangreichem Maße Propagandamittel zur Erreichung dieses Zieles ein. Auch die Industrie, soweit sie mit der Landwirtschaft in Verbindung stand, richtete ihre Reklame entsprechend ein, wie zwei Zitate zeigen (aus Odal 1935, März- und Mai-Hefte):

— „Aus eigener Scholle unser Volk von über 65 000 000 zu ernähren, ist eine gewaltige Aufgabe. Nur durch Ertragssteigerung kann diese Aufgabe gelöst werden. Höhere Ernten erfordern stärkere Düngung! Stickstoff ist für die Ertragshöhe von ausschlaggebender Bedeutung. Deshalb im Frühjahr rechtzeitig und ausreichend mit Stickstoff düngen!" (Reklame des Stickstoff-Syndikats).

— „Die große Aufgabe, deren Lösung zu den brennendsten Problemen der Gegenwart nationalsozialistischen Wirtschaftens gehört, lautet:

Wie läßt sich die Ernährung des Volkes aus heimischer Scholle sicherstellen? Es ist Pflicht aller an dieser Aufgabe Arbeitenden, sämtliche verfügbaren Kräfte und Mittel in der Erzeugungsschlacht einzusetzen. Lanz bietet dazu in reicher Auswahl betriebssichere Hilfsmittel, vollendet in Güte des Werkstoffes, fortschrittlicher Bauart und sorgsamster Fertigung" (Reklame der Firma Heinrich Lanz in Mannheim).

Diese beiden Zitate zeigen zugleich die *Organisationsform der Wirtschaft:*

— Vom *Staat* (und der Partei) wurden *Produktionsziele* vorgegeben.

— Der *Privatwirtschaft* wurde aber ein *Freiraum* belassen,

   — um z. B. in der *Industrie* eigenständig neue Produkte zu entwickeln und die vorhandenen abzusetzen, d. h., es bestand zunächst keine Zuteilung von Düngemitteln, Landmaschinen usw.

   — Der *Landwirt* entschied selbständig, ob er Düngemittel und Landmaschinen einsetzen wollte.

Die *Lenkung der Produktion* erfolgte durch *allgemeine Propaganda* und durch *individuelle Beratung.* Man versuchte vor allem diejenigen *Früchte und Produkte in den Vordergrund* zu stellen, *bei denen* Deutschland einen erheblichen *Zuschußbedarf* aus dem Ausland hatte: Fleisch und Fette, pflanzliche Öle und Gemüse, Flachs und Wolle.

Die Bemühungen zur *Steigerung* der landwirtschaftlichen *Produktion* hatten *viele Ansatzpunkte:*

— Die landwirtschaftliche Nutzfläche sollte durch *Urbarmachung von Ödland* (Moore usw.) und durch *Neulandgewinnung* an den Küsten ausgedehnt werden.

— Die Struktur der landwirtschaftlichen Produktion sollte so geändert werden, daß *ertragreichere Früchte* die weniger ertragreichen verdrängten. *Weideland* wurde *in Ackerland* umgewandelt. Der *Zuckerrübenbau* wurde *ausgedehnt* (von etwa 300 000 ha auf mehr als 500 000 ha).

— Die Verwendung von *Düngemitteln* wurde *propagiert* und teilweise durch *finanzielle Zuschüsse* (Preisminderung) angeregt.

— die *Agrarpreise* wurden recht *unterschiedlich erhöht,* um den Anreiz für die Produktion der besonders wichtigen Erzeugnisse zu verstärken.

Insgesamt waren die Bemühungen aber von *keinem großen Erfolg* gekrönt. Die landwirtschaftliche *Produktion stieg* von 1932/33 bis 1938/39 *um* weniger als *10 v. H.,* nachdem der Anstieg von 1923/24 bis 1932/33 noch 25 v. H. betragen hatte. Hierzu ist allerdings zu bemerken:

— Der stärkere Anstieg der Produktion in der Weimarer Republik wurde dadurch begünstigt, daß 1924 noch nicht die Ausfälle aus dem Ersten Weltkrieg ausgeglichen waren.
— Die relativ geringe Erhöhung der Produktion nach 1933 beruhte im wesentlichen auf der zu langsamen Ausdehnung der künstlichen Düngung (Stickstoffverbrauch 1932 = 12 kg je ha, 1938 = 24 kg; Phosphorsäure 1932 = 13 kg, 1938 = 25 kg; Kali 1932 = 21 kg, 1938 = 42 kg; nach A. Hanau und R. Plate). Die Entwicklung in der westdeutschen Landwirtschaft nach 1948 hat eindeutig gezeigt, daß auch langfristig eine erhebliche Ertragssteigerung durch verstärkte Düngung zu erreichen war, vgl. Abbildung 27. Die Roggen- und Kartoffelerträge haben nach dem Zweiten Weltkrieg eindeutig über den Erträgen in der Zwischenkriegszeit gelegen. Unter diesen Umständen ist es allerdings auch fraglich, ob wirklich eine Verdoppelung der Düngergaben je Flächeneinheit nach 1933 stattgefunden hat.

Die Verbesserung der landwirtschaftlichen Produktion wurde durch eine Bevölkerungszunahme von 1933 bis 1939 teilweise wieder ausgeglichen, so daß sich der *Selbstversorgungsgrad* des Deutschen Reiches von 1933 bis 1939 nur um wenige Prozent angehoben hatte und *kaum 85 v. H.* erreichte. Die größten Lücken bestanden bei den tierischen Produkten, zumal da auch die inländische Produktion zu einem erheblichen Teil von den Futtermittelimporten abhängig war. Hinzu kamen pflanzliche Fette, Flachs und Wolle:

— Die *Flachsproduktion* stieg von 2000 t im Jahre 1933 auf 28 000 t im Jahre 1939, befriedigte aber auch jetzt allenfalls ein Drittel des inländischen Bedarfs.
— Die Schafhaltung wuchs von 3,5 auf 5 Mill. Stück bis 1939, was aber nur etwa ein Viertel des inländischen Wollbedarfs ausmachte.

— Die *pflanzliche Fettproduktion* stieg von 4000 t 1932 auf
56 000 t im Jahre 1938. Etwa 450 000 t Reinfett für Speise-
zwecke und mehr als 300 000 t Industriefette mußten 1938
aber weiterhin eingeführt werden.

— Die *Schlachtfett-* und die *Butterversorgung* aus inländischer
Produktion erreichten 1938 mehr als 80 v. H. des Verbrauches.

— Der *Fleischverbrauch* stieg von 42 kg auf 48 kg in den Jahren
von 1932 bis 1938/39. Etwa zwei Drittel hiervon kamen aus
der einheimischen Produktion auf inländischer Futterbasis, ein
Drittel wurde direkt importiert oder indirekt in Form von
eingeführten Futtermitteln.

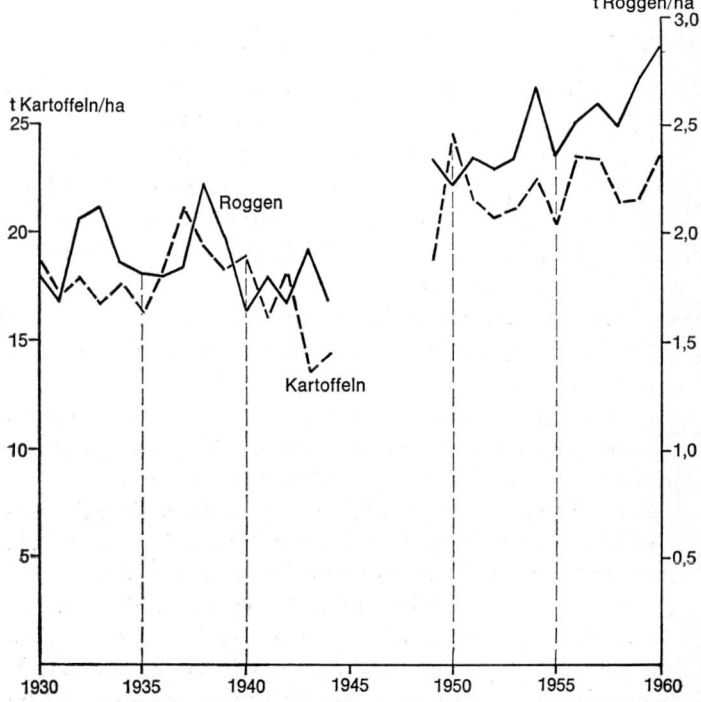

Abb. 27: Hektarerträge an Kartoffeln und Roggen im Deutschen Reich
und in der Bundesrepublik Deutschland 1930 bis 1960 (nach
W. G. Hoffmann u. a.)

Insgesamt zeigte sich, daß das Ziel der Autarkie nicht erreicht wurde, daß insbesondere gerade diejenigen landwirtschaftlichen Produktionszweige zu wenig begünstigt und gefördert wurden, bei denen der Engpaß besonders prägnant war.

Eine deutliche Erhöhung der Produktion, vor allem bei den in Deutschland knappen tierischen Produkten, hätte sich durch eine Ausdehnung der bäuerlichen Wirtschaften zu Lasten der Großbetriebe erreichen lassen. Die Intensivierung der Bodennutzung bei gleichzeitiger Verstärkung der künstlichen Düngung und des Ackerfutterbaues, insbesondere in Form des Zwischenfruchtbaues (zwischen den normalen Feldnutzungen), hätte in dieser Richtung gewirkt.

d) Die Ernährungswirtschaft im Zweiten Weltkrieg

Da die nationalsozialistische Agrarpolitik auf Autarkie, auf *Selbstversorgung mit Nahrungsmitteln* ausgerichtet war, ist die Ernährungswirtschaft in Deutschland von 1939 bis 1945 auch unter dem Gesichtspunkt zu beurteilen, *ob* die angestrebten *Ziele erreicht* wurden. Für die Versorgung der Bevölkerung standen folgende *Nahrungsmittelquellen* zur Verfügung:

— Die inländische Produktion.

— Die in Friedenszeiten angelegten Vorratslager.

— Die Zufuhr aus dem neutralen Ausland und aus den besetzten Gebieten.

Die inländische *Produktion schrumpfte* in den einzelnen Kriegsjahren ständig, wenn auch nicht so stark wie im Ersten Weltkrieg. Dies hatte im wesentlichen folgende *Gründe:*

— Die *Versorgung mit künstlichen Düngemitteln fiel* bei Phosphorsäure und Stickstoff auf die Hälfte und weniger, d. h. auf einen Stand, der bei der Phosphorsäure unter dem Niveau von 1932 lag und beim Stickstoff nur wenig darüber. Die Kali-Versorgung ging dagegen nur um wenige Prozent zurück, insgesamt bis 1944 nur um schätzungsweise etwa 10 v. H. Geht man davon aus, daß die Produktionssteigerung von 1932 bis 1939 um etwa 10 v. H. vor allem auf eine Ausdehnung der künstlichen Düngung zurückzuführen war, dann wird man auch jetzt annehmen können, daß der Rückgang der künstlichen Düngung entsprechend geringere Ernteerträge bewirkt haben mag.

— Auch die *Viehbestände* wurden *vermindert*. Dabei blieb der Rindviehbestand mit knapp 20 Mill. Stück (im Gebiet des Deutschen Reiches von 1937) relativ konstant, da hier inzwischen die inländische Futtergrundlage durch den Ausbau des Ackerfutterbaues erheblich verbessert worden war. Die Milchleistung ging allerdings um etwa 10 v. H. zurück, weil die Spitzenleistungen nach wie vor nur mit eingeführten Futtermitteln oder Rückständen der Pflanzenfettproduktion zu erzeugen waren. Die Schweinehaltung wurde trotz der negativen Erfahrungen mit dem Schweinemord im Ersten Weltkrieg und trotz der Erkenntnis, daß die Fleischversorgung der Menschen zum überwiegenden Teil von der Schweinehaltung abhängig war, um etwas mehr als ein Drittel vermindert: 1939 25,2 Mill., 1942 nur noch 15 Mill. Stück.

Diese Verminderung der Viehhaltung, die noch ergänzt wurde durch eine geringere Pferdehaltung in der Landwirtschaft, reduzierte auch die Versorgung der Böden mit natürlichem Dung, was wiederum die Ertragsfähigkeit senkte.

— Die Ausweitung der Wehrmacht ab 1939 erfaßte auch unbedingt für die Aufrechterhaltung der landwirtschaftlichen Produktion erforderliche *Arbeitskräfte*. Sofern aus der Landwirtschaft ein Anteil der Arbeitskräfte zur Wehrmacht einberufen wurde, der dem Durchschnitt der Einberufungen im Deutschen Reich gleich war, dann dürften von den 1938 etwa 9 Mill. in der Landwirtschaft Tätigen etwa 2,5 Mill. Personen eingezogen worden sein. Da Zurückstellungen in der Landwirtschaft aber seltener waren als in anderen Wirtschaftszweigen, als vor allem in der auf die Rüstungsproduktion ausgerichteten Industrie, entstand ein erhebliches Defizit. Dies wurde nur teilweise durch Arbeitskräfte aus anderen Ländern (Kriegs- und Zivilgefangene) ersetzt, zumal da die Arbeitsqualität aufgrund der geringen Vertrautheit mit den deutschen Produktionsmethoden nicht voll erreicht worden sein dürfte.

— Der Bedarf der Wehrmacht an *Pferden* beeinträchtigte die landwirtschaftlichen Arbeiten erheblich. Hinzu kam, daß man bis 1939 zwar den Wert der jährlich angeschafften Maschinen verdreifacht hatte, daß aber trotzdem der Mechanisierungs- grad noch sehr niedrig war. Insbesondere der Einsatz von Schleppern statt Pferden und anderen Zugtieren war wegen des damit verbundenen Brennstoffbedarfes von den National- sozialisten nicht nachhaltig gefördert worden. Damit war ein wichtiger arbeitsparender und auch die Erträge erhöhender Faktor nicht ausgenutzt, was sich besonders während des Krieges bemerkbar machte, als ausgebildete Arbeitskräfte knapp wurden.

Insgesamt *sank* die landwirtschaftliche *Produktion bei Getreide und Kartoffeln um etwa 10 v. H.*, während die Zuckerproduktion sogar noch ausgedehnt wurde, indem die Ausweitung der Anbau- flächen propagiert wurde. Hierbei wurde berücksichtigt, daß die Nahrungsmittelerträge beim Zuckerrübenanbau weit überdurch- schnittlich waren im Vergleich zu anderen Feldfrüchten und außerdem noch in erheblichem Maße Viehfutter anfiel.

Die Produktion tierischer Erzeugnisse verminderte sich erheblich mehr, und zwar gerade wegen des Abbaues der Schweinebestände. Der Verbrauch an Fleisch je Einwohner fiel dementsprechend von 1938/39 = 46 kg auf 1943/44 = 28 kg, d. h. um etwa 40 v.H. Die in Friedenszeiten angelegten *Vorratslager* konnten den Aus- fall an inländischer Produktion auf Dauer nicht ausgleichen. Der Vorrat an Brotgetreide stieg von 1937 = 2,3 Mill. auf 1939 = 6,4 Mill. t; 1939 waren außerdem 2,4 Mill. t Futtergetreide in den Lagerbeständen vorhanden. Da in normalen Erntejahren ins- gesamt nur etwas mehr als 1 Mill. t Getreide (Brot- und Futter- getreide) mehr eingeführt wurde als ausgeführt, reichte der ange- legte Vorrat jedoch zum Ausgleich der Versorgungslücke für mehrere Jahre, sofern die inländische Getreideproduktion nicht zu sehr absank.

Außer Getreide waren Vorratslager mit Fett eingerichtet worden. Gerade die Fettlücke wurde als besonders negativ empfunden. Zwei Drittel des Verbrauches im Jahre 1932 und etwa die Hälfte des Jahres 1937 waren eingeführt worden. Die auch ab 1938 weiter ausgedehnten Flächen für Ölpflanzen konnten den gesamten Verbrauch von 1,8 Mill. Speisefett des Jahres 1937 nicht absichern helfen. Auch der Vorrat von 0,6 Mill. t, der bis 1939 angelegt worden war, half hier nicht grundsätzlich. Der Fettverbrauch fiel daher von 1,8 Mill. t 1937 auf 1,1 Mill. 1942/43.

Die *Zufuhr von Nahrungsmitteln* war weitgehend durch die englische Blockade (wie im Ersten Weltkrieg) zunächst auf die neutralen Nachbarländer beschränkt. Anders als im Ersten Weltkrieg wurden aber die in den ersten Kriegsjahren besetzten fremden Gebiete schnell in die Versorgung der deutschen Bevölkerung einbezogen. Neben den tierischen Produkten, vor allem aus Dänemark, aber auch aus Frankreich und einigen osteuropäischen Ländern, stand die Einfuhr von Getreide im Vordergrund. Nach Hanau und Plate wurden von den in den fünf Kriegsjahren von 1939/40 bis 1943/44 im Gebiet des Deutschen Reiches in den Grenzen vom 1. September 1939 verbrauchten 144 Mill. t Getreide (davon etwa die Hälfte jeweils als Futtermittel und als direkte menschliche Nahrung in Form von Brot, Graupen usw.) 122 Mill. t oder 84 v.H. aus der eigenen Erzeugung gewonnen. 5,7 Mill. t oder 4 v. H. wurden aus den vorhandenen Vorratslagern entnommen, und 17 Mill. t oder 12 v. H. kamen aus Einfuhren oder Zwangsentnahmen in den besetzten Gebieten. Allein Rußland und Polen hatten fast 10 Mill. t Getreide zu liefern.

Die Fleisch- und Fetteinfuhren gingen dagegen während des Krieges erheblich zurück, da auch in den besetzten Gebieten die entsprechenden Produktionszweige erhebliche Ertragsverminderungen aufzuweisen hatten. So wurde noch 1939/40 0,5 Mill. t Fett (Butter und pflanzliche Fette) eingeführt, 1943/44 aber nur noch 0,16 Mill. t, was nur teilweise durch eine Ausdehnung der Rapsanbauflächen in Deutschland ausgeglichen wurde.

Im ganzen ist aber die Erforschung der Ausnutzung der besetzten Gebiete bisher noch nicht abgeschlossen. Zu den noch nicht genau untersuchten Vorgängen gehört auch die Entnahme von Nahrungsmitteln durch die deutsche Wehrmacht und die anderen deutschen Dienststellen im Ausland.

Mit Hilfe der Zufuhren aus den besetzten Gebieten konnte die Bevölkerung des Reiches zwar nicht mit einer solchen Nahrungsmittelmenge wie in Friedenszeiten versorgt werden. Ausgesprochene Hungersituationen wie im Ersten Weltkrieg seit dem Steckrübenwinter 1916/17 kamen aber bis 1944 nicht vor. Erst gegen Ende des Krieges, vor allem im letzten Kriegsjahr mußten die Rationen unter ein vertretbares Maß gesenkt werden, vgl. Abbildung 28.

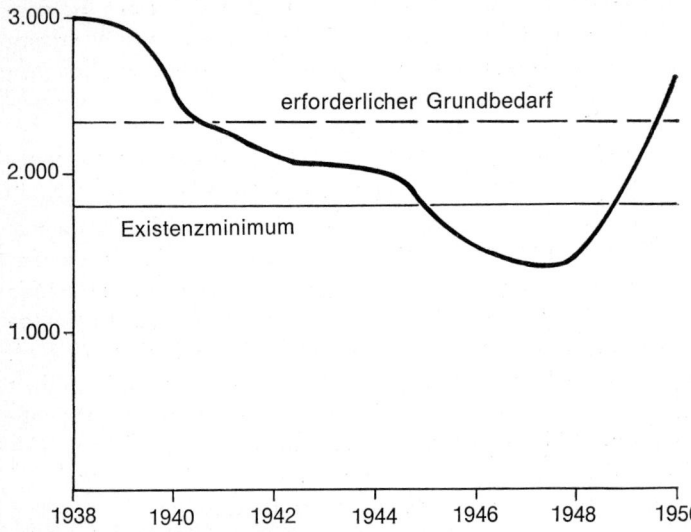

Abb. 28: Versorgung der deutschen Bevölkerung mit Nahrungsmitteln (in Kalorien/Tag/Person) von 1938 bis 1950

Diese Versorgung war aber nur möglich, weil in den besetzten Gebieten die Bevölkerung wesentlich weniger zur Verfügung hatte. Dabei waren entsprechend der nationalsozialistischen Rassenlehre Unterschiede zwischen den einzelnen besetzten Gebieten gemacht worden. Dänemark und andere nordische Völker hatten keine so großen Mengen nach Deutschland zu liefern wie gerade die osteuropäischen Völker, die kaum das zum Existenzminimum Erforderliche behielten. Auch die in Deutschland lebenden Kriegs- und Zivilgefangenen mußten mit sehr geringen Rationen auskommen. Sie hatten zudem keine Möglichkeiten, sich zusätzliche Nahrungsquellen zu erschließen.

Landwirtschaft und ländliche Gesellschaft nach dem Zweiten Weltkrieg im geteilten Deutschland

Die grundsätzlich unterschiedliche Entwicklung der Landwirtschaft und der inneren Verfassung der beiden verbliebenen deutschen Gebiete macht es erforderlich, diese in getrennter Form darzustellen.

1. Die Entwicklung zur sozialistischen Landwirtschaft in der Deutschen Demokratischen Republik

a) Die Ausgangssituation

Die *Ausgangssituation* der landwirtschaftlichen Produktion und damit der Versorgung der Bevölkerung mit Nahrungsmitteln war in der sowjetischen Besatzungszone ab 1945 wesentlich *günstiger als in den westlichen Besatzungszonen.* Kriegszerstörungen gab es zwar auch in diesem Gebiet, und zwar insbesondere in östlichen Bereichen in der Gegend der Oder, ferner um Berlin. Im allgemeinen waren die Kampfhandlungen aber erst zu einem Zeitpunkt in diese Gebiete gekommen, als die Frühjahrsbestellung — begünstigt durch das relativ frühe milde Wetter in diesem Jahr — bereits fast abgeschlossen war. Im übrigen waren und sind die natürlichen Voraussetzungen für die landwirtschaftliche Produktion hier *aus zwei Gründen* besser als in den westlichen Gebieten:

— Die *Agrarstruktur* war weitgehend großbäuerlich oder sogar großbetrieblich, so daß hierdurch und außerdem aufgrund des verbreiteteren Einsatzes von Maschinen die *Nahrungsmittelüberschüsse der Landwirtschaft* wesentlich *höher* lagen als in dem aufgrund des in vielen Regionen wirkenden Realteilungsrechtes überwiegend kleinbetrieblich geprägten Westdeutschland.

— Bei allen Unterschieden in der *Bodenqualität* auch in der sowjetischen Besatzungszone hatten doch im Durchschnitt der verbliebenen Teile Deutschlands diese Gebiete eine *überdurchschnittliche Ertragskraft.*

Nach den Bodenverhältnissen und damit nach der Ertragskraft kann man das Gebiet der DDR im wesentlichen in *drei Regionen* untergliedern:

— Im *Harzrandgebiet* und südlich einer Linie von Eisenach über Zwickau nach Görlitz war aufgrund der *gebirgigen und niederschlagsreichen Verhältnisse* der *viehstarke Kleinbetrieb* weit verbreitet. Neben dem Getreidebau prägte der *Futterbau* die Landwirtschaft dieser Gegend.

— In dem nördlich hiervon liegenden *Dreieck* zwischen *Magdeburg, Görlitz* und *Eisenach* (mit Ausnahme des Harzes) überwiegen die *guten Böden,* so daß hier beim Getreidebau der *Weizen* und teilweise auch die Wintergerste vorherrschten, ferner weite Teile mit *Zuckerrüben* angebaut werden konnten. Ähnliche Verhältnisse wies der Landstrich *von Schwedt an der Oder* über Rostock *bis* zur westlichen Grenze *Mecklenburgs* auf.

— Das Gebiet *nördlich der Linie Magdeburg und Görlitz* mit Ausnahme des genannten Streifens von Mecklenburg bis nach Schwedt an der Oder war durch *mittlere und ärmere Böden,* vor allem auch stark sandhaltige Böden, gekennzeichnet. *Roggen, Hafer* und *Kartoffeln* waren hier die wichtigsten Früchte.

Die Niederschläge im Gebiet der sowjetischen Besatzungszone lagen insgesamt um etwa 100 bis 150 mm unter dem Durchschnitt der westlichen Besatzungszonen. Obgleich die Wasserversorgung der mitteleuropäischen Landwirtschaft ein wichtiger und ertragssteigernder Faktor ist, werden die Erträge dadurch aber nicht unter die der westlichen Gebiete gedrückt. Aus den amtlichen Statistiken des Deutschen Reiches für die Zeit von 1935 bis 1938 lassen sich die aus Tabelle 20 ersichtlichen Hektarerträge für verschiedene Früchte zusammenstellen.

Bei fast allen Früchten lagen die Erträge in den Gebieten der späteren DDR in den Jahren von 1935 bis 1938 über dem Durchschnitt der Erträge im Deutschen Reich. Eine Ausnahme bildete allein der Zuckerrübenertrag, bei dem die westdeutschen Gebiete den Reichsdurchschnitt erheblich über den Durchschnitt der späteren DDR anhoben, während die Rübenanbaugebiete an der unte-

Tabelle 20: Hektarerträge verschiedener Früchte auf dem Gebiet
des Deutschen Reiches, der späteren DDR und der
späteren Bundesrepublik Deutschland für die Jahre
1935/38

Fruchtart	Gebiet des Deutschen Reiches	Gebiet der DDR	Gebiet der Bundesrepublik Deutschland
Roggen	17	20	20
Weizen	23	28	25
Gerste	22	27	23
Hafer	21	26	23
Kartoffeln	171	194	185
Zuckerrüben	313	301	317

ren Saale von Merseburg bis Calbe im Regenschatten des Harzes
lagen und geringere Flächenerträge aufzuweisen hatten, allerdings
bei einem überdurchschnittlichen Zuckergehalt der Rüben.
Berücksichtigt man, daß die verwendeten Statistiken aufgrund
unterschiedlicher Erhebungsmethoden nur angenäherte Werte vermitteln können, dann läßt sich aus diesen Zahlen mindestens ablesen, daß die *Ertragsbedingungen in dem Gebiet der DDR* offensichtlich *günstiger* lagen *als im Gebiet der Bundesrepublik.* Die
Durchschnittswerte für das Deutsche Reich liegen teilweise unter
denen der beiden Teilgebiete, weil die Ertragssituation in den Gebieten jenseits der Oder und Neiße schlechter war.
Für die Produktions- und Ernährungsverhältnisse waren aber
noch *zwei andere Relationen von großer Bedeutung:*
— Das *Ackerland* nahm in der sowjetischen Besatzungszone einen
  größeren *Anteil* an der gesamten landwirtschaftlichen Nutzfläche ein, nämlich etwa 77 v. H. gegenüber knapp 60 v. H.
  in Westdeutschland. Damit war gerade die in Ernährungsnot-
  zeiten wichtige Produktion von Ackerfrüchten in der späteren
  DDR relativ stärker möglich als in der späteren Bundesrepublik Deutschland.
— Die *Bevölkerungsdichte* war je qkm und *je Hektar landwirtschaftlicher Nutzfläche* bzw. Acker in der sowjetischen Besat-

zungszone wesentlich günstiger. Kamen hier auf 100 ha Acker 36 Personen und auf 100 ha landwirtschaftlicher Nutzfläche 27, so waren es in den westlichen Besatzungszonen, einschließlich Berlin (West), auf 100 ha Acker 54 und auf 100 ha landwirtschaftlicher Nutzfläche 32 Personen.

Gerade in den Anfangsjahren nach dem Zweiten Weltkrieg war wegen der allgemeinen Nahrungsmittelknappheit auf dem Weltmarkt, insbesondere auch bei den meisten Siegermächten, nicht mit einer Zufuhr zu rechnen. Die durch die Kriegswirtschaft ausgelaugten Böden, denen jahrelang nicht die erforderlichen künstlichen Nährstoffe, insbesondere Phosphorsäure und Stickstoff, zugeführt worden waren, brachten weit unter den Vorkriegsjahren liegende Erträge. Die Versorgung der Bevölkerung war daher in der sowjetischen Besatzungszone relativ schlecht. Sie entsprach damit dem allgemein niedrigen Niveau in den verschiedenen Teilen Deutschlands. Dabei wird aufgrund des höheren Anteiles der Familien mit Landnutzung vor allem ab 1946 eine bessere, statistisch nicht erfaßbare Versorgung der privaten Haushalte aus eigener Bodennutzung zu verzeichnen gewesen sein als in den westdeutschen Besatzungszonen.

b) Die „Bodenreform" von 1945 und die Entwicklung bis 1952

Die als *Bodenreform* bezeichnete *Enteignung aller* landwirtschaftlichen *Betriebe* der sowjetischen Besatzungszone *mit mehr als 100 ha* landwirtschaftlicher Nutzfläche brachte erhebliche Beeinträchtigungen in der Produktion, da die entstehenden kleinen Betriebe erst eingerichtet werden mußten und außerdem von den Neusiedlern Bewirtschaftungserfahrungen zu sammeln waren. Die Bodenreform wurde aufgrund der zwischen dem 2. und 13. September 1945 in den fünf neu gebildeten Ländern Mecklenburg-Vorpommern, Brandenburg, Sachsen, Sachsen-Anhalt und Thüringen erlassenen Gesetze durchgeführt. Sie erfaßte 7112 Güter mit mehr als 100 ha Nutzfläche (zusammen 2,6 Mill. ha), 4278 kleinere Höfe (mit zusammen 0,124 Mill. ha) und 0,6 Mill. ha Flächen im öffentlichen Eigentum. (Diese Ziffern weichen in einzelnen Veröffentlichungen voneinander ab). Zu den Gütern zählte der gesamte Großgrundbesitz mit mehr als 100 ha. Der Durchschnitt dieser Güter mit etwa 380 ha zeigt, daß hier relativ große Betriebseinheiten zerschlagen wurden.

Betriebe mit weniger als 100 ha wurden vor allem dann enteignet, wenn Kriegsverbrecher, Kriegsschuldige und Nationalsozialisten oder als solche bezeichnete Personen Eigentümer dieser Höfe gewesen waren. Im Durchschnitt waren diese Betriebe knapp 30 ha groß.

Von den durch die Enteignung zur Verfügung stehenden *Flächen* wurden *verwendet:*

— 1,7 Mill. ha, d. h. 52 v. H. für *etwa 200 000 Neubauernhöfe* mit durchschnittlich 8,5 ha. Von den 200 000 Neubauernhöfen wurde fast die Hälfte, d. h. etwa 90 000, mit Vertriebenen und Flüchtlingen aus den Gebieten jenseits der Oder-Neiße und Osteuropas besetzt.

— 0,5 Mill. ha, d. h. 16 v. H., wurden für *335 000 Landarme* (Arbeiter, Kleinpächter, landarme Bauern) mit durchschnittlich 1,5 ha verteilt.

— 1,0 Mill. ha, d. h. 32 v. H., wurden für etwa *550 neue Staatsgüter* (volkseigene Betriebe oder volkseigene Güter) verwendet.

In Anbetracht der späteren Entwicklung zu den großen landwirtschaftlichen Betrieben der heutigen DDR fragt man sich, warum der *Umweg über den kleinbäuerlichen Betrieb zum sozialistischen Großbetrieb* gegangen wurde.

Immerhin lagen aus Rußland parallele Erfahrungen vor, und zwar in doppelter Hinsicht:

— Hier waren seit 1928 durchweg sozialistische Großbetriebe durch Beseitigung des privaten Bauerntums eingerichtet worden. Aufgrund der starken Zusammenarbeit mit der sowjetischen Besatzungsmacht und aufgrund der zahlreichen von kommunistischen Führern während des Exils von 1933 bis 1945 in der Sowjetunion gesammelten Erfahrungen kannte man die Produktionsbedingungen und die Organisationsprobleme der sozialistischen Großbetriebe. Trotzdem schlug man nicht den Weg vom privaten Großbetrieb zum sozialistischen Großbetrieb ein. Offensichtlich glaubte man, aus politischen Gründen zunächst eine Zwischenstufe einschalten zu müssen.

— Diese Zwischenstufe war auch von den Kommunisten Rußlands aufgrund des Dekretes über den Grund und Boden von Lenin am Ende des Ersten Weltkrieges geschaffen worden. Durch dieses Dekret wurde der Großgrundbesitz Rußlands entschädigungslos enteignet und der überwiegende Teil des (in sozialistisches Eigentum umgewandelten) Bodens zahlreichen kleinen Bauernstellen zur Verfügung gestellt, um diese wichtige Gruppe der noch stark landwirtschaftlich orientierten russischen Volkswirtschaft für die neuen (kommunistischen) Ideen gewinnen zu können.

Eine stichhaltige und logische Begründung für die Einschaltung einer solchen Zwischenstation auch im Gebiet der sowjetischen Besatzungszone und der späteren DDR wird von den offiziellen Stellen bislang nicht gegeben. Nach Jürgen Kuczynski wurde dieser Weg gegangen, weil „an landwirtschaftlichen Geräten, an Düngemitteln, an Wohngebäuden . . . großer Mangel" herrschte und man daher eine „menschenintensivere Bearbeitung des Ackers" durch diese Zerstückelung des Landes zu erreichen versuchte (J. K., Die Bewegung der deutschen Wirtschaft).

Diese nachträgliche Begründung ist mit den tatsächlichen Verhältnissen nicht in Einklang zu bringen:

— Die vorhandenen landwirtschaftlichen Geräte und Maschinen konnten auf den kleinen Flächen nicht effektiver eingesetzt werden als auf größeren. Die Konzentration des Maschinenparkes in den Maschinen-Ausleih-Stationen (später Maschinen-Traktoren- Stationen) konnte diesen Mangel nicht beheben. In Wirklichkeit war die Zerstückelung der landwirtschaftlichen Nutzfläche eine Verschwendung des in den Maschinen investierten Kapitals. Mindestens hätten die vorhandenen Maschinen auf einem Teil der dann nicht zerschlagenen Großbetriebe konzentriert werden können.

— Eine Vermehrung der Düngemittel fand durch diese Kleinbetriebe ebenfalls nicht statt. Die künstlichen Düngemittel mußten allen Betrieben zugeführt werden. Die Ausdehnung der Viehhaltung und damit die Vermehrung des natürlichen Dunganfalles waren sowohl in Kleinbetrieben als auch in größeren Betrieben nicht in kurzer Zeit möglich.

— Der Mangel an Wohngebäuden konnte durch die Schaffung von Kleinbetrieben nicht behoben werden. Die dort für Wohnungen und vor allem auch für Betriebsgebäude zusätzlich verwendeten Baumaterialien stellten eindeutig eine Verschwendung von

Investitionsmitteln und Baumaterial dar, insbesondere aber auch unter Berücksichtigung der gerade zum Wiederaufbau der Städte und der Industrie dringend erforderlichen Baustoffe. Immerhin mußten die etwa 200 000 Neubauernstellen gänzlich neu gebaut werden, soweit sie nicht in Teilen der bisherigen Gutsgebäude ohne wesentliche Umbauten untergebracht werden konnten.

— Die „menscheninstensivere Bearbeitung" war kurzfristig unabhängig von einer produktionsbeeinträchtigenden Umorganisation der Landwirtschaft zu erreichen. Die Ausdehnung des Hackfruchtbaues hätte auch in Großbetrieben erfolgen können. Im Prinzip hätte daher das politische Ziel eines *Umbaues der gesamten Gesellschaft* im ländlichen Bereich viel *schneller und verlustärmer* durchgeführt werden können, *wenn* die privaten Großbetriebe *sofort* in *sozialistische Großbetriebe* umgewandelt worden wären. *Entscheidend für den Umweg* dürften folgende zwei Punkte gewesen sein:

— Die *Unterbringung der* aus den östlichen Gebieten geflüchteten oder *vertriebenen Bauernfamilien* war ein wichtiger Ansatzpunkt, da man nicht wußte, wie diese heimatlos gewordenen Gruppen sich in Zukunft verhalten würden.

— Die Kriegszerstörungen (Bombenangriffe) in der Industrie und die *Demontagen* hatten die *industriellen Arbeitsplätze* erheblich *reduziert,* so daß auch aus diesem Bereich freie Arbeitskräfte zur Verfügung standen, die man nur in der Landwirtschaft glaubte unterbringen zu können.

Eine mögliche *negative Einstellung der ländlichen Gesellschaft* zu den kommunistischen Ideen und zur sozialistischen Organisation der Landwirtschaft konnte erst nach einer Stabilisierung der kommunistischen Herrschaft ungefährlich werden. Unterstützt wurden diese Bestrebungen durch das ideologische Schema, nach welchem die sozialistische Wirtschaft in der Landwirtschaft nicht in erster Linie durch sozialistisch-staatliche Betriebe, sondern durch sozialistisch-genossenschaftliche Betriebe herzustellen war. Die Zerstückelung der Großbetriebe und die Verteilung dieses Individualeigentums an eine große Anzahl von Landarbeitern und vor allem aus anderen Bereichen (Flüchtlinge und Industriearbeiter) kommende Neubauern war die Ausgangsbasis für eine relativ gleiche Verteilung des Bodeneigentums und damit für den formellen Übergang zu einer genossenschaftlichen Bewirtschaftung der landwirtschaftlichen Nutzflächen.

Entsprechend der *Lehre Lenins,* der noch nicht auf die Erfahrungen einer auf dem genossenschaftlichen Wege sozialisierten Landwirtschaft zurückgreifen konnte, waren zwei Stufen zu durchschreiten:

— *Einfache* Genossenschaften hatten einzelne aus den Betrieben ausgegliederte Funktionen zu übernehmen, insbesondere die Organisation des Absatzes der landwirtschaftlichen Produkte und der Beschaffung von gewerblichen Produkten und von Krediten.

— *Höhere* Genossenschaften umfaßten dann auch den Produktionsbereich.

Die Schaffung der „Vereinigung der gegenseitigen Bauernhilfe" (VdgB) im Jahre 1946 lag auf dieser Linie. Diese Genossenschaft übernahm als einfache Genossenschaft die oben genannten betrieblichen Funktionen. Allerdings handelte es sich hierbei nicht um Genossenschaften im herkömmlichen Sinn, da hier wie auch ab 1952 nach dem Übergang zu den (höheren) landwirtschaftlichen Produktionsgenossenschaften nicht die Mitglieder dieser Vereinigungen, sondern die den gesamtvolkswirtschaftlichen Plan entscheidenden Funktionäre die Organisationsgewalt bis in den letzten genossenschaftlichen Betrieb hinein haben sollten und haben. Aufgrund dieser Einordnung in die sozialistischen Pläne ist die Verfügungsmacht der Genossenschaftsbauern als einzelne und in ihrer Gesamtheit völlig ausgehöhlt. In Wirklichkeit handelte es sich bei dem Weg über die neugeschaffenen Kleinbetriebe zu den sozialistischen Großbetrieben um ein „Lavieren", „Paktieren" und „Kompromisse"-schließen, wie es Lenin im Jahre 1917 im Hinblick auf die Gestaltung der russischen Verhältnisse gefordert hatte.

c) Der „planmäßige Aufbau des Sozialismus" von 1952 bis 1960

Die Periode ab 1952 *(bis 1960)* wurde in der Literatur der DDR als die Zeit des *planmäßigen Aufbaues des Sozialismus* bezeichnet (Walter Ulbricht, 1952). Die wichtigsten Einrichtungen, die in diesem Zusammenhang auf dem Lande geschaffen wurden, waren

— die landwirtschaftlichen Produktionsgenossenschaften (LPG) als „genossenschaftlich-sozialistische" Betriebe und

— die Maschinen-Traktoren-Stationen (MTS) als „staatlich-sozialistische" Betriebe.

Gerade *am Anfang* dieser Zeit war die *Bereitschaft* der Altbauern und der Neubauern zur Gründung von landwirtschaftlichen Produktionsgenossenschaften noch *nicht sehr groß*. Es bedurfte der Konzentration der staatlichen und vor allem der politischen Agitation, um insbesondere 1952/53 und 1960 die Bauern zur Gründung von landwirtschaftlichen Produktionsgenossenschaften zu überreden, indirekt oder auch direkt zu zwingen. In welchem Maße man davon ausging, daß die Bauern vor allem durch von der Partei auf das Land geschickte Industriearbeiter, das städtische Proletariat, zur Schaffung von Genossenschaften überredet werden mußten, zeigt die Charakterisierung der staatlichen MTS-Einrichtungen. „Die MTS sind die politischen, wirtschaftlichen und kulturellen Stützpunkte der Arbeiterklasse auf dem Lande und damit das wichtigste Bindeglied zwischen Stadt und Land zur Schaffung sozialistischer Produktionsverhältnisse auf dem Dorfe" (Kramm, Beiträge zur ökonomischen Geographie der DDR).

Die *wirtschaftlichen Zwangsmaßnahmen*, die die Bauern bereitmachen sollten, Genossenschaften zu gründen, bestanden im wesentlichen aus folgenden:

— Die *Erhöhung der Ablieferungssolls* für die selbständigen Bauern sollte diese Bauern zum Erwerb der fehlenden Produkte auf dem freien Markt zu überhöhten Preisen zwingen, um sie so zum Schuldenmachen oder zur Aufgabe des Betriebes zu veranlassen.

— Eine *geringere Zuteilung von Düngemitteln*, Futtermitteln, Saatgut, Zugvieh und Geräten sollte gleichzeitig die Produktionsbasis schmälern.

— Eine *unterdurchschnittliche Berücksichtigung beim Einsatz der Maschinen* der MTS-Organisation verschlechterte die naturale (Erntemengen) und die monetäre (Einkommen) Ertragssituation.

— Die *Kreditpolitik* der (staatlichen oder staatlich kontrollierten) Banken brachte die Landwirte in eine Zwangslage.

— Die *Erhöhung der Steuern* war ein weiteres wichtiges Druck-
mittel.

Der *Erfolg dieser Maßnahmen* war schon im ersten Jahr erheblich;

— Von 1952 bis 1953 verminderte sich die von Privatbetrieben
bewirtschaftete Fläche von 93 v. H. auf 74 v. H. der gesamten
landwirtschaftlichen Nutzfläche. Die Zahl der privaten Land-
wirtschaftsbetriebe mit mehr als 1 ha fiel von 1951 = 602 765
auf 1953 = 490 012, d. h. um 169 v. H., vgl. Tabelle 2, S. 15 a.
Dabei gingen die einzelnen Betriebsgrößengruppen unterschiedlich stark zurück: 1 bis 5 ha = minus 11 v. H., 5 bis 20 ha
= minus 20 v. H., 20 bis 50 ha = minus 35 v. H., mehr als
50 ha = minus 68 v. H. Die Maßnahmen richteten sich also,
wie zunächst in Rußland drei Jahrzehnte früher gegen die
Kulaken, gegen die größeren Bauern.

— Die hohe Zahl der Abwanderungen von bisher selbständigen
Bauern nach Westdeutschland führte dann zu einer Verlang-
samung dieses Prozesses. Bis 1959 verminderte sich die Fläche
lediglich noch von 74 auf 52 v. H. Dabei waren die größeren
Höfe wieder stärker betroffen als die kleineren.

— Die Zahl der in Westdeutschland aufgenommenen Flüchtlinge
aus der DDR (aller Berufe) betrug in den fraglichen Jahren
1951 = 165 648, 1952 = 182 393, 1953 = 331 390 und 1954
= 184 198. Im Jahre 1953 lag die Zahl also in etwa beim
Doppelten des Jahres 1951.

Im *Frühjahr 1960* wollte man dann die *Vollsozialisierung* durchführen. Parteifunktionäre versuchten in allen noch mit Privat-
bauern besetzten Dörfern vorhandene Genossenschaften zu vergrößern oder neue zu gründen. Im Prinzip konnte sich keiner der
Bauern diesem Drängen entziehen. Bis zum 14. April 1960 meldeten
alle Bezirke der DDR den erfolgreichen Abschluß der Eingliede-
rung der selbständigen Bauern in die LPGs, die „Bauernbefreiung",
wie Wissenschaftler der DDR diesen Vorgang nennen. Lediglich
7,6 v. H. der landwirtschaftlichen Nutzfläche blieben als Privat-
nutzfläche bestehen. Zum überwiegenden Teil wurde diese Fläche
von den Genossenschaftsbauern und anderen Berufsgruppen in der
Form eines erweiterten Haushaltes bewirtschaftet. Die Zahl der

Einzelbauern und der Einzelgärtner fiel bis 1961 auf wenig mehr als 10 000 und 1976 auf 6600 Betriebe.

Um auch diejenigen Bauern in die Genossenschaften zu bringen, die wenigstens teilweise ihre Selbständigkeit behalten wollten, wurde zunächst die Schaffung verschiedener LPG-Typen propagiert:

Typ I: *Die gemeinsame Bewirtschaftung des Ackerlandes und z. T. auch des Grünlandes* umfaßte nur einen Teil der bisherigen landwirtschaftlichen Privatbetriebe. Die Viehwirtschaft blieb in individueller bäuerlicher Nutzung, ebenso die noch vorhandenen Geräte. An Land behielt der Bauer allerdings nur noch 0,5 ha Ackerland und geringe Grünflächen.

Typ II: *Der Acker, das Grünland und die zur Feldwirtschaft erforderlichen Zugtiere, Maschinen und Geräte* wurden in die Produktionsgenossenschaft eingegliedert. Das Zuchtvieh und das sonstige Nutzvieh, ferner die Geräte zur Bewirtschaftung der individuellen Nutzfläche von 0,5 ha max. verblieben in individuellem Eigentum.

Typ III: *Acker, Grünland, Maschinen, Geräte und Vieh wurden der LPG übertragen.* Dem einzelnen Bauern verblieben maximal 0,5 ha Land, einschließlich Garten, ferner zwei Kühe und die dazugehörigen Kälber, zwei Mutterschweine mit Nachwuchs, fünf Mutterschafe mit Nachwuchs, Ziegen, Geflügel, Kaninchen und anderes Kleinvieh in unbegrenzter Menge und bis zu zehn Bienenstöcken.

Seit 1960 ging dann die Tendenz dahin, die LPGs der Typen I und II jeweils so weiterzuentwickeln, daß sie dem Typ III gleichkommen, so daß insgesamt eine verfassungsmäßig gleichförmige Landwirtschaft entsteht. Dementsprechend verminderte sich die Fläche des von LPGs des Types I und II bewirtschafteten Bodens von 2 Mill. ha im Jahre 1960 auf weniger als 0,5 Mill. ha im Jahre 1974. Die Fläche der LPGs vom Typ III erhöhte sich in derselben Zeit von 3,4 Mill. ha auf mehr als 5 Mill. ha.

d) Die Entwicklung der Landwirtschaft in den neuen Großbetrieben

Die *1960* abgeschlossene Sozialisierung der Landwirtschaft war noch nicht der Endpunkt der strukturellen Umwandlung. Hier sind vor allem *zwei weitere Entwicklungslinien* geblieben:

— Die Tendenz zur weiteren *Vergrößerung der Betriebe* soll die Produktion rationalisieren. 1960 lag die durchschnittlich von einer LPG bewirtschaftete Fläche bei 580 ha, 1972 bereits bei 890 ha. Hierdurch wird zwar der Einsatz größerer Maschinenaggregate ermöglicht, zugleich aber auch der durchschnittliche Transportweg vergrößert und die Überschaubarkeit des Betriebes verringert (Verminderung der persönlichen Bindung, vor allem bei der Jugend, schwerfälligere Organisation des Betriebes bei kurzfristig erforderlichen Änderungen).

— Die *zunehmende Spezialisierung* der einzelnen LPGs durch eine Verringerung des Fächers der Produktionszweige soll diese Rationalisierung noch vergrößern. Sie wird ergänzt durch „Kooperative Einrichtungen" (KOE), die eine Zusammenarbeit zwischen LPG und Nahrungsgüterbetrieben bzw. dem Handel begründen. Schweinemast mit bis zu 100 000 und Rindermast mit bis zu 40 000 Plätzen sollen industrielle Produktionsmethoden ermöglichen. 1974 wurden etwa 6 v. H. des gesamten Viehbestandes in solchen KOE-Einrichtungen gehalten.

Die Organisation der landwirtschaftlichen *Betriebe* ist *weitgehend von* den Vorgaben des (vom Minister für Land-, Forst-, und Nahrungsgüterwirtschaft geleiteten) *Rates der Landwirtschaft abhängig:*

— Der Übergang zu industriellen Produktionsmethoden wird u. a. durch die *Zuteilung von Maschinen* gesteuert.

— Die Ausrichtung und der Umgang der *Produktion* wird, neben direkten Anweisungen, *durch* die *Zuteilung von Futtermitteln, Düngemitteln,* Saatgut, Zuchttieren, Beregnungsanlagen usw. *beeinflußt.*

Die Planungskommission bereitet die vom Minister zu verwendenden Richtlinien, insbesondere die Produktionspläne und die Absicherung ihrer Realisierung vor. Abbildung 29 gibt das System der Planungs- und Entscheidungsstrukturen schematisch wieder.

Das Schema zeigt eindeutig, daß von *oben nach unten entschieden* wird, was produziert werden soll (Zentralverwaltungswirtschaft). Die *Verantwortung der unteren Ebene* liegt darin, den vorgegebenen *Plan* im einzelnen zu *erfüllen.* Gerade in der Landwirtschaft ergeben sich hier aber Schwierigkeiten, da die Klimaabhängigkeit der Produktion zu erheblichen Ertragsschwankungen führt und die natürlichen Bedingungen (Boden, Kleinklima) sehr unterschiedlich sind. Damit wird ein *zentrales Problem* der DDR-Landwirtschaft und -Nahrungsgüterversorgung deutlich:

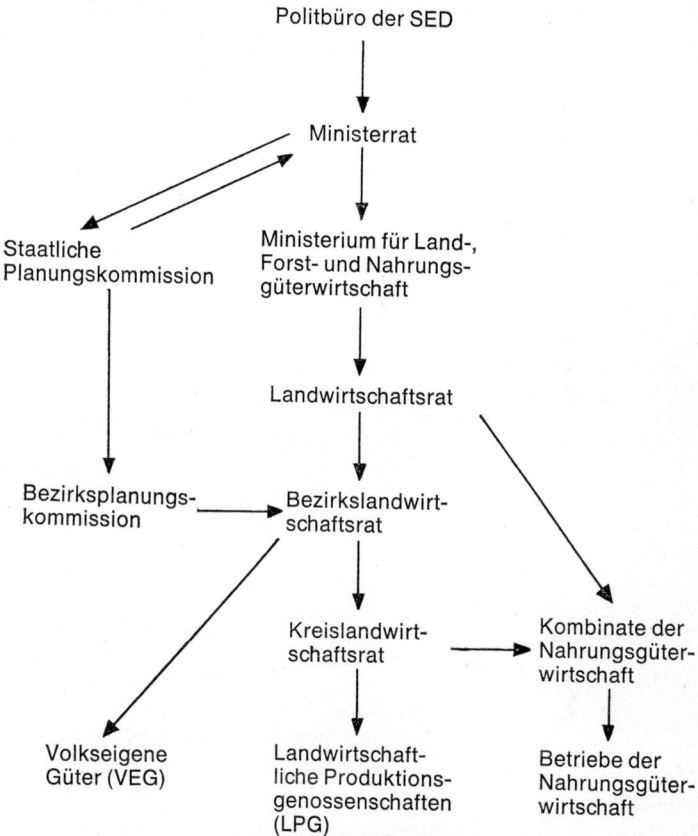

Politbüro der SED

Ministerrat

Staatliche Planungskommission

Ministerium für Land-, Forst- und Nahrungsgüterwirtschaft

Landwirtschaftsrat

Bezirksplanungskommission

Bezirkslandwirtschaftsrat

Kreislandwirtschaftsrat

Kombinate der Nahrungsgüterwirtschaft

Volkseigene Güter (VEG)

Landwirtschaftliche Produktionsgenossenschaften (LPG)

Betriebe der Nahrungsgüterwirtschaft

Abb. 29: System der Planungs- und Entscheidungsstrukturen in der Land- und Ernährungswirtschaft der DDR (schematisiert)

— Theoretisch und unter der (utopischen) Voraussetzung, daß alles berechenbar und bestimmbar ist, müßte der sozialistische Großbetrieb in der Lage sein, das vorgegebene Plansoll zu erfüllen.

— Da aber sowohl die Einflüsse der natürlichen Bedingungen als auch die systemimmanenten Fehleinschätzungen außer acht gelassen werden, besteht fast regelmäßig eine große Differenz zwischen Soll und Ergebnis der Produktion einer Planperiode.

— Dies wird besonders deutlich in den immer wieder auftretenden partiellen Engpässen, die aufgrund der ebenfalls systemimmanenten fortwährenden Devisenknappheit nicht in geeignetem, die übrige Wirtschaft nicht gefährdendem Maße durch außerplanmäßige Einfuhren beseitigt werden können. So mußten z. B. vom 1. Juli 1975 bis zum 30. Juni 1976, d. h. innerhalb eines Jahres, etwa 2,5 Mill. t Getreide eingeführt werden, ein großer Teil davon „unplanmäßig".

Tabelle 21: Erträge der wichtigsten Ackerfrüchte im Gebiet der DDR in dz je ha

Fruchtart	1935/38	1957/61	1967/71	1974
Getreide	23,9	24,4	31,2	39,7
Kartoffeln	194,3	161,2	175,6	210,9
Zuckerrüben	301,2	261,6	298,6	297,4

Die *Hektarerträge* der wichtigsten Ackerfrüchte *nahmen* auch *in der DDR erheblich zu,* vgl. Tabelle 21. Ende der 50er Jahre war in etwa wieder das Vorkriegsniveau erreicht. *Entscheidend* für die Erhöhung der Flächenerträge und damit auch der Gesamterträge war die steigende Versorgung mit *künstlichen Düngemitteln,* vgl. Tabelle 22. Dabei hat die DDR bereits Ende der 60er Jahre die auf den westdeutschen Flächen verwendeten Düngemittelmengen übertroffen, ohne allerdings einen vergleichbaren Erfolg zu haben. Tabelle 23 zeigt die Flächenerträge und die Düngemittelgaben je Hektar in Polen, in der DDR, in der Bundesrepublik Deutschland und in Frankreich 1974.

Tabelle 22: Verwendung von Reinnährstoff in der DDR in kg je ha

Nährstoff	1938/39	1946/47	1949/50	1959/60	1970/71	1973/7
Stickstoff	32,6	11,8	29,2	37,7	100,3	103
Phosphor	27,3	1,1	14,9	32,7	65,9	69
Kali	48,4	44,6	43,1	77,8	95,8	106

Tabelle 23: Erträge in dz je ha und Verwendung von Dünge-
mitteln in kg Reinnährstoff je ha im Jahre 1974 in
Polen, der DDR, der Bundesrepublik Deutschland und
Frankreich

Fruchtart	Polen	DDR	Bundes-republik Deutsch-land	Frank-reich
Roggen	25,1	30,6	36,1	26,9
Weizen	32,0	43,3	47,6	46,1
Gerste	31,8	43,9	42,3	36,8
Kartoffeln	181,0	210,9	311,2	238,7
Zuckerrüben	294,1	297,4	447,1	438,8
Nährstoff				
Stickstoff	55	103	83	56
Phosphorsäure	44	69	69	66
Kali	73	106	87	56

Hieraus wird deutlich, daß die DDR zwar inzwischen in der Verwendung von Nährstoffen eine führende Position erreicht hat,
daß die Effektivität aber offensichtlich nicht so groß war wie z. B.
in Frankreich oder in der Bundesrepublik Deutschland. Als *Gründe
für die abweichenden Relationen zwischen Nährstoffversorgung
und Flächenerträgen* lassen sich über globale Unterschiede in der
Bodengüte und im *Klima* hinaus anführen:

— *Statistische Ungenauigkeiten* allgemeiner Art werden noch
dadurch ergänzt, daß jeweils lediglich die an die Landwirtschaft gelieferten Nährstoffmengen registriert werden, nicht
aber eventuelle Restbestände aus der vorhergehenden Zeit oder
Lagerbestände, die erst im nächsten Jahr Verwendung finden.

— Die *Ausdehnung der Viehhaltung* und damit der Anfall an
natürlichem Dung haben einen großen Einfluß auf die Flächenerträge, wie die Ausdehnung der landwirtschaftlichen Produk-

tion in den ersten zwei Dritteln des 19. Jahrhunderts gezeigt hat. Der betriebseigene Dung wirkt dabei in zweierlei Weise:

— Die *Nährstoffversorgung* wird verbessert.

— Die *Humusversorgung* erhöht die Aufnahmefähigkeit des Bodens auch für mineralische Nährstoffe und vermindert damit das Auswaschen der Nährstoffe durch die Niederschläge gerade bei hohen Düngergaben.

— Der *Anteil der einzelnen Fruchtarten an der Bodennutzung* und die in den Statistiken überhaupt nicht erfaßte *Verteilung der Düngemittel auf die einzelnen Fruchtarten* verschieben die Ertragsverhältnisse ebenfalls.

— Die *Bodenbearbeitung* und die *Pflege der Feldfrüchte* (Eggen, Hacken usw.) haben ebenfalls ertragsbeeinflussende Wirkungen. Hierzu gehören auch die chemische Zusammensetzung der Düngemittel und ihre zeitgerechte Ausbringung.

Bedenkt man, daß die *spezielle Gestaltung* des einzelnen Betriebes und des Produktionsablaufs in einer für 161 Betriebe der Lüneburger Heide (d. h. der Bundesrepublik Deutschland) zwischen 20 und 250 ha Ende der 50er Jahre durchgeführten Untersuchung als der *das Betriebsergebnis am stärksten beeinflussende Faktor* ermittelt wurde, dann kann davon ausgegangen werden, daß auch in den sozialistischen Großbetrieben entsprechende *Einflüsse der Betriebsleitung* bestehen. Diese lassen sich anhand des verfügbaren Materials nicht quantifizieren, *können* aber erheblich *zu der geringen Höhe der Flächenerträge in der DDR* bei einer weit überdurchschnittlichen Düngung *beigetragen haben*.

Nicht nur die pflanzliche Produktion wurde im Gebiet der DDR in den letzten drei Jahrzehnten ausgedehnt, sondern parallel dazu auch die tierische. Die *Entwicklung der Viehbestände* in der DDR zeigt Tabelle 24.

Wie schon vor dem Ersten Weltkrieg im Deutschen Reich wurde auch in der DDR das *Schwein* bald wieder der *wichtigste Fleischlieferant* für die Bevölkerung.

Der Schweinebestand war am Ende des Krieges von allen Viehhaltungszweigen am stärksten abgebaut. Die Zunahme der Tier-

Tabelle 24: Entwicklung der Viehhaltung im Gebiet der DDR von
1935 bis 1973 in Mill. Stück

Viehart	1935/38	1946	1958	1967	1973
Pferde	0,808	0,647	0,607	0,219	0,082
Rinder	3,597	2,763	4,145	5,019	5,482
davon Kühe	1,947	1,366	2,134	2,188	2,165
Schweine	5,812	1,967	7,504	9,254	10,849
Schafe	1,628	0,748	2,111	1,818	1,742

zahl wurde von einer Erhöhung der Leistung je Tier begleitet, z. B.
betrug die Leistung je Kuh im Jahr: 1935/38 = 2580 l Milch,
1957/61 = 2627 l, 1972 = 3625 l.

Diese Entwicklung der pflanzlichen und der tierischen Produktion
wurde ergänzt und unterstützt durch den vermehrten Einsatz des
technischen Fortschritts im engeren Sinne, d. h. des mechanisch-
technischen Fortschritts. Äußeres Zeichen dieses *zunehmenden Einsatzes von Maschinen* war die Zahl der verwendeten Traktoren
und Mähdrescher, vgl. Tabelle 25.

Hierbei sind *zwei Entwicklungen* zu beobachten:

— Die *Erhöhung der Zahl der* eingesetzten *Maschinen* ersetzt nach
und nach einen erheblichen Teil der Hand- und Gespannarbei-
ten.

— Seit etwa einem Jahrzehnt wird die *Arbeitskapazität der* einzelnen *Maschinen* (PS, Arbeitsbreite usw.) immer *größer* angelegt, so daß die absolute Zahl der Aggregate seitdem wieder
rückläufig ist.

Damit waren günstige Voraussetzungen für eine Erhöhung der
Arbeitsproduktivität und für einen Abbau der Zahl der in der

Tabelle 25: Zahl der Schlepper und der Mähdrescher in der DDR
von 1950 bis 1974 in tausend Stück

	1950	1957	1965	1974
Schlepper	39	56	124	141
Mähdrescher	—	4	15	11

Landwirtschaft Beschäftigten geschaffen. Abbildung 30 zeigt sowohl den *Rückgang der Beschäftigtenzahl* insgesamt als auch die Verringerung der Zahl der je 100 Hektar landwirtschaftlicher Nutzfläche Beschäftigten. Dabei wurde der Einfachheit halber angenommen, daß die Nutzfläche sich während des ganzen Zeitraumes nicht verändert hat, was wegen der im allgemeinen gerade in der Landwirtschaft sehr starken Ungenauigkeiten bei der Registrierung der Beschäftigten (Teilbeschäftigte, nicht voll einsatzfähige Personen, mithelfende Familienangehörige usw.) gerechtfertigt ist, zumal da es lediglich auf die Entwicklungstendenz ankommt. Man kann davon ausgehen, daß sich die Nutzfläche von 1946 bis 1973 um etwa 5 v. H. vermindert hat, so daß die Zahl der Arbeitskräfte je 100 ha um weniger als 1 Person höher gelegen hat, als aus Abbildung 30 abzulesen ist.

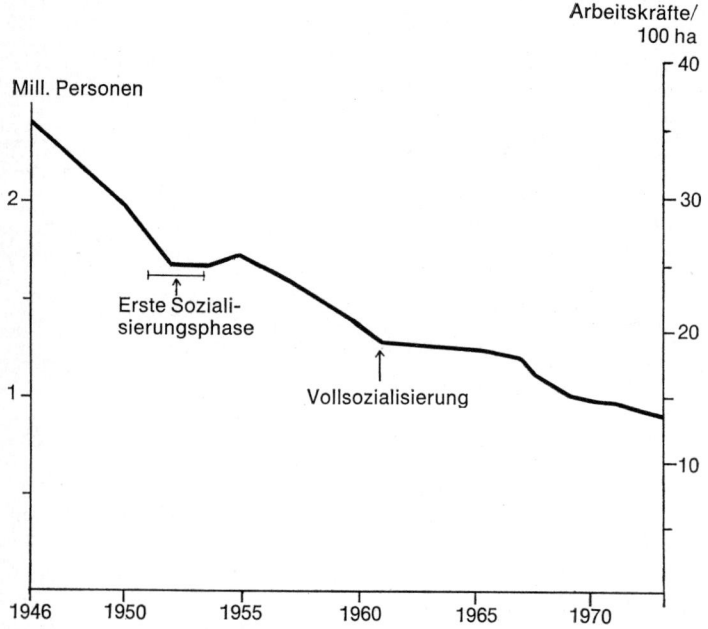

Abb. 30: Zahl der Beschäftigten im primären Sektor der DDR (Land- und Forstwirtschaft) von 1946 bis 1973

Trotz der günstigen Voraussetzungen für einen Rückgang der Arbeitskräftezahl ist aber bisher der Arbeitskräftebesatz immer noch höher als der in vergleichbaren Betrieben in der Bundesrepublik Deutschland. 13,4 Arbeitskräfte je 100 ha in der Landwirtschaft der DDR im Jahre 1972 stehen vergleichbare Zahlen nur bei wesentlich kleineren Betrieben in der Bundesrepublik Deutschland gegenüber. Hier hatten die Betriebe mit 5 bis 10 ha 17 und die Betriebe mit 10 bis 20 ha 11 Arbeitskräfte je 100 ha im Jahre 1972, Betriebe mit mehr als 50 ha sogar nur wenig mehr als 4 je 100 ha, d. h. etwa nur ein Drittel der Zahl der Arbeitskräfte der mehr als 800 ha umfassenden sozialistischen Großbetriebe. Bei diesem Vergleich ist zwar zu berücksichtigen,

— daß in den LPGs auch die Kindergärtnerinnen und andere in sozialpolitischen Berufen tätige Personen häufig für die Statistik als in der Landwirtschaft tätig aufgeführt werden,

— daß auch das Personal in den landwirtschaftlichen Maschinenwerkstätten in diesen Zahlen mitenthalten ist,

— daß gerade in der Landwirtschaft mit umfassenden Arbeitsspitzen nicht immer zwischen Vollarbeitskräften und Teilarbeitskräften unterschieden werden kann.

Trotz dieser möglichen Fehlerquellen zeigt der Vergleich aber, in welchem Maße die Arbeitsproduktivität in der DDR hinter der entsprechenden Entwicklung in der Bundesrepublik zurücklag und zurückliegt. Dies mag sich in Zukunft vielleicht teilweise ändern, da hier auch ein *Generationsproblem* liegt: Der Altersaufbau der landwirtschaftlichen Bevölkerung in der DDR zeigt, daß die *jüngeren Jahrgänge weniger stark vertreten* sind als die älteren. Zugleich verminderte sich die Mitgliederzahl der LPGs von 1960/ 62 965 000 auf 1975 655 000, d. h. um 32 v. H. Der größte Teil der älteren Mitglieder fand keinen Nachfolger (unter Verwandten oder Freunden). Man wird aber auch unter Berücksichtigung dieser Strukturwandlung der ländlichen Bevölkerung nur dann mit weniger Arbeitskräften auskommen, wenn die Produktivität bei den sich vermindernden Arbeitskräften kontinuierlich ansteigt. Die *Hauptursache für* die gegenwärtig noch *geringe Arbeitsproduktivität ist* aber — wie auch im industriellen Bereich der DDR — im *Zentralverwaltungswirtschaftssystem* zu sehen: *Planerische und organisatorische Fehler* führen dazu, daß der Arbeiter bei gleichem oder sogar noch größerem physischen und zeitlichen Aufwand (bis hin zu den freiwilligen Sonderschichten) ein geringeres Ergebnis erzielt. Die Leistung des einzelnen soll durch das Prinzip der *mate-*

riellen Interessiertheit, d. h. durch eine stärker leistungsbezogene Entlohnung, weiter angehoben werden. Sog. *ökonomische Hebel,* insbesondere Preise und Prämien, sollen die Produktion in die (entsprechend dem Plan) gewünschte Richtung drängen und die Nachteile von direkten Anweisungen und Auflagen vermeiden, d. h. die Planwirtschaft flexibler machen (Einführung des *Neuen ökonomischen Systems*). Bisher sind die Erfolge dieses ab 1963 eingeführten Systems jedoch sehr gering geblieben.

Wenn auch die sozialistischen Großbetriebe (LPG und VEG) das Bild der Landwirtschaft der DDR prägen, so kommt doch auch nach 1960 ein nicht unbedeutender *Teil der landwirtschaftlichen Produktion aus den erweiterten privaten Hauswirtschaften.* Hierbei sind zu unterscheiden:

— *Kleine Hausgärten* und eine geringe *Kleinviehhaltung,* die einen Teil des *eigenen Bedarfs* an Gemüse und tierischen Produkten befriedigen.

— *Umfangreichere Hauswirtschaften,* etwa im Ausmaß der Tierhaltung und der Landnutzung, wie sie bei der (heute allgemein überwiegenden) *LPG vom Typ III* zugelassen und verbreitet sind.

Während die erstgenannte Gruppe nicht spezifisch landwirtschaftlich ist und auch eher als eine besondere Form der Freizeitgestaltung angesehen werden kann, ergeben sich im Zusammenhang mit der *ausgedehnteren Hauswirtschaft der LPG-Mitglieder* erhebliche *Probleme:*

— Im allgemeinen wird in der für jede einzelne LPG geschaffenen Satzung (nach Mustersatzungen) davon ausgegangen, daß die *LPG* das einzelne Mitglied in seiner *Hauswirtschaft zu unterstützen* habe. Die *Lieferung von Naturalien* (Kartoffeln, Stroh usw.) ist daher hier weit verbreitet.

— Andererseits besteht eine *Tendenz in der Partei* (SED), dafür zu sorgen, daß diese ausgedehnten *Hauswirtschaften eingeschränkt* oder sogar gänzlich beseitigt werden. Man geht dabei davon aus, daß es sich hier um eine *zusätzliche Belastung* (der Arbeitskraft) der landwirtschaftlichen Bevölkerung handelt, und zwar *außerhalb der normalen Arbeitszeit* in den sozialistischen Betrieben. Die Bemühungen, *das ländliche Leben dem*

städtischen Leben anzupassen (Arbeitsbedingungen, Wohnver-
hältnisse, Bildungseinrichtungen, medizinische Versorgung usw.),
sind lediglich mit der in der UdSSR zu findenden *Agrostadt-Be-
wegung* zu vergleichen.

— Da aber *aus* den privaten *Hauswirtschaften* immer noch ein
nennenswerter Teil der tierischen Produkte kommt, ist *zur Versorgung* der Gesamtbevölkerung dieser Teil der Landwirtschaft
immer noch *erforderlich.*

Über den tatsächlichen Umfang dieser landwirtschaftlichen erweiterten Hauswirtschaften bestehen keine zuverlässigen Statistiken, ebensowenig wie über die Produktionsleistungen. Man wird
aber wohl davon ausgehen können, daß ihre Marktleistungen
nicht das Ausmaß erreichen wie die entsprechenden Einrichtungen
in der Landwirtschaft der UdSSR. Wenn 1960 3,3 Mill. Schweine
in Privatställen (von insgesamt 8,3 Mill.) gehalten wurden (= 40
v. H.) und 1972 nur noch 1,3 Mill. von insgesamt 10,2 Mill.
(= 13 v. H.), dann kann dies nur die obere Grenze der Bedeutung
der erweiterten privaten Hauswirtschaften angeben, vor allem
weil auch außerhalb der Landwirtschaft in ländlichen Gegenden
die Schweinehaltung keine Seltenheit war (und ist).

e) Die Versorgung der Bevölkerung mit Nahrungsmitteln

Ziel der Nahrungsproduktion ist eine *ausreichende Versorgung der
Bevölkerung.* Abgesehen von den ersten *Nachkriegsjahren,* die vor
allem

— durch die *Kriegsschäden* und

— durch die *Änderungen in der Betriebsstruktur* (Bodenreform)
negativ beeinflußt wurden, verlief auch in den folgenden Jahren
die Versorgung nicht reibungslos. Hierbei sind *zwei Perioden* zu
unterscheiden:

— Das von den Nationalsozialisten im Zweiten Weltkrieg eingeführte *Zuteilungssystem* (Lebensmittelkarten usw.) wurde in
den letzten Bestandteilen *bis 1958 beibehalten.*

— *Auch danach* kam es aber zeitweise zu *Knappheitssituationen*
bei der Nahrungsmittelversorgung.

Die Ursache dafür ist in folgenden zwei Punkten zu sehen:

— Die *Produktion* an Nahrungsgütern im Inland *entsprach weder dem Bedarf noch den möglichen Mengen.* Obgleich man immer wieder die *Autarkie,* also die möglichst vollständige Versorgung der Bevölkerung aus der eigenen Produktion angestrebt hat, ist auch im gegenwärtigen Zeitpunkt trotz aller Produktionssteigerungen die Ernährung *nur zu etwa 85 v. H.* — nach Ansicht mancher Autoren sogar nur zu 80 v. H. — gewährleistet. Das übrige muß eingeführt werden.

— Die *Einfuhr von Nahrungsmitteln* ist bei einer hochentwickelten Volkswirtschaft — und die Wirtschaft der DDR zählt mit zu den weitentwickelten Industriewirtschaften der Welt — kein Problem. Gerade die bei hochentwickelten Ländern weitgehende *Einordnung in die arbeitsteilige Weltwirtschaft* bringt allen Seiten Vorteile, da die Produktion vorwiegend dorthin gedrängt wird, wo sie absolut oder relativ am kostengünstigsten stattfinden kann. Die Planwirtschaft ist zu unbeweglich, um einen kurzfristig notwendigen Ausgleich zu bewirken. Die *knappe Devisendecke* hält den finanziellen Spielraum auf dem *westlichen Markt* niedrig. Die ebenso wie die DDR der *Planwirtschaft verhafteten Staaten des Ostblocks* können nur in Ausnahmefällen einspringen, da sie ebenfalls ihre Pläne zu optimistisch und damit zu unbeweglich gestalten. Die Einordnung der DDR in die Gemeinschaft des Rates für gegenseitige Wirtschaftshilfe (RGW) hat daher insoweit keine entscheidende Hilfe gebracht.

Zu diesen allgemeinen Problemen kommt noch die *Versorgung mit nicht im Inland erzeugten Produkten,* insbesondere mit Südfrüchten, Kaffee und Kakao. Hier wird die Devisenfrage noch entscheidender, so daß die Nachfrage möglichst über den (hohen) Preis niedrig gehalten wird, sofern diese landwirtschaftlichen Produkte überhaupt eingeführt werden. Dabei wird mit der Preisfestsetzung ein *Verfahren* angewendet, das auch bereits *bei der Verteilung der einheimischen Produktion* benutzt wird:

— *Güter* und vor allem Nahrungsgüter *des Grundbedarfs,* wie Kartoffeln und Brot (aus dem nichtlandwirtschaftlichen Bereich z. B. Wohnungen), werden *zu einem niedrigen Preis* angeboten. Die Differenz zwischen dem Preis, den die staatlichen und genossenschaftlichen Nahrungsmittelfabriken und -handlungen den sozialistischen Großbetrieben zu zahlen haben, und dem Verbraucherpreis wird aus staatlichen Mitteln geleistet. Die Subvention der Nahrungsmittel wird auf mehrere Milliarden geschätzt.

— Andere Güter sind im Preise höher. Hier wird eher auf die Abschöpfung der Kaufkraft gesehen.

Insgesamt ist damit die *Versorgung der Bevölkerung*

— mit Nahrungsmitteln zwar quantitativ, aber keineswegs qualitativ gesichert, darüber hinaus ist

— wegen *der niedrigen Nominaleinkommen* aber auch der allgemeine *Lebensstandard nicht sehr hoch.*

f) Die ländliche Gesellschaft

Der *Übergang zur sozialistischen Landwirtschaft veränderte die ländliche Gesellschaft erheblich.* Die *Differenzierung* zwischen den landarmen und landlosen abhängig Beschäftigten, den Bauern der verschiedenen Betriebsgrößengruppen und den übrigen ländlichen Bevölkerungsgruppen wurde *beseitigt. Damit* ist *aber keineswegs* eine völlige ökonomische und schon gar nicht eine funktionale *Gleichheit* aller eingetreten. Wenn auch die in den LPGs Beschäftigten als *Genossenschaftsbauern* bezeichnet werden, so sind diese aufgrund ihrer sozialen Stellung und aufgrund ihrer Einordnung in die sozialistischen Betriebe nicht mit Bauern im herkömmlichen Sinne *vergleichbar,* sondern *eher mit den Industriearbeitern* (in den ebenfalls sozialisierten Industrieunternehmen). Insgesamt ist damit *zwar eine Vereinheitlichung* eingetreten, die aber die Mobilität der Arbeitskräfte nicht verbessert hat, da die nach Plan benötigten Kräfte für die Zuordnung zur Landwirtschaft bestimmend sind. Aktuell wird dies jedoch erst voll, wenn die durch den Generationenwechsel bedingte Abwanderung ein wirtschaftlich nicht mehr verkraftbares Ausmaß erreicht hat.

Insgesamt nahm in der DDR aufgrund der *Mechanisierung* der Landwirtschaft die *Zahl der hier hauptberuflich Beschäftigten ab:*
1946 = 2,4 Mill.
1961 = 1,3 Mill.
1974 = 0,9 Mill.
Der entscheidende Rückgang von 1946 bis 1961 betraf die Gruppe

der Selbständigen und deren mithelfende Familienangehörigen. 1946 zählten hierzu noch 560 000 Selbständige (ohne nebenberufliche Landwirte) und 840 000 mithelfende Angehörige, während es 1961 nur wenig mehr als 10 000 Selbständige und 7000 mithelfende Angehörige waren. Ein nicht geringer Teil von ihnen war im Zusammenhang mit der sukzessiven Sozialisierung der Bauernbetriebe bis 1961 in die Bundesrepublik Deutschland gegangen. Der überwiegende Teil war aber nunmehr Mitglied einer LPG.

Nach einer Übergangsphase von wenigen Jahren ab 1960 mit einer Stabilisierung der Arbeitskräftezahl verstärkte sich *wiederum* die *Abwanderung,* weil offensichtlich viele Personen für sich keine Entwicklungsmöglichkeiten mehr in den LPGs sahen. Die *Verminderung der Mitgliederzahl der LPGs von* 960 000 bis 970 000 in den Jahren *1960 bis 1962* auf 650 000 im Jahre *1975,* d. h. *um 32 v. H.,* wird zwar neben dem geringeren Arbeitskräftebedarf aufgrund der Mechanisierung auch auf ein *ersatzloses Ausscheiden von älteren Mitgliedern* zurückzuführen sein, zeigt aber teilweise auch die immer geringer werdende Bindung der Menschen zu der unpersönlich werdenden dörflichen Landwirtschaft und ländlichen Gesellschaft, und zwar selbst bei den Mitgliedern der LPG, d. h. bei den meistens lange Zeit in dem betreffenden Dorf in der Landwirtschaft Tätigen. Für viele Menschen, vor allem auch *für die Jugend entfiel mit dem Verschwinden des individuellen bäuerlichen Bodeneigentums und der bäuerlichen Selbständigkeit ein entscheidendes Moment zum Verbleiben auf dem Lande.* Nicht die Agro-Stadt ist das Leitbild der Jugend, sondern die „echte" Stadt. Dabei sind sicher die besseren Bildungs- und Ausbildungsmöglichkeiten in den Städten und das bessere soziale Ansehen in nichtlandwirtschaftlichen Berufen wichtige Faktoren.

Mit dem *Rückgang der Zahl der in der Landwirtschaft Beschäftigten* waren folgende zwei Entwicklungen verbunden:

— Die *in der Nähe von Industriezentren liegenden Dörfer* behielten eine *starke nichtlandwirtschaftlich orientierte Bevölkerungsgruppe.* Diese Gruppe wurde sogar noch vergrößert.

— Wegen der starken Konzentration der Industrie vor allem im südlichen Drittel der DDR fand aber auch eine umfangreiche *Abwanderung aus den Dörfern der nördlichen zwei Drittel* des Landes statt. Wenn auch aufgrund verschiedener Verwaltungsmaßnahmen die Gemeindeeinheiten über drei Jahrzehnte nicht immer identisch geblieben sind, kann man doch aufgrund der statistischen Angaben davon ausgehen, daß die *Orte mit weniger als 2000 Einwohnern etwa 25 bis 35 v. H. ihrer Einwohnerschaft* an größere Orte, d. h. meistens an nichtlandwirtschaftliche Wohn- und Arbeitsplätze, *verloren* haben. Hierbei handelt es sich im Kern um einen Vorgang, der überall dort zu finden ist, wo eine Mechanisierung der Landwirtschaft zu einer Verminderung der in der Landwirtschaft Beschäftigten führt, sofern nicht mit Hilfe einer weitentwickelten Individualmotorisierung wie in der Bundesrepublik Deutschland der bisherige Wohnplatz bei einem Arbeitsplatzwechsel häufig beibehalten werden kann.

Für die Abwanderung aus der Landwirtschaft oder für die fehlende Bereitschaft der Jugend den Berufsweg in der Landwirtschaft zu beginnen, ist aber auch die schlechtere finanzielle Lage der LPG-Mitglieder und der sonstigen landwirtschaftlichen Beschäftigten (z. B. der Arbeitskräfte in einem VEG) ausschlaggebend. Die durchschnittlichen Einkommen hier lagen um 1972 mit wenig mehr als 700 Mark im Monat oder 8400 Mark im Jahr um etwa 20 v. H. unter den entsprechenden Industriearbeiterlöhnen. Gerade die Jugendlichen mit einer überdurchschnittlichen Schulbildung versuchen daher, möglichst den landwirtschaftlichen Bereich zu verlassen, um *über eine qualifiziertere nichtlandwirtschaftliche Ausbildung einen höheren Lebensstandard zu erreichen.* Dies wird im Prinzip so lange möglich sein, wie ein Nachholbedarf an Verbesserung der Arbeitsproduktivität vorhanden ist und die Abwanderung der potentiellen landwirtschaftlichen Nachwuchskräfte ausgeglichen werden kann. Der Vergleich zwischen dem Arbeitskräftebedarf der westdeutschen Betriebe mit mehr als 50 ha (auf 100 ha etwa 4 Arbeitskräfte) und dem Arbeitskräftebesatz der LPGs (auf 100 ha 13 Arbeitskräfte) zeigt, wie weit die Entwicklung bei Ausnutzung auch des organisatorischen technischen Fortschritts in der DDR theoretisch noch gehen könnte, wie viele Arbeitskräfte in der Landwirtschaft noch für den industriellen Bereich freigesetzt werden können.

2. Die Landwirtschaft und die ländliche Gesellschaft in der Bundesrepublik Deutschland

a) Die Ausgangssituation

Die *landwirtschaftliche Produktion* und die *Ernährung der* westdeutschen *Bevölkerung* ab 1945 war von folgendem *gekennzeichnet:*

— Die relativ, nämlich im Vergleich zu ganz Deutschland, *schlechteren natürlichen Produktionsvoraussetzungen* (Bodenqualität).

— Das *Überwiegen kleinbetrieblicher Agrarstruktur.*

— Die *im Verhältnis zur Nutzfläche größere Menschenzahl,* wobei diese Relation noch durch die Zahl der Flüchtlinge und Vertriebenen aus Osteuropa und schließlich auch aus der sowjetischen Besatzungszone zuungunsten der Nahrungsversorgung verschoben wurde.

Die schlechteren natürlichen Verhältnisse waren in den weite Teile der westlichen Besatzungszonen einnehmenden *Mittelgebirgsregionen* ebenso zu finden wie in den durch *Heide, Geest* und *Moore* gekennzeichneten Gebieten Nord- und *Nordwestdeutschlands.* Lediglich die gebirgsfreien Gegenden Südniedersachsens, ferner die Börden zwischen Hildesheim und Braunschweig, um Soest, um Jülich und Zülpich, darüber hinaus die Gegend um Würzburg erbrachten überdurchschnittliche Flächenerträge. Dieses Überwiegen der Gebirgszonen brachte schon eine natürliche Begrenzung der optimalen Betriebsgrößen und damit des Einsatzes von Maschinen, die auf eine hohe Flächenleistung ausgerichtet waren, ganz abgesehen von den technischen Schwierigkeiten infolge der Schräglage der Aggregate bei hängigen Böden.

Die *Betriebsgrößenstruktur* der verschiedenen Teile Deutschlands im Jahre 1937 zeigt, in welchem Maße gerade die westdeutschen Gebiete von den kleineren Betrieben geprägt waren, vgl. Tabelle 26 (Ostdeutschland = heutige russische und polnische Gebiete östlich von Oder und Neiße; Mitteldeutschland = heutiges Gebiet der DDR; Westdeutschland = heutiges Gebiet der Bundesrepublik Deutschland). Die Untergliederung in klein- und unterbäuerliche Besitzstellen (mit < 5 ha), mittelbäuerliche (5 bis 20 ha), groß-

Tabelle 26: Betriebsgrößenstruktur der deutschen Landwirtschaft 1939 (Gebietsstand 1937) in v. H. der Betriebe und in v. H. der Nutzfläche (Die Differenz zu 100 entfiel auf Berlin oder beruht auf Abrundungen)

Betriebsgröße in ha	in v. H. der Betriebe				in v. H. der Nutzfläche			
	Deutsches Reich	Westdeutschland	Mitteldeutschland	Ostdeutschland	Deutsches Reich	Westdeutschland	Mitteldeutschland	Ostdeutschland
< 0,5	2,5	2,6	2,8	1,9	0,1	0,1	0,1	0,1
0,5 bis 5	54,9	58,4	54,2	41,8	13,2	18,5	9,0	6,6
< 5	57,4	61,0	57,0	43,7	13,3	18,6	9,1	6,7
5 bis 10	19,9	20,2	16,0	23,0	16,4	21,1	10,6	12,5
10 bis 20	14,5	12,4	16,2	20,6	23,3	25,3	21,2	21,3
5 bis 20	34,4	32,6	32,2	43,6	39,7	46,4	31,8	33,8
20 bis 50	6,7	5,6	8,3	9,4	22,6	23,9	22,5	20,3
50 bis 100	1,0	0,6	1,4	1,8	7,5	6,3	8,4	8,9
20 bis 100	7,7	6,2	9,7	11,2	30,1	30,2	30,9	29,2
> 100	0,5	0,2	1,1	1,5	16,9	4,8	28,2	30,3

bäuerliche (20 bis 100 ha) und großbetriebliche Höfe (> 100 ha) zeigt die Schwergewichte der einzelnen Betriebsgrößengruppen in den verschiedenen Teilen Deutschlands. Dabei gab es aber auch *innerhalb der einzelnen Regionen erhebliche Differenzierungen.* Während *in Westdeutschland fast 90 v. H. der* landwirtschaftlichen *Nutzfläche von Betrieben mit weniger als 50 ha bewirtschaftet* wurden, waren es *in Mitteldeutschland nur etwa 65 v. H.* und *in Ostdeutschland sogar nur 60 v. H.* Diese Unterschiede waren noch prägnanter in der Gruppe mit weniger als 10 ha. In Westdeutschland wurden etwa 40 v. H. der Nutzfläche von Betrieben mit weniger als 10 ha bewirtschaftet, in Mittel- und Ostdeutschland jeweils etwa 20 v. H. und weniger.

Diese *Unterschiede* zwischen den einzelnen Teilen Deutschlands *beruhten auf* der Entwicklung der Betriebsgrößenstruktur schon in *vorindustrieller Zeit,* und zwar vor allem unter dem *Einfluß der unterschiedlichen,* die *Agrarverfassung* beeinflussenden Faktoren:
— Die *Ausbildung der Gutsherrschaft* und der Ausbau der Gutswirtschaften hatten *in Mittel- und Ostdeutschland* zu einer

Ausdehnung der Betriebe mit mehr als 100 ha landwirtschaftlicher Nutzfläche geführt, so daß hier etwa 30 v. H. der Nutzfläche von solchen Großbetrieben bewirtschaftet wurden.

— Das *in Ost- und Mitteldeutschland* (und in einigen Gebieten Westdeutschlands) verbreitete *Anerbenrecht* hatte bei der dadurch bedingten geschlossenen Vererbung der Bauernhöfe einen *starken mittel- und großbäuerlichen Bestand* erhalten (5 bis 100 ha).

— Das *Realteilungsrecht* (in wenigen mittel- und ostdeutschen Gebieten, aber vor allem) *in weiten Gebieten Westdeutschlands* hatte zu einer Ausdehnung der Zahl der selbständigen Betriebe über Jahrhunderte hin, parallel zum ländlichen Bevölkerungswachstum, geführt und damit die *klein- und kleinstbäuerlichen Betriebe erheblich vermehrt.*

Obgleich die kleinen (Familien-)Betriebe im allgemeinen zur Ausnutzung der familieneigenen Arbeitskräfte intensiver genutzt wurden als die großbäuerlichen und die Großbetriebe, ergaben sich hieraus für die westdeutsche Landwirtschaft bei einer globalen Betrachtung keine nennenswerten Besonderheiten. Die Unterschiede in der Bodennutzung hatten andere Gründe:

— Der hohe Anteil an (absoluten) Grünlandflächen, die nur selten und unter besonderen wirtschaftlichen Bedingungen als Ackerland genutzt werden konnten (Hanglage und Höhenlage bis hin zu den Almen, ferner Fluß- und Seemarschen, regelmäßige Überschwemmungsgebiete), lag
  — in Westdeutschland bei 37,8 v. H.
  — in Mitteldeutschland bei 20,5 v. H.
  — in Ostdeutschland bei 22,0 v. H.
  der landwirtschaftlichen Nutzfläche.

— Die Nutzung des Ackerlandes war aber in allen drei Gebieten weitgehend gleich (1943), wenn man die für die Bestimmung der Bodennutzungssysteme wichtigen Kulturpflanzengruppen vergleicht (Nutzflächenverhältnis), vgl. Tabelle 27.
  Berücksichtigt man, daß ein Teil der Hackfrüchte (Kartoffeln, Rüben) ebenfalls als Futter verwendet wurde, dann kann man Hackfrüchte und Futterpflanzen in dieser Zusammenstellung zusammenfassen und erhält für Getreide und für Hackfrüchte und Futterbau jeweils relativ dicht beieinander liegende Werte in den einzelnen Teilen Deutschlands, so daß bei Einbeziehung auch des natürlichen Grünlandes (Weiden, Wiesen) in diese Betrachtung der entscheidende Unterschied in der

Tabelle 27: Nutzflächenverhältnis in verschiedenen Teilen Deutschlands 1943 (Gebietsumfang 1937)

Gebiet	in v. H. des Ackerlandes			
	Getreide	Hack-früchte	Futterbau	Hack-früchte und Futterbau
Ostdeutschland	54	23	16	39
Mitteldeutschland	55	26	11	37
Westdeutschland	55	24	15	39

naturbedingten überproportionalen Ausdehnung eben dieses Grünlandes in Westdeutschland lag.
— Aufgrund dieser größeren Ausdehnung der Gesamtfutterfläche (Grünland und Ackerfutterbau) war die Viehhaltung in Westdeutschland relativ größer als in Mittel- und in Ostdeutschland, vgl. Tabelle 28. Die Viehhaltung je 100 ha lag in Mittel- und Ostdeutschland nur bei etwa 80 v. H. der westdeutschen Viehhaltung. Das ausgedehntere Dauergrünland in Westdeutschland führte dazu, daß
— die Rindviehhaltung hier weit überdurchschnittlich war,
— während die anderen Tierarten unterdurchschnittlich gehalten wurden.
Die geringere Pferdehaltung hing damit zusammen, daß die Klein-

Tabelle 28: Anteil der drei Teile des Deutschen Reiches an der landwirtschaftlichen Nutzfläche, an der Viehhaltung insgesamt und an den einzelnen Zweigen der Viehhaltung in v. H. des Gesamten (Durchschnitt 1935/38) (Die Differenz zu 100 entfiel auf Berlin oder beruht auf Abrundungen)

	Westdeutschland		Mitteldeutschland		Ostdeutschland	
Landwirtschaftliche Nutzfläche	51,4	100	23,5	100	25,1	100
Großvieheinheiten	57,1	111	20,5	87	22,2	88
davon Schweine	52,2	102	24,5	104	23,2	92
davon Rinder	61,6	120	18,1	77	20,2	80
davon Pferde	45,6	89	23,6	100	30,3	121
davon Schafe	43,3	84	36,6	156	20,0	80
Großvieheinheiten je 100 ha landwirtschaftlicher Fläche	99		78		79	

betriebe sich eher auf Kuhanspannung beschränkten. Die Schafhaltung war vor allem in den intensiv bewirtschafteten Großbetrieben Mittel- und Ostdeutschlands zu finden, allerdings auch in den ertragsarmen Gegenden, z. B. in Hinterpommern.

Da die überdurchschnittliche Rinderhaltung in Westdeutschland vor allem in den mittel- und großbäuerlichen Betrieben der stark mit Dauergrünland ausgestatteten Gebiete zu finden war, spielte die Betriebsgröße für den Viehbesatz insgesamt keine entscheidende Rolle, sondern die natürlichen Verhältnisse waren ausschlaggebend.

Diese Angaben zeigen in etwa die *Struktur der Ertragsvoraussetzungen* in den einzelnen Teilen Deutschlands in den Jahren *1935 bis 1938*. Sie zeigen zugleich die *Entwicklungsmöglichkeiten* für die Zeit *nach 1945*. Dabei war die Situation *aufgrund der Kriegsereignisse* vor allem *durch zwei Punkte geändert* worden:

— Die *geringere Versorgung der Böden mit künstlichen Düngemitteln* führte zu einer Verschlechterung auch der nachhaltigen, d. h. der langfristigen Ertragsmöglichkeiten.

— Die *Verringerung der Viehhaltung* bewirkte zusätzlich eine *Verminderung der Nährstoffzufuhr* für die Böden und auch damit der Ertragsmöglichkeiten.

Die *Ausgangsposition für die landwirtschaftliche Produktion* und für die Versorgung der Bevölkerung mit Nahrungsmitteln war damit ab 1945 *nicht sehr günstig,* im Verhältnis zu Mitteldeutschland sogar erheblich schlechter:

— Aufgrund der schon vor 1939 *geringeren Ertragsfähigkeit* der westdeutschen Böden waren Ertragssteigerungen nur unter größeren Schwierigkeiten zu erreichen als in Mitteldeutschland.

— Aufgrund der *größeren Bevölkerungsdichte* (je ha landwirtschaftlicher Nutzfläche 32 oder je ha Acker 54, gegenüber 27 und 36 in Mitteldeutschland) klaffte zwischen der Nahrungsmittelproduktion und dem Nahrungsmittelbedarf auch ohne die Ertragsunterschiede eine größere Lücke.

b) Die Phase des Wiederaufbaus der Nahrungsmittelproduktion bis 1949

Der *Zweite Weltkrieg hatte* mit all seinen Auswirkungen die *Nahrungsmittelproduktion* Europas stark *beeinträchtigt.* In den meisten unmittelbar vom Kriege betroffenen Ländern war die

Agrarproduktion um mehr als ein Drittel gesunken. Die Wiederaufbauphase war — mit erheblichen Unterschieden zwischen den einzelnen Ländern — in etwa 1949/52 abgeschlossen. In *Westdeutschland war bereits 1949 der Produktionsstand von 1935/38* erreicht, vgl. Tabelle 29.

Tabelle 29: Erträge in dz je ha in Westdeutschland vor und nach dem Zweiten Weltkrieg

Fruchtart	1935/38	1949	1950/54
Roggen	18,3	23,4	23,9
Weizen	22,3	26,8	27,1
Kartoffeln	168,2	185,8	220,9
Zuckerrüben	327,2	283,5	345,5

Wegen der in der Landwirtschaft witterungsbedingten Ernteschwankungen sind häufig nur Vergleiche zwischen mehrjährigen Durchschnitten als abgesicherte Basis für eine Aussage anzusehen. Daher wurden die Durchschnitte der Jahre 1950/54 mit in die Tabelle aufgenommen. Bis einschließlich 1948 sind die statistischen Angaben für gesicherte Aussagen zu unsicher.

Im allgemeinen wird davon ausgegangen, daß die Ernten der Jahre *1945 und 1946 auf etwa 80 v. H., 1947 auf 60 v. H. und 1948 ebenfalls auf 80 v. H.* des Niveaus der Vorkriegsjahre eingeschätzt werden können (Schlange-Schöningen). Die Bevölkerung war mangels Zufuhren aus den bisherigen Überschußgebieten in Mittel- und Ostdeutschland auf *sehr niedrige Rationen* angewiesen, die *teilweise unter dem Existenzminimum* lagen, vgl. Abbildung 28, S. 172. Die *Versorgung* über das amtliche Zuteilungssystem hinaus *aus Gärten und anderen Quellen* (Bucheckernsammeln, Ährensammeln, Kartoffelnstoppeln) wurde ebenso wichtig wie die Ergänzung der verfügbaren Nahrungsmittel aus den Beständen der Besatzungsmächte oder aus von ihnen finanzierten Zufuhren für die Einhaltung der Zuteilungen selbst.

Man kann davon ausgehen, daß bereits *1949* (nicht aber 1948) das *Vorkriegsniveau* in der Flächenproduktion erreicht oder bei einzelnen Früchten sogar übertroffen war. *Ursächlich* hierfür war vor allem die Versorgung der Böden mit *betriebsfremden Düngemitteln*, vgl. Tabelle 30. Bereits zur Vegetationsperiode 1948/49 war wieder oder fast wieder der Vorkriegsstand erreicht. Aus dieser Tabelle ergibt sich zugleich, daß unmittelbar nach dem Zweiten Weltkrieg die Versorgung mit künstlichen Düngemitteln zunächst besonders schlecht war, was eine besonders niedrige Ernte und damit erhebliche Versorgungsschwierigkeiten zur Folge hatte.

Tabelle 30: Verbrauch an künstlichen Düngemitteln in kg Reinnährstoff je ha 1938/39 bis 1948/49 in Westdeutschland

Düngemittel	1938/39	1942/43	1946/47	1948/49
Stickstoff	23,7	16,8	13,1	23,3
Phosphorsäure	28,4	12,2	9,2	28,5
Kali	43,4	47,6	20,9	40,1

Der *Aufbau der Viehbestände* zog sich etwas *langsamer* hin als die Anhebung der Ackererträge, vgl. Tabelle 31. Dabei dürfte der Tiefpunkt 1946 und 1947 gelegen haben. Dadurch mußte auch die Versorgung der Böden mit natürlichen Dungstoffen gegen Ende des Krieges und in den ersten Nachkriegsjahren schlechter gewesen sein als vor dem Zweiten Weltkrieg. Im einzelnen läßt sich zur *Entwicklung der Vieharten* sagen:

Tabelle 31: Viehbestände in Westdeutschland 1938, 1948 und 1950 in Mill. Stück

Viehart	1938	1948	1950
Rindvieh	12,1	10,6	11,1
davon Kühe	6,0	5,3	5,8
Schweine	12,2	6,8	11,9
Schafe	2,1	2,5	1,6
Pferde	1,6	1,6	1,6

— Der *Rindviehbestand* hatte im Zweiten Weltkrieg *nicht so sehr abgenommen* wie im Ersten Weltkrieg, da in der Kuhhaltung eine wichtige Quelle zur Versorgung mit Fett (Butter) gesehen wurde.

— Die *Schweinehaltung nahm vor allem im letzten Kriegsjahr* und unmittelbar nach dem Kriege *stark ab,* da das Schwein bei dem Kartoffelverbrauch ein Konkurrent der Menschen war.

— Die *Schafhaltung* war *zur Wollerzeugung im Kriege noch ausgedehnt* worden. Schon *1949 verringerte* sich aber die Zahl der Schafe, da inzwischen Wolle billiger eingeführt werden konnte.

— Die *Pferdehaltung* hatte *nur geringe Schwankungen* aufzuweisen, da das Pferd das wichtigste Zugmittel für die Landwirtschaft war. *Wehrmachtspferde* und *von den Flüchtlingsbauern mitgebrachte Pferde ergänzten* die durch den Zweiten Weltkrieg verringerten *Bestände,* so daß hier kein Engpaß für die landwirtschaftliche Produktion entstand.

Diese Verbesserung der inländischen Produktion wurde ergänzt durch eine *steigende Einfuhr an Nahrungsmitteln,* zunächst noch *überwiegend mit Hilfe von aus dem Ausland (vor allem von den USA) zur Verfügung gestellten Geldern* (Devisen und verlorene Zuschüsse im Rahmen verschiedener Hilfsprogramme), ab 1949 bei steigender Ausfuhr von gewerblichen Produkten nach und nach aus eigenen Mitteln bezahlt. *Ab 1952* war ein *Exportüberschuß* zu verzeichnen, so daß für die *Einfuhr von Nahrungsmitteln* für die Bundesrepublik Deutschland *nunmehr keine Beschränkungen* finanzieller Art mehr bestanden.

Aufgrund dieser Gesamtsituation konnten die *Bewirtschaftungsmaßnahmen bei Nahrungsmitteln seit Herbst 1948* nach und nach *aufgehoben werden:*

— Oktober 1948 für Kartoffeln (erste Aufhebungsmaßnahme)

— März 1950 für alle Nahrungsmittel mit Ausnahme von Zucker

— April 1950 für Zucker (letzte Aufhebungsmaßnahme)

Eine wesentliche *Änderung der Agrarstruktur* fand in Westdeutschland zunächst *nicht* statt. Zwar wurden seit August 1946 in den einzelnen Teilen Westdeutschlands von den Ländern Gesetze erlassen, die meistens die Worte „Siedlung" und „Bodenreform" enthielten und die dementsprechend zwei Ziele hatten:

— Verringerung des politischen und wirtschaftlichen Einflusses des Großgrundbesitzes, vor allem von den Militärregierungen in den Vordergrund gestellt (vgl. z. B. eine entsprechende Verordnung der britischen Militärregierung vom September 1947 für Schleswig-Holstein).

— Gewinnung von Siedlungsland für die Ansiedlung eines Teiles der 250 000 bis 300 000 Flüchtlingsbauern aus Ostdeutschland und Osteuropa.

Die Gesetze sahen eine gestaffelte Landabgabe vor, die meistens bei etwa 100 ha oder einem entsprechenden Einheitswert begann. Nach überschlägigen Schätzungen sollten aufgrund dieser gesetzlichen Maßnahmen etwa 700 000 ha Land umverteilt werden, tatsächlich wurden etwa 230 000 ha an 7000 Bauern (mit durchschnittlich 24 ha) und an knapp 50 000 Siedler mit weniger als 3 ha vergeben. Insgesamt waren damit etwa 40 000 Flüchtlingsbauern wieder mit Land ausgestattet, allerdings nur zum kleineren Teil mit Vollerwerbsbetrieben. Hinzu kamen etwa 35 000 weitere Betriebe, die auf dem Pacht- oder Eigentumsweg an Flüchtlinge in den folgenden Jahren kamen. Nebenerwerbsstellen wurden bis zur Gegenwart weiterhin für Flüchtlinge, Vertriebene und Spätaussiedler errichtet.

Diese Bodenreform- und Siedlungsmaßnahmen hatten an der Agrarstruktur Westdeutschlands aber keine entscheidende Änderung bewirkt. Dazu war ihr Ausmaß zu gering. Sie erfaßten weniger als 5 v. H. der gesamten landwirtschaftlichen Nutzfläche. Wegen der Agrarstruktur und der geringen Landreserven war die Ansiedlung einer wesentlich größeren Zahl von Flüchtlingsbauern nicht möglich. Im übrigen hatte eine ganze Reihe der Siedlungen eine so geringe Fläche, daß diese Siedler bald — zusammen mit den kleineren einheimischen Bauern — in die Industrie abwanderten.

c) Mechanisierung und Strukturwandel in der Landwirtschaft 1950 bis 1976

Nach der Überwindung der Kriegsfolgen begann für die westdeutsche Landwirtschaft eine *langfristige Phase mit erheblichen Wandlungen im Produktionsbereich:*

— Die *Produktion* nahm ständig zu.

— Die landwirtschaftlichen *Produktionsverfahren* wurden weitgehend mechanisiert.

— Die *Zahl der Betriebe und die der Arbeitskräfte* verringerten sich stark.

Die Entwicklung der *landwirtschaftlichen Produktion* drückte sich zunächst in einer *Steigerung der Hektarerträge* aus, vgl. Tabelle 32.

Tabelle 32: Erträge der wichtigsten Ackerfrüchte in dz je ha in der Bundesrepublik Deutschland

	1950/54	1957/62	1964/68	1969/74
Roggen	23,9	26,1	29,7	34,2
Weizen	27,1	32,4	36,6	43,3
Kartoffeln	220,9	233,8	264,6	288,6
Zuckerrüben	345,5	359,7	423,8	446,2

Diese erhebliche Zunahme auch über das Vorkriegsniveau hinaus zeigt, in welchem Maße noch Reserven in der Landwirtschaft während der Zeit der Nationalsozialisten vorhanden waren, die trotz der umfangreichen Propagandamittel der „Erzeugungsschlacht" nicht mobilisiert wurden.

Verschiedene Faktoren sind *für diese Ertragssteigerungen ursächlich* gewesen. Im Vordergrund stand dabei aber die *Pflanzenernährung*, d. h. vor allem die Versorgung mit künstlichen Düngemitteln, vgl. Tabelle 33.

Diese Durchschnittswerte basieren auf von Hof zu Hof sehr stark abweichenden Werten, so daß noch weitere Produktionsreserven, wenn auch nicht in dem bisherigen Maße, zur Verfügung zu stehen scheinen. Die von Bundesland zu Bundesland bei den einzelnen Ackerfrüchten um bis zu 40 v. H. schwankenden Durchschnitte machen dies auch für größere Einheiten deutlich. Aufgrund des Gesetzes vom abnehmenden Ertragszuwachs werden die Steigerungsraten jedoch immer kleiner werden.

Tabelle 33: Verwendung von Reinnährstoff in kg je ha in der Bundesrepublik Deutschland von 1949 bis 1974

Nährstoff	1949/ 50	1954/ 55	1959/ 60	1964/ 65	1969/ 70	1974/ 75
Stickstoff	23,1	31,6	43,6	52,9	79,7	90,0
Phosphorsäure	24,2	36,1	50,9	54,1	62,9	65,7
Kali	41,6	59,9	73,0	79,7	82,3	87,7

Tabelle 34: Landwirtschaftliche Nutzfläche, Ackerfläche und Dauergrünlandfläche in der Bundesrepublik Deutschland von 1950 bis 1975 in Mill. ha

Bodennutzung	1950	1962	1975
Landwirtschaftliche Nutzfläche	14,185	14,191	13,303
Ackerfläche	7,983	7,886	7,538
Dauergrünlandfläche	5,625	5,718	5,244

Die insgesamt verfügbare Nutzfläche hat sich in den letzten 25 Jahren um kaum mehr als 5 v. H. vermindert. Auch die Struktur der Bodennutzung, gemessen an dem Verhältnis von Acker und Dauergrünland, veränderte sich kaum noch, vgl. Tabelle 34.

Aus arbeitswirtschaftlichen Gründen ergab sich aber eine *Verschiebung in den Anteilen der Hauptfruchtarten,* vgl. Tabelle 35.

Die *wichtigsten Änderungen und ihre Ursachen* waren folgende:

— Die *Getreideanbaufläche wurde ausgedehnt,* weil hier am günstigsten arbeitssparende Maschinen (Mähdrescher) eingesetzt werden konnten. Außerdem ergaben sich wesentliche Strukturänderungen, vgl. Tabelle 36.

— Die *Kartoffelanbaufläche* wurde von
1950 = 1,155 Mill. ha (= 100) auf
1975 = 0,415 Mill. ha (= 36), d. h. um 64 v. H. *verringert.*

Dies ist vor allem auf den verminderten Kartoffelverzehr

Tabelle 35: Anteil der Hauptfruchtarten des Ackers in v. H. der Gesamtackerfläche in der Bundesrepublik Deutschland von 1950 bis 1975

Hauptfruchtart	1950	1962	1975
Getreide	56	62	70
Hackfrüchte	26	22	15
Futterpflanzen	16	11	12

Tabelle 36: Anbaufläche der wichtigsten Getreidearten in der Bundesrepublik Deutschland 1950 und 1975 in Mill. ha

Getreideart	1950	1975	Zu- bzw. Abnahme in v. H.
Roggen	1,377	0,624	— 55
Weizen	1,020	1,569	+ 54
Gerste	0,617	1,756	+185
Hafer	1,172	0,920	— 22

zurückzuführen, aber auch auf die starke Erhöhung der Hektarerträge, die etwa 20 v. H. des Rückganges wieder ausgeglichen haben, so daß die gesamte Erntemenge sich nur in etwa halbiert hat.

— Der *Zuckerrübenanbau* wurde von
1950 = 0,193 Mill. ha (= 100) auf
1975 = 0,426 Mill. ha (= 221),
d. h. um mehr als 100 v. H. *ausgedehnt.* Bei der gleichzeitig erfolgten erheblichen Ertragssteigerung je Flächeneinheit wurde die gesamte Erntemenge um weit mehr als 100 v. H. erhöht.
Aber nicht nur im Ackerbau gab es Produktionswandlungen und *Strukturverschiebungen,* sondern *auch in der Viehhaltung,* vgl. Tabelle 37.
Die wichtigsten *Veränderungen in der Viehhaltung und ihre Ursachen* waren folgende:
— *Bei den Pferden* gab es einen Rückgang infolge der Mechanisierung der landwirtschaftlichen Arbeiten, tierische Zugkraft

Tabelle 37: Viehhaltung in der Bundesrepublik Deutschland von 1950 bis 1975 in Mill. Stück

Viehart	1950	1962	1975
Pferde	1,570	0,560	0,342
Rinder	11,143	13,355	15,032
davon Kühe u. Färsen	6,408	6,577	6,273
Schweine	11,890	16,869	21,012
Schafe	1,643	0,981	1,355

wurde durch *Traktoren* ersetzt. Der Anteil der Reitpferde an dem heutigen Bestand dürfte nicht unerheblich sein. Da man davon ausgeht, daß je Pferd eine Futtererzeugungsfläche von 1 bis 1,3 ha erforderlich ist, wurden durch diese Verminderung des Pferdebestandes 1,2 bis 1,5 Mill. ha landwirtschaftlicher Nutzfläche für die Nahrungsgüterproduktion frei (= etwa 10 v. H. der Gesamtfläche).

— *Bei den Rindern* erfolgte eine Zunahme der Tierzahl vor allem durch die *Ausdehnung der Mastviehhaltung,* d. h. Fleischerzeugung, was sich daraus ergibt, daß die Zahl der Kühe und Färsen in etwa gleichgeblieben ist.

— Auch *bei der Schweinehaltung* stand die Fleischerzeugung im Vordergrund. Diese 1975 fast doppelt so große Zahl im Vergleich zu 1950 wurde noch durch einen schnelleren Umsatz der Tiere und d. h. durch eine noch *größere Ausdehnung der Fleischproduktion* ergänzt.

— *In der Schafhaltung* erfolgte eine *Abnahme bis 1968.* Hier setzte sich die Tendenz fort, die seit den 70er Jahren des 19. Jahrhunderts zu beobachten war und nur durch die beiden Weltkriege bzw. durch die Autarkiepolitik der Nationalsozialisten kurzfristig unterbrochen wurde. *Seit 1968* wurde die Schafhaltung wiederum langsam *ausgedehnt,* und zwar vor allem *auf den extensiver genutzten Flächen.*

Die Viehhaltung war also vor allem durch eine *Ausdehnung der Fleischerzeugung* gekennzeichnet. Die inländische Produktion nahm in folgendem Maße zu:

1950 = 1,561 Mill. t
1962 = 3,160 Mill. t
1975 = 4,083 Mill. t

Etwa *70 v. H. der Fleischproduktion* des Jahres 1975 kamen *aus der Schweinehaltung*. Das Schwein war damit der wichtigste Fleischlieferant der westdeutschen Bevölkerung.

Obgleich sich die Zahl der Kühe in den letzten 25 Jahren kaum verändert hat, kam es doch zu einer *Erhöhung der Milchproduktion*, dadurch daß die Milcherzeugung *je Kuh und Jahr um mehr als 50 v. H.* zunahm:

1950 = 2474 l
1962 = 3444 l
1975 = 3997 l

Da auch der Fettgehalt der Milch zunahm, wurde mehr Butter erzeugt.

Die *Ausdehnung der Viehhaltung* insgesamt und die *verbesserte Fütterung* brachten, wie schon im 19. Jahrhundert, eine erhebliche *Steigerung des Dunganfalles* und damit der Versorgung der landwirtschaftlichen Nutzfläche mit betriebseigenen Düngemitteln, die noch die künstlichen ergänzten.

Neben die Ertragssteigerungen trat eine *zunehmende Mechanisierung* der meisten und wichtigsten landwirtschaftlichen Arbeiten, wie schon aus dem Rückgang der Pferdehaltung deutlich wurde. Hauptansatzpunkt war hierbei die verstärkte *Einführung des Schleppers*, der nicht nur als Zugmaschine, sondern mit Hilfe der Hydraulik auch als mit anderen landwirtschaftlichen Geräten zu

Tabelle 38: Zahl der Schlepper, der Mähdrescher und der Melkmaschinen in der Bundesrepublik Deutschland von 1949 bis 1970/75 in Mill. Stück

Gerät	1949	1953	1960	1970/75
Schlepper	0,077	0,288	0,902	1,250
Mähdrescher	.	0,004	0,032	0,140
Melkmaschinen	0,006	0,040	0,291	0,481

integrierende Arbeitsmaschine eingesetzt werden konnte. Die Zahl der *Schlepper*, ferner beispielhaft für die Feldarbeiten die Zahl der *Mähdrescher* und für die Hofarbeiten die Zahl der *Melkmaschinen*, zeigen die Ausdehnung des Maschinenparks und damit den *zunehmenden Mechanisierungsgrad*, vgl. Tabelle 38.

Auch *die Ernte* der verschiedenen Feldfutterarten, *der Zuckerrüben* und *der Kartoffeln* wurde weitgehend mechanisiert und durch *Vollerntemaschinen* bewältigt. Die Folge war eine *weitgehende Ersetzung von Arbeitskraft und tierischer Zugkraft*, ferner eine *Verbesserung der Arbeitsqualitäten*, da im Prinzip eine

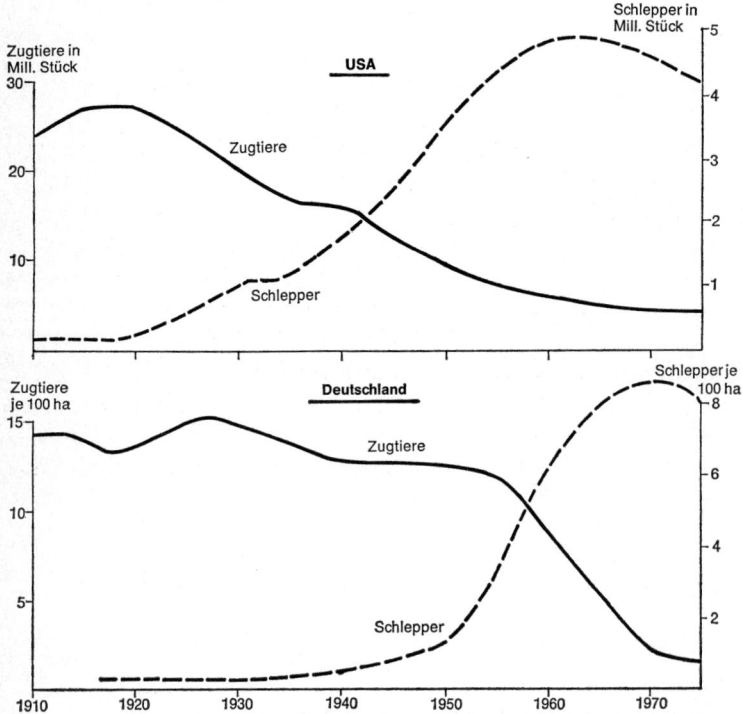

Abb. 31: Schlepper und Zugtiere in der Landwirtschaft der USA und Deutschlands von 1920 bis 1975 (Deutschland = Deutsches Reich, ab 1945/49 Bundesrepublik Deutschland)

Übermechanisierung eingetreten war. Diese setzte aber die landwirtschaftlichen Betriebsinhaber in die Lage, die meisten *Arbeiten zu einem optimal günstigen Zeitpunkt durchführen* zu können, so daß insbesondere auch die *Ernteverluste vermindert* werden konnten.

Daß diese *Mechanisierung in Deutschland* erheblich *später* einsetzte *als in den USA*, hatte verschiedene Gründe:

— Die amerikanische Wirtschaft war in allen Bereichen mehr und schneller dem technischen Fortschritt geöffnet.
— Die klimatischen Verhältnisse waren für den Einsatz des Mähdreschers nicht sehr günstig.
— Die Bereitschaft zu Investitionen war vor allem beim ostdeutschen Großgrundbesitz nicht sehr groß. Hier hätte der technische Fortschritt am weitesten entwickelt sein müssen, zumal da man hier seit dem Ende des 19. Jahrhunderts regelmäßig über zu hohe Arbeiterlöhne klagte.
— Die deutsche Landmaschinenindustrie war eher auf den deutschen Markt mit der traditionellen Nachfrage ausgerichtet, so daß hier nur wenige Impulse für Neuerungen kamen.

Die starke zeitliche Verschiebung der Mechanisierung der Landwirtschaft in Deutschland gegenüber der in den USA zeigt Abbildung 31. Daraus ergibt sich eindeutig, daß die deutsche Landwirtschaft der 20er Jahre hinter den Entwicklungsmöglichkeiten herhinkte.

Da die Anbaufläche in den USA wegen der zeitweiligen Überproduktion stark schwankte, wurde für dieses Land die absolute Zahl der Zugtiere und der Schlepper aufgenommen, für Deutschland (bis 1945 das Deutsche Reich, danach Westdeutschland) wegen der unterschiedlichen Staatsgrenzen die relative Zahl.

Die Zunahme der Arbeitsleistungen je Arbeitskraft aufgrund der *Mechanisierung* drückte sich in einer *Verminderung der landwirtschaftlichen Arbeitskräfte* aus, vgl. Tabelle 39.

Diese Zahlen können nur ein ungefähres Bild der jeweils vorhandenen landwirtschaftlichen Arbeitskräfte geben. Zu Beginn war vor allem bei den Kleinbauern eine starke Überalterung zu verzeichnen und teilweise auch eine nicht volle Auslastung, die nicht durch andere Arbeiten außerhalb der Landwirtschaft ergänzt wurde. In Vollarbeitskräfte umgerechnet sind nach dem Agrarbericht 1976 z. B. 1974/75 nur noch 1,164 Mill. in der Landwirtschaft beschäftigt gewesen. Für die vorhergehenden Jahre ist ein entsprechender Abzug vorzunehmen. Mit dieser Verminderung der Arbeitskräfte trat zugleich auch eine Verminderung der Betriebszahl ein, vgl. Tabelle 40.

Tabelle 39: Zahl der landwirtschaftlichen Arbeitskräfte in der Bundesrepublik Deutschland von 1950 bis 1976 in Mill. Personen

Arbeitskräfte	1950/ 51	1955/ 56	1960/ 61	1965/ 66	1970/ 71	1975/ 76
Vollbeschäftigt						
Familienkräfte	4,433	3,760	3,006	2,278	1,649	1,335
Lohnkräfte	0,753	0,579	0,327	0,217	0,126	0,110
zusammen	5,186	4,339	3,333	2,495	1,775	1,445
Teilbeschäftigt						
Familienkräfte	1,130	1,360	1,263	0,976	1,122	1,105
Lohnkräfte	0,360	0,500	0,286	0,165	0,085	0,213
zusammen	1,490	1,860	1,549	1,141	1,207	1,318

Tabelle 40: Zahl der Betriebe in der Landwirtschaft der Bundesrepublik Deutschland in 1000

Betriebsgröße	1949	1960	1977	
1 bis 2 ha	306	230	115	
2 bis 5 ha	555	387	175	
5 bis 10 ha	404	343	166	Ab-
10 bis 20 ha	256	287	200	nahme
20 bis 50 ha	113	122	178	
50 bis 100 ha	13	14	24	Zu-
> 100 ha	3	< 3	4	nahme
Zusammen	1648	1386	862	
durchschnittliche Größe je Betrieb in ha	8,06	9,34	14,32	

Diese Tabelle enthält Vollerwerbsbetriebe (bei denen die Einkommen ausschließlich oder fast ausschließlich aus der Tätigkeit im Betrieb erzielt werden), Zuerwerbsbetriebe (d. h. Höfe, die den dort Tätigen mehr als 50 v. H. ihres Einkommens vermitteln) und Nebenerwerbsbetriebe (bei denen das landwirtschaftliche Einkommen weniger als 50 v. H. des Gesamteinkommens ausmacht). Die etwa 889 000 Betriebe des Jahres 1976 lassen sich nach der amtlichen Statistik folgendermaßen aufgliedern:

408 100 Vollerwerbsbetriebe ($\emptyset$ 22,5 ha)
131 200 Zuerwerbsbetriebe ($\emptyset$ 11,5 ha)

539 300 Haupterwerbsbetriebe

349 700 Nebenerwerbsbetriebe ($\emptyset$ 5,0 ha)

889 000 Betriebe zusammen

Man kann davon ausgehen, daß erst ab einer Betriebsgröße von etwa 10 ha in den einzelnen Gruppen mehr Haupterwerbsbetriebe als Nebenerwerbsbetriebe vorhanden waren, d. h., daß nach den tatsächlichen Umständen hier in etwa die Grenze zwischen diesen beiden Gruppen anzusetzen ist. Welche Bedeutung die Betriebsgröße für die Zahl der Arbeitskräfte je 100 ha landwirtschaftlicher Nutzfläche hat, zeigt die Tabelle 41.

Tabelle 41: Zahl der Arbeitskräfte je 100 ha in einzelnen Betriebsgrößengruppen der Bundesrepublik Deutschland im Jahre 1974/75

Betriebsgröße in ha	je Gruppe		Arbeitskräfte je 100 ha
	Fläche in ha	Arbeitskräfte	
2 bis 5	652 600	153 000	23,4
5 bis 10	1 342 000	207 000	15,4
10 bis 20	3 171 600	335 000	10,6
20 bis 50	5 160 900	333 000	6,5
> 50	2 000 900	76 000	3,8
zusammen	12 328 000	1 104 000	9,7

Berücksichtigt man, daß in der Gruppe ab 10 ha die Haupterwerbsbetriebe überwiegen, dann kann man aus der Tabelle 41
entnehmen, daß z. Z. offensichlich eine Arbeitskraftzahl von 10 und
weniger je 100 ha die Schwelle zu solchen Haupterwerbsbetrieben
darstellt. Die Bedeutung dieses geringen Arbeitskräftebedarfes je
100 ha wird vor allem durch einen Vergleich mit der schon genannten Entwicklung in der DDR deutlich. Dort waren 1972 je
100 ha bei erheblich niedrigeren Erträgen je Flächeneinheit 13,4
ständige und 0,6 nicht ständige Arbeitskräfte in der Landwirtschaft beschäftigt, d. h. der im Durchschnitt mehrere hundert Hektar umfassende sozialistische Großbetrieb hatte bei geringeren
Flächenerträgen einen Arbeitskräftebesatz wie die Betriebe mit
10 bis 20 ha in der Bundesrepublik Deutschland im selben Jahr.
Die Großbetriebe der DDR (mit durchschnittlich mehr als 800 ha)
sind aber noch weit von dem Arbeitskräftebesatz der westdeutschen Betriebe mit mehr als 50 ha entfernt (etwa 4 Arbeitskräfte
je 100 Hektar).

d) Einkommensentwicklung und Agrarpolitik

Die *Entwicklung der Einkommen* der in der Landwirtschaft Beschäftigten steht *in Abhängigkeit*
— *von der Produktion in realen Einheiten* je Arbeitskraft,
— *von den Agrarpreisen* und
— *von der Verteilung der Einkommen* auf die verschiedenen
  landwirtschaftlichen Gruppen.
Die *Produktion in realen Einheiten je Arbeitskraft* hat sich entsprechend den Ausführungen im vorhergehenden Abschnitt in der
Zeit *von 1949/50* (d. h. nach dem Ausgleich der Ertragsminderun-
gen durch die besonderen Umstände der Kriegs- und der Nachkriegszeit) *bis 1975* folgendermaßen entwickelt:
— Die Produktion war im pflanzlichen Bereich um etwa 50 v. H.
  und im Bereich der Viehhaltung um etwa 80 v. H. angehoben
  worden, so daß sich eine *durchschnittliche Verbesserung um
  etwa 65 v. H.* ergeben hat. Die unterschiedliche Produktions-
  ausrichtung der einzelnen Betriebe bedeutet, daß diese Durchschnittswerte auf einer sehr breiten Streuung von Einzelergeb-
  nissen beruhen.

— Die Zahl der ganztägig *in der Landwirtschaft Beschäftigten nahm von 1949/50 bis 1976 um mehr als 70 v. H. ab.*
Insgesamt erhöhte sich damit die *reale Produktionsleistung je Arbeitskraft auf mehr als das Sechsfache.*

Die *Gestaltung der Agrarpreise* war nicht so unproblematisch:

— In den ersten Jahren lagen die deutschen Inlandspreise bei den wichtigsten Agrarprodukten über den Weltmarktpreisen. Die auf den Weltmärkten noch vorhandenen Knappheitssituationen wurden erst zwischen 1949 und 1953 behoben.

— Nunmehr gerieten die deutschen Inlandspreise unter den Druck der absinkenden Auslandspreise. Die Agrarpolitik der folgenden Jahre stand unter dem Zwang, die daraus resultierenden oder möglichen Nachteile für die Landwirtschaft zu beseitigen oder zu vermeiden.

In der Agrarpolitik der Bundesrepublik Deutschland kann man dabei *folgende Schritte* unterscheiden:

— Am Anfang, eigentlich schon ab Sommer 1948 stand im Mittelpunkt der Erörterungen die *Frage, ob* auch im Bereich der landwirtschaftlichen Produkte *die soziale Marktwirtschaft* eingeführt werden soll, ob auch hier also eine Liberalisierung vorzunehmen sei.

— Durch die Zwangsbewirtschaftung waren die *Preise* für die wichtigsten Produkte noch *mehr oder weniger genau festgelegt.* Die unsichere Lage am Weltmarkt für Ernährungsgüter ließ ein vorsichtiges Vorgehen geraten erscheinen.

— Diese Haltung wurde grundsätzlich in den Jahren *1950 und 1951 durch den Koreakrieg* und die damit einsetzende kurzfristige Verknappung an Nahrungsmitteln *verstärkt.*

— Im übrigen konnte die *Einfuhr erst dann völlig freigegeben* werden, *als im Jahre 1952* im Außenhandel ein *Exportüberschuß* erzielt wurde, so daß nunmehr die Beschränkungen seitens der USA, die im wesentlichen zur Finanzierung der Nahrungsmittelzufuhren beigetragen hatten, entfielen.

— *1950/1951* führte man *statt der Marktwirtschaft* für die wichtigsten Produkte *Marktordnungen* ein:
  — für Getreide und Futtermittel (4. November 1950)
  — für Zucker (5. Januar 1951)

— für Milch, Fett und Eier (28. Februar 1951)
— für Vieh und Fleisch (25. April 1951)
Eine ganze Reihe von Ergänzungen, insbesondere auch von Preisvorschriften folgte in den nächsten Jahrzehnten. Die Marktordnungen wurden für die Bonner und später für die Brüsseler Behörden ein weites Betätigungsfeld.
Entscheidend war eine *Stabilisierung des inländischen Erzeugerpreises,* der in den folgenden Jahren lediglich an die allgemeinen Verhältnisse immer wieder (nach oben) angepaßt wurde. Die *Preisregulierung* erfolgte grundsätzlich in der Weise,
— daß *niedrigere* (und auch *höhere*) *Weltmarktpreise den Inlandspreis nicht beeinflussen* konnten,
— daß ferner eine zu starke *Ausdehnung der inländischen Produktion* ebenfalls *nicht preisdrückend* wirken konnte.
Hierfür war ein Preisregulierungsmechanismus an der Grenze und ein weiterer für den inländischen Markt erforderlich. *Einfuhr- und Vorratsstellen* übernahmen die Regulierungsaufgaben. Abbildung 32 zeigt in schematischer Form den Preisschutzmechanismus, wie er auch in der EWG besteht:
— Zu einem Mindestpreis (Interventionspreis) kauften diese Einfuhr- und Vorratsstellen inländische Produkte, so daß der inländische Erzeugerpreis (ohne Berücksichtigung der Handelsspannen) nicht unter diesen Preis sinken konnte, meistens sogar darüber lag.
— Abschöpfungen für eingeführte Produkte erhöhten deren Preise auf den Schwellenpreis, d. h. im allgemeinen auf das Inlandsniveau, bei einem höheren Weltmarktpreis wurden die Nahrungsmittelpreise durch Subventionen herabgeschleust, z. B. 1974 bei Weizen.

Die Last dieses Systems haben zu tragen:
— Der inländische Verbraucher, da er die Nahrungsgüter nur auf der Preisbasis zwischen Interventions- und Schwellenpreis erhält. Eine Senkung der Lebenshaltungskosten bei Wegfall der Abschöpfungen darf jedoch nicht überschätzt werden, da der überwiegende Teil der Nahrungsgüter heute nicht mehr direkt zum Verbraucher geht, sondern den Umweg über eine Be- oder Verarbeitung nimmt. Der Preisanteil der Landwirtschaft fiel von 1951/54 = 63 v. H. auf 1971/74 = 49 v. H. und lag z. B. bei den billigsten Brotsorten (1,40 DM je kg)

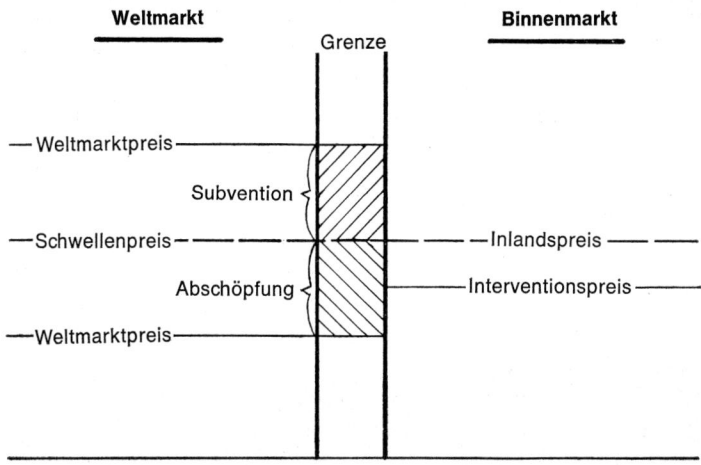

Abb. 32: Schematische Darstellung des Preisschutzes auf dem Binnen-
markt (Interventionspreis) und vor Einfuhren (Abschöpfung,
Schwellenpreis)

mit 42 Dpf. bei nur 30 v. H. Eine Ermäßigung des inländischen Ge-
treidepreises auf das Weltmarktniveau hätte den Brotpreis nur um
etwa 6 v. H. im Durchschnitt der letzten zehn Jahre gesenkt, sofern
diese Preisermäßigung überhaupt bis zum Verbraucher durchgedrun-
gen wäre.

— Der Steuerzahler, da er die Kosten der Einfuhr- und Vorratsstellen
  zu tragen hat. Lagerhaltungskosten und Abbau der Butterberge usw.
  durch Subventionierung beim Export verschlingen große Beträge, die
  von Jahr zu Jahr sehr stark schwanken. 1973 waren z. B. für mehr
  als 14 Mrd. DM Agrarprodukte in den Vorratsstellen eingelagert
  (und damit aus dem Markt genommen).

Verbraucher und Steuerzahler erhalten dafür aus einer weitgehend in-
takten Landwirtschaft den Grundbedarf des inländischen Nahrungs-
mittelverbrauchs.

Das deutsche *Agrarschutzsystem* ist *von der 1957 gegründeten
EWG weitgehend übernommen* worden. Die relativ, d. h. im Vergleich zum Weltmarkt, *hohen Preise* haben dazu geführt, daß vor
allem in Frankreich, wo die größten Produktionsreserven vorhanden waren, die landwirtschaftliche *Produktion stark ausgedehnt*
wurde, so daß damit das Problem der *Überschuß-Berge* besonders
aktuell wurde.

Zur *Einkommensstabilisierung und -verbesserung* der deutschen Landwirtschaft hat wesentlich das *1955* geschaffene *Landwirtschaftsgesetz* beigetragen:

— 1954 wurde der Bauernverband (gestützt auf ein Gutachten des IFO-Instituts in München) initiativ und schlug ein Gesetz „zur Sicherung der Volksernährung und zur Erhaltung eines gesunden Bauernstandes" vor.

— 1955 wurde das Landwirtschaftsgesetz vom Deutschen Bundestag verabschiedet. Ziel dieses Gesetzes war u. a., die soziale Lage der landwirtschaftlichen Bevölkerung an die der vergleichbaren Bevölkerungsgruppen anzugleichen.

§ 1 des Landwirtschaftsgesetzes vom 5. September 1955: „Um der Landwirtschaft die Teilnahme an der fortschreitenden Entwicklung der deutschen Volkswirtschaft und um der Bevölkerung die bestmögliche Versorgung mit Ernährungsgütern zu sichern, ist die Landwirtschaft mit den Mitteln der allgemeinen Wirtschafts- und Agrarpolitik — insbesondere der Handels-, Steuer-, Kredit- und Preispolitik — in den Stand zu setzen, die für sie bestehenden naturbedingten und wirtschaftlichen Nachteile gegenüber anderen Wirtschaftsbereichen auszugleichen und ihre Produktivität zu steigern. Damit soll gleichzeitig die soziale Lage der in der Landwirtschaft tätigen Menschen an die vergleichbaren Berufsgruppen angeglichen werden."

Der jährlich dem Bundestag vorzulegende *Grüne Bericht,* neuerdings Agrarbericht, soll sich nach § 4 des genannten Gesetzes allerdings dann nur *auf die Löhne, Betriebsleiterentgelte und Kapitalzinsen,* d. h. auf die Einkommenssituation der Landwirtschaft, *beschränken.* Die *Versorgung der Bevölkerung mit Ernährungsgütern* wird dementsprechend im Bericht der Bundesregierung regelmäßig *kaum erwähnt,* wie überhaupt der *Bundesminister für Ernährung, Landwirtschaft und Forsten* seine politischen Aktivitäten *überwiegend der Landwirtschaft* und kaum der Ernährung zuwendet.

Die *der Landwirtschaft* im Rahmen der erwähnten Politik und zusätzlicher Maßnahmen *zukommenden Mittel* lassen sich in etwa folgendermaßen *aufgliedern:*

— Die *Preisstützung* erhöht die landwirtschaftlichen Einnahmen.

— *Direktsubventionen* (Milchpreiserhöhung, Dieselöl- und Düngemittelverbilligung) erhöhen die Einnahmen oder verringern die Betriebsausgaben.

— Die *Verbesserung der Produktionsbedingungen* (Flurbereini-
gung und Aussiedlung) wirkt sich ebenfalls positiv auf das
Betriebsergebnis der betroffenen Landwirte aus.

— *Sozialpolitische Maßnahmen* (Altershilfe für Landwirte, Land-
abgaberente, Zuschuß zur nachträglichen Entrichtung von
Rentenversicherungsbeiträgen bei Aufgabe der landwirtschaftlichen Tätigkeit) erleichtern das Ausscheiden aus der Landwirtschaft und verbessern zugleich die finanzielle Lage der verbleibenden Personen.

Die Gesamthöhe der aus Länder-, Bundes- und EWG-Kassen
fließenden Mittel, ferner der aus Sonderfonds (z. B. ERP-Mittel)
und durch Preisstützung zufließenden Beträge läßt sich nicht genau
feststellen. Ohne die Preisstützungsmaßnahmen flossen der Landwirtschaft z. B. 1961 etwa 3,5 Mrd. DM zu und 1975 etwa
12 Mrd. DM, wobei 1975 etwa die Hälfte auf die EWG entfällt.
Diese Werte sind mit einer jeweiligen Wertschöpfung der Landwirtschaft von 15 und 19 Mrd. DM zu vergleichen. Rein kalkula-
torisch kamen danach 1961 23 und 1975 63 v. H. der landwirtschaftlichen Einkommen aus öffentlichen Mitteln. Hinzu kamen
jeweils die Vorteile der Preisstützung.

Nicht zu unterschätzen sind auch die von der Einordnung der
Landwirtschaft in das Steuersystem ausgehenden Einflüsse. Lediglich etwa 90 000 Höfe sind zur Buchführung verpflichtet. Knapp
die Hälfte dieser Betriebe hat trotzdem keine Buchführung und
wird bei der Festsetzung der Einkommensteuer daher nur eingeschätzt. Die insgesamt von der landwirtschaftlichen Bevölkerung
gezahlten Steuern von Einkommen sind nicht höher als die durchschnittlichen Lohnsteuern von etwa 150 000 Arbeitnehmern des
sekundären und des tertiären Sektors. Die Steuerersparnisse der
Landwirtschaft dürften bei etwa 2 bis 2,5 Mrd. DM jährlich in
den letzten Jahren gelegen haben.

Ein entscheidender *Fehler der Agrarunterstützungspolitik* liegt
darin, daß der größere Teil der direkten und der indirekten *Hilfen
produktbezogen* ist. Damit wird die Produktion gefördert, gerade
die schwachen Einkommensgruppen erhalten aber eine unterdurchschnittliche Unterstützung, d. h.

— die Agrarpolitik unterstützt nicht entsprechend der Intention des Gesetzes die Einkommensschwachen (Anpassungshilfen usw.),

— sie fördert vielmehr die Überproduktion, da der Anreiz zu immer stärkerer Ausdehnung der Produktion sehr groß ist.

Damit ist das erklärte Hauptziel des Landwirtschaftsgesetzes nicht oder nur zu einem kleinen Teil (und hier sehr zufällig) erreicht. Die *Einkommensentwicklung* ergibt sich aus der Entwicklung der Wertschöpfung und der Zahl der in der Landwirtschaft Beschäftigten:

— Die Wertschöpfung in laufenden Preisen stieg von 1950 = wenig über 8 Mrd. DM über 1961 = 15 Mrd. DM auf 1975 = 19 Mrd. DM.

— Die Zahl der in der Landwirtschaft Beschäftigten fiel zugleich von 1950 = 5,2 Mill. über 1961 = 3,3 auf 1975 = 1,5 (vgl. Tabelle 39). Dabei ist nicht berücksichtigt, daß es sich hier einerseits um vollbeschäftigte Personen handelt, daß also die Teilbeschäftigten außerhalb der Betrachtung geblieben sind. Andererseits wird für 1975 vom Bundesministerium für Ernährung, Landwirtschaft und Forsten angenommen, daß insgesamt 1975 nur 1,164 Vollarbeitskraftäquivalente vorhanden waren, so daß die hier für die einzelnen Jahre genannten Zahlen möglicherweise für Vollarbeitskräfte noch zu hoch angenommen worden sind.

Demnach lag *das durchschnittliche Einkommen je* in der Landwirtschaft *Beschäftigtem* (einschließlich Entlohnung der Unternehmertätigkeit und des Kapitals):

— 1950 =   1 540 DM
— 1961 =   4 550 DM
— 1975 = 12 670 DM

Die Agrarberichte der letzten Jahre kommen teilweise zu erheblich höheren Werten für die Wertschöpfung je Beschäftigtem (und für das damit in etwa vergleichbare Betriebseinkommen). Die Erhebungsmodalitäten und die Abgrenzung der „Arbeitskraft" sind hier von großem Einfluß. Am Ergebnis ist aber wichtig, daß sich das so (auf durchweg gleicher Basis) ermittelte Einkommen von 1950 bis 1975 verachtfacht hat. Bei einer Verzehnfachung des Industriearbeiterlohns wird man davon ausgehen, daß die *landwirtschaftlichen Einkommen* hinter der allgemeinen Entwicklung *zurückgeblieben* sind. *Jedoch* ist in Anbetracht der *großen Streu-*

breite der landwirtschaftlichen Einkommen davon auszugehen, daß häufig die Fähigkeiten des einzelnen Landwirtes einen größeren Einfluß auf die Einkommensgestaltung gehabt haben als die Agrarpolitik, vgl. Tabelle 42. Dabei handelt es sich hier um die Auswahl aus einer begrenzten Betriebszahl, so daß in Wirklichkeit die Abweichungen noch stärker sein dürften.

Tabelle 42: Einkommen je Arbeitskraft in verschiedenen Betriebsgrößengruppen der Landwirtschaft der Bundesrepublik Deutschland in DM für 1969/70, differenziert nach ertragsschwachen und ertragsstarken Betrieben

Betriebsgröße in ha	Einkommen je Arbeitskraft in DM		Verhältnis der Einkommen
	ertragsschwache Betriebe	ertragsstarke Betriebe	
> 50	9 700	31 000	1 : 3,20
20 bis 50	6 600	26 200	1 : 3,97
< 20	6 000	21 500	1 : 3,58

Diese Differenzierung zeigt aber nochmals, wie wenig produktgebundene Hilfen den ertragsschwachen Betrieben und den dort Beschäftigten wirklich helfen können.

Die Verbesserung der landwirtschaftlichen Einkommen war über die Ausdehnung der Mengenproduktion und die staatlichen agrarpolitischen Maßnahmen hinaus auch der Verbesserung des allgemeinen Lebensstandards zu verdanken. Nur so konnte die Landwirtschaft immer mehr Produkte auf dem inländischen Markt absetzen. Die Verkaufserlöse stiegen dabei von 1949/50 = 8,1 Mrd. DM über 1960/61 = 20,2 auf 1974/75 = 42,6 Mrd. DM. Wichtig war aber auch die *Änderung der Struktur der abgesetzten Nahrungsgüter:* Der Anteil der pflanzlichen Produkte an den Verkaufserlösen sank von 1949 bis 1960 von 33 auf 27 v. H., um dann auf diesem Stand zu bleiben. Die Nahrungsgüterindustrie wurde im übrigen bei immer mehr Produkten eingeschaltet. Wie sehr sich aber die Verzehrgewohnheiten der Bevölkerung änderten, zeigt Abbildung 33. Die Bedeutung der reinen *Sättigungsnahrungsmittel (z. B. Kartoffeln) trat immer mehr zurück.* Sie wurden *durch qualitativ bessere Nahrungsmittel (z. B. Fleisch) ersetzt.* Daß sich bei dieser Entwicklung der durchschnittliche Anteil der Nahrungsausgaben an den Gesamtausgaben der privaten Haushalte von 1950 bis 1975 von über 40 v. H. auf 25 bis 35 v. H. (je nach Einkommenshöhe) verminderte, war ebenfalls Ausdruck der wachsenden Einkommen, hatte aber auf die Einnahmen der Landwirte keinen negativen Einfluß.

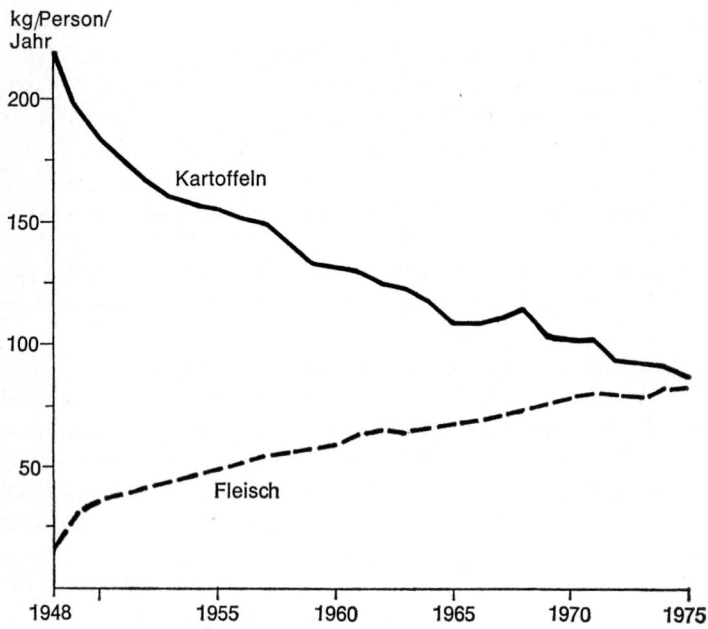

Abb. 33: Kartoffel- und Fleischverbrauch je Person in der Bundesrepublik Deutschland von 1948 bis 1975 (in kg/Person/Jahr)

e) Der Wandel der ländlichen Gesellschaft

Die Gestaltung der ländlichen Gesellschaft läßt sich für die Zeit *von 1945 bis zur Gegenwart in folgende Perioden* unterteilen:

— Die letzten Kriegs- und die unmittelbaren *Nachkriegsjahre*
hatten durch eine starke Zunahme der dörflichen Bevölkerung
infolge der Zuweisung von Evakuierten, Ausgebombten,
Flüchtlingen und Vertriebenen die dörfliche Sozialstruktur
grundlegend geändert. Zuerst wanderte dann die aus den westdeutschen städtischen Bereichen stammende Bevölkerung wieder
ab. Die Flüchtlinge und Vertriebenen verlegten ihren Wohnsitz in die Städte, sobald sie dort einen Arbeitsplatz gefunden
hatten. Diese Abwanderung ist *in die 50er Jahre* einzuordnen.
Sie wurde noch durch Umsiedlungsmaßnahmen zwischen den
Ländern gefördert. So wurde mehr als eine Mill. Menschen
aus den mehr agrarischen Ländern, wie z. B. Schleswig-Holstein, Niedersachsen und Bayern, in den mehr industriellen,
zunächst aber stärker zerstörten Ländern (z. B. Nordrhein-
Westfalen, Baden-Württemberg) aufgenommen. Nur ein kleiner Teil der Flüchtlinge und Vertriebenen blieb in den Dörfern
wohnen, gegen Ende der 50er Jahre häufig mit Hilfe der
wachsenden Individualmotorisierung (zunächst Motorrad, dann
Pkw) ebenfalls einen Arbeitsplatz im städtischen Bereich über-
nehmend.

— Dies ist dann aber bereits der Übergang zur *zweiten Periode,*
in der auch die *landwirtschaftliche Bevölkerung* sich in zunehmendem Maße einen *Arbeitsplatz im städtischen,* im nichtlandwirtschaftlichen *Bereich suchte.* Diese Entwicklung begann
zwar bereits ab etwa 1949, nachdem die Nahrungsversorgung
auch außerhalb des landwirtschaftlichen und dörflichen Bereiches gesichert war. Sie setzte aber erst *verstärkt nach 1957*
ein, nachdem zuvor vor allem die Abwanderung der in den
Notjahren übermäßig eingestellten Arbeitskräfte abgeschlossen
war. In den folgenden Jahren stand die Abwanderung aus der
Landwirtschaft und damit teilweise auch aus den Dörfern in
starker Abhängigkeit von der allgemeinen Wirtschaftskonjunk-
tur, vgl. Abbildung 34.

— Die *dritte Periode ab etwa 1971* ist geprägt durch eine ständige
Verminderung der Abwanderungsraten. Hier ist aber nun nicht
mehr die normale konjunkturelle Situation verantwortlich,
sondern es fallen zwei unterschiedliche Einflüsse zusammen:

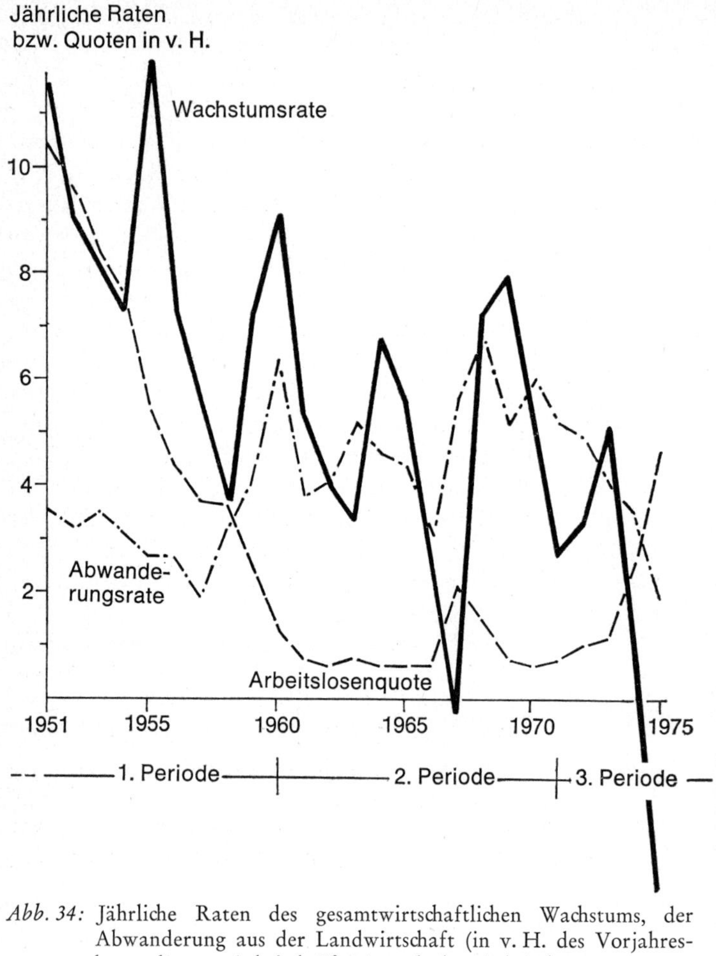

Jährliche Raten
bzw. Quoten in v. H.

Abb. 34: Jährliche Raten des gesamtwirtschaftlichen Wachstums, der
Abwanderung aus der Landwirtschaft (in v. H. des Vorjahres-
bestandes an Arbeitskräften) und der Arbeitslosenquote von
1951 bis 1975 in der Bundesrepublik Deutschland

— Die Reduzierung der in der Landwirtschaft Beschäftigten
war in den vorhergehenden Jahren aufgrund des *Nachhol-
bedarfs an technischem Fortschritt* in der Landwirtschaft
(vgl. die Unterschiede zwischen den USA und Deutschland

in Abbildung 31, S. 215 in der Zwischenkriegszeit) mit besonders hohen Raten erfolgt. Die *Abwanderung* hat sich daher seit 1971 *verlangsamt* und wird in den nächsten Jahren noch weiter zurückgehen.

— Auch in den übrigen Wirtschaftsbereichen ist die Zeit hoher Wachstumsraten und damit die Zeit der Entstehung einer ebenso großen Zahl (oder sogar mehr) neuer Arbeitsplätze, als durch Rationalisierungsmaßnahmen überflüssig werden, vorüber, so daß die zunehmende allgemeine Arbeitslosigkeit oder die *hohe Arbeitslosenquote* einen Arbeitsplatz- und vor allem einen Berufswechsel immer mehr erschweren.

Die in Abbildung 34 gleichzeitig mitaufgenommene Entwicklung der Arbeitslosenquote (= jahresdurchschnittliche Arbeitslosenzahl in v. H. der unselbständigen Erwerbspersonen) zeigt deutlich die Zusammenhänge zwischen der allgemeinen wirtschaftlichen Entwicklung und der Abwanderung aus der Landwirtschaft in den drei Perioden. Dabei kann allerdings für die dritte Periode noch nichts über die Dauer gesagt werden, da die Zeit von 1971/73 bisher zu kurz ist. Vieles spricht aber dafür, daß diese Periode noch mindestens zwei weitere Jahre (über das Jahr 1977 hinaus) dauern wird.

Aus diesen *Zusammenhängen* ergibt sich *zweierlei:*
— *Die allgemeine Wirtschaftspolitik,* insbesondere das wirtschaftliche Wachstum und die *Schaffung neuer Arbeitsplätze* war zugleich *ein wichtiger Teil der Agrarpolitik,* da nur auf diese Weise eine wirtschaftlich abgesicherte Verringerung der Zahl der in der Landwirtschaft Beschäftigten möglich war und nur dadurch das steigende Einkommen der Landwirtschaft auf eine ständig verminderte Zahl von Einkommensbeziehern verteilt werden konnte.
— Die *Landwirtschaft* war in den kleinen Betrieben ein wichtiger *Puffer für den Arbeitsmarkt,* da ein verzögertes oder verstärktes Angebot von abwanderungswilligen Arbeitskräften sich nach der jeweiligen konjunkturellen Lage richtete.

Dies trat aber erst ein, nachdem die Zahl der *familienfremden Arbeitskräfte in den 50er Jahren abgebaut* worden war:
— Die Zahl der familienfremden ständigen Arbeitskräfte in der Landwirtschaft verringerte sich
    — von 1950 bis 1961 um 61 v. H. (1950 = 766 000 = 100)
    — von 1961 bis 1971 um 60 v. H. (1961 = 295 000 = 100)
    — von 1971 bis 1974 um 0 v. H. (1971 = 117 000 = 100)

— Die Zahl der Familienarbeitskräfte verminderte sich zunächst langsamer, nämlich
  — von 1950 bis 1961 um 33 v. H. (1950 = 4 380 000 = 100)
  — von 1961 bis 1971 um 48 v. H. (1961 = 2 930 000 = 100)
  — von 1971 bis 1974 um 11 v. H. (1971 = 1 535 000 = 100)

Da ein großer Teil der aus der Landwirtschaft abwandernden Beschäftigten zunächst noch auf dem Lande seine Wohnung behält, häufig auch den bisherigen Betrieb vereinfacht (Abschaffung der Viehhaltung, verstärkter Getreideanbau usw.) als Nebenerwerbsbetrieb sogar weiterführt, sind *viele Dörfer heute* nach der Berufszugehörigkeit *nur noch zu einem geringen Teil landwirtschaftlich orientiert.* Schematisch dargestellt ergibt sich damit für die dörfliche Bevölkerung die aus Abbildung 35 ersichtliche Entwicklung und damit ein wichtiger Teil der Wandlungen in der Sozialstruktur.

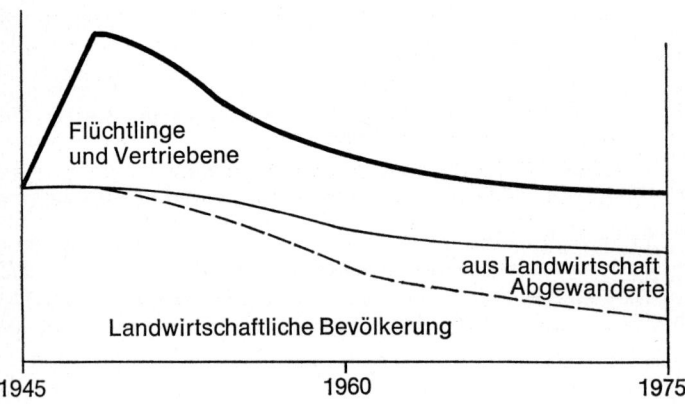

Abb. 35: Schematische Darstellung der Bevölkerung in Dörfern der Bundesrepublik Deutschland von 1945 bis 1975

Unbeachtet geblieben ist in diesem vereinfachenden Modell, daß es bereits vor 1945 eine nicht von landwirtschaftlichen Einkommen lebende Gruppe gab, die allerdings teilweise ebenfalls den Beruf wechseln mußte (kleine Kaufleute, Schmied, Stellmacher, Sattler usw.). Ebenso nicht einbezogen ist der Zuzug in dörfliche Neubaugebiete, mit Schwerpunkt in der Nähe der Städte.

Die aus Abbildung 35 ersichtlichen Wandlungen der dörflichen Sozialstruktur wurden noch durch Einkommensverschiebungen verstärkt:

— Die Flüchtlinge und Vertriebenen der Nachkriegszeit waren schon aufgrund ihrer geringen Einkommenschancen in den Dörfern, aber auch durch die zwangsweise Einquartierung in den Bauernhäusern ungebetene Gäste, die sozial eindeutig unter den selbständigen Landwirten einzuordnen waren.

— Die aus der Landwirtschaft Abgewanderten der letzten beiden Jahrzehnte, einschließlich der in den Dörfern gebliebenen Flüchtlinge und Vertriebenen haben inzwischen meistens ein so hohes Einkommen erreicht, daß sie sozial über vielen selbständigen Landwirten einzuordnen sind.

Die dörflichen Verhältnisse haben sich außerdem durch die *stärkere* (verkehrsmäßige) *Öffnung* zu den Städten verändert. Der *kulturelle, wirtschaftliche und soziale Kontakt zur Stadt ist stärker* geworden. Diese faktische Erweiterung des Lebensbereiches der dörflichen Einwohner wurde in den letzten Jahren auch weitgehend institutionalisiert, wenn auch aufgrund von meistens wirklichkeitsfremden Entscheidungen teilweise zu Lasten der Dörfer:

— *Schulreformen* bieten zwar den Kindern des Dorfes ein differenzierteres Schulsystem, sorgen aber zugleich dafür, daß sie einen großen Teil ihres Tagesablaufs auf den Schulwegen verweilen (Schulbusse mit Wartezeiten).

— *Verwaltungsreformen* haben zwar die Spezialisierung in der Verwaltung weit getrieben (was sicher für die Verwaltung selbst ein Vorteil ist), haben aber zugleich die Beziehungen der Bürger zu den Verwaltungsbeamten aus dem Bereich der persönlichen Bekanntschaft herausgehoben und damit für den Bürger die Verwaltung unübersichtlicher und ineffektiver gemacht.

Die Euphorie der Schultheoretiker und der Verwaltungsjuristen verkleinert häufig diese Nachteile, so daß nur selten berichtigende und die Schul- und Verwaltungssysteme wieder humaner machende Veränderungen vorgenommen werden.

Schluß

Die Landwirtschaft in Deutschland hat mit ihren *Produktionssteigerungen parallel zum Industrialisierungsprozeß und zum Bevölkerungswachstum* dazu beigetragen, daß die *Versorgung der Bevölkerung* von seiten der Produktion in den letzten zwei Jahrhunderten (bis auf die Zeit des Pauperismus von etwa 1770 bis

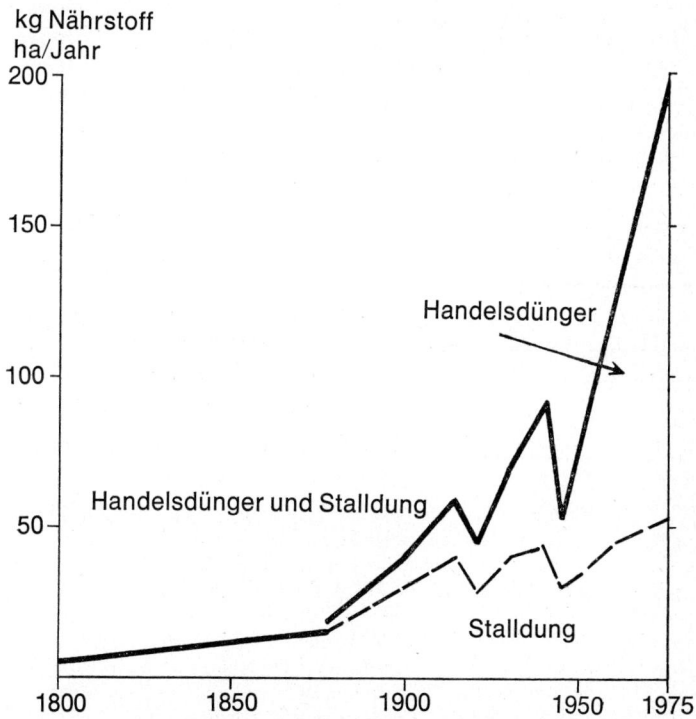

Abb. 36: Nährstoffversorgung der Böden in Deutschland (ab 1945 Bundesrepublik Deutschland) aus Handelsdünger und Stalldung in kg Nährstoff je ha und Jahr von 1800 bis 1975

1855) *weitgehend unproblematisch* blieb. Hierin ist ein *entscheidender Unterschied zu den heutigen Entwicklungsländern* zu sehen, wo die landwirtschaftliche Entwicklung nicht in der erforderlichen Breite erfolgt, um eine wachsende außerlandwirtschaftliche Bevölkerung zu ernähren.

Bei dieser Entwicklung in Deutschland ist aber wohl auch zu beachten, daß die Bevölkerung nicht so stark wuchs, daß erhebliche Ungleichgewichte zwischen Nahrungsproduktion und Nahrungsbedarf, zwischen Arbeitsplätzen und Arbeitsfähigen entstanden, jedenfalls nachdem die Industrialisierung etwa um 1860 ein solches Ausmaß erreichte, daß die Arbeitslosigkeit spürbar vermindert wurde. Für die vorhergehenden Jahre und auch für Krisenjahre der folgenden Jahrzehnte sind auch die *Auswanderungsmöglichkeiten als Puffer* wichtig gewesen. *Ab den 70er Jahren* war die Industrie so weit entwickelt, daß mit Hilfe des *Exports* industrieller Güter der nicht mehr voll aus der inländischen Produktion abzudeckende *Nahrungsmittelbedarf durch Importe befriedigt* werden konnte.

Seit dieser Zeit bis zur Gegenwart ist die weitere Entwicklung der *landwirtschaftlichen Produktion vor allem durch den verstärkten Einsatz von künstlichen Düngemitteln* (Handelsdünger) bestimmt. Welches Ausmaß dieser Faktor in den letzten 100 Jahren angenommen hat, zeigt Abbildung 36. Zugleich ist aber auch zu sehen, daß die Versorgung der Böden mit *betriebseigenen Düngemitteln* (zur Vermehrung und Erhaltung des Bodenhumus) bis nach dem Zweiten Weltkrieg eine ebenfalls große Bedeutung gehabt hat.

Die Nährstoffberechnung für Abbildung 36 erfolgte nach der von Bittermann entwickelten Methode: Beim Handelsdünger wurde 1 kg Stickstoff gleich 1 gesetzt, 1 kg Phosphorsäure = 0,5 und 1 kg Kali = 0,25; der Stalldung-Nährstoff wurde auf der Basis der Viehhaltung (umgerechnet auf Großvieheinheiten) und der anfallenden Strohmengen ermittelt. Dabei ergaben sich erhebliche Fehlerquellen. Die Größenordnung der Entwicklung wird aber aus den Ergebnissen deutlich, obgleich in Abweichung zu Bittermann die aus Leguminosen und anderen Pflanzenresten kommenden Nährstoffe nicht berücksichtigt wurden.

Der starke Anstieg des Verbrauchs an *künstlichen Düngemitteln* (Chemikalien) ist aber *nicht unproblematisch:*

— Die *Böden werden übersättigt,* so daß bei hohen Niederschlägen *Dünger* in den Untergrund und d. h. *in das Grundwasser geschwemmt* wird.

— Die *Humusversorgung* wird von der modernen Landwirtschaft *nicht mehr genügend beachtet.* Sie ist auch nicht angenähert mit der Zunahme der künstlichen Düngung gewachsen, so daß der Boden keine für eine erhöhte Düngung erforderliche physiologische Verbesserung erfährt, wie das z. B. noch von der Mitte des 19. bis zur Mitte des 20. Jahrhunderts der Fall war, als der Wurzelhumusgehalt des Bodens (nach Römer-Scheffer) von 8 bis 10 auf 30 bis 35 dz je ha angestiegen war.

Hierin wird ein wichtiges Grundproblem der künftigen Landwirtschaft deutlich: Die *mechanistisch-technische Betrachtung* unterschätzt die langfristigen *Nachteile eines zu starken Einsatzes von Chemikalien* (bis hin zur Schädlingsbekämpfung, zur hormonalen Wachstumsbeeinflussung usw.), *sofern nicht* auch gleichzeitig die *natürlichen Kräfte begünstigt* und die natürlichen Erfordernisse beachtet werden.

Literaturverzeichnis

Aus der Fülle der vorhandenen und der benutzten Literatur wurden die
hier zusammengestellten Schriften nach folgenden Gesichtspunkten aus-
gewählt: (1) Die einzelnen Werke sollen Hilfen und Wegweiser zur
Vertiefung spezieller Fragen sein; (2) darüber hinaus wurden die wichtigsten Bücher aufgenommen, die der Bearbeitung zugrunde liegen, so daß
auch solche Titel mitenthalten sind, die nur in wenigen Bibliotheken
stehen.

Da ein großer Teil der neuesten Forschungsergebnisse häufig in Auf-
sätzen festgehalten wird, hätte eine Vielzahl solcher Veröffentlichungen
ebenfalls in das Literaturverzeichnis aufgenommen werden müssen. Aus
Platzgründen mußte darauf verzichtet werden. Die an den Schluß dieses
Literaturverzeichnisses gestellten periodischen Schriften und Reihen enthalten den größten Teil der einschlägigen Literatur. Sie dienen zugleich
in ihren Besprechungsteilen als wichtige, meistens auf dem neuesten Stand
befindliche bibliographische Hilfen.

Bei einigen Veröffentlichungen wurde versucht, mit wenigen Stichworten
in Klammern einen Hinweis auf den Inhalt oder den Charakter des
Inhaltes zu geben, wenn der Titel des Buches dies nicht deutlich genug
zum Ausdruck brachte.

Die Gliederung des Literaturverzeichnisses erfolgte nach den einzelnen
aus dem Inhaltsverzeichnis ersichtlichen vier Perioden. Übergreifende
Darstellungen sind im ersten Abschnitt enthalten.

Allgemeine und übergreifende Darstellungen

Abel, Wilhelm: Agrarkrisen und Agrarkonjunktur; Eine Geschichte der
    Land- und Ernährungswirtschaft Mitteleuropas seit dem hohen Mittel-
    alter, 2. Aufl., Hamburg-Berlin 1966 (Herausarbeitung und systema-
    tische Darstellung der von der Bevölkerungsbewegung und der Nah-
    rungsmittelproduktion auf die Reallöhne und auf die landwirtschaft-
    lichen Produktpreise ausgehenden Einflüsse bis zum Ende des 19. Jahr-
    hunderts).

Abel, Wilhelm: Agrarpolitik, 3. Aufl., Göttingen 1967 (Systematische
    Darstellung der agrarpolitischen Probleme bis hin zur EWG, mit star-
    kem historischen Akzent).

Abel, Wilhelm: Massenarmut und Hungerkrisen im vorindustriellen
    Europa; Versuch einer Synopsis, Hamburg-Berlin 1974 (Darstellung
    und Analyse der Erscheinungen und Ursachen der Armutssituation in

292   Literaturverzeichnis

den letzten Jahrhunderten vor der Industrialisierung und in der ersten
Industrialisierungsphase).

Bittermann, Eberhard: Die landwirtschaftliche Produktion in Deutschland 1800—1950, Halle 1956 (Gründlichste Zusammenstellung der
Produktionsentwicklung im 19. und 20. Jahrhundert).

Boyens, Wilhelm Friedrich: Die Geschichte der ländlichen Siedlung in
Deutschland, 2 Bde., Berlin-Bonn 1959, 1960 (Abrißartige und doch
häufig in zahlreiche Details gehende Darstellung des im Titel genannten Problems).

Entwicklung der deutschen Viehhaltung, in: Vierteljahrshefte zur Statistik des Deutschen Reichs, Jg. 44, Berlin 1935, Heft 2, S. 3 f.

Fabian, Friedrich: Die Verschuldung der deutschen Landwirtschaft vor
und nach dem Kriege, Diss. Leipzig 1931 (Übersichtliche Darstellung,
jedoch die Gründe der Verschuldung nicht immer genügend heraus-
arbeitend).

Finckenstein, Hans Wolfram Graf Finck v.: Die Entwicklung der Landwirtschaft in Preußen und Deutschland 1800—1930, Würzburg 1960
(Etwas einseitige, aber faktenreiche Darstellung).

Fischer, Gustav (als Herausgeber): Die Entwicklung des landwirtschaft-
lichen Maschinenwesens in Deutschland, Berlin 1911 (Übersichtliche
Zusammenfassung der wichtigsten Probleme und Größenordnungen des
Landmaschinenwesens vor dem Ersten Weltkrieg).

Franz, Günther (als Herausgeber): Die Geschichte der Landtechnik im
20. Jahrhundert, Frankfurt 1969 (Sehr ins einzelne gehende Darstellung einzelner Probleme von insgesamt neunzehn Wissenschaftlern).

Frauendorfer, Sigmund v. und Haushofer, Heinz: Ideengeschichte der
Agrarwirtschaft und Agrarpolitik im deutschen Sprachgebiet, 2 Bde.,
München-Wien 1957.

Die Getreidepreise in Deutschland seit dem Ausgang des 18. Jahrhunderts, in: Vierteljahrshefte zur Statistik des Deutschen Reichs, Jg. 44,
Berlin 1935, Heft 1, S. 273 bis 321.

Goltz, Theodor Frhr. v. d.: Geschichte der deutschen Landwirtschaft,
2 Bde., Stuttgart-Berlin 1902, 1903 (Inzwischen veraltete, aber für die
Auffassungen des ausgehenden 19. Jahrhunderts informative Darstellung).

Handbuch der Deutschen Wirtschafts- und Sozialgeschichte (hg. v. Hermann Aubin und Wolfgang Zorn), Bd. 2, Stuttgart 1976.

Haushofer, Heinz: Die deutsche Landwirtschaft im technischen Zeitalter,
(= Deutsche Agrargeschichte, Bd. 5), hg. von Günther Franz, Stuttgart
1963, 2. Aufl. 1972 (Trotz vielfältiger Kritik immer noch die beste
und übersichtlichste Darstellung der Deutschen Agrargeschichte von
1815 bis 1945).

Henning, Friedrich-Wilhelm: Das industrialisierte Deutschland 1914 bis
1977, 4. Aufl., Paderborn 1978 (Abriß der Wirtschafts- und Sozialgeschichte Deutschlands seit 1914).

Henning, Friedrich-Wilhelm: Die Industrialisierung in Deutschland 1800 bis 1914, 4. Aufl., Paderborn 1978 (Abriß der Wirtschafts- und Sozialgeschichte Deutschlands für das 19. Jahrhundert).

Hoffmann, Walter Gustav: Das Wachstum der deutschen Wirtschaft seit der Mitte des 19. Jahrhunderts, Berlin-Heidelberg-New York 1965.

Klein, Ernst: Geschichte der deutschen Landwirtschaft im Industriezeitalter, Wiesbaden 1973 (Abrißartige Darstellung vor allem für das 19. und das beginnende 20. Jahrhundert).

Kuczynski, Jürgen: Die Bewegung der deutschen Wirtschaft von 1800 bis 1846, Berlin-Leipzig o. J. (etwa 1947), (Kurze skizzenhafte Übersicht der deutschen Wirtschafts- und Sozialgeschichte mit stark marxistisch-politischer Ausrichtung).

Langsdorff, Karl. v.: Die Landwirthschaft im Königreich Sachsen, ihre Entwicklung bis einschließlich 1885 und die Einrichtung und Wirksamkeit des Landeskulturraths für das Königreich Sachsen bis 1888, Dresden 1889 (Sehr interessante Darstellung der Landwirtschaft in einem der am weitesten im 19. Jahrhundert in der Agrarproduktion entwickelten Gebiete Deutschlands).

Meitzen, August: Der Boden und die landwirtschaftlichen Verhältnisse des Preußischen Staates, 8 Bde., Berlin 1868 bis 1908 (Materialreiche, nicht immer sehr systematische Darstellung der preußischen Landwirtschaft).

Ritter, Kurt: Agrarwirtschaft und Agrarpolitik im Kapitalismus, 2 Halbbände und 1 Ergänzungsband, Berlin 1955, 1959, 1960 (Materialreiches Werk mit stark marxistisch orientierter Betrachtungsweise).

Schlebecker, John T.: Whereby we thrive; A History of American Farming, 1607—1972, Ames 1975 (Vor allem für das 19. und das 20. Jahrhundert wird der große technische Fortschritt der USA im landwirtschaftlichen Bereich im Vergleich zu europäischen Ländern deutlich).

Teuteberg, Hans Jürgen und Wiegelmann, Günter: Der Wandel der Nahrungsgewohnheiten unter dem Einfluß der Industrialisierung, Göttingen 1972 (In der Änderung der Nahrungsgewohnheiten spiegeln sich der Wandel in der landwirtschaftlichen Produktion und die Steigerung der nichtlandwirtschaftlichen Einkommen wider).

Zum Kapitel 1750 bis 1870

Abel, Wilhelm: Geschichte der deutschen Landwirtschaft vom frühen Mittelalter bis zum 19. Jahrhundert, 2. Aufl., Stuttgart 1967 (Im Schlußkapitel wird der Aufschwung der landwirtschaftlichen Produktion seit der Mitte des 18. Jahrhunderts dargestellt).

Abel, Wilhelm; Franz, Günther; Cascorbi, Gisbert: Der deutsche Landwarenhandel, Hannover 1960 (Erstes, die Entwicklung des Landwarenhandels vom Mittelalter an und die gegenwärtigen Probleme herausarbeitendes Werk).

Ahrens, Gerhard: Caspar Voght und sein Mustergut Flottbek; Englische Landwirtschaft in Deutschland am Ende des 18. Jahrhunderts, Hamburg 1969 (Die Vielfältigkeit der von England nach Deutschland wirkenden Einflüsse wird ebenso deutlich herausgearbeitet wie die zahlreichen Ansatzpunkte Voghts zur Verbesserung der deutschen Landwirtschaft).

Franz, Günther: Geschichte des Bauernstandes vom frühen Mittelalter bis zum 19. Jahrhundert, Stuttgart 1972 (Der schwierige, weil noch wenig erforschte Gegenstand wird so dargestellt, daß die zahlreichen Ansätze einer selbständigen Entwicklung des Bauernstandes auch für das ausgehende 18. und für das 19. Jahrhundert deutlich werden).

Gerhardt, Eberhard E. A.: Thünens Tellower Buchführung; Die Gewinnung des Zahlenmaterials für den „Isolierten Staat" und für anderweite Arbeiten J. H. v. Thünens, 2 Bde., Meisenheim 1964.

Golkowsky, Rudolf: Die Gemeinheitsteilungen im nordwestdeutschen Raum vor dem Erlaß der ersten Gemeinheitsteilungsordnungen, Hildesheim 1966 (Beispielhafte Untersuchungen zum Beginn der Gemeinheitsteilungen im 18. Jahrhundert).

Gropp, Volkmar: Der Einfluß der Agrarreformen des beginnenden 19. Jahrhunderts in Ostpreußen auf Höhe und Zusammensetzung der preußischen Staatseinkünfte, Berlin 1967 (Untersuchung zu einem speziellen Problem der Auswirkungen der Agrarreformen).

Gross, Reiner: Die bürgerliche Agrarreform in Sachsen in der ersten Hälfte des 19. Jahrhunderts; Untersuchung zum Problem des Übergangs vom Feudalismus zum Kapitalismus in der Landwirtschaft, Weimar 1968.

Henning, Friedrich-Wilhelm: Bauernwirtschaft und Bauerneinkommen im Fürstentum Paderborn im 18. Jahrhundert, Berlin 1970 (Ins einzelne gehende Darstellung der Produktions- und Einkommensverhältnisse einer großen Zahl von Bauernhöfen).

Henning, Friedrich-Wilhelm: Bauernwirtschaft und Bauerneinkommen in Ostpreußen im 18. Jahrhundert, Würzburg 1969.

Henning, Friedrich-Wilhelm: Dienste und Abgaben der Bauern im 18. Jahrhundert, Stuttgart 1969 (Darstellung des Einflusses der bäuerlichen Belastung auf die Entwicklung der bäuerlichen Einkommen in der letzten Phase der feudalistischen Gesellschaft).

Henning, Friedrich-Wilhelm: Herrschaft und Bauernuntertänigkeit; Beiträge zur Geschichte der Herrschaftsverhältnisse in den ländlichen Bereichen Ostpreußens und des Fürstentums Paderborn vor 1800, Würzburg 1964 (Detaillierte Darstellung der rechtlichen und sozialen Probleme der bäuerlichen Abhängigkeit).

Hippel, Wolfgang v.: Die Bauernbefreiung im Königreich Württemberg, 2 Bde., Boppard am Rhein 1977.

Knapp, Georg Friedrich: Die Bauern-Befreiung und der Ursprung der Landarbeiter in den älteren Teilen Preußens, 2 Bde., Leipzig 1887

(Anregende, wenn auch teilweise überholte Darstellung der Bauern-befreiung in Preußen).

Liebig, Justus v.: Die Chemie in ihrer Anwendung auf Agrikultur und Physiologie, Braunschweig 1840 (Für die Entwicklung der künstlichen Düngung richtungweisende Arbeit, die bei ihrem Erscheinen erhebliches Aufsehen erregt hat. Allerdings zu isolierte Betrachtung allein der mineralischen Düngung).

Lütge, Friedrich: Geschichte der deutschen Agrarverfassung vom frühen Mittelalter bis zum 19. Jahrhundert, 2. Aufl., Stuttgart 1967.

Müller, Hans-Heinrich: Akademie und Wirtschaft im 18. Jahrhundert; Agrarökonomische Preisaufgaben und Preisschriften der Preußischen Akademie der Wissenschaften, Berlin 1975.

Müller, Hans-Heinrich: Märkische Landwirtschaft vor den Agrarrefor-men von 1807, Potsdam 1967 (Ausführliche Darstellung der agrar-wirtschaftlichen Probleme des ausgehenden 18. Jahrhunderts).

Riemann, Friedrich-Karl: Ackerbau und Viehhaltung im vorindustriellen Deutschland, Kitzingen 1953.

Roscher, Wilhelm: Nationalökonomik des Ackerbaus und der verwandten Urproduktionen, 14. Aufl., Stuttgart-Berlin 1912 (Informative Dar-stellung aus der Zeit vor dem Ersten Weltkrieg. Interessant ist vor allem auch die Entwicklung des Buchinhaltes bis zu dieser Auflage).

Sakai, Eihachiro: Der kurhessische Bauer im 19. Jahrhundert und die Grundlastenablösung, Melsungen 1967 (Subtile Darstellung der ge-nannten Problematik in einem westdeutschen, durch kleinbäuerliche Betriebe weitgehend gekennzeichneten Gebiet).

Schremmer, Eckart: Die Bauernbefreiung in Hohenlohe, Stuttgart 1963 (Ausführliche Darstellung eines süddeutschen Gebietes).

Schulze, Friedrich Gottlob: Nationalökonomie oder Volkswirtschafts-lehre, Leipzig 1856 (Dieses Buch gibt den für die Landwirtschaft interessanten Wissensstand der Volkswirtschaft zur Mitte des 19. Jahr-hunderts wieder, und zwar speziell für Landwirte ausgearbeitet).

Schwerz, Johann Nepomuk v.: Beschreibung der Landwirtschaft in West-falen und Rheinpreußen, 2 Teile, Stuttgart 1836.

Stamm, Fernand: Die Landwirtschafts-Kunst in allen Theilen des Feld-baues und der Viehzucht, Prag 1853 (Unter starker Ausrichtung auf die Praxis erfolgte Darstellung der landwirtschaftlichen Produktion und der Produktionsmöglichkeiten).

Stein, Robert: Die Umwandlung der Agrarverfassung Ostpreußens durch die Reform des 19. Jahrhunderts, 3. Bde., Jena und Königsberg 1918 ff.

Tangermann, Stefan: Landwirtschaft im Wirtschaftswachstum; Verlauf, Ursachen und agrarpolitische Beeinflussung des landwirtschaftlichen Anpassungsprozesses, Hannover 1975 (Kurze und die wichtigsten Punkte der Entwicklung auch im 19. Jahrhundert hervorhebende Dar-stellung der landwirtschaftlichen Produktion, des landwirtschaftlichen

Strukturwandels und der Agrarpolitik bis in die Zeit der Bundesrepublik).

Teuteberg, Hans Jürgen: Die deutsche Landwirtschaft beim Eintritt in die Phase der Hochindustrialisierung; Typische Strukturmerkmale ihrer Leistungssteigerung im Spiegel der zeitgenössischen Statistik Georg von Viebahns um 1860, Köln 1977.

Thaer, Albrecht: Einleitung zur Kenntnis der englischen Landwirtschaft und ihrer neuen praktischen und theoretischen Fortschritte in Rücksicht auf Vervollkommnung deutscher Landwirte und Kameralisten, 3 Bde., Hannover 1798 bis 1800 (Auch von englischer Seite als gelungen betrachtete Darstellung der wichtigsten Produktionsprobleme der englischen Landwirtschaft, soweit diese zur Förderung der deutschen Nahrungsproduktion übertragbar waren).

Thaer, Albrecht: Grundsätze der rationellen Landwirtschaft, 4 Bde., o. O. 1809 bis 1812 (6. Aufl. Berlin 1880) (Der Verf. konnte hier bereits auf umfangreiche eigene Versuche zurückgreifen und so seine Kenntnisse der englischen Landwirtschaft ergänzend darstellen).

Viebahn, Georg v.: Statistik des zollvereinten und nördlichen Deutschlands, 3 Teile, Berlin 1858, 1862 und 1868 (Umfangreiche Zahlenreihen und Einzelgaben zur landwirtschaftlichen und zur gesamtwirtschaftlichen Entwicklung).

Winkel, Harald: Die Ablösungskapitalien aus der Bauernbefreiung in West- und Süddeutschland; Höhe und Verwendung bei Standes- und Grundherren, Stuttgart 1968.

Zum Kapitel 1870 bis 1914

Bauert-Keetmann, Ingrid: Raiffeisen; Verwirklichung einer Idee, Tübingen 1970 (Kurze Darstellung des Lebens und Wirkens des Begründers der landwirtschaftlichen Genossenschaften).

Brutzer, Gustav: Die Verteuerung der Lebensmittel in Berlin im Laufe der letzten 30 Jahre und ihre Bedeutung für den Berliner Arbeiterhaushalt, München-Leipzig 1912.

Cohnstaedt, Wilhelm: Die Agrarfrage in der deutschen Sozialdemokratie von Karl Marx bis zum Breslauer Parteitag, München 1903 (Übersichtliche Darstellung der zahlreichen in der Arbeiterpartei sich gegenseitig bekämpfenden Richtungen im Hinblick auf die agrarpolitischen Probleme).

David, Eduard: Sozialismus und Landwirtschaft, Berlin 1903 (Wichtigste, die Ansichten der Agrarrevisionisten wiedergebende Schrift).

Diehl, Karl: Zur Frage der Getreidezölle, Jena 1911 (Kurze, übersichtliche Zusammenstellung der wichtigsten Probleme).

Engelbrecht, Thies Hinrich: Die geographische Verteilung der Getreidepreise, Bd. 1: Die geographische Verteilung der Getreidepreise in den Vereinigten Staaten von 1862 bis 1900, Berlin 1903; Bd. 2: Die geographische Verteilung der Getreidepreise in Indien von 1861 bis 1905, Berlin 1908 (Grundlegende Darstellung der Preisentwicklungen und damit wichtige Grundlage für die Erörterung der Agrarpolitik vor dem Ersten Weltkrieg).

Hardach, Karl Willy: Die Bedeutung wirtschaftlicher Faktoren bei der Wiedereinführung der Eisen- und Getreidezölle in Deutschland 1879, Berlin 1967 (Zum Teil auf bisher nicht veröffentlichtem Material aufbauende Arbeit mit neuen Aspekten).

Kautsky, Karl: Die Agrarfrage; Eine Übersicht über die Tendenzen der modernen Landwirtschaft und der Agrarpolitik der Sozialdemokratie, Stuttgart 1899 (Wichtigste, die Gedanken der Agrarsozialisten wiedergebende Schrift; die tatsächlichen Verhältnisse der Landwirtschaft werden wie bei vielen Marxisten falsch eingeschätzt).

Lehmann, Hans Georg: Die Agrarfrage in der Theorie und Praxis der deutschen und internationalen Sozialdemokratie; Vom Marxismus zum Revisionismus und Bolschewismus, Tübingen 1970 (Übersichtliche Darstellung der wichtigsten Probleme und Fragen der sozialistischen Agrarpolitik in der Zeit vor 1914).

Miaskowsky, August v.: Das Erbrecht und die Grundeigentumsverteilung im Deutschen Reiche, 2 Teile, Leipzig 1882.

Mulert, Oskar: Vierundzwanzig ostpreußische Arbeiter und Arbeiterfamilien, Jena 1908 (Mit detailliertem Bericht über Einnahmen und Ausgaben von Arbeiterfamilien vor und nach der Abwanderung in die Stadt).

Müller, Friedrich: Die geschichtliche Entwicklung des landwirtschaftlichen Genossenschaftswesens in Deutschland von 1848/49 bis zur Gegenwart, Teildr. Diss. Würzburg 1900/1901.

Nachtweh, Alwin: Die Geräte und Maschinen zur Bodenbearbeitung, Leipzig 1902 (Detaillierte Darstellung der technischen und der bodenkundlichen Probleme).

Nichtweiß, Johannes: Die ausländischen Saisonarbeiter in der Landwirtschaft der östlicheren und mittleren Gebiete des Deutschen Reiches; Ein Beitrag zur Geschichte der preußisch-deutschen Politik von 1890 bis 1914, Berlin 1959.

Plachetka, Manfred Günther: Die Getreide-Autarkiepolitik Bismarcks und seiner Nachfolger im Reichskanzleramt, Diss. Bonn 1969 (Übersichtliche Darstellung der wichtigsten Teilaspekte der im Thema genannten Problematik).

Sering, Max: Die landwirtschaftliche Konkurrenz Nordamerikas in Gegenwart und Zukunft, Leipzig 1887 (Als Ergebnis einer längeren Studienreise zusammengestellter Bericht der amerikanischen Produktionsbedingungen in der Landwirtschaft, trotz der Ausführlichkeit jedoch nicht immer konkret genug in den Angaben).

Sering, Max: Die Vererbung des ländlichen Grundbesitzes in Preußen, Berlin 1897 ff. (Nach Oberlandesgerichtsbezirken gegliederte Aufnahme der Vererbungsgewohnheiten in der Landwirtschaft).

Sering, Max: Die Verteilung des Grundbesitzes und die Abwanderung vom Lande, Berlin 1910 (Untersuchung der Wechselbeziehungen zwischen Betriebsgrößenstruktur der Landwirtschaft und Bevölkerungsentwicklung).

Witt, Peter-Christian: Die Finanzpolitik des Deutschen Reiches von 1903 bis 1913, Lübeck-Hamburg 1970 (Darstellung vor allem auch der Begünstigung der Landwirtschaft durch Steuer- und Zollpolitik).

Zum Kapitel 1914 bis 1945

Backe, Herbert: Das Ende des Liberalismus in der Wirtschaft, Berlin 1938 (Agrarpolitische Ansichten eines führenden nationalsozialistischen Agrarpolitikers).

Böhnke, Walter: Die Verbreitung der Landmaschine in Deutschland und ihre sozialwirtschaftliche Bedeutung, Kaldenkirchen 1931 (Hinweis auf die sozialen Nachteile der Ausdehnung des Landmaschineneinsatzes, aber auch auf die positiven Folgen).

Darré, Richard Walther: Das Bauerntum als Lebensquell der nordischen Rasse, München 1929 (Vier Jahre vor der Machtergreifung veröffentlichte Zusammenfassung der rassistischen Ziele des Nationalsozialismus).

Drescher, Leo: Entschuldung der ostdeutschen Landwirtschaft, Berlin 1938 (Übersichtliche Darstellung der Verschuldungsfrage in der Zwischenkriegszeit).

Gessner, Dieter: Agrarverbände in der Weimarer Republik; Wirtschaftliche und soziale Voraussetzungen agrarkonservativer Politik vor 1933, Düsseldorf 1976 (Wichtiger Beitrag zu der heutigen wissenschaftlichen Diskussion zur Entstehung des Nationalsozialismus).

Gleitze, Bruno: Ostdeutsche Wirtschaft; Industrielle Standorte und volkswirtschaftliche Kapazitäten des ungeteilten Deutschland, Berlin 1956 (Aufzeigen von Entwicklungslinien und Unterschieden in verschiedenen Teilen Deutschlands bis 1945).

Hackert, Theodor: Industrialisierung der Landwirtschaft, Berlin 1926 (Hervorhebung der agrartechnischen Möglichkeiten für die Weiterentwicklung der landwirtschaftlichen Produktion in der Zwischenkriegszeit).

Hanau, Artur und Plate, Roderich: Die deutsche landwirtschaftliche Preis- und Marktpolitik im Zweiten Weltkrieg, Stuttgart 1975 (Sehr detaillierte Darstellung der Versorgungsprobleme der deutschen Bevölkerung im Zweiten Weltkrieg und Aufbau der Erfassungsorganisation bereits vor 1939).

Hertz-Eichenrode, Dieter: Politik und Landwirtschaft in Ostpreußen 1919—1930, Köln-Opladen 1969 (Darstellung einer wichtigen Einzelfrage der Agrarpolitik; Ostpreußen war der Ansatzpunkt für die Agrarschutzpolitik ab 1925 im Deutschen Reich).

Kautsky, Karl: Die Sozialisierung der Landwirtschaft, Berlin 1919 (Wichtiger Beitrag zur Sozialisierungsfrage der Landwirtschaft nach dem Ersten Weltkrieg).

Luetgebrune, Walter: Neupreußens Bauernkrieg; Entstehung und Kampf der Landvolkbewegung, Hamburg 1931 (Darstellung eines wichtigen Teiles der Entwicklung der Agrarverbände vor 1933).

Mehrens, Bernhard: Die Marktordnung des Reichsnährstandes, Berlin 1938 (Darstellung der Marktordnung, die für die Bewirtschaftung der Nahrungsmittel im Zweiten Weltkrieg zentrale Bedeutung erhielt).

Panzer, Arno: Das Ringen um die deutsche Agrarpolitik; Von der Währungsstabilisierung bis zur Agrardebatte im Reichstag im Dezember 1928, Kiel 1970 (In der Akzentuierung nicht immer ganz unumstrittene, aber informative Arbeit).

Petzina, Dietmar: Autarkiepolitik im Dritten Reich; Der nationalsozialistische Vierjahresplan, Stuttgart 1968 (Systematische Zusammenfassung der wichtigsten Bemühungen der nationalsozialistischen Autarkie- und Aufrüstungspolitik).

Puhle, Hans-Jürgen: Politische Agrarbewegungen in kapitalistischen Industriegesellschaften; Deutschland, USA und Frankreich im 20. Jahrhundert, Göttingen 1975 (Nicht immer ganz tendenzfreie Darstellung der Entwicklung der Verbände der selbständigen Landwirte bis 1933).

Reischle, Hermann und Saure, Wilhelm: Der Reichsnährstand; Aufbau, Aufgabe und Bedeutung, 3. Aufl., Berlin 1940 (Die quasi-amtliche Beschreibung des Reichsnährstandes).

Saure, Wilhelm: Das Reichserbhofgesetz; Leitfaden und Textausgabe des großdeutschen Reichserbhofrechts, 6. Aufl., Berlin 1941 (Authentischer Text und Kommentar des für die Blut- und Bodenpolitik zentralen Gesetzes).

Schmitz, Hubert: Die Bewirtschaftung der Nahrungsmittel und Verbrauchsgüter 1939—1950, Essen 1956 (Darstellung der nationalsozialistischen Bewirtschaftungsmaßnahmen für Nahrungsmittel im Zweiten Weltkrieg und in der Zeit unmittelbar danach).

Skalweit, August: Die deutsche Kriegsernährungswirtschaft, Stuttgart 1927 (Darstellung der Ernährungsprobleme im Ersten Weltkrieg).

Stoltenberg, Gerhard: Politische Strömungen im schleswig-holsteinischen Landvolk 1918 bis 1933, Düsseldorf 1962 (Darstellung vor allem der bäuerlichen Notsituationen in den Jahren unmittelbar vor 1933).

Tornow, Werner: Chronik der Agrarpolitik und Agrarwirtschaft des Deutschen Reiches von 1933 bis 1945, Hamburg-Berlin 1972 (Zusammenstellung der wichtigsten Gesetze des Nationalsozialismus zur Agrarwirtschaft).

Weber, Hilde: Die Landwirtschaft in der volkswirtschaftlichen Entwicklung; Eine Betrachtung über Beschäftigung und Einkommen; Hamburg-Berlin 1955.

Weber, Wilhelm: Chronik der deutschen Agrarpolitik von 1914—1932, Berlin 1932 (Zusammenstellung der wichtigsten Gesetze zur Agrarwirtschaft aus der angegebenen Zeit).
Willikens, Werner: Nationalsozialistische Agrarpolitik, München 1931.

Zum Kapitel 1945 bis 1975

Baade, Fritz: Die deutsche Landwirtschaft im gemeinsamen Markt, Baden-Baden 1958 (Darstellung der wichtigsten Probleme, die für die deutsche Landwirtschaft nach der Gründung des gemeinsamen Marktes erwartet wurden).
Baade, Fritz und Fendt, Franz: Die deutsche Landwirtschaft im Ringen um den Agrarmarkt Europas, Baden-Baden 1971 (Irreführender Buchtitel; Darstellung der Produktionsbedingungen und -möglichkeiten, der Versorgungsprobleme und -beziehungen, unter besonderer Berücksichtigung der EWG).
Berichte, Grüne; neuerdings Agrarberichte der Bundesregierung (Seit 1956 jährlicher Bericht über die Lage der Landwirtschaft in der Bundesrepublik Deutschland).
Berthold, Theodor: Die Agrarpreispolitik der DDR; Ziele, Mittel, Wirkungen, Berlin 1972 (Hervorhebung der wirtschaftlichen Steuerfunktion der Preispolitik in der Landwirtschaft der DDR).
Blohm, Georg: Die betriebswirtschaftlichen Chancen der westdeutschen Landwirtschaft, Hamburg-Berlin 1972.
Dreessen, Klaus: Die Bedeutung der landwirtschaftlichen Produktionsgenossenschaften für die Funktionstüchtigkeit des Planungssystems in der DDR und ihr Beitrag zum Wirtschaftswachstum, Diss. Münster 1973.
Hansmeyer, Karl-Heinrich: Finanzielle Staatshilfen für die Landwirtschaft, Tübingen 1963.
Immler, Hans: Die Konzeption der sozialistischen Landwirtschaft in der DDR und ihre Realisierung, Berlin 1971.
Krämer, Hans-Rachebald: Die europäische Gemeinschaft, Stuttgart (usw.) 1974 (mit weiteren zahlreichen Literaturangaben).
Kramm, Hans-Joachim: Beiträge zur ökonomischen Geographie der DDR, Berlin 1962 (Darstellung der räumlichen Verteilung und Unterschiede der wichtigsten Wirtschaftszweige in der DDR).
Magura, Wilhelm: Chronik der Agrarpolitik und Agrarwirtschaft in der Bundesrepublik Deutschland von 1945 bis 1967, Hamburg-Berlin 1970 (Zusammenstellung der wichtigsten Gesetze zur Agrarwirtschaft aus der angegebenen Zeit).
Niehaus, Heinrich: Theorien, Vorschläge und Gesetze zur Agrarreform, Opladen 1947 (Darstellung der Bodenreform-Probleme nach 1945).
Pacyna, Günter: Agrarfabriken oder Bauernhöfe? Das Landvolk im Zeitalter der industriellen Gesellschaft, Hamburg 1958 (Hinweis auf

die durch die Technisierung der Landwirtschaft auftretenden sozialen Probleme).

Priebe, Hermann: Landwirtschaft in der Welt von morgen, Düsseldorf-Wien 1970 (Herausarbeitung vor allem der Probleme für die kleinbäuerlichen Wirtschaften, die nach Priebes Ansicht in erster Linie als Nebenerwerbswirtschaften in Zukunft die Nahrungsmittelproduktion tragen werden).

Schlange-Schöningen, Hans: Im Schatten des Hungers — Dokumentarisches zur Ernährungspolitik und Ernährungswirtschaft in den Jahren 1945—1949, Hamburg-Berlin 1955 (Darstellung der schwierigen Ernährungssituation unmittelbar nach dem Zweiten Weltkrieg).

Schlotter, Hans-Günther: Die finanz- und außenhandelspolitische Landwirtschaftsförderung in der Bundesrepublik Deutschland; Ausmaß, Struktur und künftige Möglichkeiten, Hannover 1964.

Thiel, O. und Padberg, Kurt: Die Entwicklung der landwirtschaftlichen Produktion, Bonn 1950 (Angaben vor allem für die Zeit unmittelbar nach 1945).

Thieme, H. Jörg: Die sozialistische Agrarverfassung; Ein Ausnahmebereich im Wirtschaftssystem der DDR, Stuttgart 1969 (Herausarbeitung der Besonderheiten der DDR-Landwirtschaft unter ordnungspolitischen Gesichtspunkten).

Tümmler, Edgar; Merkel, Konrad und Blohm, Georg: Die Agrarpolitik in Mitteldeutschland und ihre Auswirkung auf Produktion und Verbrauch landwirtschaftlicher Erzeugnisse, Berlin 1969.

Ulbricht, Walter: Das ökonomische System des Sozialismus in der Landwirtschaft der DDR; 1961 bis 1969, Berlin 1970.

Willgerodt, Hans: Der Gemeinsame Agrarmarkt der EWG, Tübingen 1976 (Kritische Auseinandersetzung mit der EWG-Agrarpolitik, insbesondere mit den Auswirkungen der Marktordnungen).

Periodische Schriften und Reihen

Zeitschrift für Agrargeschichte und Agrarsoziologie (Die wichtigste agrargeschichtliche Zeitschrift der Bundesrepublik Deutschland).

Vierteljahresschrift für Sozial- und Wirtschaftsgeschichte (Die fachbezogene Zeitschrift der Bundesrepublik Deutschland, die auch zahlreiche agrargeschichtliche Aufsätze enthält).

Jahrbuch für Wirtschaftsgeschichte (Wirtschaftsgeschichtliche Zeitschrift der DDR mit ebenfalls agrargeschichtlichen Beiträgen).

Schriftenreihe für ländliche Sozialfragen, Heft 1, Hannover 1951 (Die Probleme der Wandlungen in der Landwirtschaft und in der ländlichen Gesellschaft nach dem Zweiten Weltkrieg werden in dieser Schriftenreihe in zahlreichen Beiträgen erörtert).

Statistische Jahrbücher des Deutschen Reichs, der Bundesrepublik Deutschland und der DDR.

Personenverzeichnis

Sachverzeichnis (einschließlich Begriffserklärungen)

Notizen

Notizen

Notizen

UTB

UTB

... Jochen Bleicken:
**Verfassungs- und Sozialgeschichte
des Römischen Kaiserreiches**
Band 1
Das Kaisertum. Charakter und
Wandel der monarchischen Herr-
schaft. Die kaiserliche Reichs-
verwaltung. Die soziale Gliederung
im Reich.
(Schöningh) 1978. ca. DM 19,—

... Jochen Bleicken:
**Verfassungs- und Sozialgeschichte
des Römischen Kaiserreiches**
Band 2
Urbanisierung. Romanisierung. Die
wirtschaftliche Entwicklung des
Reiches. Der Wandel der Religiosität.
Die Struktur der Außenpolitik.
(Schöningh) 1978. ca. DM 19,—

460 Jochen Bleicken:
**Die Verfassung
der Römischen Republik**
Grundlagen und Entwicklung.
(Schöningh) 2. Aufl. 1978. DM 16,80

461 Rolf Sprandel:
**Verfassung und Gesellschaft
im Mittelalter**
(Schöningh) 1975. DM 19,80

... Siegfried Quandt:
**Deutsche Geschichtsdidaktiker
des 19. und 20. Jahrhunderts**
(Schöningh) 1978

398 Friedrich-Wilhelm Henning:
**Das vorindustrielle Deutschland
800—1800**
Wirtschafts- und Sozialgeschichte,
Bd. 1
(Schöningh) 3. Aufl. 1977. DM 15,80

145 Friedrich-Wilhelm Henning:
**Die Industrialisierung
in Deutschland 1800—1914**
Wirtschafts- und Sozialgeschichte,
Bd. 2
(Schöningh) 4. Aufl. 1978. DM 14,80

337 Friedrich-Wilhelm Henning:
**Das industrialisierte Deutschland
1914—1976**
Wirtschafts- und Sozialgeschichte,
Bd. 3
(Schöningh) 4. Aufl. 1978. DM 14,80

... Friedrich-Wilhelm Henning:
**Landwirtschaft und ländliche
Gesellschaft in Deutschland
Band 1: 800 bis 1750.**
(Schöningh) 1978. ca. DM 19,—

774 Friedrich-Wilhelm Henning:
**Landwirtschaft und ländliche
Gesellschaft in Deutschland
Band 2: 1750 bis 1976.**
(Schöningh) 1978. DM 19,80

Uni-Taschenbücher

wissenschaftliche Taschenbücher für
alle Fachbereiche.

Das UTB-Gesamtverzeichnis erhalten Sie bei Ihrem Buchhändler oder
direkt von
UTB, 7 Stuttgart 80, Am Wall-
graben 129, Postfach 80 11 24.